揭西年鉴

2012

中共揭西县委员会
揭西县人民政府　主办
《揭西年鉴》编纂委员会　编

廣東省出版集團
广东人民出版社
·广州·

图书在版编目（CIP）数据

揭西年鉴·2012／中共揭西县委员会　揭西县人民政府主办　《揭西年鉴》编纂委员会编. -- 广州 ：广东人民出版社，2012.12
ISBN 978-7-218-08466-4

Ⅰ. ①揭…　Ⅱ. ①中…　②揭…　③揭…　Ⅲ. ①揭西县－2012－年鉴
Ⅳ. ①Z526.54

中国版本图书馆CIP数据核字(2012)第304999号

揭西年鉴·2012

中共揭西县委员会　揭西县人民政府　主办
《揭西年鉴》编纂委员会　编

出版人：曾　莹

责任编辑：余小华　钱　丰
责任技编：黎碧霞

出版发行：广东人民出版社
地　　址：广州市大沙头四马路10号（邮政编码：510102）
电　　话：（020）83798714（总编室）
传　　真：（020）83780199
网　　址：http://www.gdpph.com
印　　刷：揭阳市新华印刷厂有限公司
书　　号：ISBN 978-7-218-08466-4
开　　本：787毫米×1092毫米 1/16
印　　张：17.5　**插　　页**：11　**字　　数**：471千
印　　数：1—800册
版　　次：2012年12月第1版　2012年12月第1次印刷
定　　价：160.00元

如发现印装质量问题，影响阅读，请与出版社(020-83795749)联系调换。
售书热线：（020）83790604　83791487　邮购：（020）83781421

揭西县中心城区地图

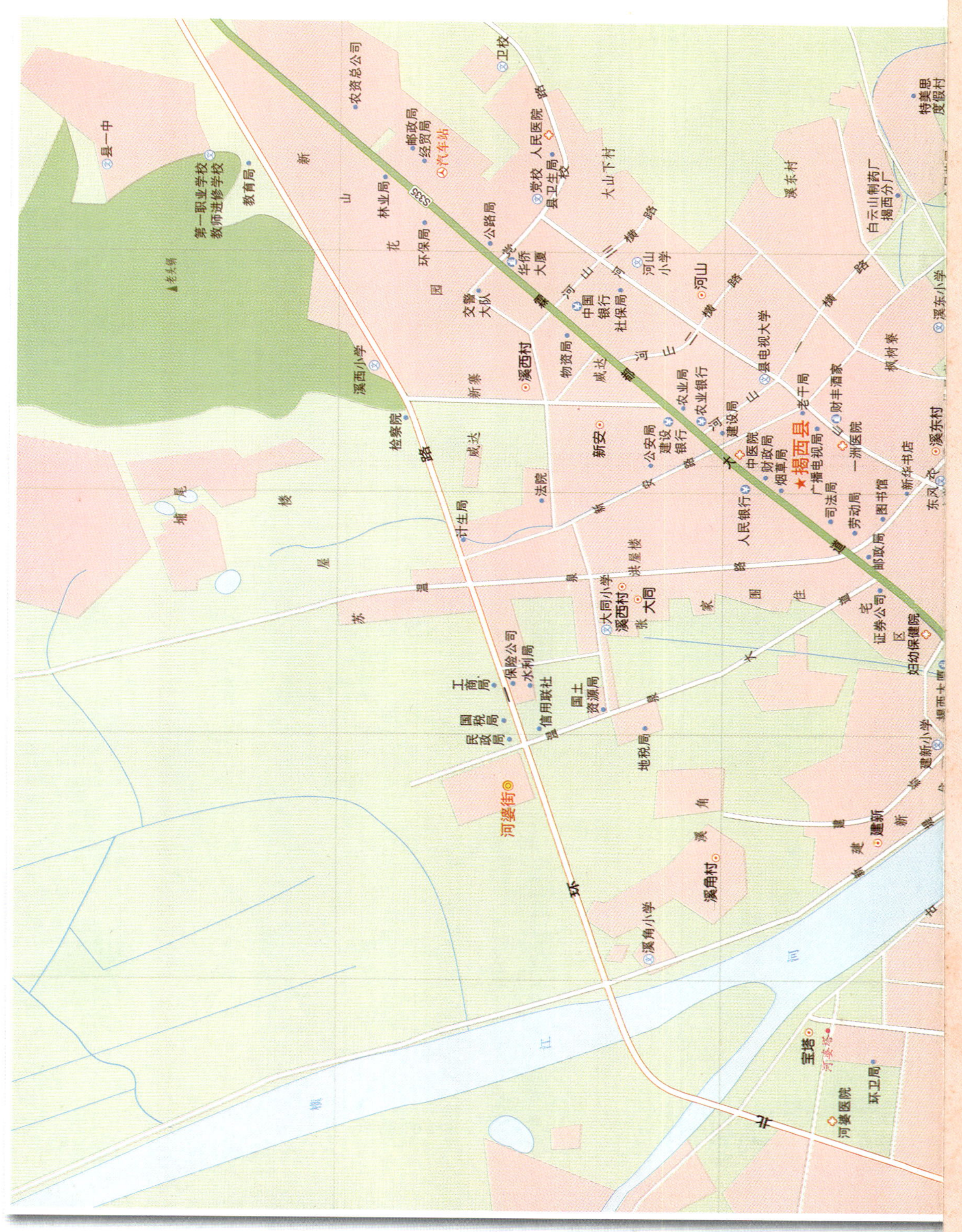

领导关怀

2011年1月16日，广东省委常委、宣传部长林雄（右）为上砂镇三水村沙糖桔种植基地揭幕。

2011年8月16日，揭阳市委副书记、代市长陈绿平（左四）参加揭西县12项重点项目工程奠基仪式。

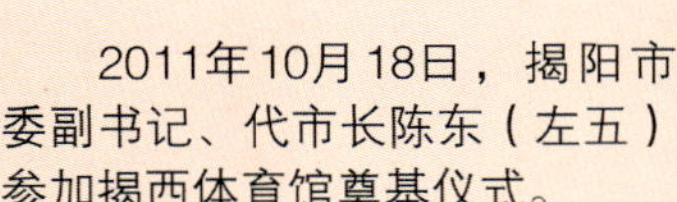

2011年10月18日，揭阳市委副书记、代市长陈东（左五）参加揭西体育馆奠基仪式。

（李维照摄影）

揭西县财政局

局长邱旭辉

财政干部工作会议

部署2011年度财政工作

表彰2011年乡镇街道优秀财政所

揭西县财政局是主管全县财政工作的政府组成部门，负责编制年度预算草案并组织预算执行。至2011年底，全局行政、事业编制68人，在职68人。财政局（含下属事业单位）内设人秘股、预算股、综合规划股、行政文教股、工贸发展股（加挂外经金融股）、农业股、经济建设股、社会保障股、会计股、绩效评价股、行政事业资产管理股、财务总监与监督检查办公室、国有资产经营公司、农村财务管理办公室、政府采购管理办公室、国库支付中心、投资评审中心等17个职能部门。

2006年以来，揭西县财政局在创新理念、强化职能、优化管理上狠下功夫，使财政工作在推进科学发展的实践中准确入位，财政收入全面提速，财政改革稳步推进，财政管理不断加强，财政绩效更加显现，财政公共性、民生性、和谐性充分体现。财政局先后进行全面规范非税管理、政府工程财政结算、建立乡镇财政结算中心、行政村会计委托代理中心、政府收支分类、国库集中支付、政府采购、绩效评价、财政资金支付监管、教育组建立教育经费结算中心、农村卫生院经费管理、全县农户户主开立财政惠农资金支付账户（一卡通）。实行行政事业单位干部职工统一津补贴制度、加强财政内外监管等一系列的改革。全县财政总收入从2004年的60358万元提高到2011年的197537万元；县内一般预算收入从2004年的6182万元提高到2011年的26347万元。县财政局先后被省委、省政府，市委、市政府，县委、县政府评为文明单位、先进集体、先进基层党组织等。

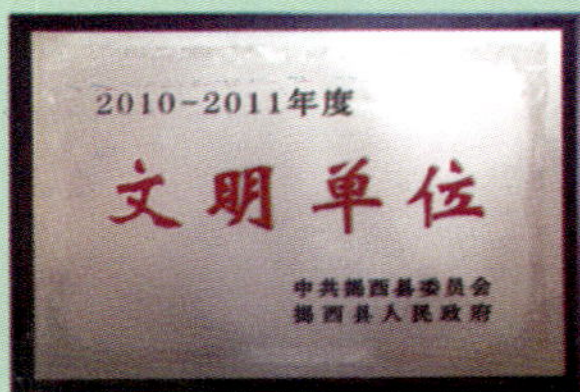

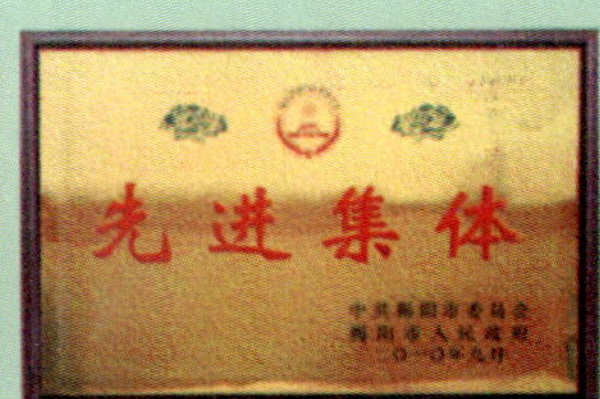

近年获得的部分荣誉

（县财政局供稿）

揭西县新型农村社会养老保险

县人力资源和社会保障局综合服务大楼

2011年12月15日，在河婆街道厚埔村举行新型农村社会养老保险养老金首发仪式。

2011年6月，揭西县被定为全省第三批40个县区新型农村社会养老保险试点县之一。按省、市的统一部署，揭西县于7月开始启动新型农村社会养老保险工作，采取有力措施，全力征缴，强化责任，确保完成任务。同时采取形式多样的方法，加大政策宣传、解释和舆论引导力度，把新型农村社会养老保险的重要性和必要性宣传到位，使这些惠民政策家喻户晓、深入人心。从2011年7月起，全县60周岁以上参加新农保的农村居民每月都能领取55元基础养老金。

2011年12月15日上午，揭西县新型农村社会养老保险养老金首发仪式在河婆街道厚埔村举行，为60周岁以上新农保人员发放新农保养老金存折。这标志着揭西县农村"老有所养"的梦想变成现实，也彻底打破千百年来养儿防老、靠地养老、存钱养老的传统养老模式，真正步入社会化养老的崭新时代。

2011年9月13日，在河婆街道举办揭西县新型农村社会养老保险业务知识培训班。

2011年8月31日，在县机关大院附楼会议室召开贯彻实施《社会保险法》暨新型农村社会养老保险试点工作会议。

（县社会保障局供稿）

广东电网揭阳揭西供电局

局长洪锐辛

局领导班子扩大会议

揭阳揭西供电局从2008年4月起由广东电网公司接管，成为省公司下属的子公司，是省公司直属中型企业，下设12个部门（含3个二级机构）、16个供电所，8座110千伏变电站，2座35千伏变电站。担负着揭西县（除良田乡、南山镇、京溪园镇外）14个镇及揭阳市高新技术产业开发区的供电、售电和保电任务，供电辖区覆盖范围979平方公里。局现有干部职工784人，其中本科学历102人、专科195人，高级专业技术人员98人。

揭西供电局在省公司、揭阳供电局和揭西县委、县政府的正确领导下，贯彻落实科学发展观，以南网中长期发展战略为统领，以创先工作为载体，努力提升五种核心能力，坚持“可持续发展、协调发展、和谐发展”工作思路，以基础管理规范化为着力点，扎实开展工作。2011年，全局完成供电量9.69亿千瓦时，比增12.09%；完成售电量8.73亿千瓦时，比增12.59%；线损率9.69%，比降0.4个百分点。利润总额比2010年同期减亏2390.44万元，资产总额达到3.12亿元，完成上缴国税、地税共4167万元。2011年，揭西供电局被揭西县委、县政府评为“文明单位”，被揭阳市政府评为“文明窗口单位”，“‘五五’普法工作先进集体”，“2010年度纳税光荣户”银奖。

揭西供电局办公大楼

新投产110kV清河变电站

（县供电局供稿）

广东揭西
GUANGDONG JIE

出席庆典仪式的领导、嘉宾为广东揭西农村商业银行挂牌开业剪彩。

该行员工舞蹈队在开业庆典晚会上表演舞蹈“风含情水含笑”。

广东揭西农村商业银行（以下简称“揭西农商银行”）于2011年11月9日正式挂牌开业，是经中国银监会批准筹建，在揭西县农村信用合作联社的基础上改制成功的股份制农村商业银行，也是全省第8家、广东省16个扶贫开发重点县中首家改制组建的股份制农村商业银行。

揭西农商银行现有54个营业网点，遍布全县17个乡镇，发行的银行卡——“珠江平安卡”集储蓄、消费、网上银行、支付宝、财付通等多种功能于一身，至2011年底，发卡量9.6万张；安装ATM取款机、自助银行及自助终端等各类自助设备共46台，方便客户办理业务；推广POS机商户，完善客户电子消费渠道；结

营业厅宽敞明亮、优雅舒适。

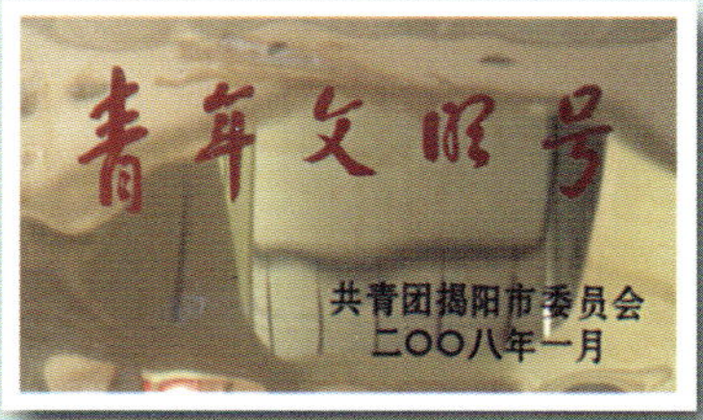

算系统实现客户资金实时到帐，服务更高效快捷。在做实传统业务的同时，还积极拓展中间业务市场，目前开办代扣电费、代发工资等多种代收代付业务和代理第三方存管业务，是揭西辖区网点最多、服务最广、市场份额最大的地方性现代银行。

揭西农商银行秉承农信社的服务特色和文化传统，坚持“服务三农、服务中小企业、支持地方经济发展”市场定位，树立“伴您同行、幸福共享”理念，构建富有特色的企业文化，不断提升金融服务质量与内涵，在改革发展和经营管理等各个方面成绩喜人。至2011年底，总资产55.22亿元，存贷款余额分别为47.36亿元和32.04亿元，分别占全县各金融机构存贷款总量的38.77%和84.70%；实现经营利润1.33亿元，主要财务指标居全省各农村中小金融机构前列；2011年该行应缴纳各项税费4350万元，为2010年3倍。揭西农商银行通过扶持“三农”、中小微企业、生态旅游、生态工业、商贸物流、交通等各个产业的持续协调发展，培育一批基础好、潜力大、带动能力强的骨干龙头企业、专业大户，推动县域经济又好又快发展。

2011年，揭西农商银行被广东省委、省政府授予“广东省文明单位”；辖属的多个支行历年来被揭阳市共青团委员会授予“青年文明号”，被揭阳市妇女联合会授予“巾帼文明岗”等先进荣誉称号。

热心公益，全行员工在扶贫济困日踊跃捐款，弘扬中华民族美德。

“信游E家”方便快捷

发行的珠江平安卡IC卡功能多，安全快捷。

实行晨会制度，员工精神面貌积极向上。

2011年9月26日，广东揭西农村商业银行创立大会暨股东大会第一次会议胜利召开。

（广东揭西农村商业银行供稿）

揭西县住房和城乡建设局

住房和城乡建设局办公大楼

局长李清闲

揭西县住房和城乡建设局的前身是揭西县建设局，2011年12月更名为“揭西县住房和城乡建设局”（以下简称“住建局”）。内设建筑管理股、人事财务股、综合股、房地产管理股、村镇建设股5个职能部门。另设揭西县城乡建设监察大队，属直属事业单位。

2011年，住建局着力抓好城镇规划建设，本着“以大项目带动大发展”的理念，重服务、严监管、保安全、促发展，完成省级村庄规划先行点10个，完成县内村级规划修编先行点10个。推进揭西县环城东路、环北二路、环城南路、城东新区道路等市政道路和金凤凰山庄、凤凰新城2个住宅小区建设，以及县城两河四岸、污水处理厂、教育城等市政工程建设。棉湖星湖城、曙光新城、棉湖新城和“三旧”改造项目工程建设，带动其他乡镇发展，加快城乡一体化进程。

住建局认真贯彻执行县政府《关于揭西县解决城镇低收入家庭住房保障的实施意见》和《印发揭西县2010年度解决城镇低收入家庭住房保障的规划实施方案的通知》精神，积极推进廉租房工作开展，不折不扣，按时按质完成工作任务。2011年完成上级下达公共租赁住房建设任务，真正做到公开、公平、公正，切实解决城镇低收入家庭住房困难问题。

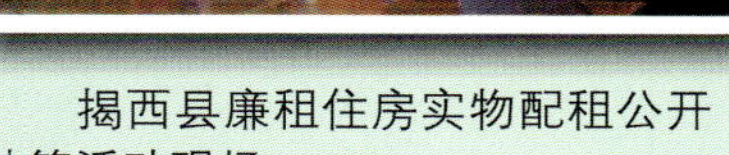

揭西县廉租住房实物配租公开抽签活动现场

廉租房抽签现场

在建的廉租房

廉租房大楼

（县住建局供稿）

揭西县人民医院

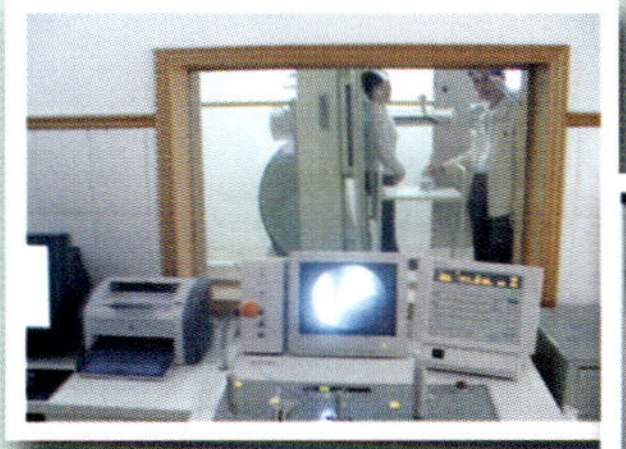

数字X光

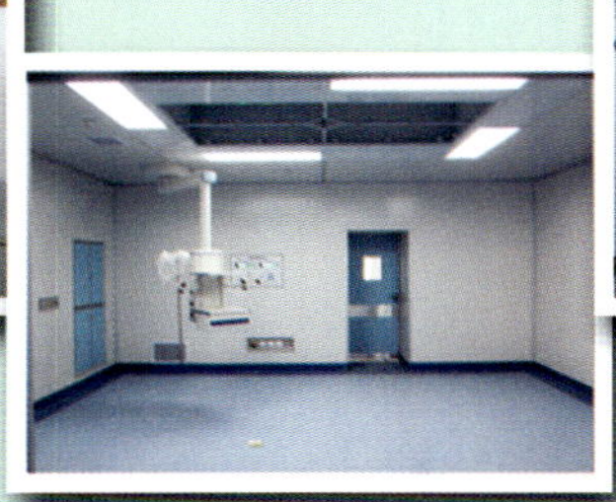

层流手术室

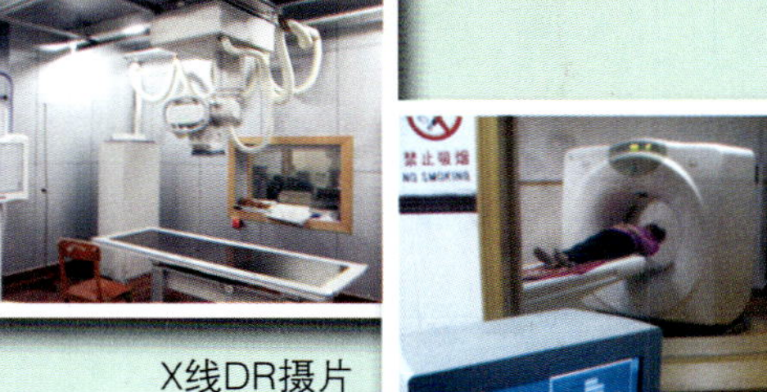

X线DR摄片

螺旋CT机

揭西县人民医院是揭西县规模最大、专业设置最齐全、设备最先进、设施最完善的国家二级甲等综合性医院、爱婴医院，是全县医疗技术培训、保健和急救中心。全院占地面积28800平方米，医疗业务用房建筑面积约23500平方米。医院现有在职干部、职工286人，外聘各类人员63人，离退休140人。其中副主任医师7人，主治医师、主管护师、主管药师、主管检验师共60人；有医生105人，其中执业医师82人，助理执业医师15人。医院科室设置综合住院部及二个综合门诊部。综合住院部设外科一区、外科二区、妇产科、内儿科、内二区、眼科，开放床位400张。综合门诊部设外科门诊、内科门诊、儿科门诊、妇科门诊、心血管专家门诊、中医科、骨伤科、康复科、检验科、皮肤科、病理室、碎石室、心脑电图室、CT室、X光室等30多个科室。

医院拥有美国通用公司单螺旋CT、数字化影像摄片系统（DR与CR）、电子胃肠镜系统、纤维鼻咽镜、全自动生化分析仪、化学发光分析仪、电子阴道镜、体外整波碎石机、彩超等先进医疗设备。

医院医疗技术水平不断提高，能开展食道贲门癌根治术、肺癌根治术、人工全髋关节置换术、开颅血肿清除术、胸腰椎“A–F”钉内固定术、全髋、半髋关节置换术、脊柱椎弓根钉固定术、白内障复明手术、阴式全宫切除术等大中手术，并在内分泌方面疾病、心脑血管病、风湿性疾病、血液病、心脏病、传染病等疾病的诊治、抢救等方面达到全县领先水平。

近年来，医院获得省院务公开先进单位、市卫生先进单位、市优秀护理集体、市文明窗口单位、市平安医院、市科协先进单位、市巾帼文明岗、市工人先锋号等荣誉称号。连续多年在县级医疗单位工作评比中获得全面工作第一名、护理工作第一名、经济管理工作第一名等荣誉。

下乡义诊

门诊大楼

（县人民医院供稿）

深圳市绿宝佳

深圳市绿宝佳实业有限公司总经理温奕区

深圳市绿宝佳实业有限公司成立于1998年，是集速生丰产商品林营造、生态风景林建设、园林绿化工程、苗木培育、废弃物资源化利用、有机化肥生产、木材深加工等诸多领域，产业配套相对齐全的林-板一体化生态型企业集团。

公司下属6个子公司、2个分公司、7个苗圃基地，苗圃面积11407亩、桉树商品林场面积20余万亩。公司现有员工2千余人，管理人员270人，其中高级工程师5人、工程师10人、助理工程师20人、各类专业技术人员50余人。

经广东省发改委批准立项，绿宝佳公司在揭阳市普宁市、揭西县、惠来县，汕尾市陆丰县、陆河县及河源市紫金县等地区建立桉树速生丰产林基地30万亩。2005年起分别在揭西县灰寨镇、南山镇、京溪园镇、五经富镇、大溪镇、上砂镇等乡镇投资种植丰产林。2009年12月在揭西县城

省林业厅领导在绿宝佳公司绿地工地视察

揭阳市林业经济发展研讨会在绿宝佳公司召开

实业有限公司

河婆霖都大道开设办事处，成为揭西林业生产发展有力推动点，受到省市县政府有关部门肯定和揭西县群众好评。至2011年12月，揭西县种植总林地面积达3万亩。2012年绿宝佳公司获揭西县政府造林绿化先进单位奖励。

公司员工积极参与全民植树造林

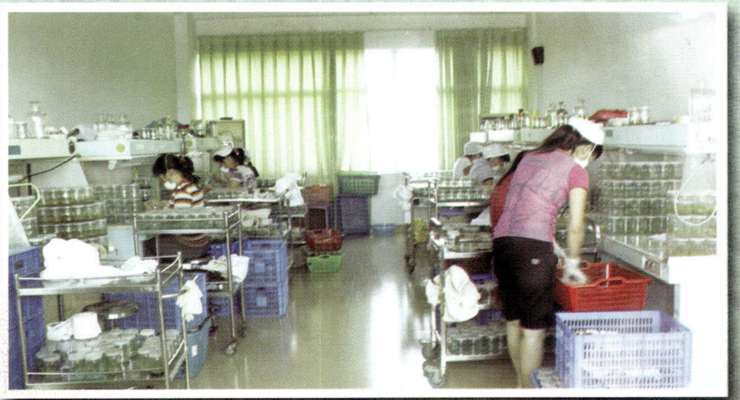

桉树苗组培

土质养分研究

近年在揭西县种植的速生丰产林

（绿宝佳公司供稿）

揭西县地方史志成果展（部分）

第二轮修志全省
最先出版的综合志书

揭阳市第一部
县级综合年鉴

揭西县第一部党史

党史大事记

揭西县第一部综合志书

《揭西年鉴》

党史期刊——《揭西党史资料通讯》

地方志期刊——《揭西方志信息》9期

中共揭西地方组织史和党史人物专著

《揭西年鉴》编纂委员会

名誉主任：邬郁敏

主　　任：吴少炎

副 主 任：刘小电　庄淑英

委　　员：巫树林　黄志生　黄建胜　张文生　彭绍兴
李旭晖　林伟哲　陈纪华　邱旭辉　林俊伟
彭双蛟　陈统将　林森锐　林俊槐　李建航
张剑辉　侯远欢　黄光华　张壮权　庄添明
巫丽琼　刘燕璇　林庭广

《揭西年鉴》编辑部

主　　编：庄淑英（兼）

副主编：林少红　陈　鑫

编　　辑：张立民　刘志辉　杨瑞良　杨春莉

校　　对：蔡秀桃　刘燕妮　黄志涛　李燕兰　庄彩霞

编辑说明

一、《揭西年鉴》是中共揭西县委、县人民政府组织编纂的一部地方性综合年鉴，属信息性资料工具书。其宗旨是系统、翔实地反映全县社会经济文化的基本面貌及发展概况，为各级领导决策提供依据，为海内外各界人士了解和研究揭西提供可靠综合信息和资料，同时也为续修《揭西县志》积累史料。

二、《揭西年鉴》采用按部类分编。为方便读者检索，结构采用编、章、节、目、段五个层次的结构形式。不同层次的标题，在字体、字号和版式设计上都有明显的区别，书中的“目”一般标题最多，统一用黑体字加【 】号表示，个别“目”内容较多，则分段表述。

三、本年鉴所刊内容为2011年1月1日至12月31日全县社会经济文化发展情况。全书设置特辑、大事记、概况、政治、法制、经济、科教文卫体、社会生活、乡镇街道建设、人物、附录等11编、63章，共有100条，照片90张，图表49幅，44万字。

四、本年鉴稿件由县直各有关单位，各乡镇（街道）提供，经年鉴编辑部进行编辑和初审，后由年鉴编委会领导终审定稿。文内所用数据为各单位提供，因统计口径不一，有的数据可能不一致，使用时以县统计局公布的数据为准。

五、本年鉴的编辑出版工作，得到全县各级领导机关及有关单位的大力支持和协助，在此谨表谢意。本书在编印中出现的粗疏、错漏之处，敬请批评指正。

目　录

特　辑

大事记

概　况

政　治

政　法

经　济

教科文卫体

社会生活

乡镇（街道）建设

人　物

附　录

特　辑

政府工作报告

——2011年4月1日在揭西县第八届人民代表大会第六次会议上

揭西县县长　邬郁敏

各位代表：

我代表县人民政府，向大会作政府工作报告，请予审议，并请政协各位委员和其他列席人员提出意见。

“十一五”时期工作回顾

“十一五”时期，是我县经济社会发展极不平凡的时期。五年来，在上级党政和县委的正确领导下，在县人大和县政协的监督支持下，县政府团结带领全县人民，坚持以科学发展观统领全局，解放思想，抢抓机遇，开拓进取，全面完成了“十一五”规划确定的各项目标任务，开创了经济实力大幅攀升、产业结构优化升级、人民生活明显改善、社会事业全面进步的良好局面。

经济综合实力实现新跨越。2010年，全县生产总值突破100亿元大关，达到118.1亿元，比2009年（下同）增长18%，是2005年的2倍，五年年均（下同）增长14.4%。产业结构得到进一步优化，三次产业比例从2005年的24.4：46.6：29.0调整为2010年的17.7：53.0：29.3。工业经济保持强劲发展势头，河婆、灰寨轻纺等工业载体建设扎实推进，2010年规模以上工业增加值19.87亿元，比增39.1%，年均增长41.7%；五年新增规模以上工业企业145家，新增限上商贸企业109家，分别累计211家和112家。自主创新能力不断增强，至2010年，全县共有省级高新技术企业2家，省、市级民营科技企业22家，省级专业镇3个，市级专业镇7个，著名商标8件，申报专利累计1159项。对外开放取得成效，五年累计实际利用外资6326万美元，外贸出口总额18441万美元，分别是“十五”时期的1.5倍和2倍；积极实施“乡贤回归”工程，五年共引进投资项目283个，计划总投资239亿元。财政收入较快增长，2010年，财政总收入14.14亿元，地方财政一般预算收入2.178亿元，比增27.21%，税收收入1.556亿元，比增30.14%，分别是2005年的2.6倍、2.9倍和2.9倍，年均增长20.68%、23.7%和23.97%。金融运行平稳，2010年全县金融机构各项存款余额103.96亿元，比增12.75%，各项贷款32.1亿元，比增15.76%，分别是2005年的1.8倍和2.3倍。

基础环境进一步优化。紧紧抓住国家实施扩内需、保增长的政策机遇，完成了一大批水利、交通、公路、能源和市政等项目，“十一五”时期，全县累计完成固定资产投资137.58亿元，是“十五”时期的3.1倍。城镇建设快速推进。五年来共投入县城建设资金9.4亿元，建设和完善了滨江公园、县城防洪工程、环北二路、县城污水处理厂、温泉大道、教育城、金凤花园、环城东路等工程，美化靓化了县城环境，提升了县城品位；中心镇建设稳步推进，完成和建设了第二和第三自来水厂、棉湖和五经富污水处理厂、星湖城花园、曙光新城花园等市政工程项目；其他乡镇的建设也得到加强。交通环境全面优化。至2010年底，全县通车里程达到1285.4公里，比2005年增加232.9公里；公路密度每百平方公里达到94.5公里，比2005年增加14.7公里。完成了省道335线河婆至五云路段和五经富至灰寨路段路面大修工程、京棉公路、坪石公路、金里公路、南大公路等公路项目，实现了行政村公路硬底化建设目标，村村通客运工作扎实推进。水利建设得到加强。五年来共投入水利建设资金4亿多元，全面完成了河輋水库除险加固工程、省级病险小型水库除险加固工程、大溪拦河闸工程等一批项目建设，农村饮水安全工程、金凤联围、龙潭联围等一批水利工程建设扎实推进。能源、通信等建设取得突破。完成了110千伏龙潭、凤江、灰寨变电站和县配电网工程的建设。加快了信息、通讯设施建设，增强了承载能力。

“三农”基础地位进一步巩固。2010年被评为全国粮食生产先进县，全县农林牧渔业总产值32.09亿元，比增6.1%，年均增长5.3%；农民人均纯收入5768元，比增12.5%，年均增长9.4%。农业产业化不断提高，2010年，5家农业类食品被评为省名牌产品，累计16家；6个产品获国家绿色食品A级产品认证；新增市级农业龙头企业1家，全县拥有省市级农业龙头企业8家；列入省现代农业园区1家。强农惠农政策有效落实，2010年共发放各类农业直补资金1917万元，兑付家电、汽车、摩托车下乡补贴资金1089万元。扶贫开发“双到”工作扎实开展，2010年共落实帮扶资金5153万元，落实项目261个，4113户贫困户2.53万贫困人口实现脱贫，分别占脱贫任务的71.72%和76.14%；完成15个贫困村的“雨污分流”工作任务，贫困地区群众生产生活条件得到改善。林业工作再上台阶，被评为广东绿色名县、省林业生态县，森林覆盖率达61.3%，林权制度主体改革基本完成。

旅游三产发展加快。立足资源优势，加大资金投入，加强对外宣传，加快开发步伐，全力打造“旅游文化强县”，生态旅游品牌逐步打响，被省政府列为“广东省旅游综合改革示范县”。五年累计投入近20亿元，建设了京明温泉度假村、黄满磜瀑布旅游区、大北山森林公园、石内河漂流旅游区、三山国王祖庙旅游区、钱坑镇旅游综合开发区等一大批景区景点，成功举办了第二、第三届生态旅游文化节和欢乐中国行大型文艺晚会，旅游知名度得到提升，取得了明显的社会效益和经济效益，旅游经济成为县域经济新的增长点。2010年共接待游客270万人次，比增31.7%，旅游收入8.5亿元，比增59%，分别是2005年的4.3倍和6.6倍。在旅游产业的带动下，第三产业继续保持健康发展态势，2010年全县社会消费品零售总额40.73亿元，比增27.1%，年均增长25.5%。

社会管理水平全面提升。人口计生工作走上了良性发展轨道，省计生二类管理地区地位得到巩固，基本达到省优质服务县标准，2010年，人口出生率为10.86‰，人口自然增长率5.91‰。环境保护和节能减排取得实效，全面完成“十一五”减排任务。荣获国家首批绿色能源示范县称号。土地管理进一步规范，实行土地征收“五统一”；“三旧改造”扎实推进，2010年共完成“三旧”改造82宗2121亩。连续六次被评为省“双拥模范县”。殡葬管理工作得到加强。产品质量和食品药品安全专项整治深入开展，安全生产监管取得成效，市场秩序不断规范。全面完成县、镇街综治信访维稳中心建设，做好群众来信来访工作，深入开展社会治安十大专项整治，社会治安持续稳定好转，社会大局保持和谐稳定。

人民生活得到改善。五年共投入改善民生、基本公共服务领域财政资金31亿元，年均增长17.36%；县财政投入社会事业和公共服务资金占财政一般预算支出比重从50.5%增至57.9%。五年共投入教育资金15.8亿元，新建、扩建及改造中小学校214所，新招聘教师2554名，河婆中学被评为国家级示范性普通高中，棉湖中学被评为省普通高中教学水平优秀学校，2010年高中毛入学率达到85%以上。公共卫生服务体系进一步完善，乡村卫生站实现全覆盖，医疗水平不断提高。建成一批县、镇及农村基层文化设施，实现“村村通广播”，完成县图书馆及附属工程建设，三山国王祖庙遗址和郭氏大夫第被列为省级文物保护单位。就业和再就业工作扎实推进，五年累计新增就业20760人，下岗再就业4482人，城镇登记失业率控制在3.5%以内。社会保障不断加强，2010年参加企业养老保险78629人，征收企业养老保险费11316万元，基本实现足额准时发放；新型农村合作医疗覆盖率98.32%；参加城镇居民和职工医疗保险14.7万人，城乡居民享受低保待遇2.93万人，基本实现应保尽保。廉租房建设加快推进。成立县慈善总会，深入开展“扶贫济困日”活动。此外，体育、外事侨务、民族宗教、人事、统计、残联、物价、气象、档案、史志、征兵等各项事业取得了新成绩，实现了新发展。

依法行政能力不断增强。开展深入学习实践科学发展观活动和忠诚教育活动，形成推动科学发展的强大动力。自觉接受县人大的法律监督和县政协的民主监督，认真执行向人大常委会报告工作、向政协通报情况的制度，五年共办理人大建议70件，政协提案121件。密切与各民主党派、工会、共青团、妇联的联系，科学民主决策机制不断完善，行政复议工作扎实开展。全面完成“五五普法”，依法治县工作加快推进。圆满完成政府机构改革。廉政建设不断加强，行政电子监察系统建成启用，经济责任审计进一步强化，一批违纪违法案件受到查处。

各位代表，“十一五”时期是我县经济社会发展取得重大进展，人民群众得到更多实惠的五年。回顾五年来的工作，我们深刻体会到，只有深入贯彻落实科学发展观，着眼全局，谋划长远，夯实基础，才能推动揭西发展；只有解放思想，转变作风，采取超常规方法发展，敢想敢干，才能改变揭西落后面貌；只有结合揭西实际，大打生态品牌，才能在竞争中实现赶超进位；只有注重统筹兼顾、协调推进，努力放大优势、拉长短板，才能增强发展的全面性、协调性和可持续性；只有坚持以人为本，大力改善民生，发展社会事业，着力解决人民群众最关心、最直接、最现实的利益问题，才能全面打造和谐揭西；只有不断加强政府自身建设，全面履行政府职责，以科学执政理念驾驭经济社会发展，提高政府工作执行力，才能更好地带领揭西人民脱贫奔康。这些经验，我们要倍加珍惜，不断发扬光大。

各位代表，过去五年，我们克服了种种困难，战胜了各种挑战，成绩来之不易。这是市委市政府和县委正确领导的结果，是县人大、政协监督支持的结果，是全县人民共同奋斗、社会各界大力支持的结果。在此，我谨代表县人民政府表示衷心的感谢并致以崇高的敬意！

在看到成绩的同时，我们也清醒地认识到，我县经济社会发展中仍然存在许多困难和问题，主要是：经济总量小，产业发展水平低，欠发达的县情还没有根本性改变；招商引资难度大，投资环境有待进一步优化；社会事业相对滞后，人民生活质量有待提高；社会管理仍存在一些薄弱环节，影响社会和谐的因素仍然存在。针对这些问题，我们将在今后的工作中认真研究，努力加以解决。

“十二五”时期奋斗目标和2011年的主要任务

“十二五”时期是加快转变经济发展方式、深入推进科学发展的攻坚时期，是全面实现“十年大发展”目标的关键时期。综观国内外形势，我县既面临新的历史机遇，又面临严峻挑战，总体上处于大可作为的战略机遇期。根据市委市政府的总体部署和县委关于“十二五”规划的建议，县政府组织编制了《揭西县国民经济和社会发展第十二个五年规划纲要（草案）》，提请本次大会审议。“十二五”时期政府工作的指导思想是：坚持以邓小平理论和“三个代表”重要思想为指导，深入贯彻落实科学发展观，围绕“加快转型升级、建设幸福广东”这一核心，按照“美丽山城”的发展定位，坚定不移地实施“生态工业大县、旅游文化强县、绿色和谐揭西”战略，走以旅游文化为龙头，生态工业、商贸物流、特色农业互为协调推动的发展思路，解放思想，艰苦奋斗，奋发图强，加快转变经济发展方式，努力把揭西建设成为宜游、宜业、宜商、宜居的“美丽山城”。

“十二五”时期经济社会发展的主要目标是：至“十二五”末期，生产总值达到316.95亿元，年均增长20.2%；地方财政一般预算收入8.13亿元，年均增长30.3%；全社会固定资产投资93.21亿元，年均增长22.5%；农民人均纯收入1.05万元，年均增长12.8%；经济持续快速发展，社会建设全面加强，民生福祉显著改善，发展环境明显优化。

2011年是中国共产党成立90周年，也是“十二五”时期开局之年。做好今年的政府工作意义重大。经济社会发展主要预期目标是：生产总值比增20%；地方财政一般预算收入比增29%；规模以上工业增加值比增30%；全社会固定资产投资比增43.5%；社会消费品零售总额比增21.8%；外贸出口总额比增19%；城镇登记失业率控制在3.5%以内；人口自然增长率控制在6.5‰以内；农民人均纯收入比增12.6%。

实现上述目标，必须坚持以科学发展观为指导，认真贯彻落实党的十七届五中全会、中央经济工作会议、省委十届七次和八次全会、市委四届八次全会、县委九届七次全会精神，围绕建设“美丽山城”目标，突出抓好旅游文化、生态工业、商贸物流、特色农业等四大工程，加快推进经济和产业结构调整优化升级，狠抓各项建设，协调发展社会事业，全面加强社会管理，为“十二五”发展开好局、起好步。着力抓好以下九方面工作：

一、着力抓好自主创新，不断调整优化产业结构

提升现有企业　坚持走新型工业化道路，落实各项政策措施，完善领导干部挂钩扶持重点企业制度，帮助企业解决资金、用地、用工等实际问题，鼓励和引导企业增资扩产，加强技术改造，重点扶持培育一批有发展潜力的支柱产业，促进企业转化升级，增强企业发展后劲和核心竞争力，促进企业扩规模、上档次，扎实推进“三个新增100”工作。

发展新兴产业　大力培育发展生物医药、新能源、新材料等新兴产业，大力发展绿色能源项目，集中力量抓好国电风能发电、广药集团普通药物生产基地、新农生物能源等项目建设，确保早日建成投产，发挥效益。创造条件，全力以赴做好抽水蓄能电站的引进工作。

推进自主创新　坚持把自主创新作为加快经济发展方式转变的核心推动力来抓，认真落实和完善支持企业自主创新的各项政策配套措施，大力支持企业设立产学研合作机构，帮助企业解决技术难题。支持企业争创自主品牌，大力发展技术含量高、高附加值产品。力争实现驰名商标零的突破，新增民营科技企业2家，市级专业镇1个。

夯实发展载体　大胆创新和探索工业发展载体的开发思路、开发模式和资金筹措方法，加快规划建设步伐，主动承接产业转移，形成各具特色的产业集群。继续完善灰寨轻纺工业集中区的配套建设，引进更多的企业落户该园区；尽快启动棉湖工业集中区建设；加紧做好河婆工业集中区、京塔经济开发区的征地等前期工作，规划好京凤生态村；高起点规划建设金塔、凤江、钱坑等工业集中区，为加快产业集聚发展拓展空间。

二、着力抓好项目建设，不断优化发展环境

抓好交通建设　争取上半年完成省道335线灰寨至河婆路段路面大修工程建设，加快推进大北山公路网建设，完善农村客运等公共交通。抓好省道238线河婆至坪上路段和省道237线灰寨至棉湖路段路面大修、新建河乡公路等工程的申报立项和建设工作，争取今年开工建设。抓好县道096线金和至塔头段扩建工程。全力配合省高速公路公司做好汕头至湛江和潮州至惠州高速公路揭西段建设的各项工作。

加快水利建设　全面完成城乡防灾减灾、象山拦河闸、全国小型农田水利重点县、东部片区农村饮水安全等项目建设，上马建设贡山电排站和五经富镇、良田乡小流域综合治理项目，上报立项瓠杓岭拦引榕灌区、南乌灌区整治及金塘、桃溪洲两个电排站等项目。

推进能源等建设　完成220千伏明山变电站征地工作，扎实抓好钱坑、清河、梧桐等3

个110KV输变电站工程建设。积极争取理顺上砂农电管理体制。完成县人民医院和县中医院住院综合楼等工程建设，尽快开工建设县烟草综合楼、县广电中心、金和直属粮库、民营中医医院等项目。

三、着力抓好“三农”工作，不断繁荣农业农村经济

抓好扶贫开发 加大扶贫开发的广度和深度，积极开展产业帮扶和智力扶贫，扶持农村壮大集体经济，基本完成扶贫开发“规划到户，责任到人”工作任务。抓紧编制村庄建设规划，加大农村公共设施投入，突出抓好农村环境整治，大力推进农村生活污水治理工程建设，改善农村生产生活条件。

夯实农业基础 加快推进标准农田建设，重点实施县基本农田保护示范区、农业综合开发等项目，提高农业综合生产水平和防灾抗灾能力。抓好县农业有害生物预警和控制站项目的建设，提高重大有害生物的监测、控制和反应能力，保障农业生产安全。

发展生态农业 认真落实各项强农惠农政策措施，调动农民种粮积极性，稳定粮食播种面积。充分发挥农业龙头企业的带动作用，大力发展特色农业、效益农业，促进农业增效、农民增收。培育新的龙头企业和品牌产品，争取新增省农业龙头企业1家，新增广东省名牌产品5个。抓好动植物疫病的防治，发展畜牧养殖业、现代水产业。全面完成集体林权制度改革，巩固省林业生态县建设成果。

加强新农村建设 大力实施新农村建设“三个一”工程。依法依规做好村民委员会和社区居民委员会换届选举工作，确保大局稳定。全面推广玉湖经验，深化农村各项改革，加强农村财务管理，完善农村各项管理制度，巩固和扩大基层民主管理制度。扎实推进农村饮水安全工程建设，着力解决群众饮水安全问题。大力发展沼气事业，积极创建生态文明村。

四、着力抓好中心镇建设，不断提高城镇化水平

完善中心镇规划 抓紧完善中心镇总体规划和编制控制性详细规划，突破城乡空间分割的限制，从更大的空间范围来考虑城镇发展框架，统筹区域城镇规划和镇村规划，形成较为完整的规划体系。加强对规划实施的监督，严格“一书两证”制度和城镇规划管理行政过错追究制度，依法查处违反规划强制性内容的行为，确保规划的严肃性和连续性。

加快中心镇建设 制定出台加快中心镇建设扶持措施，在县级财权事权许可的情况下全力支持中心镇的发展，形成新的经济增长极。继续筹集1亿元以上资金投入县城市政公共设施建设，加快推进霖都大道等主干道的升级改造、县城环城东路、广德庵路、环北二路、沿江路、城东新区、教育城等市政建设，规划建设县城具有标志性的文体中心、市民广场和大型商贸物流中心，抓好新安雅苑、凤凰新城等生活小区的建设。抓好棉湖星湖城、曙光新城、棉湖新城等生活小区和污水处理厂建设，上马棉湖顺天建材物流中心、棉湖华侨医院手术住院综合楼等工程，完成棉湖过境公路和道江路的升级改造；加快棉湖糖厂和8家二轻企业的改制步伐，规划建设大型商贸物流中心；淘汰镇区产能低、污染大的民办企业，腾出发展空间，盘活土地资源，加快新镇区建设。抓紧完成五经富县第三自来水厂供水管网配套和污水处理厂工程，动工建设五经富一河两岸整治工程，规划建设好五经富高级住宅区和商贸服务区，主动对接揭阳高新区，逐步把五经富建设成高新区的后花园。

强化中心镇经营管理 牢固树立土地是资本的观念，完善土地一级市场由政府垄断、二级市场由市场运作的机制，盘活存量土地，以地生财，滚动发展，提高土地利用率。发挥乡情优势，把城镇建设项目推向市场，鼓励社会资本参与基础设施、公共服务业等领域建设，多方聚集城镇建设资金，走专业化、企业化、社会化经营的路子，提高城市经营水平。强化对市政设施、环境卫生、市容秩序等日常工作的监督和管理，促进城镇面貌大改观，提升城镇的形象和品位。

五、着力抓好生态旅游，不断打响生态品牌

坚持大手笔规划　按照“大旅游大发展”的工作思路，进一步完善《揭西县大北山旅游经济开发区总体规划》，加快以农家乐为主要特色的乡村旅游规划建设，大力培育和发展以旅游文化为龙头的特色旅游产业，逐步把揭西建设成为立足粤东、辐射全省、影响国内外的生态休闲旅游胜地。

坚持大力度建设　坚持积极动员乡贤回乡投资、向上争取旅游扶贫资金和地方财政有效投入等多种办法，进一步加大对生态旅游产业发展的资金投入，加快推进计划投资30.42亿元的大北山生态旅游区规划建设，完善大北山森林公园、京明温泉度假村、黄满礤瀑布旅游区等景区的配套建设，开工建设计划投资10亿元的五星级希桥酒店综合开发项目，尽快启动三山国王祖庙地区综合开发建设，扎实推进钱坑镇旅游综合开发区、上砂开口石景区等项目建设，积极开展创A评星活动，力争实现大北山森林公园创国家AAAA级景区的目标。

坚持大范围宣传　坚持以政府为主导，精心策划和组织一批有影响力的宣传促销活动和旅游推介会，组织参加海内外举办的旅游推介活动，充分展示揭西旅游精品，提高知名度。坚持“资源共享、互惠互利”的原则，加强与周边地区的旅游合作，整合旅游资源，进一步科学合理地编制旅游精品线路，推出更具吸引力的旅游路线，拓展新的客源市场。

六、着力抓好内外经贸，不断扩大对外开放

大力发展商贸物流业　依托旅游、工业的发展，聚集人气，提供各种优惠条件引进国内外大型物流企业来我县投资，争取在县城、棉湖建设1—3个具有一定规模的商贸物流中心，实现商贸物流业的大突破。继续加强和完善县镇集贸市场、商业街区、批发市场等商贸载体建设，积极落实好“家电下乡”等政策，大力开拓绿色消费、健康消费、文化消费、信用消费等新兴消费热点。提高城乡低收入居民收入，扩大中等收入群体，增强居民消费能力。

积极拓展内外贸易　扶持和服务外资企业，优化大通关环境，巩固传统外贸市场，大力拓展新兴国际市场，优化提升一般贸易出口结构，促进外贸出口稳定增长。坚持“走出去”与“请进来”相结合，积极组织企业参加各种展销会、洽谈会和博览会，推介具有地方特色的各种产品，引导企业积极开拓国内市场，扩大对外经贸合作范围，提高产品市场占有率和竞争力。

全方位开展招商引资　继续大力实施“乡贤回归”工程，立足深层次、宽领域策划包装招商项目，充分利用各种招商与合作平台，加强与珠三角发达地区以及周边地区的合作与交流，瞄准中央、省国有企业，全力争取国企的投资项目，努力引进一批知名大公司或带动作用强、发展潜力大的项目，力争在数量和质量上取得大突破，确保完成全年150亿元招商引资目标任务。

七、着力抓好经济社会管理，不断促进社会和谐稳定

狠抓财税金融工作　严格依法治税，加强重点税源监控，加大经济户口清理力度，规范行业管理，进一步挖掘增收潜力，促进收入有效增长。优化财政支出结构，从严控制一般性支出，保障民生支出和重点支出的需要。深化金融体制改革，上半年完成农信社改制为农村商业银行工作，大力发展小额贷款机构和融资担保机构。鼓励优质企业上市。深化银企合作，扩大信贷规模。

加强经济运行监管　全面贯彻落实上级关于稳定物价的政策措施，加强价格监测预警，切实调控商品价格特别是农副产品价格过快上涨，严肃整治哄抬物价等不法行为。加大知识产权保护力度，严厉打击制假售假、商业欺诈等不正当竞争行为，规范市场经济秩序。

全面加强生态管理　加强人口计生基层基础工作，稳定低生育水平，提高出生人口质量，巩固省“二类”和争创“省优”的成果，力争进入“省一类地区”行列。加强水污染防治，着力抓好榕江、横江、龙江等中小河流水环境综合治理，控制农村面源污染，推进县坪上垃圾填埋场建设。抓好重点工程林、消灭荒山及绿色通道工程建设，提高植树造林水平和森林覆盖率。完善殡葬设施，巩固殡改成果。加快和规范推进“三旧”改造，严厉打击各类违法用地、探矿采矿行为，实现耕地保有量目标。

全力维护社会稳定 加强信访工作，认真落实处置各类突发事件的预案工作，全面预防和处置各类群体性事件。推进人民调解、法律援助和社区矫正工作。强化产品质量和食品药品安全监管。严厉打击制假售假等违法活动。落实安全生产责任，杜绝重特大安全事故的发生。完善社会治安防控体系，坚持“打防结合，预防为主”原则，深入开展十大专项整治行动，严厉打击“两抢一盗”、贩毒吸毒等违法犯罪活动，维护社会稳定，积极推进“平安揭西”建设。

八、着力抓好民生保障，不断改善民生福祉

加快发展教育事业 全面实施《揭西县教育事业发展规划（2011～2020年）》。加快推进霖田中学二期、凤江中学、上砂中学和宝塔学校建设，争取今年秋季交付使用。扎实推进乡镇义务教育学校规范化建设，进一步提高全县标准化学校达标率。改善各类教育办学条件，支持发展民办学校。继续做好教师培训和招录工作，建设高素质教师队伍。

逐步完善社会保障 做好城乡低保金发放工作，加大善款筹集、管理和发放力度，及时解决困难群众生活问题。加强再就业培训，完善就业援助体系，实现多渠道就业。加快廉租房建设，认真落实住房补贴政策，切实解决好城镇低收入家庭的住房困难。进一步扩大社会养老保险覆盖面。全面推进医疗保险城乡一体化工作，城乡居民医疗保险参保率要实现全覆盖，加强资金监管，确保健康运转。

全力抓好文卫事业 推进文化强县建设，完善县、镇、村文化配套设施，推进县体育馆、广德庵文化公园、名人馆、棉湖和五经富两个文化广场建设，积极推进镇、村两级文化设施建设，健全公共文化服务体系。加强文物保护和整体开发。全面完成第三次全国文物普查工作。深化医疗体制改革，鼓励发展民营医疗机构，争取引进1～2家民营医院。完善公共卫生和医疗卫生服务体系，加强卫生机构人才建设。强化重大疾病防控，加大卫生监督力度，抓好城乡居民健康档案建档和管理工作。

全面发展其他事业 开展创建“广东省文明县城”工作，扎实推进精神文明建设。巩固“双拥模范县”创建成果，做好国防动员、优抚安置工作。提高统计服务质量。落实妇女、儿童发展规划，维护妇女儿童权益。广泛开展全民健身运动，继续做好外事侨务、对台宗教、气象地震、档案史志、残疾人等工作。

在这里，我代表县人民政府承诺，今年将集中力量为人民群众办好十件实事：一是提高城乡低保补助水平。城乡低保补助水平人均月各增加30元，其中城镇低保补助水平提高至人均月147元，农村低保补助水平提高至人均月102元。二是基本完成三年扶贫开发任务。加快推进扶贫开发“规划到户，责任到人”工作，确保我县47个贫困村今年实现脱贫目标及“雨污分流”处理工程全覆盖。各乡镇街道完成60%的行政村“雨污分流”建设任务，其中上砂镇和钱坑镇全面实现所有行政村农村生活污水治理目标。三是稳定和扩大就业。新增城镇就业4750人，城镇失业人员再就业1650人，就业困难对象再就业375人；组织农村劳动力技能培训8000人，转移就业32200人。四是提高基层医疗卫生服务水平。新增乡镇卫生院达标建设4所、新增一甲医院1家；深化医药卫生体制改革，全县乡镇卫生院及社区卫生服务机构100%实施国家基本药物制度。五是促进基础教育全面发展。创建规范化学校33所，建筑面积5373平方米；全面完成霖田高级中学的建设任务；确保小学适龄儿童入学率达到100%，学龄残疾儿童少年入学率达到97%以上，小学毕业生升学率达到99.8%以上，高中阶段毛入学率达到86%以上。六是完善社会保障体系。扩大社会保险覆盖面，企业职工基本养老保险参保人数9.05万人，城镇职工基本医疗保险参保人数4.5万人，城乡居民基本医疗保险参保

保险参保人数76.07万人。加快建立农村养老保险制度，今年度全县45周岁以上农民参加农村养老保险人数达到10万人。七是大力发展民生水利事业。加快推进我县水利基础设施建设，全面完成城乡水利防灾减灾工程和象山拦河闸新建工程建设。抓紧启动贡山电排站和五经富镇、良田乡小流域综合治理项目建设。解决农村饮水不安全人口16.7万人，确保农村饮用水安全普及率达到88%。八是加强城乡文化设施建设。县广电中心建成交付使用，规划建设县文体中心；加快县图书馆的布馆和配套设施建设，并交付使用；做好县博物馆、文化馆的达标建设工作；文化信息资源共享县支中心建成并全面达标；乡镇综合文化站、村文化室和村级业余文艺组织建设按要求落到实处；完成行政村“农家书屋”建设任务和农村电影放映任务；每万人拥有公共文化设施面积206.11平方米、体育设施1107平方米，公共图书藏量5.43万册，广播综合覆盖率97.15%，电视综合覆盖率97.15%。九是加快保障性安居工程建设。筹措资金955万元，建设保障性住房158套、建筑面积7900平方米，其中：廉租住房48套，建筑面积2400平方米；公共租赁住房110套，建筑面积5500平方米，发放廉租住房租赁补贴31户，切实解决好城镇低收入家庭住房困难问题。十是大力改善城乡交通环境。完成省道335线灰寨至河婆路段路面大修工程建设。争取立项建设省道238线河婆至坪上路段和省道237线灰寨至棉湖路段路面大修工程。改造全县农村公路60公里以上。加快推进潮惠高速公路、汕湛高速公路揭西段建设。

九、着力抓好自身建设，不断推进民主法制进程

转变作风，建设效能政府　大力倡导“谋大事，想干事，干成事”的良好风气，发扬求真务实、埋头苦干精神，说实话、办实事、求实效。坚持开展调查研究，深入了解社情民意，及时解决基层、企业和群众反映集中的实际困难和问题。严格执行督查制和问责制，增强政府执行力。全面深化机关效能建设，树立廉洁、务实、高效的政府形象。

依法行政，建设法治政府　加强执法监督，规范行政执法行为。坚持向人大及其常委会报告工作和向政协通报情况制度，自觉接受人大、政协监督，加强与各民主党派、工商联、无党派人士的联系，认真办理人大代表建议和政协委员提案。健全科学民主依法决策机制，提高决策透明度和公众参与度。继续推进政务公开、政府信息公开，加快电子政务建设，畅通政府与群众沟通渠道。启动“六五”普法。

从严治政，建设廉洁政府　全面落实党风廉政建设责任制，更加注重标本兼治、惩防并举，更加注重完善制度、规范权力，严格执行《廉政准则》，强化反腐倡廉教育，筑牢拒腐防变的思想道德防线，健全完善惩治和预防腐败体系，努力建设风清气正、高效廉洁、人民满意的公务员队伍。

各位代表！回首“十一五”，我们成绩斐然；展望“十二五”，我们充满希望。让我们在市委市政府和县委的坚强领导下，全面落实科学发展观，进一步凝心聚力，锐意进取，扎实工作，为建设宜游、宜业、宜商、宜居的“美丽山城”而努力奋斗！

继往开来 奋发图强
努力开创揭西科学发展新篇章

——在中国共产党揭西县第十次代表大会上的报告
（2011年9月21日）

邬郁敏

各位代表：

现在，我代表中国共产党揭西县第九届委员会向大会作报告，请予审议。

这次会议的主题是：以邓小平理论和“三个代表”重要思想为指导，深入落实科学发展观，认真贯彻落实党的十七大、省第十次党代会和市委工作会议精神，总结分析我县第九次党代会以来的工作，研究部署今后五年的发展目标、发展思路和战略措施，选举产生中国共产党揭西县第十届委员会、纪律检查委员会和出席揭阳市第五次党代会的代表，动员和激励全县党员干部和人民群众，继往开来，奋发图强，开拓创新，艰苦创业，为建设经济发展、文化繁荣、生态优美、环境良好、社会和谐的新揭西而努力奋斗。

一、认真总结，全面回顾过去五年的工作

县第九次党代会以来的五年，是极不寻常的五年。五年来，在市委的正确领导下，县委坚持以邓小平理论和“三个代表”重要思想为指导，认真贯彻落实科学发展观，团结带领全县人民，解放思想，调整战略，攻坚克难，奋发图强，经济社会呈现良好发展态势，党的建设全面加强，全面完成了县第九次党代会提出的各项工作任务。

（一）发展思路丰富完善

五年来，县委坚持把解放思想作为改革发展的基础前提和最紧迫任务，深入开展解放思想大学习大讨论活动，组织外出参观学习，引导广大干部群众解放思想、拓宽眼界、更新观念。面对发展的新形势、新任务，县委在总结分析的基础上，丰富完善发展思路，确立了围绕建设“美丽山城”一个目标，强化“不甘人后、敢于担当”二种意识，营造“廉洁高效的政务、公平公正的法治、包容开放的人文”三个环境，强势推进“旅游文化、生态工业、商贸物流、特色农业”四大工程建设的发展思路。实践证明，这一思路符合揭西实际，统一了全县干部群众的思想行动，调动了各方面的积极性，在全县形成了全民参与、共谋发展的浓厚氛围，为推进县域经济的加快发展奠定了良好的思想基础。

（二）综合实力明显增强

县委始终坚持发展第一要务，依托生态资源优势，加快推进经济结构调整，大力发展生态经济，县域经济总体实力得到提升。2010年全县生产总值完成118.1亿元，是“十五”末的2倍，年均增长（下同）14.4%；地方财政一般预算收入2.178亿元，是“十五”末的2.7倍，年均增长27.21%。工业企业得到长足发展，切实抓好工业园区建设和招商引资、项目引进等工作，积极为企业搞好协调服务，电线电缆、医药等支柱产业初步形成。五年新增规模以上工

业企业154家，2010年实现规模以上工业增加值19.87亿元，是“十五”末的8.31倍，年均增长41.7%。农业经济健康发展，甜玉米、茶叶、淮山、无公害蔬菜等特色农业生产基地初具规模。2010年，荣获全国粮食生产先进县称号。2010年全县实现农林牧渔业总产值32.09亿元，比“十五”末增长30.76%，年均增长5.3%；农民人均纯收入5768元，比“十五”末增长74%，年均增长9.4%。旅游资源开发建设力度加大，创建了全市首家国家级四A景区和唯一的国家级森林公园，成功举办了三届生态旅游文化节，旅游综合效益不断提升，被授予“广东省旅游综合改革示范县”称号。商贸、物流、餐饮等产业快速发展，五年新增限上商贸企业109家，2010年完成社会消费品零售总额40.73亿元，是“十五”末的3.1倍，年均增长25.5%。

（三）基础条件大幅改善

紧紧抓住国家扩大内需和省促进粤东地区加快发展的历史机遇，加大项目争引力度，加大资金投入，“十一五”期间全县累计完成固定资产投资137.58亿元；实施投资1000万元以上重点项目127个，累计完成投资50.16亿元。交通条件得到改善，完成省道335线部分路段大修工程，京棉公路、金里公路、大北山经济路网等竣工通车，完成了行政村公路硬底化建设任务，通村客车率达到90%。建设了龙潭联围、大溪拦河闸等一批水利工程，大大提高了防灾减灾能力。完成了龙潭、凤江、灰寨110千伏变电站和县配电网工程建设，保障了城乡经济发展的电力需求。县城建设步伐加快，规划建设环城东路、环北二路，完成了温泉大道、金凤花园、污水处理厂、教育城等一批项目建设，城区规模进一步扩大，承载功能进一步提升。棉湖、五经富两个中心镇加快推进供水、供电和污水处理等市政公共设施工程，宜居宜业环境得到改善。“三旧”改造工作扎实推进。能源、水利、交通、公路和民生工程等重点项目的投入使用，优化了投资发展环境，改善了群众生产生活条件，促进了县域经济的发展。

（四）社会事业协调发展

坚持以人为本，协调发展，推动经济社会共同进步，让广大人民群众共享发展成果。坚持教育优先发展，五年共投入教育资金15.8亿元，新建、扩建及改造中小学校214所，新招聘2554名教师，办学条件进一步改善。切实加强公共医疗卫生服务体系建设，乡村卫生站实现全覆盖。公共文化体育事业加快发展，县镇村三级文化体育设施不断完善，基本实现“村村通广播”。扎实推进社会保障体系建设，养老、失业、工伤、医疗、生育保险覆盖面不断扩大，城乡居民低保户基本实现应保尽保，新型农村合作医疗覆盖率达到98.32%。就业和再就业工作稳步推进，城镇登记失业率控制在3.5%以内。环境保护和生态建设力度加大，集体林权制度改革顺利推进，循环经济加快发展，荣获国家首批绿色能源示范县、广东绿色名县和省林业生态县等称号。殡葬管理得到加强，土地管理得到规范。计生工作步入良性发展轨道，从省计生三类管理地区提升为二类管理地区。认真开展“五五”普法，深化“平安揭西”建设，依法治县进程加快，全民法制水平不断提高。精神文明创建活动扎实开展，公民诚信、思想道德素质、文明程度明显提高。全面落实社会治安综合治理各项措施，完成县、镇（街）两级综治信访维稳中心建设，稳妥解决各类矛盾纠纷，深入开展严打整治斗争，社会治安秩序良好，社会大局保持稳定，人民群众的安全感逐步增强。加强安全生产监管，严防各类重大安全事故的发生。新农村建设、扶贫开发“双到”、农村安全饮水工程、“雨污分流”等工作全面推进。此外，侨务、人事、统计、妇女、残联、科技、物价、气象等工作也得到了发展和加强。

（五）党的建设全面加强

县委坚持总揽全局、协调各方的原则，支持人大、政协履行职能，充分发挥法律监督、政治协商、民主监督、参政议政作用。坚持加强思想政治建设，深入开展忠诚教育、创先争优等主题活动，提高广大党员干部的政治素质，感恩社会、奉献揭西在全县上下蔚然成风。深化干部人事改革，积极推行公推公选、竞争上岗，建立完善绩效考核制度，激发了党员干部队伍活力，推动了工作的开展。加强基层组织建设，顺利完成镇党委换届选举工作，干部队伍结构不断优化。大力推广玉湖经验，建立完善农村基层组织保障机制，提高村干部补贴标准，推进“一村一名大学生”和“三个一”工程，基层组织水平有较大提高。加强党风廉政建设，扎实开展机关效能、民主评议、纪律教育月等活动，党员干部的廉政勤政意识进一步增强。双拥工作巩固发展，统战、武装、老干、群团等工作切实加强。

同志们，五年的发展历程非同寻常，成绩来之不易。这是上级党委正确领导的结果，是社会各界关心支持的结果，也是全县党员干部、各民主党派、海内外乡亲团结奉献的结果。在此，我代表中共揭西县第九届委员会，向所有关心支持揭西建设、为揭西经济社会发展作出积极贡献的各级领导、同志们、乡亲们，致以衷心的感谢和崇高的敬意！

在充分肯定成绩的同时，我们也要清醒地看到工作中存在的问题和不足，主要是：（一）经济总量偏小，聚集性的支柱产业未能形成，农业产业化程度低，旅游资源的整合和开发力度不够，加快转型发展的任务依然艰巨；（二）思想观念还不够解放，党员干部的创新意识不强，实践科学发展观的自觉性不足；（三）发展环境有待优化。城镇配套功能不够完善，经营和管理城市的力度还需加大，部门服务职能等软环境仍需进一步强化；（四）社会建设仍存在薄弱环节，民生建设和社会管理还任重道远；（五）基层党建存在薄弱环节。部分基层党组织的战斗堡垒作用未能真正发挥，少数党员特别是党员领导干部宗旨意识不强、作风飘浮等。这些问题必须引起高度重视，采取切实有效措施，努力加以解决。

二、把握机遇，明确今后五年的目标任务

今后五年，是我县全面实施“十二五”规划，实现“十年大发展”目标的关键时期。新的起点蕴含着新的机遇，也面临着新的挑战。

从发展机遇上看，国家加大新农村建设和生态环境建设投入力度，省促进粤东地区加快发展战略继续实施，市出台一系列强势推进发展的战略措施，为我县加快发展、争取项目和资金提供了政策机遇，对我们改善基础条件、调整经济结构将产生较大的推动作用。我县的三山国王祖庙是东南亚和台湾地区三山国王庙的发源地，在台湾地区就有410多座，信徒众多，对台交往优势独特，随着国家加快建设海峡西岸经济区的步伐，为我县融入海峡西岸经济区和开展与台湾地区合作提供重要机遇。同时，随着省委、省政府《珠三角规划纲要》的实施，“双转移”发展战略的施行，有利于我县进一步扩大对外开放，承接珠三角产业转移。此外，揭阳潮汕机场的投入运营、厦深铁路的开通等，也将给我们带来新一轮的发展机遇。

从自身基础上看，近年来，我县经济持续快速发展，基础设施不断完善，宜居宜业环境不断优化，为今后发展奠定了坚实基础。我县生态自然景观资源和革命历史资源十分丰富，旅游文化产业发展空间巨大。随着“二横”、“四横”高速公路的开工建设，必将进一步缓解交通瓶颈问题，使更多的人流、物流、信息流、资金流进入揭西，为我县旅游文化产业的突破发展，进而带动旅游、商贸物流业的发展创造有利条件。干部群众空前高涨的发展热情，是我县今后发展的一支重要力量。

从面对挑战上看，底子差、基础薄的现状没有改变，制约经济社会发展的深层次问题还没有得到有效解决。我们既要化解长期积累的深层次社会矛盾，提高人民生活水平，促进社会和谐，又要在激烈竞争中抢抓机遇，实现跨越发展，这对我们提出了严峻的挑战和考验。

总体而言，机遇与挑战并存，但机遇大于挑战。只要我们认清形势，沉着应对，充分利用有利条件，把握机遇，乘势而上，锐意进取，奋发图强，就一定能够实现科学发展、跨越发展。

今后五年经济社会发展的总体要求是：高举中国特色社会主义伟大旗帜，坚持以邓小平理论和“三个代表”重要思想为指导，深入贯彻落实科学发展观，坚决贯彻落实中央、省、市的战略部署，紧紧围绕建设“美丽山城”一个目标，强化“不甘人后、敢于担当”二种意识，营造“廉洁高效的政务、公平公正的法治、包容开放的人文”三个环境，强势推进“旅游文化、生态工业、商贸物流、特色农业”四大工程建设的发展思路，努力构建经济发展、文化繁荣、生态优美、环境良好、社会和谐的新揭西。

今后五年的主要奋斗目标是：到2015年，GDP达到316.95亿元，年均增长20.2%；地方财政一般预算收入达到8.13亿元，年均增长30.3%；全社会固定资产投资达到93.21亿元，年均增长22.5%；外贸出口总额1.36亿美元，年均增长22.3%；社会消费品零售总额87.60亿元，年均增长17.4%；农民人均年纯收入1.05万元，年均增长12.8%。通过五年的发展，全县经济社会发展再上新台阶，旅游文化、生态工业、商贸物流、特色农业快速发展，产业结构得到优化，经济增长质量和效益明显提升，城镇化水平明显提高，自主创新能力明显增强，社会主义新农村建设有新的突破，各项事业协调发展，生态县建设扎实推进，人与自然更加和谐，人民生活水平显著提高。到2016年全县经济社会整体发展水平达到全省平均水平的80%以上。

三、奋发图强，强势推进县域经济新跨越

实现以上目标，必须扎实做好五项工作：

（一）强势推进经济大跨越

要依托自身独特的资源优势，打好生态牌，实现可持续发展。按照以旅游文化为龙头，生态工业、商贸物流、特色农业互为协调推动的发展思路，加快转变经济发展方式，打造揭西特色产业，迅速壮大县域经济综合实力。

一要做大旅游产业。要按照建设“美丽山城”的定位，完善旅游总体发展规划，扎实推进“广东省旅游综合改革示范县”建设，加快旅游资源开发力度，大力培育和发展以生态文化为龙头的旅游产业，把揭西建设成为粤东旅游的首选地和后花园。坚持高起点规划、大气魄建设，继续完善大北山国家森林公园、京明温泉度假村、黄满磜瀑布群旅游区等景区的配套建设，加快推进希桥五星级酒店等旅游精品的建设。加强文化旅游资源的开发保护，推动旅游与文化的发展融合，充分挖掘、利用好三山国王祖庙、兴道书院等历史文化古迹，切实抓好三山国王祖庙综合开发区、石灵寺风景区、广德庵风景区建设，打造区域旅游文化品牌。大力发展生态游和农家乐等休闲旅游，建设富有地方特色的旅游美食文化城。加大宣传推介力度，开拓市场，促进区域旅游合作。继续办好生态旅游文化节，展示魅力，扩大知名度。力争通过五年的努力，新增1个AAAAA级、2个AAAA级景区，新增1～3家星级宾馆。

二要做强生态工业。要大力发展新兴产业，重点培植医药、电线电缆二大支柱产业，努力在生态工业化和新型化上实现大跨越。以广药集团揭西生产基地、金瑞科兽药为重点，大力发展生态制药产业，打造生物制药生产基地。以揭西电线电缆城、棉湖电线电缆工业城为载体，做大做强电线电缆产业，促进产业聚集，打造成粤东乃至全国具有一定规模和影响力的电线电缆专业生产和销售基地。以五洲龙新能源汽车环保电池、风能发电、抽水蓄能电站等项目为重点，积极发展节能环保、清洁能源和高科技项目，形成一批具有较强竞争力的新兴产业。力争通过五年的努力，全县形成以医药、电线电缆优势产业为龙头，低消耗低环境破坏的新能源企业为辅的自我发展能力强、结构比较合理的现代工业体系，初步形成工业增长方式向集约型转变。同时，大力推进自主创新，支持鼓励传统产业大胆创新、技改升级，提升产业发展层次，壮大产业规模，提高经济效益。加强政府引导，加大政策扶持，支持专业镇发展，鼓励企业申报著名商标、驰名商标、名牌产品和国家免检产品等，提升企业名气，打响揭西品牌。打造产业发展平台，加快工业集中区建设，着力解决好园区建设的土地、资金等瓶颈问题，促进产业聚集和经济聚集。完善企业融资和企业发展激励机制，加大协调服务力度，扶持中小企业加快发展。

三要做活商贸物流。商贸物流业是衡量一个地区综合竞争力的重要标志，对经济发展起着重要的引领和推动作用。发展商贸物流业，有利于提高生产与流通领域的集约化程度，改善粗放型的经营和管理方式，节约流通成本，提供增值服务，创造竞争优势，促进国民经济健康持续快速发展。近年来，我县旅游文化、生态工业、特色农业取得了长足发展，但由于没有与之配套的商贸物流产业，一方面使企业原材料采购、产品销售渠道不通畅，造成企业运营成本增加，竞争力不强；另一方面满足不了群众日益增长的物质需要和游客的购物需求。同时，随着我县县域经济发展进程加快，外商投资会越来越多，发展现代物流，实现物流服务的社会化、专业化、高效率已成为一项十分紧迫的任务。为此，要按照“建设大商贸、培育大市场、搞活大流通”的工作思路，加快商贸物流发展规划，建设好以大型综合性物流基地为核心、以专业化市场为配套、以城市配送中心为延伸的层次分明的现代化物流空间体系框架，实现商贸物流业的大突破。要大力发展和培育现代物流企业，加快物流园区及各种配套设施建设，积极引进和利用社会资源、外来资金建设物流中心、商贸城、专业市场。重点抓好县城商贸城、揭西电线电缆城、棉湖顺天建材物流中心等的建设，引进一批国内外知名的物流企业和商贸集团落户揭西，建成1～2个集仓储配送、商品展示、信息商务为一体的大型现代物流中心，培育2～3家核心竞争力强的物流龙头企业。要制订落实扶持措施，营造优良环境，积极推动本地企业上市，吸引外地企业入驻，大力发展总部经济，在资本运营上取得新突破，为县域发展带来多种经济效应，力争到2015年新增2家A板上市公司。同时，要深化投融资体制改革，支持农信社改制成农村商业银行，扶持其做大做强，进一步激活县域经济发展的内在动力，使揭西丰富的民资民力拥有更广阔的发展空间。

四要做优特色农业。要充分利用资源优势，加快结构调整，打造揭西特色农业和特色产品。坚持现代农业经营理念，大力实施“公司+基地+农户”的发展模式，推进龙头企业、合作组织与农户有机结合，延长农业产业链，提高经济效益，促进农民增收致富。继续抓好农业特色产品生产基地建设，大力发展甜玉米、茶叶、淮山、榄梅、蔬果、药材等揭西特色产品，培育壮大“一乡一品”特色农业产业集群。大力培育农业龙头企业，打造一批享誉国内外的名牌生态农业产品和现代农业龙头企业。认真落实支农惠农政策，加强农业基础设施建设，稳定粮食生产。扎实推进社会主义新农村建设，抓好扶贫开发、“雨污分流”等工作，确保完成各项目标任务。

五要做好项目建设。继续把加快重点项目建设作为跨越式发展的根本举措来抓，积极争取国家、省、市的政策资金支持，抓好交通、能源、水利等事关经济发展大局的关键性项目，为大发展打好基础设施环境。要切实加强招商引资工作，创新引资模式，突出招大引强，力争引进项目在数量和质量上取得大突破。要把大项目建设作为产业优化升级的突破口，集中力量，加大投入，努力新上和引进一批投资规模大、产业带动能力强、发展前景好的龙头项目。要准确把握国家政策导向和产业发展趋势，积极融入全省全市产业布局，强化经济融合和互动合作，积极谋划建设一批电线电缆、生物制药、新能源、现代物流等外向度高、产业关联度大、带动力强的重点项目。要不断加强对项目建设的管理和服务，继续实行党政领导挂钩重点项目制度，健全目标考评体系，落实项目建设责任，提高工作成效。

（二）强势推进城镇大发展

城镇是县域经济发展的平台，是产业、人口、经济聚集的主要载体。要按照建设“美丽山城”和粤东后花园的总体目标，结合揭西人文历史和山水特点，进一步完善城镇发展规划、城镇建设总体规划，特别是中心镇的总体规划。要多渠道、多形式筹措建设资金，加大建设力度，实现中心镇建设“三化”，打造宜居宜业的特色城镇和绿色名镇。县城要按照全县中心城镇的发展要求，打破行政区划，扩大县城发展空间，以高标准规划建设河婆至龙潭高田的揭西大道，加快推进城东入口开发和主干道的改造升级，抓好文体中心、市民广场等项目建设，兴建一批具有特色的地标性建筑，力争到2015年城区面积扩大一倍，常住人口达到20万以上，真正成为全县政治、文化、经济中心。棉湖镇要按照建设“轻工为主、商贸发达”的思路，发挥民资民力雄厚的优势，发展成以工业城为载体、以电线电缆为龙头的新型工业化城镇，重振千年古镇雄风。要扎实抓好老城区内的二轻、国企改制工作，稳步推进民营企业郊移，大力发展第三产业，实现退二进三。要抓好城镇环境整顿，完善城镇功能，力争到2015年建成环境优美、工商业发达、经济繁荣，辐射带动县域东部的中心名镇。五经富镇要围绕培育以旅游业为主体的第三产业的发展，抓好市政、公共服务和基础设施建设，规划建设高档住宅区和商贸服务区，配套完善旅游六要素建设，建设成市高新区的后花园。其他乡镇也要结合实际，依托特色产业和自然资源，加强和完善基础设施，大力发展第二、三产业，集聚人流、物流、信息流、资金流，加快实现农村城镇化和农业现代化，打造一批各具特色的名镇、名村。要加大城镇环境整顿力度，加大对各种违法违章和不文明行为的治理力度，优化人居环境。

（三）强势推进文化大繁荣

文化是一个地方的灵魂，要传承和发扬优秀传统文化，大力发展先进文化，努力实现文化大繁荣大发展，激励广大干部群众奋发有为。

一要加强精神文明建设。深入开展社会主义荣辱观教育，以及公民道德、社会公德、职业道德、家庭美德、青少年思想道德建设，在全县形成知荣辱、树新风、明事理、讲文明的新型道德风尚。加强和改进宣传思想工作，大力培育“自强自信、创业创新、和谐开放、感恩奉献”的新时期人文精神，营造昂扬向上的氛围，树立包容开放的形象。广泛开展群众性精神文明创建活动，倡导文明健康的生活方式，促进社会文明进步和人民生活质量大改善。

二要优先发展教育事业。统筹城乡教育协调均衡发展，加大教育投入，全面普及和巩固九年义务教育，加快高中阶段教育，大力发展职业技术教育，鼓励支持民办教育和现代远程教育，努力实现教育均衡发展，促进教育公平。要加强教师队伍建设，创新素质教育，规范教育管理，努力提高教育教学水平。力争到2015年，高中毛入学率达到92%以上。

三要大力发展文化事业。要加强特色文化建设，深化文化体制改革，繁荣文化艺术，促进文艺精品创作。要加大文化遗产发掘保护力度，培育做大三山国王祖庙、客家山歌、潮剧等地方特色文化，推动地方特色文化产业发展。要加大文化投入力度，加快文体中心、市民广场、广电中心、“三馆”达标等文化工程建设，抓好镇村文化设施建设，完善城乡公共文化设施。要加强文化市场管理，净化社会环境，举办形式多样、内容丰富的群众性文艺活动，丰富城乡社会文化生活。

（四）强势推进社会大和谐

要按照建设社会主义和谐社会的总体要求，坚持以人为本，加强社会建设，创新社会管理，努力改善民生，增进社会团结和睦，促进经济社会协调发展。

一要大力改善民生。要从解决群众最关心最直接最现实的利益问题入手，加大医疗卫生、保障性住房、社会保障等方面的投入力度，扩大社保覆盖面，推进基本公共服务均等化，让全体人民共享改革发展成果。认真落实扩大就业、促进再就业的各项政策措施，为劳动者创造就业机会、提供就业岗位。关心社会弱势群体，加大扶贫帮困力度，大力发展社会福利事业，认真做好城乡最低生活保障工作，切实解决城乡困难群众的生产生活问题。继续推行新型农村合作医疗，深化医疗卫生体制改革，建立健全突发公共事件应急处理机制和疾病防控体系，加强县、镇、村三级医疗和公共卫生体系建设，改善就医条件，提高城乡群众医疗水平。全面落实计生奖励扶助等优惠政策，巩固省计生二类管理地区水平，积极创建省计划生育优质服务县。强化公共财政服务功能，加大民生工程投入，扎实推进“十项民心工程”建设。

二要加强民主法制建设。充分发挥县委总揽全局、协调各方的领导核心作用，巩固发展民主团结、生动活泼、安定和谐的政治局面。加强对人大、政协工作的领导，支持人大依法履行职责，强化工作监督和法律监督，促进“一府两院”依法行政和公正司法。加强民主党派、民族宗教、对台和工商联工作，充分发挥工会、共青团、妇联等群众团体的桥梁纽带作用，巩固和发展最广泛的爱国统一战线。落实拥军优属政策，加强民兵预备役建设，促进军政军民团结。加快推进依法治县进程，实施好“六五”普法规划，加强群众法制教育，提升全民法律意识，维护社会公平正义。强化公、检、法、司的基础设施建设，加强法律援助工作，规范执法行为，促进司法公正，维护法律权威。

三要创新社会管理。大力推进社会管理改革创新，努力提高管理社会水平，扎实抓好社会治安综合治理、安全生产监督管理、信访维稳等工作，确保社会大局和谐稳定。进一步发挥党的政治优势，认真做好各类人群的思想政治工作，建立团结友好、互爱互助的人际关系，促进人际和谐、家庭和谐、社会和谐。加大环境保护力度，加强对水、土地、矿产等资源的合理开发和高效利用，抓好城区空气质量达标和水环境综合治理工作，巩固发展林业生态县建设成果，努力建设资源节约型、环境友好型社会，促进人与自然和谐相处。

（五）强势推进党的建设

加强和改进党的建设，是揭西各项事业发展取得胜利的根本保证。要紧紧抓住党的自身建设这个根本，全面加强党的思想、组织、作风和制度建设，充分发挥各级党组织的领导核心作用，为建设“美丽山城”提供坚强有力的组织保障。

一要加强党的思想政治建设。坚持用邓小平理论、“三个代表”重要思想、科学发展观和构建和谐社会理念武装党员干部头脑。要着眼于建设学习型领导班子，牢牢抓住各级党委（党组）中心组这个龙头，加强党的理论体系、专业知识和文化知识的学习，提高各级领导干部的战略思维、创新思维和辩证思维能力。始终贯彻解放思想、实事求是的思想路线，大力提倡勤于学习、善于思考、勇于探索的风气，推动解放思想由观念层面向工作实践层面转化。

二要加强干部队伍建设。高度重视各级领导班子建设，大力选拔政治上靠得住、工作上有本事、作风上过得硬、干实事有政绩的干部，把各级领导班子建设成为奋发图强、敢于担当的坚强领导核心。深化干部人事制度改革，提高用人透明度和公信度，树立良好的用人导向和机制。加强干部教育、培训、管理和监督，促进干部工作更加民主、公开、规范、科学。加大对委任制干部的选拔力度，每年拿出不低于三分之一的职位进行竞争性公开选拔。切实加强和改进人才工作，加大培养选拔优秀年轻干部、妇女干部和党外干部的工作力度，为揭西改革发展提供坚强有力的人才保障。

三要加强基层组织建设。落实和创新玉湖经验，深化创先争优活动，不断增强基层组织的凝聚力和战斗力。不断完善基层组织人才培养机制，大力推进“三个一”工程，夯实基层组织的人才支撑。加强和改进党员管理和发展工作，抓好企事业、机关、社区和非公有制经济组织等领域中党的建设，提高党员素质，扩大党的群众基础。

四要加强党风廉政建设。坚持“党要管党、从严治党”的方针，认真落实党风廉政建设责任制，不断完善惩治和预防腐败体系建设。深入开展党性党风党纪教育和从政道德教育，认真贯彻实施《廉政准则》“八个严禁”和“52个不准”，教育广大领导干部以身作则，带头廉洁从政。健全党内监督，规范从政行为，推行党务、政务公开，建设廉洁高效党政机关。加大查办案件工作力度，着力解决群众反映强烈的突出问题，坚决纠正损害群众利益的不正之风。

五要加强作风建设。强化政治意识和大局意识，以服务全县发展为己任，工作中相互支持、密切协作。要始终保持奋发图强的精神状态，大力弘扬不甘人后、敢于担当的精神，积极鼓励大胆闯、埋头抓、扎实干，努力开创工作新局面。要大力整顿机关作风，推进效能建设，坚持勤下基层、深入群众，以良好的服务、过硬的作风、实干的形象，取信于民。要加强执行力建设，完善目标考核办法，健全时间倒逼、高效推进、行政问责等制度，保证上级和县委、县政府的各项决策部署得到贯彻落实。

同志们，我们肩负着推动揭西科学发展、跨越发展的历史重任和90多万揭西人民的殷切期望。让我们紧密团结在以胡锦涛同志为总书记的党中央周围，高举中国特色社会主义伟大旗帜，坚持科学发展观，团结带领全县人民，继往开来，奋发图强，努力开创揭西科学发展新篇章！

政府工作报告

——2011年11月12日在揭西县第九届人民代表大会第一次会议上

揭西县代县长　吴少炎

各位代表：

我代表县人民政府向大会作政府工作报告，请予审议，并请政协各位委员和列席的同志提出意见。

过去五年工作回顾

本届政府任期以来的五年，是我县抢抓机遇、加快发展、取得丰硕成果的五年。五年来，在县委的正确领导下，在县人大和县政协的监督支持下，县人民政府坚持以邓小平理论和“三个代表”重要思想为指导，深入落实科学发展观，认真贯彻上级的各项方针政策，与时俱进，奋力拼搏，扎实工作，经济社会呈现持续健康协调发展态势，较好地完成了本届政府任期内确定的各项任务。

——经济快速发展，综合实力不断提升

2010年，全县生产总值突破100亿元大关，达到118.1亿元，是2005年的2倍，五年年均（下同）增长14.4%；财政总收入14.18亿元，地方财政一般预算收入2.178亿元，税收收入1.556亿元，分别是2005年的2.3倍、2.9倍和2.8倍，分别年均增长17.58%、23.7%和23.14%；社会消费品零售总额40.73亿元，年均增长25.5%；农民人均纯收入5768元，年均增长9.4%；三次产业比例从2005年的24.4：46.6：29.0调整为2010年的17.7：53.0：29.3。“三农”工作稳步推进。2010年被评为全国粮食生产先进县。全县拥有省市级农业龙头企业8家，省名牌产品16个，国家绿色食品A级产品认证6个，省现代农业园区1家。强农惠农政策有效落实，按照一户一卡方式，五年共发放各类农业直补资金7167万元。扶贫开发“双到”工作扎实开展，2010年共落实帮扶资金5153万元，落实项目

261个，4113户贫困户2.53万贫困人口实现脱贫，完成15个贫困村的“雨污分流”工程建设。生态工业发展强劲。五年来，新增规模以上工业企业154家，新增限上商贸企业109家，分别累计211家和112家；新增投资500万元以上工业项目96个，累计投资14.67亿元；引进投资项目283个，计划总投资239亿元；实际利用外资6326万美元，外贸出口总额18441万美元，分别是“十五”时期的1.5倍和2倍；完成国有工业企业改制3家。工业载体建设扎实推进。2010年规模以上工业增加值19.87亿元，年均增长41.7%。旅游三产发展加快。被省政府授予“广东省旅游综合改革示范县”称号，京明温泉度假村荣膺国家AAAA级景区，大北山森林公园晋升为国家级森林公园。五年共投入10.96亿元，建设了京明温泉度假村、黄满寨瀑布旅游区、大北山森林公园、石内河漂流旅游区、大溪农家乐、钱坑石灵旅游综合开发区等一大批景区景点，成功举办了第二、第三届生态旅游文化节和欢乐中国行大型文艺晚会，生态旅游文化节被评为中国最佳自然生态旅游节。旅游经济成为县域经济新的增长点，五年共接待游客880.7万人次，旅游收入23.4亿元，分别年均增长69.36%和78.81%。成功组建农村商业银行，金融信贷运行稳健，信息产业、商贸流通、交通运输等第三产业持续较快发展。

——基础环境进一步优化，城乡面貌不断改善

过去五年，是我县基础设施建设投入最多、规模最大、力度最强的时期。五年共完成固定资产投资137.58亿元，是“十五”时期的3.1倍。基础设施不断完善。完成了京棉公路、坪石公路、金里公路、南大公路、省道335线河婆至五云路段和五经富至灰寨路段路面大修、河輋水库除险加固、省级病险小型水库除险加固、大溪拦河闸和110千伏龙潭、凤江、灰寨变电站等项目建设；行政村公路实现了硬底化建设目标；加快推进省道335线灰寨至河婆路段路面大修工程、县人民医院住院综合楼、农村饮水安全工程、金和直属粮仓和220千伏明山变电站、110千伏梧桐、钱坑变电站等建设。城镇建设快速推进。建设和完善了滨江公园、金凤花园、县城污水处理厂、县城防洪工程、温泉大道、环城东路、环北二路、教育城以及县第二和第三自来水厂、棉湖和五经富污水处理厂、星湖城花园、曙光新城花园等，城乡环境进一步美化亮化，县城品位得到提升，城镇化建设步伐加快。

——各项事业全面发展，民生保障不断加强

高度重视民生民计，五年共投入改善民生、基本公共服务领域财政资金31亿元，县财政投入社会事业和公共服务资金占财政一般预算支出比重从50.5%增至57.9%。教育事业优先发展。五年共投入教育资金15.3亿元，新建、扩建及改造中小学校214所，新招聘教师2554名，全县“普九”工作得到进一步加强，河婆中学被评为国家级示范性普通高中，棉湖中学被评为省普通高中教学水平优秀学校，高中毛入学率达到85%以上。科技创新得到加强。全县拥有省级高新技术企业2家，省、市级民营科技企业22家，省级专业镇3个，市级专业镇7个，著名商标8件，申报专利累计1159项。文卫工作成效显著。完成县图书馆及附属工程建设，建成一批县、镇及农村基层文化设施，实现“村村通广播”目标；三山国王祖庙遗址和郭氏大夫第被列为省级文物保护单位。公共卫生服务体系进一步完善，新型农村合作医疗覆盖率达98.32%，乡村卫生站实现全覆盖，医疗水平不断提高。社会保障不断完善。五年共新增就业20760人，下岗再就业4482人，城镇登记失业率控制在3.5%以内。2010年参加企业养老保险78629人，征收企业养老保险费11316万元，企业退休人员养老金发放准时足额。城乡居民享受低保基本实现应保尽保。完成廉租住房建设144套共7200平方米。其他事业全面发展。重视老干部工作，保障妇女儿童权益，大力发展残疾人事业和慈善事业，成立县慈善总会，深入开展“扶贫济困日”活动。支持国防和军队建设，连续六次被评为省双拥模范县。积极做好第六次全国人口普查工作。外事侨务、民族宗教、对台、人事、统计、物价、气象、档案、史志、体育等工作取得新成绩。

——社会大局保持稳定，依法行政能力不断提高

各项管理有效加强，政府办事能力和效率得到提高。生态管理取得实效。人口计生工作走上了良性发展轨道，省计生二类管理地区地位得到巩固。五年共新增生态林面积833.5公顷，防护林5900.8公顷，森林覆盖率达61.3%，被评为广东绿色名县、省林业生态县，林权制度主体改革基本完成。深入开展环境综合整治，环境保护和节能减排取得实效，全面完成“十一五”减排任务。荣获“国家首批绿色能源示范县”称号。“三旧”改造扎实推进，土地管理进一步规范，实行土地征收“五统一”。殡葬管理工作得到加强。社会综合治理力度加大。安全生产监管不断加强，产品质量和食品药品安全专项整治不断深化，市场秩序得到规范。县、镇街综治信访维稳中心建设全面完成，做好群众来信来访工作，十大专项整治深入开展，社会治安持续稳定好转，社会大局保持和谐稳定。自身建设得到加强。认真执行向人大常委会报告工作、向政协通报情况的制度，五年共办理人大建议70件，政协提案151件。全面完成“五五”普法，依法治县工作加快推进。完成政府机构改革。支持工会、共青团、妇联、科协、残联等群众团体组织开展工作。廉政建设不断加强，行政电子监察系统建成启用，经济责任审计进一步强化，一批违纪违法案件受到查处。政务公开、行政监察、审计监督和绩效评估不断加强，社会管理和公共服务功能进一步完善。

各位代表，过去的五年是不平凡的五年，五年的发展成就来之不易、令人鼓舞。这是上级党政和县委正确领导的结果，是县人大、县政协监督支持的结果，是全县人民同心协力、顽强拼搏的结果，也是社会各界人士大力支持和真诚帮助的结果，凝聚着大家的智慧、心血和汗水。在此，我代表县人民政府表示衷心的感谢并致以崇高的敬意！

在回顾成绩的同时，我们也要清醒地看到发展中还存在着许多困难和问题，主要表现在：经济总量小、产业层次低等问题仍然突出，发展方式尚未实现有效转变；区位条件、交通条件仍然落后，重大项目建设受到诸多制约；农民增收渠道不多，人民生活水平有待提高；社会事业发展滞后，社会管理仍存在一些薄弱环节，和谐社会建设压力不小；发展环境仍需优化，公共服务水平有待进一步提升。所有这些问题，我们将在今后的工作中采取更加有效的措施，努力加以克服和解决。

今后五年目标任务

今后五年，是我县加快发展的重要时期，是全面实施“十二五”规划，实现“十年大发展”目标的关键时期。从国际国内形势分析，我国仍处在大有作为的重要战略机遇期，经济发展长期向好的趋势没有改变；从省市看，省促进粤东地区加快发展战略的继续实施，市委市政府提出了“加快科学发展，建设幸福揭阳”的新思路，出台了一系列战略措施，揭西经济社会发展迎来了十分难得的历史机遇期；从自身条件看，我县资源丰富，生态环境保护良好，全县上下加快发展的精神振奋、氛围浓厚、态势强劲，一批重大项目和龙头企业的带动作用开始显现，随着“二横”、“四横”、“二纵”高速公路的开工建设，也必将进一步缓解交通瓶颈问题。可以说，我县加快发展的条件已经具备，目前正处在加快科学发展的黄金期。但我们也面临着国内通货膨胀、节能减排和县域经济竞相发展带来的前所未有的巨大压力和严峻挑战。为此，我们必须增强加快经济社会发展的紧迫感、责任感和历史使命感，全面按照县第十次党代会的工作部署，高扬斗志，抢抓机遇，迎接挑战，奋发图强，强势推进揭西经济社会跨越发展。

今后五年政府工作的指导思想：坚持以邓

小平理论和“三个代表”重要思想为指导，紧紧围绕科学发展这一主题，按照县第十次党代会确定的工作思路，深入实施建设“美丽山城”，进一步强化“不甘人后、敢于担当”二种意识，努力营造“廉洁高效的政务、公平公正的法治、包容开放的人文”三个环境，强势推进“旅游文化、生态工业、商贸物流、特色农业”四大工程建设，强力构建经济发展、文化繁荣、生态优美、环境良好、社会和谐、人民幸福的新揭西。

今后五年经济和社会发展的主要奋斗目标：

——**经济实力明显增强**。到2015年，全县生产总值达到316.95亿元，年均增长20.2%；地方财政一般预算收入8.13亿元，年均增长30.3%；全社会固定资产投资93.21亿元，年均增长22.5%；规模以上工业总产值246.93亿元，年均增长23.6%；外贸出口总额1.36亿美元，年均增长22.2%；实际利用外资3820万美元，年均增长28.3%。

——**民生事业全面发展**。社会发展滞后于经济发展的局面得到较大改善，文化强县建设扎实推进，教育、科技、卫生等事业有新发展。社会保障和公共服务体系更加健全，逐步实现城乡基本公共服务均等化。

——**发展环境更加优越**。节能减排、环境保护、生态建设有效推进，经济与社会、人与自然协调发展，可持续发展能力显著提升，社会大局稳定，社会环境进一步改善，形成廉洁高效的政务环境、公平公正的法治环境、包容开放的人文环境。

——**生活水平大幅提高**。农民人均纯收入年均增长12.8%，人口出生率控制在11.3‰以内，争取2015年达到省卫生县城标准，人民群众幸福感明显增强。

为实现以上目标，必须坚持做好以下工作：

一、坚持科学发展，全力谋求经济发展新跨越

抓住国家、省实施一系列扩大内需、资金扶持等政策的机遇，千方百计扩大投资、拉动消费，加快旅游文化、生态工业、商贸物流、特色农业的发展，确保经济持续较快增长。

（一）加快基础建设，夯实发展环境

加快完善交通环境。完成省道335线灰寨至河婆路段、省道237线灰寨至棉湖路段、省道238线河婆至坪上路段、省道224线五经富至丰顺路段以及钱石公路、棉湖过境公路等路面大修工程建设，重建棉湖大桥、河江大桥。规划完成新建河乡公路等。逐步改造和完善现有路网，加快推进大北山公路网建设，完成通村公路硬底化580公里。全力配合上级做好“二横”、“四横”、“二纵”高速公路揭西段建设的各项工作，争取尽快开工建设。

推进水利能源等建设。大力推进农田水利万宗工程建设，全面完成象山拦河闸、全国小型农田水利重点县、农村饮水安全、贡山电排站、小流域综合治理等项目建设。新建明山、钱坑、梧桐、崇文、五经富、塔头等输变电站，改建、改造清河、龙潭等输变电站，加快县配电网工程建设，理顺上砂农电管理体制。完成县人民医院住院综合楼、金和直属粮仓、县中医医院新址等项目建设。大力推进网络建设，提高宽带普及率，实现全县村村通光缆，努力推进山区信息化。

着力抓好城镇建设。高起点、高标准完善县城河婆街道和棉湖镇、五经富镇的发展规划，多形式筹措资金，强力推进城镇建设，提高城镇的档次和品位，以此辐射带动全县全面发展。规划拓宽县城发展空间，重点加快建设高标准河婆至龙潭高田的揭西大道、城东入口、希桥酒店、商贸城、县城主干道的改造升级、县体育馆及文化广场等项目，建设有特色的地标性建筑，力争到2015年城区面积扩大一倍，常住人口达到20万以上，真正成为全县政治、文化、经济中心。推进棉湖镇以电线电缆为主导产业的新型工业化城镇建设，大力发展商贸物流，加大投入优化发展环境，完善配套功能，重振千年古镇雄风。推进五经富镇以旅游业为主体的第三产业的发展，抓好市政、公共服务和基础设施建设，规划建设高档住宅区

和商贸服务区，完善旅游配套建设，建成市高新区的后花园。

（二）加强自主创新，推动工业发展

做大做强现有工业产业。继续抓好工业发展“三个新增100”工作任务的落实。完善领导干部挂钩扶持重点企业制度，重点扶持培植医药、电线电缆等支柱产业，力争通过几年发展，把揭西打造成粤东乃至全国具有一定规模和影响力的电线电缆专业生产销售基地和生物制药生产基地。落实各项政策措施，加大协调服务力度，发展壮大中小企业。

促进企业集聚发展。着力解决好工业集中区建设的土地、资金等瓶颈问题，加快棉湖电线电缆工业城、灰寨轻纺工业集中区建设，高起点规划建设金塔、凤江、钱坑等工业集中区和京塔开发区，打造产业发展平台，形成产业集群，促进产业聚集和经济聚集。

加快发展新兴产业。充分发挥绿色能源县的政策优势，积极发展节能环保、清洁能源和高科技项目，集中力量抓好良田和大洋风能发电、五洲龙新能源汽车环保电池、广药集团揭西生产基地、金瑞科兽药、新农生物能源等项目建设。创造条件，全力做好抽水蓄能电站的引进工作，争取早日列入省的预备开工电源规划。

大力推进企业自主创新。深入实施知识产权战略纲要，认真落实提高自主创新能力各项配套措施，加强产学研结合，大力支持企业开展产品研发、技术改造、技术创新和创品牌工作，增强企业发展后劲和核心竞争力，提升企业名气，打响揭西品牌。到2015年，力争新增著名商标10个，驰名商标1个，新增国家高新技术企业1家，省级民营科技企业5家，火炬计划项目3项，高新技术产品5个。

（三）打响生态品牌，做大旅游产业

高起点规划。进一步完善《广东揭西县大北山生态旅游区总体规划》和《三山国王祖庙地区综合开发项目总体规划》，加快以农家乐为主要特色的乡村旅游规划建设，大力培育和发展以生态文化为龙头的旅游产业，规划建设富有地方特色的旅游美食文化城，逐步把揭西建设成为粤东的旅游首选地和后花园。

大气魄建设。积极向上级争取旅游扶贫资金，进一步加大资金投入，扎实推进“广东省旅游综合改革示范县”建设。加强文化旅游资源的开发保护力度，推动旅游与文化的发展融合，继续完善大北山国家森林公园、京明温泉度假村、黄满寨瀑布群旅游区等景区的配套建设，加快推进希桥酒店、三山国王祖庙综合开发区、钱坑石灵旅游综合开发区、广德庵风景区等景区景点建设。力争到2015年，全县新增国家AAAA级景区2个，AAAAA级景区1个，星级宾馆1～3家，旅游上市公司1家。

大范围宣传。继续加大力度办好生态旅游文化节，充分展示生态旅游的魅力，提高知名度。积极参与各级组织的大型旅游推介会，全方位开展旅游宣传促销，推介揭西旅游。认真策划旅游线路，加大与周边地区的旅游合作，积极开拓市场，促进区域旅游合作，吸引更多的游客前来观光。

（四）发展商贸物流，搞活内外经济

培育现代物流企业。按照“建设大商贸、培育大市场、搞活大流通”的工作思路，加强商贸物流发展规划，大力发展和培育现代物流企业，抓好揭西商贸城、揭西（国际）电线电缆城、棉湖顺天建材物流中心等建设，引进一批国内外知名的物流企业和商贸集团。积极推动本地企业上市，吸引外地企业入驻，大力发展总部经济，打造县域发展新引擎，推动经济转型升级。力争到2015年，建成大型现代物流中心1～2个，培育龙头物流企业2～3家，新增A板上市公司2家。

扩大对外贸易。稳定纺织服装、电子玩具等传统产品出口，鼓励内资企业申报进出口经营权，创建出口品牌，促进加工贸易转型升级，提高产品技术含量和附加值。巩固传统外贸市场，积极开拓新兴国际市场，促进外贸出口稳定增长。做好扶持和服务外贸企业工作，加强与海关、税务、外汇管理等部门的协调沟通，优化大通关环境，提高通关效能。

提高引资水平。做好签约项目的跟踪服务工作，提高项目履约率和落地率。充分利用外出乡贤众多和侨资侨力丰富的优势，深入实施“乡贤回归”工程，引进更多的乡贤企业家回乡投资创业，切实增强利用外资的工作成效。充分利用各种招商与合作平台，加强与珠三角发达地区以及周边地区的合作与交流，瞄准中央、省国有企业，努力引进一批大项目落户揭西。

（五）加强“三农”工作，促进农民增收

发展特色现代农业。坚持现代农业经营理念，大力实施“公司+基地+农户”的发展模式，继续抓好农业特色产品生产基地建设，大力发展甜玉米、茶叶、淮山、橄梅、蔬果、药材等揭西特色产品，培育壮大“一乡一品”特色农业产业集群。大力培育农业龙头企业，打造一批享誉国内外的名牌生态农业产品和现代农业龙头企业。大力发展现代林业、畜牧业和水产养殖业，加快推进农业产业化进程。

加强农村基础建设。加快建设民生水利工程，提高农业综合生产能力。认真搞好农村村庄建设规划编修，抓好农村水、电、路等基础设施建设，加快推进农村“雨污分流”工程，全面抓好农村生活垃圾集中处理，加强村容村貌治理和乡镇集市的环境整治，改善农村生产生活条件，推动农村宜业宜居建设。

深化农村各项改革。全面实施农村综合改革。坚持和完善农村基本经营制度，推进农村土地承包经营权有序流转，健全农村宅基地管理制度。深入推广玉湖经验，加快新农村建设步伐。完善农村各项管理制度，加强农村财务管理，积极推行村务公开。全面完成集体林权制度改革。

努力增加农民收入。全面落实各项强农惠农政策措施，继续加大对“三农”的投入，调动农民种粮积极性，稳定和扩大粮食种植面积，促进农业生产稳定发展。挖掘农业内部增收潜力，引导农民开展生态、休闲、观光等多种形式的深度经营。加大农民就业培训力度，提高转移就业和返乡创业能力，解决好农民工就业问题，增加农民收入。

二、坚持以人为本，全力构建社会和谐新局面

加大财政投入力度，解决好群众关心的实际困难和热点难题，扎实推进社会建设，全力保障和改善民生，真正把发展的成果惠及全县人民。

（一）统筹发展社会事业，提高公共服务水平

优先发展教育事业。全面实施《揭西县教育事业发展规划（2011～2020年）》。抓好素质教育，加强道德教育，高标准、高质量普及九年制义务教育，强化组织入学和防流控辍工作机制，加快义务教育学校布局调整，扎实推进乡镇义务学校规范化建设。大力发展普通高中教育和职业教育，巩固高中阶段办学成果，发展优质高中，力争把棉湖中学办成国家级示范性高中。到2015年，初中毕业生升学率达到92%以上。积极发展民办教育，建立健全民办教育的管理办法。继续做好教师培训和招录工作，建设一支素质优良、结构合理的教师队伍。

全力抓好文卫事业。深化文化体制改革，推动文化大发展大繁荣。围绕建设文化强县目标，培育做大三山国王祖庙、客家山歌剧、潮剧等地方特色文化，加快广电中心、“三馆”达标等文化工程建设，抓好镇村文化设施建设，完善城乡公共文化设施。深化医疗卫生体制改革，鼓励发展民营医疗机构。抓好疾病预防控制工作，加强卫生机构人才建设，完善公共卫生和医疗卫生服务体系，不断提高人民群众健康水平。

协调推进各项事业。积极开展争创“广东省文明县城”工作，扎实推进精神文明建设。巩固“双拥模范县”创建成果，做好国防动员、优抚安置工作。切实加强统计工作，积极推进“四大工程”建设。落实妇女、儿童发展规划，维护妇女儿童权益。做好老龄工作。广泛开展全民健身运动，继续做好外事侨务、对台宗教、气象地震、档案史志、残疾人、工商联等工作。

（二）全力抓好民生保障，提高人民群众生活水平

扩大就业渠道。加强就业公共服务，拓宽劳动者就业渠道，做好劳动力技能培训和转移输出，促进就业和再就业，确保五年城镇新增就业2.35万人以上，转移农村劳动力10万人以上。鼓励农民就近转移就业，扶持农民工返乡创业，鼓励下岗失业人员创办经济实体，推广自主经营就业等多种形式就业，走出城乡就业新路子。

完善社会保障。全面实施新型农村养老保险制度，实现各项社会保险全面覆盖。抓好社保扩面征缴工作，加强基金支出管理，确保企业退休人员养老金按时足额发放。全面落实城乡最低生活保障制度，保障困难群众基本生活。扎实推进保障性住房建设，解决城镇低收入家庭住房困难问题。

抓好扶贫济困。扎实抓好扶贫开发“双到”工作，实现全县47个贫困村稳定脱贫。坚持和完善“扶贫济困日”活动，大力倡导扶危济困社会风尚，发展慈善福利事业，积极做好救济救助工作。

（三）加强各项管理，确保社会大局稳定

加强财政金融管理。坚持依法治税，进一步健全征管机制，强化征管措施，确保财税收入稳定增长。深化财政体制改革，优化财政收支结构，把更多的财政资金投向公共服务、民生保障领域。加强对财政性投资和政策性融资项目的监管，切实提高资金使用效益。深化金融体制改革，发展壮大农村商业银行，大力发展小额贷款机构和融资担保机构。加强与金融部门的联系和协调，推进银企合作，促进地方经济的发展。

加强生态管理。完善人口与计划生育目标管理责任制，巩固省计生二类管理地区水平，积极创建省计划生育优质服务县，力争进入“省一类地区”行列。合理保护和开发自然资源，坚决遏制重大生态破坏行为。加强国土资源管理，严格执行土地利用总体规划，加快“三旧”改造步伐，严厉打击各类违法违规用地行为。实行环保目标任期责任考核，抓好污水处理厂和垃圾填埋场建设，开展保护母亲河系列行动。加强林业生态建设和林业资源管理。完善殡葬设施，巩固殡葬成果。

加强社会管理。加强价格监测预警，严肃整治哄抬物价等不法行为。严厉打击制假售假、商业欺诈等违法行为，深入开展产品质量和食品药品安全专项整治，规范市场秩序。落实安全生产责任制和重特大事故追究机制，杜绝重大安全事故的发生。完善灾害救助机制和公共突发事件应急机制，提高政府应对突发事件和风险的能力。认真实施“六五”普法，深入开展法制宣传教育，提高全民法律意识和法律素质，自觉依法守法。加强人民调解、法律援助和社区矫正工作。做好信访工作，及时排查化解各类矛盾纠纷。加大社会治安综合治理力度，铁腕打击各种违法犯罪活动，构建社会治安防控体系。

三、坚持高效廉洁，全力打造政府新形象

按照“为民、务实、清廉、高效”的要求，进一步加强和改进政府自身建设，提高干部执行力，增强工作推动力，努力建设人民满意政府。

（一）解放思想，敢于担当。牢固树立执政为民的理念，践行全心全意为人民服务的宗旨，千方百计为人民群众谋福祉。坚持求真务实，深入调查研究，善于发现问题、分析问题、研究问题、解决问题。发扬敢负责、会干事、作风硬、能吃苦的工作作风，努力营造敢抓落实、狠抓落实、会抓落实的良好氛围。

（二）规范程序，依法行政。规范决策程序，提高行政决策的科学化、民主化和法制化水平。坚持依法行政，严格按照法定权限和程序行使权利、履行职责。始终坚持县委的正确领导，认真执行县人大及其常委会的决议、决定，自觉接受人大、政协监督，办理好人大代表议案、建议、意见和政协提案。主动听取民主党派、无党派人士的意见建议，支持工、青、妇等人民团体更好地发挥作用。

（三）改进作风，强化服务。强化学习，提高履行职责的本领，努力建设学习型政府。转变政府职能，优化政务环境，减少行政审批事项，精简办事程序，提高工作效能。牢固树立过紧日子的思想，大力压减一般性支出，集中财力办大事，努力解决民生问题，提高人民群众对政府工作的满意度。

（四）廉洁自律，从严治政。认真贯彻实施《廉政准则》，全面贯彻落实党风廉政建设各项规定，加快推进惩治和预防腐败体系建设。强化审计监督和行政监察，加大政府投资项目的审计监督力度，严肃查处各类违法违纪行为。加强公务员队伍建设，提升综合素质，增强发展能力，勤政廉政，争先创优，树立良好的政府形象。

各位代表！今后五年，是我县经济社会实现转型升级、跨越发展的重要时期。让我们在市委、市政府和县委的坚强领导下，紧紧依靠全县广大干部群众，以科学发展观为指导，齐心协力，求真务实，开拓进取，为开创揭西科学发展新篇章而努力奋斗！

揭西县国民经济和社会发展第十二个五年规划纲要

（草案）

“十二五”时期（2011～2015年）是揭西加快转变经济发展方式、深入推进科学发展的攻坚时期，是全面实现“十年大发展”目标的关键时期。根据党的十七届五中全会、省委十届七次和八次全会、市委四届八次全会精神和县委关于“十二五”规划的建议，结合我县的实际，在认真总结经验，科学分析形势，深入调查研究并充分听取社会各界意见的基础上，制定《揭西县国民经济和社会发展第十二个五年规划纲要》（草案）。

一、发展基础和发展环境

（一）发展基础

“十一五”时期，是我县历史上经济社会发展最快、城乡面貌变化最大、人民群众得到实惠最多的时期。“十一五”以来，我县坚持以邓小平理论和“三个代表”重要思想为指导，深入贯彻落实科学发展观，围绕建设“生态工业大县、旅游文化强县、绿色和谐揭西”的战略目标，进一步解放思想、抢抓机遇、攻坚克难、奋发进取，经济社会发展取得明显成效，社会和谐稳定，人民安居乐业，为“十二五”时期加快发展、实现揭西“五年大变化，十年大发展”打下坚实的基础。

1. 经济实力迅速提高。2010年，全县生产总值达到118.10亿元，比2005年（下同）增长111.5%，5年年均（下同）增长14.4%，农村人均年纯收入5768 元，比2005年增加2226元，年均增长9.4%，经济运行质量、效益持续改善，主要经济指标全面和超额完成。2010年，第一、二、三产业增加值分别达到20.9亿元、62.6亿元和34.6亿元；三次产业比例由2005年的24.4：46.6：29调整为2010年的17.7：53：29.3。

2. 三农工作稳步发展。2010年，全县农林牧渔业总产值达到32.09亿元，比2005年增加10.69亿元，增长49.96%；全年粮食播种面积达44.87万亩，粮食总产达17.13万吨；被评为全国粮食生产先进县。特色农业发展步伐加快，“一乡一品”特色农业显现，农业产业化经营取得成效，京明茶叶、志诚食品、蓝天果蔬、龙源高科等龙头企业生产规模和经营效益不断扩大。至2010年，农业类省名牌产品16个；省、市级农业龙头企业8家；荣获国家绿色食品A级产品认证产品6个；列入省现代农业园区1家。扶贫开发“规划到户责任到人”等工作扎实推进。林业工作再上新台阶，绿化造林工作扎实开展，完成荒地造林工程6.79万亩，建立各类种苗基地650亩，森林覆盖率达到61.3%，2009年被省授予“林业生态县”称号。

3. 工业经济发展加快。2010年，全县完成规模以上工业增加值19.87亿元，年均增长41.7%。工业园区建设规模不断扩大，新规划建设了河婆、棉湖、灰寨等工业集中区。民营企业发展加快。初步形成电子玩具、食品加工、纺织服装、五金塑料、制药等五大支柱产业，企业规模不断壮大。5年新增规模以上工业企业145家，累计211家，新增限上商贸企业109家，累计112家。科技创新能力不断增强，至2010年，全县共有省级高新技术企业2家，省、市级民营科技企业22家，省级专业镇3个，市级专业镇7个，著名商标8件，申报专利累计1159项。

4. 基础环境明显优化。5年累计固定资产投资总额达到137.58亿元，是“十五”期间的3.1倍。交通、水利、能源、市政等基础设施建设不断完善，可持续发展后劲得到增强。至2010年底，全县通车里程达到1285.4公里，比2005年增加232.9公里；公路密度每百平方公里达到94.5公里，比2005年增加14.7公里。“十一五”时期建成的公路主要有：湖河公路、县城过境公路、省道长池线坪上路段、县城环城北路、径新公路、坪石公路、南大公路、金里公路、京棉公路、五黄公路等；省道335线五云、五灰路段扩改建工程已完工，京富洋旅游圈公路网正抓紧建设；“四横”、“二横”高速公路揭西路段已完成前期设计工作，即将开工建设。水利项目建设不断推进，完成大溪拦河闸、棉湖电排、东园电排等项目；扎实推进金凤联围、县城一河两岸防洪工程、棉湖联围、象山拦河闸等项目。以县城、棉湖和五经富三个中心镇为重点，加快城镇规划建设步伐，建设和完成了党校二期、城东入口扩宽、河山路改造、县城污水处理厂、五经富第三自来水厂、棉湖水厂取水管道铺设等市政工程项目。能源、通信等建设扎实推进。

5. 旅游商贸持续畅旺。2010年，全县社会消费品零售总额达到40.73亿元，年均增长27.1%。5年外贸出口总额达到1.84亿美元，实际利用外资0.63亿美元，分别是“十五”期间的1.5倍和2倍。民营企业出口增长迅速，申报进出口经营权的内资企业数量不断增加，来料加工出口平稳增长。生态旅游资源开发力度进一步加大，2007年和2009年分别成功举办了第二、三届生态旅游文化节，京明温泉度假村被评为国家AAAA级景区，大北山森林公园晋升为国家级森林公园，新建京明绿茵体育运动场，完成三山祖庙综合开发项目总体规划。2010年被省政府评为“省旅游综合改革示范县”称号。

6. 财税金融平稳运作。2010年，地方财政一般预算收入2.178亿元，比增27.21%，年均增长23.7%；税收收入1.556亿元，比增30.14%，年均增长23.97%；全县金融机构各项存款余额103.96亿元，比增12.75%，各项贷款32.1亿元，比增15.76%，贷款余额32.09亿元，货币净投放35.49亿元。

7. 社会事业全面发展。“科教兴县”战略全面实施，教育事业优先发展，“十一五”期间教育总投入15.8亿元，新建、扩建、改建校舍214所，面积达78万平方米。人口与计生工作得到加强，省人口计生二类地区位置保持巩固。人口自然增长率控制在6.5‰以内。新型农村合作医疗制度有效实施，2010年参保率达到98.32%。养老保障金按时足额发放，养老、失业、工伤保险基本建立，逐步健全。认真落实就业和再就业政策，5年新增就业20760人。加强生态环境保护，节能减排工作责任制得到落实，2010年，万元生产总值能耗下降3.48%，二氧化硫、化学需氧量分别减排1000吨和3700吨。2010年，我县被国家能源局、财政部和农业部授予“国家首批绿色能源示范县”称号，成为全国首批108个县（市）之一。认真开展违法违规用地整治专项行动，国土资源管理得到规范。安全生产管理得到强化，无发生重特大安全事故。坚持重点治乱，重点打击“两抢一盗”、“黄赌毒”等多发性犯罪，社会治安管理有效加强。积极处理好群众上访和群体性突发事件。深入开展产品质量和食品药品安全专项整治，市场经济秩序进一步好转。文化体育、外事侨务、民族宗教、新闻出版、广播电视等各项事业得到发展。

（二）发展环境

1. 发展机遇。“十二五”时期是我县大有作为的重要历史机遇期，也是振兴揭西的关键时期。一是从全省的形势看，随着省委省政府区域协调发展战略的全面启动，《关于促进粤东地区加快经济社会发展的若干意见》、扶贫开发“双到”等一系列扶持政策和措施的集中实施，为我县加快发展提供了强有力的支撑。二是从全市的形势看，市委、市政府近年来出台的一系列强势推进发展的重大决策的实施，市区重点项目带动效应，各县市区的竞相发展，全市必将迎来一次快速发展期，为我们依托优势，加快生态旅游发展、建设粤东后花园提供了良好的条件。随着潮汕机场的投入运营，神泉港的提质升级，“四横”、“二横”高速公路即将开工建设，以及县内几条主要干道的改造升级，揭西的区位交通劣势将彻底改变，特别是高速公路的开通，必将给我们带来新一轮大发展的新机遇。三是从我县的现状看，近年来，我县紧紧抓住省委、省政府加快粤东地区经济社会发展的重大历史机遇，坚持发展第一要务，紧密结合揭西实际，大力发展生态工业、特色农业和旅游文化产业，推动了一批旅游、市政、基础设施等重点项目建设，经济运行质量有所提高，基础条件有所改善，对外形象有所提升，全面完成了“十一五”的目标任务，为我们今后加快发展奠定了坚实基础。此外，由于我们的基础落后，属欠发达地区，广大干群发展的愿望强烈，我们又具备加快发展的生态资源，发展空间大，具有很大的后发优势。

2. 面临的挑战。在“十二五”时期，我县也面临着严峻的挑战。就内部而言，我县近年来虽然发展较快，但基础差、底子薄的现状并没有改变，经济总量小、发展不足仍然是最大的县情。2010年我县常住人口占全市14.0%，但GDP总量仅占全市11.7%，地方财政一般预算收入仅占全市5.6%。要在这样薄弱的基础上实现赶超进位，压力非常大。就外部而言，区域竞争日趋激烈，给我们带来了严峻的挑战。揭东工业新城发展势头强劲，普宁商贸名城快速发展，惠来能源石化产业异军突起，大有后来居上的趋势，全市各县区你追我赶、竞相发展，不进则退、慢进亦退，如果不奋力拼搏、加快发展，就可能使差距拉得更大，甚至被甩得更远。此外，国内宏观经济环境趋紧也使我们面临着严峻的挑战。

二、指导思想和发展目标

（一）指导思想

坚持以邓小平理论和“三个代表”重要思想为指导，深入贯彻落实科学发展观，围绕“加快转型升级、建设幸福广东”这一核心，按照“美丽山城”的发展定位，坚定不移地实施“生态工业大县、旅游文化强县、绿色和谐揭西”战略，走以旅游文化为龙头，生态工业、商贸物流、特色农业互为协调推动的发展思路，解放思想，艰苦奋斗，奋发图强，加快转变经济发展方式，努力把揭西建设成为宜游、宜业、宜商、宜居的“美丽山城”。

（二）发展目标

1. 县域经济快速增长。通过“十二五”时期的发展，农业综合生产能力明显增强，工业化进程明显加快，生态旅游等第三产业快速发展。到2015年，全县生产总值达到316.95亿元，年均增长20.2%，人均生产总值3.57万元，年均增长18.4%；地方财政一般预算收入年均增长30.3%；固定资产投资年均增长22.5%；规模以上工业总产值年均增长23.6%；外贸出口总额年均增长22.2%；实际利用外资年均增长28.3%；单位生产总值能耗年均降低3.43%

以上。

2. 民生事业全面发展。到2015年，社会发展滞后于经济发展的局面得到较大改善，科技对经济和社会发展的贡献明显提高。文化强县建设扎实推进，教育事业有新发展，人口素质普遍提高。公共卫生应急体系逐步健全。失业率控制在较低水平，社会保障和公共服务体系更加健全，逐步实现城乡基本公共服务均等化。

3. 发展环境更加优越。“十二五”时期，社会环境进一步改善，逐步形成廉洁高效的政务环境、公平正义的法治环境、包容开放的人文环境。体制创新有突破性进展，建立起符合科学发展观要求的市场经济体制，社会主义物质文明、政治文明、精神文明建设成效显著。节能减排、环境保护、生态建设有效推进，经济与社会、人与自然协调发展，可持续发展能力显著提升。

4. 生活水平明显提高。农民人均纯收入年均增长12.8%，农村居民的生活质量全面提高，人口出生率控制在11.3‰以内；争取2015年达到省卫生城县标准，人民健康主要指标达到或接近中等发达国家的平均水平，平均期望寿命达到74.5岁。人民群众得到更多实惠，幸福感明显增强。

三、主要任务

（一）强化“三农”基础地位，全力发展农业农村经济

紧紧围绕建设社会主义新农村目标，以提高农业综合生产能力和效益，增加农民收入为中心，切实加强农业基础设施建设，大力发展特色农业，全面加强“三农”工作，不断改善农村生活生产条件。

1. 加强农业基础建设。大力推进基本农田建设，促进农田建成“田成方、渠相通、路相连、机能进、产出高”的现代标准农田，提高农业抗灾防灾能力。依法控制好基本农田保护区，认真落实支农惠农政策，稳定粮食生产。严格执行耕地保护制度，强化耕地总量动态平衡。

2. 发展特色农业。在稳定粮食生产基础上，充分发挥地方资源优势，调整优化农业经济结构，转变农业增长方式，继续完善农业特色产品生产基地建设，重点发展甜玉米、茶叶、蔬果、药材、花卉、珍禽等具有揭西特色产品，培育壮大“一乡一品”特色农业产业集群，提高揭西农业产品的市场占有率。

3. 扶持农业龙头企业。加快农业现代化示范区建设，发展壮大农业龙头企业，着力培育一批竞争力强、带动辐射能力强的龙头企业和企业集群示范基地，继续实施“公司 + 基地 + 农户”的发展模式，推进龙头企业、合作组织与农户有机结合，做大做强农业龙头企业，延长农业产业链，切实提高农产品的科技含量附加值和经济效益。

4. 抓好扶贫开发工作。按照“规划到户、责任到人”的要求，强化工作责任，落实资金和项目，确保按时按质完成帮扶目标任务。继续实施开发性扶贫，整合扶贫资源，以“整村推进”的方式，推动山区、老区、贫困地区经济社会全面协调发展。坚持和完善“扶贫济困日”等活动。

5. 全面推进新农村建设。集中力量打造一批名镇名村，带动农村宜业宜居建设。抓好农村水、电、路等基础设施建设，加快农村“雨污分流”工程建设和垃圾集中处理，加强村容村貌治理和乡镇集市的环境整治，改善农村生产生活条件。加强乡风文明建设和农村民主管理，提高农民文明素质。

6. 加强林业建设。强化造林力度，逐步提高生态功能等级。到2015年，全县育林地面积保持在129万亩以上，森林覆盖率达到62.5%以上，生态公益林管护率达到100%，林业产值达4亿元，全民义务植树达200万株以上，城市绿化率达38%。

（二）调整优化工业结构，建设生态工业大县

按照建设“生态工业大县”的要求，进一步优化工业产业布局，调整工业产业结构，壮大产业规模。

1. 做大做强支柱产业。加快支柱产业发展，引进高新技术项目与高新技术改造传统产业相结合，着力提升电子玩具、纺织服装、食品加工、五金塑料和制药五大支柱产业，形成一批具有较强竞争力的新兴产业。要立足传统，大胆创新，加快传统产业的技术改造，加大科研开发力度，引进新技术设备，促进传统产业优化转型升级。充分发挥7个省、市级专业镇较好的产业基础，加强政府引导，加大政策扶持，提升企业名气，唱响揭西品牌。

2. 大力发展绿色能源。充分发挥我县产业优势和资源优势，培育发展生物医药、新能源、新材料等新兴产业，大力发展绿色能源项目，扶持五洲龙新能源汽车环保电池厂等项目建设，集中力量抓好国电风能、广药集团普通药物生产基地、新农生物能源等项目建设。积极创造条件，全力以赴争取抽水蓄能电站落户揭西。加强研发创新，引导企业提高环保意识，提升产品档次，注重综合循环利用，实现产业转型升级，促进新兴产业向规模化、科技化、效益化方向发展。

3. 加快工业载体建设。工业园区是工业发展的载体，是调整和优化工业产业结构的关键。要大胆创新和探索工业园区的发展模式，走社会化、市场化开发建设路子。继续加大力度做好河婆、棉湖、灰寨等工业集中区的建设，加紧做好京塔经济开发区和京凤生态村的规划建设，加快规划建设金塔、凤江、钱坑等工业集中区，促进企业集聚发展，形成特色产业集群。

4. 大力支持民营经济发展。落实好扶持民营经济发展的各项优惠政策，营造适应民营经济发展的良好环境，增强外商投资创业信心。要充分利用我县外出乡亲众多的优势，加大招商引资宣传力度，通过以项目招商、以侨招商、以商招商和以资源招商等形式，争取引进更多民营企业落户我县办工业。

（三）狠抓重点项目建设，不断改善发展环境

把重点项目建设作为跨越发展的根本来抓，举全力，强推进，力争引进和上马一批能牵动全局的重大项目，为大发展打好基础设施环境。“十二五”期间，规划重点项目主要有388项，总投资571亿元（见附表）。

1. 农林水利项目186项，计划投资102.2亿元。抓好揭西县农村饮用水安全工程建设。加快防洪堤围建设，主要有东园联围、坪上联围、南灰联围、钱坑联围、五经富联围项目。抓好五棉调水工程、大北山调水工程和全县小型水库项目建设，提高城乡防灾减灾能力。

2. 交通项目32项，计划投资99.7亿元。逐步改造和完善现有路网，建成以省道为骨干，县道为筋节，村道为脉络的四通八达的公路网络，不断改善交通条件，增强可持续发展能力。（1）省道。规划完成S335灰寨至河婆段、S237灰寨至棉湖段、S238河婆至坪上段、S224新五线、X100钱石线、棉湖过境公路等路面大修工程建设。（2）县道。规划对部分路段因使用年限较长，破损比较严重的路段进行路面大修，并完善公路通车安全设施和对四五类公路危桥实施改善。（3）村道。规划村公路建设规模为580公里。主要建设打通我县通邻县的出口公路，并实现硬底化。要优化乡村公路网，为村通班车创造条件。争取解决断头路，使路网更加合理。（4）高速公路。配合上级抓好“四横”、“二横”二条高速公路的工程建设，争取尽快进入建设阶段。

3. 工业能源项目47项，计划投资159.3亿元。重点抓好揭西县抽水蓄能电站、国电揭西大洋和良田风电项目；加快明山、钱坑、清河、龙潭站、梧桐、塔头、五经富等输变电站新建或扩建项目建设；抓好五洲龙新能源电动汽车环保电池项目；规划建设河婆、棉湖、灰寨轻纺城工业集中区等项目。

4. 生态旅游项目33项，计划投资110.9亿元。加大对各旅游景区景点的美化包装建设，主要抓好大北山生态旅游区、三山国王祖庙、三个世界基地、希桥酒店、黄满磜瀑布旅游区等项目建设。

5. 社会环保项目91项，计划投资99亿元。

主要抓好京凤高级住宅区、凤凰新城高级住宅区、环北二路、环城东路、棉湖新城、曙光花园、金和住宅小区，河婆、棉湖、五经富等镇老城区“三旧”改造等工程建设。

（四）加快生态旅游资源开发，促进旅游业发展

要按照“着眼大区域，塑造新形象，营造大环境，发展大旅游”的发展思路，以生态资源为依托，以旅游市场为导向，坚持依法管理，突出特色，科学保护的战略方针，全面提升旅游产业的规模和地位，促进揭西经济发展。

1. 提升旅游产业竞争力。围绕创建“广东省旅游强县”的目标，配合国家生态示范区建设，打响“韵味独特潮客风，绿色生态揭西游”品牌，突出“绿色旅游、红色旅游、古色旅游、潮客文化”四大形象主题，加大招商引资力度，加快旅游资源开发建设，形成旅游拳头产品，着力提升旅游产品的吸引力，增强市场竞争力，实现资源优势向产业优势、经济优势的转化。

2. 不断完善和开发旅游项目。完善旅游规划编制，重点抓好计划总投资30.42亿元的广东揭西大北山生态旅游区建设，抓紧启动“三个世界基地”规划建设，尽快实施三山国王祖庙地区综合开发项目建设，继续完善黄满磜瀑布旅游区、京明温泉度假村、大北山森林公园、广德洞天、天竺岩、龙源高科技农业示范园、过路塘、石内河漂流、永昌古庙、兴道书院、郭氏大楼、棉湖城隍庙的配套建设，扎实推进钱坑旅游综合开发、上砂开口石景区等项目建设。积极开发旅游新项目，注重发展乡村旅游。做好创A级景区的工作，至2015年力争创建AAAA景区2个，AAAAA景区1个。

3. 加大宣传推介力度。巩固粤东潮汕客源市场，积极开拓广州、深圳、珠海等珠三角地区的客源市场，努力拓展香港、澳门、台湾以及东南亚客源市场。继续采取“走出去宣传推介，请进来考察踏线”的办法，通过组团参加国内外旅游推介会方式，促进区域旅游合作，走“区域联动，资源互补，客源互流，共同发展”的道路，做到整合优势，实现双赢。

4. 不断提高旅游接待档次。切实加强旅游从业人员素质教育和培训工作，采取选培和岗位练兵相结合的形式，培育一支政治素质好、业务能力强、道德素质高的旅游产业队伍。做好接待宾馆星级选评工作，力争至2015年四星级宾馆达到3家，五星级宾馆1家，年接待游客达到270万人次。

（五）完善城乡规划体系，推进城镇化进程

以建设“美丽山城”为定位，以县城建设为龙头，树立经营城市理念，坚持高起点规划，高标准建设，高效能管理，按照循序渐进、节约土地、集约发展、合理布局的原则，使城镇化建设取得新的突破。

1. 科学规划。要制订完善总体规划、控制性详细规划和专项规划，按照集约发展、协调发展、可持续发展、以人为本、突出特色的原则，制定完善河婆、棉湖、五经富三个中心镇的专项规划，增强城镇的辐射带动力；抓好灰寨、京溪园、金和等镇规划的编制，争取上报列入省中心镇。

2. 抓好建设。首先，全力加快县城建设，围绕把县城建设成为一个“生态山水旅游城市”的目标，每年确保1亿元以上资金投入县城市政设施建设，着力提高城市品位。主要抓好凤凰新城、象山拦河闸等新建项目工程建设，抓好环北二路、城东新区道路工程、环城东路、县城防洪工程等续建工程建设，规划建设县城文体和市民广场。“十二五”期末，城区面积力争扩大5～6平方公里，城镇人口达到25万人。其次，棉湖镇围绕重振千年古镇雄风的目标，着重抓好星湖城、曙光新城、棉湖新城等生活小区的建设，动工建设棉湖顺天建材物流中心，抓紧完成供水管网配套工程、污水处理厂等各项市政配套设施建设，加快国有和集体企业的改制步伐，加快镇区建设，努力把棉湖镇建成辐射东部乡镇发展的次中心区域；第三，五经富镇要着力抓好县第三自来水厂、污水处理厂、一河两岸等项目建设，规划建设高档住宅区和商贸物流中心等，主动服务好揭阳高新区，努力把五经富建设成为揭阳高新区的后花园。

3. 强化经营管理。加强综合执法，重点抓好交通秩序、市容市貌、环境卫生等专项整治，保持高度态势，严厉查处违章搭建、违章建设，维护规划的权威；开展清理整顿占街为市、私摆乱卖、环境“脏、乱、差”等现象的专项行动，提高城镇文明程度，改善城镇面貌，树立揭西良好形象。

（六）积极开拓市场，搞活商贸流通

坚持以开放灵活的措施促改革、促发展，更好地利用经济全球化的趋势，优化资源配置，拓展发展空间，加快发展商贸物流产业。

1. 转变外贸增长方式。以市场为导向，调整优化出口产品结构，提高出口产品质量和效益，大力发展一般贸易，鼓励高科技含量，高附加值的产品出口，积极发展技术贸易和服务贸易，扩大服务出口。实行以质取胜和市场多元化战略，增大外贸出口总量，重点抓好纺织服装、运动用品、电子产品以及仿瓷餐具等传统产品出口，加大对品牌出口商品支持力度，做深传统市场，开拓新兴市场。加快出口基地建设，大力发展一批新的外贸公司和自营出口公司，支持民营企业开展外经贸业务，全面提高民营企业国际贸易能力。完善重点企业联系制度，扶持行业骨干企业做大做强，鼓励加工贸易优化升级，推动加工贸易向中高端产品或生产环节发展。

2. 提高吸收外资质量。拓宽外商投资来源，促进外资来源更趋合理，实现吸收外资的持续稳定增长。大力加强与港澳台的服务业合作，探索有效引资方式，创新吸收外资的渠道，扩大引资平台，大力培育招商引资新增长点。大力实施“乡贤回归工程”，探索“以贸引外”和“以商引商”的路子，借助各种会展活动，开展商业招商，运用现代信息技术开展网上招商，积极承接珠三角的产业转移，争取引进国内外大企业、大集团投资揭西、落户揭西。实施招商引资奖罚措施，切实提高招商引资实效。

3. 开拓国内市场。抓好重点商品市场的培育，提供各种优惠条件引进国内外大型物流企业，争取2011年在县城、棉湖建设1～3个具有一定规模的商贸物流中心，继续加强和完善县镇集贸市场、商业街区、批发市场等商贸载体建设，活跃商贸流通。继续采取“政府搭台、企业唱戏”的经销方式，积极组织企业参加省、市举办的各种商品展销会、经贸洽谈会和博览会，推介具有地方特色的各种商品，扩大经贸合作范围，提高产品市场占有率和竞争力。重视开拓农村市场，加快农村市场和流通体系建设。

（七）深化体制改革，建立良好发展体制

加大改革力度，力争在一些重点领域和关键环节取得新的突破，形成有利于转变经济增长方式，促进全面协调可持续发展的机制，为加快发展提供良好的体制条件和环境，增强发展动力。

1. 推进行政管理体制改革。加快政府职能转变，强化社会管理和公共服务职能，建设服务型政府。进一步推进政企分开，政事分开，按照精简、统一、效能的原则和决策、执行、监督和协调的要求，完善行政管理体制改革。强化社会管理和公共服务职能，增强政府在公共服务方面的主导作用。努力提高市场监管水平，创造和维护公平竞争的市场环境。继续推进行政审批制度改革和事业单位改革，完善投资核准和备案制度，规范政府投资行为，健全政府投资决策责任制度。加快建设法治政府，全面推进依法行政，健全科学民主决策机制和行政监督机制。

2. 推进财政税收体制改革。按照事权和财权统一的原则，建立财税收入增长监测分析新机制，强化税收征管，挖潜堵漏，做到应收尽收，确保财税增长与经济增长良性互动，协调发展。继续深化收支两条线改革，按照建立公共财政体制的要求，严格实施部门预算和国库集中支付制度。完善镇级财政管理体制，调动基层发展经济和组织收入的积极性。严格规范各种规费的收取行为，坚决禁止部门不作为和违规收费现象。健全财政、审计制度，强化支出管理，提高财政资金的使用效益。

3. 加快地方金融体制改革。深化金融体制改革，加强与金融部门的联系和协调，推进银企合作，积极发展质押业务。打击逃废债务行为，稳定金融秩序。加大地方金融资产、财政资金追收处置力度，积极防范、化解地方金融风险，维护金融安全。深化农村信用社改革，增强服务功能，提高地方金融竞争力，2011年上半年把农村信用社改制为农村商业银行。

4. 健全现代市场体系。进一步整顿和规范市场秩序，坚决打击制假售假、走私贩私、偷逃骗税等违法行为。建立信用监督管理和失信惩戒制度，营造诚实守信的社会环境和市场环境。完善行政执法、舆论监督、行业自律、群众参与相结合的市场监管体系，发展和规范各类市场中介服务机构和行业协会。

（八）加大环境保护力度，建设资源节约型社会

大力发展循环经济，走生态发展之路，努力建设资源节约型、环境友好型社会，逐步实现人与自然和谐相处的可持续发展。

1. 大力发展循环经济。发展循环经济，是建设“生态揭西”、实现可持续发展的重要途径。坚持开发并重、节约优先，按照减量化、再利用、资源化的原则，大力推进节能节水节地节材，加强资源综合利用，完善再生资源回收利用系统，全面推行清洁生产，形成低投入、低消耗、低排放和高效率的节约型增长方式。推进资源节约和综合利用，引进资源节约和综合利用新技术、新工艺和新设备，逐步创建循环经济示范区，统一规划，集中治污，形成规模效应。以优化资源利用方式为核心，积极发展生态农业和环保型产业，逐步形成生态产业体系。强化节能意识和宣传，形成健康文明、节约资源、保护环境的良好消费方式。

2. 合理保护和开发自然资源。坚持在发展中保护，加强资源开发和生态环境保护并举，坚决遏制重大生态破坏，提高对矿产、水源、土地、森林和天然旅游景点等重要资源开发的生态环境保护，使之形成类型多样、分布合理的自然保护体系。严格执行我县土地利用总体规划，实行土地用途管制，实现耕地总量动态平衡。

3. 加强生态环境保护。实行环保目标任期责任考核，把环保责任制和追究制落实到镇街道、村（居）委。大力实施“环保工程”，重点抓好棉湖、五经富污水处理厂以及各乡镇垃圾填埋场的建设，抓紧完善治污配套设施。开展保护母亲河的系列行动，着力抓好榕江河、横江、龙江等中小河流水环境综合整治。加强林业生态建设，建立以森林植被为主体的国土生态安全保障体系，有效地保护自然和生态资源。

（九）大力实施科教兴县战略，推进文化强县建设

大力发展教育、科技、人才和文化事业，提高全县人民群众综合素质，繁荣文化经济，增强科技教育实力，建设文化强县。

1. 优先发展教育事业。高标准、高质量普及九年制义务教育，强化组织入学和防流控辍工作机制，加快义务教育学校布局调整，确保小学适龄儿童入学率和初中毛入学率达到100%。大力发展普通高中教育，巩固高中阶段办学成果，提高高中阶段教育教学质量，发展优质高中。做好普及高中的创优工作，力争2011年，棉湖中学完成国家级“示范性高中”的督导验收工作，揭西一中和霖田高级中学力争在2011年前分别通过市、县一级学校评估验收。2015年，初中毕业生升学率要达到92%以上，全县普高在校生约25000人。积极发展民办教育，要积极鼓励、大力支持、正确引导的指导思想，引进多种形式发展民办教育，建立健全民办教育的管理办法。加强师资培训，建设一支素质优良，结构合理的教师队伍，促进全县教育事业健康协调发展。

2. 大力发展文化产业。深化文化体制改革，繁荣文化事业，壮大文化产业，不断满足人民群众日益增长的精神文化需要。围绕建设文化强县目标，力求各层次、全方位地推进公共文化服务体系的建设和完善，让群众享受文化、参与文化的环境得到进一步的保障。扎实抓好县民俗文化馆、县博物馆和县名人馆等文化设施建设，促进文化事业上新台阶。

3. 积极推动科技创新。全面推动观念创新、体制创新和技术创新，提高自主创新能力和产业竞争力，推动我县经济结构的战略性调整和产业结构的优化升级，营造有利于科技进步、技术创新的大环境，促进科技与经济发展紧密结合，为推动我县经济社会跨越发展提供强大技术支撑和动力源泉。到2015年，计划新增国家或省高新技术企业1家，新增火炬计划项目3项，新增高新技术产品5个，力争高新技术产品产值占全县工业总产值的4%以上，科技进步对经济增长的贡献率达到45%左右。

4. 大力推广信息技术。信息化是一场全面而深刻的社会和经济变革，是当今世界发展的趋势。“十二五”时期，大力推进信息化和工业化融合，继续加大信息技术推广应用力度，推动信息技术在更广泛的领域和更深的层次发挥作用。加强和完善信息基础设施建设，加快信息化保障体系建设，全面推进国民经济和社会信息化，优化产业结构，实现信息产业总量增加与素质提高同步发展。到2015年，信息化综合指数达95%。

（十）全面发展社会事业，确保社会和谐稳定

坚持以人为本，加大民生保障力度，加强和创新社会管理，维护和实现社会公平与正义，努力构建和谐揭西。

1. 扩大就业渠道。不断优化农村富余劳动力进城务工经商的政策环境和体制环境，加强技能型劳动力培训，提高劳动力素质，努力创造更多就业机会。扶持鼓励下岗失业人员创办经济实体，推广自主经营就业及弹性工作就业等多种形式就业，走出城乡就业新路子。力争“十二五”期间，全县城镇新增就业岗位2.35万人，转移农村劳动力10万人，城镇登记失业率控制在3%以内。

2. 健全社会保障体系。加大社会保险扩面力度，推动用人单位和劳动者依法参加社会保险，实现各项社会保险全面覆盖。全面落实城乡最低生活保障制度，实现应保尽保。建立健全与经济发展相适应的社会保障体系，合理确定保障标准。增加财政的社会保障投入，多渠道筹措社会保障基金，逐步做实个人账户。重视保障妇女儿童权益，积极发展残疾人事业。加强社会福利事业建设，完善优抚保障机制、老龄事业和社会救助体系。到2015年，全县纳入基本养老保险参保率达95%以上。

3. 健全公共卫生体系。以公共卫生和农村卫生为重点，切实抓好疾病预防控制工作，完善新型农村合作医疗制度，进一步推进城镇医疗卫生体制改革，加强卫生队伍建设，建立健全突发公共事件应急处理机制和疾病防控体系，提高公共卫生保障事业和人民群众健康水平。加强妇幼保健工作，切实保障妇女、儿童的合法权益。积极推进卫生村镇创建工作，改善农村卫生环境。

4. 加强人口和计生工作。完善人口与计划生育目标管理责任制，坚决执行人口和计划生育政策，不断建立和完善利益导向机制，抓好信息管理和服务体系建设，争取在2015年实现四级信息共享。积极推行优生优育，稳定低生育水平，提高出生人口质量，巩固省“二类”和“省优”成果，力争2011年进入“省一类地区”行列。

5. 保障公共安全。坚持安全第一、预防为主、综合治理的安全理念，加大安全生产宣传教育力度，狠抓各项安全措施的落实，坚决贯彻安全生产责任制和重特大事故追究机制，杜绝重大安全事故的发生。完善灾害救助机制，提高灾害监测和灾情信息管理水平。完善公共突发事件应急机制，建立健全各种预警体系，提高政府依法应对突发事件和风险的能力。强化对食品、药品、餐饮卫生的监管，保障人民群众健康安全。加大社会治安综合治理力度，严厉打击各种违法犯罪活动，充分发动社会力量，开展警民大联防，构建全社会齐抓共管的治安防控体系。加强信访工作，依法依规处置人民群众来信来访事件，及时排查各类矛盾纠纷。加强国防动员建设，广泛开展国防教育，增强全民国防观念。

附表：1.《揭西县2011～2015年经济和社会发展规划主要指标预测表（草案）》

2.《揭西县“十二五”规划重点建设项目汇总表》

揭西县人民政府
二〇一一年三月三十日

县12项重点工程建设项目奠基开工

2011年，揭西县委、县政府坚持以科学发展观为指导，按照市委、市政府关于建设“美丽山城”的决策部署，凝心聚力，狠抓落实。特别是县委九届七次全会以来，全县紧紧围绕建设“美丽山城”一个目标，强化“不甘人后、敢于担当”二种意识，营造“廉洁高效的政务、公平公正的法治、包容开放的人文”三个环境，强势推进“旅游文化、生态工业、商贸物流、特色农业”四大工程建设，奋发图强，努力构建经济发展、文化繁荣、生态优美、环境良好、社会和谐的新揭西。

2011年8月16日，开工奠基项目共12个，涉及工业、旅游、商贸、医疗、房地产开发等，总投资105.7亿元，其中：奠基项目5个，计划投资55亿元；开工项目7个，计划投资48.7亿元。这些重点项目，既牵动揭西发展大局，又拉动县域经济发展。其建成开工，必将为揭西县经济社会发展注入新的强大动力，“美丽山城”建设将快速突破，蓄势崛起。

12项重点项目

1. 揭西希桥酒店项目简介
2. 揭西商贸城项目简介
3. 广药集团白云山制药揭西生产基地项目简介
4. 揭西县中医医院项目简介
5. 广州威潜电线电缆有限公司项目简介
6. 揭西县安力电线电缆有限公司项目简介
7. 广东省万瑞通电缆实业有限公司简介
8. 深圳市凯惠科技有限公司东园线材厂项目简介
9. 揭西棉湖电线电缆工业城项目简介
10. 揭西顺天建材物流中心项目简介
11. 揭西（国际）电线电缆城项目简介
12. 棉湖新城项目简介

重点项目简介

揭西希桥酒店　揭西商贸城项目简介

揭西希桥酒店、揭西商贸城位于揭西县城东入口，由深圳市安远控股集团有限公司投资兴建，计划投资22亿元人民币，规划占地面积150亩，集旅游、住宿、餐饮、商务、休闲、购物、住宅为一体。其中：酒店按五星级酒店标准设计建设，建筑面积6.5万平方米，主楼高16层，有各类客房370间，大、中、小会议室16个，有可容纳800多人的宴会厅及其他配套设施。计划投资10亿元，建设工期2年，是一家精心打造的现代化高档次品牌酒店。商贸城及配套建设项目计划投资12亿元人民币，商贸城建筑面积16.5万平方米，世界著名企业沃尔玛将进驻商贸城，住宅楼面积12万平方米，楼高二十八层，是大型综合性商住购物中心。

揭西希桥酒店、揭西商贸城是县城的“三旧”改造项目，建成后将成为揭西县城的标志性建筑。

广药集团白云山制药揭西生产基地项目简介

广药集团白云山制药揭西生产基地选址在揭西县城东部，由广药集团白云山制药股份有限公司投资建设。广州白云山制药总厂于1993年在揭西县兴建白云山威灵药业有限公司，多年来，由于生产规模不断扩大，产品增加，原有厂房已不适应目前的发展要求，为进一步增资扩产，广州白云山制药股份有限公司计划投资10亿元,建设占地170亩的白云山制药揭西生产基地，采用先进绿色生产工艺，打造多条不同剂型的现代化生产线，主要生产和制造胶囊剂、片剂、颗粒剂、丸剂等药物产品，建成后，产量分别达到片剂50亿粒/年，胶囊80亿粒/年，颗粒剂1000吨/年，可实现年销售收入15亿元，解决就业2500人以上。

揭西县中医医院项目简介

揭西县中医医院新院选址在揭西县京溪园镇，由深圳市安远控股集团有限公司投资兴建。由于原县中医医院坐落在县城，占地小，交通拥挤，不能适应医疗事业发展的要求，为合理配置医疗资源，解决中片群众看病难问题，计划在京溪园镇（省道205线旁）征地120亩新建县中医医院，医院总投资约5亿元，建筑面积约8万平方米，按二级甲等标准设计，集门诊、住院、体检、疗养于一体的综合性县级中医医院。

广州威潜电线电缆有限公司
揭西县安力电线电缆有限公司
广东省万瑞通电缆实业有限公司
深圳市凯惠科技有限公司东园线材厂项目简介

广州威潜电线电缆有限公司、揭西县安力电线电缆有限公司、广东省万瑞通电缆实业有限公司、深圳市凯惠科技有限公司东园线材厂等四个项目选址都在揭西县东园镇桃围村，合计总投资7.2亿元，规划占地350亩，主要生产经营电线电缆等系列产品。建成后，预计年可创产值6.4亿元以上，实现税收约1500万元，解决3000多人就业，具有较好的经济效益和社会效益。

广州威潜电线电缆有限公司项目选址桃围村河猪坑，由广州威潜电线电缆有限公司与普宁市新顺祥五金制品有限公司联合投资兴建。计划总投资2.5亿元，占地约150亩，企业主要生产经营深水泵电线电缆、电线电缆、网络线、电源线、视频高真线、音箱连接线等产品。项目建成预计年创产值2.1亿元以上，实现税收400万至500万元，解决500多人就业。

揭西县安力电线电缆有限公司项目选址桃围村乌池坑，计划总投资2亿元，占地约80亩，企业主要生产经营各种塑胶原材金属导体生产，绝缘布电线、控制电缆、电力电缆、矿用电缆等特种电缆等产品。项目建成预计年创产值1.8亿元以上，实现税收350万至450万元，解决700多人就业。

广东省万瑞通电缆实业有限公司项目选址桃围村河猪坑，计划总投资1.5亿元，占地约50亩，企业主要生产经营橡套电缆等线材产品。项目建成预计年创产值1亿元以上，实现税收250万至400万元，解决200多人就业。

深圳市凯惠科技有限公司东园线材厂项目选址桃围村杨桃树脚，由深圳市凯惠科技有限公司投资兴建，计划总投资1.2亿元，占地约70亩，企业主要生产经营电脑周边线、信号线等各种电子线材产品。项目建成预计年创产值1.5亿元以上，实现税收300万至400万元，解决1500多人就业。

揭西棉湖电线电缆工业城项目简介

揭西棉湖电线电缆工业城位于揭西县棉湖镇西北郊，距揭普高速公路赤岗出入口5公里，交通便利。该项目计划总投资20亿元，总体规划5000亩，首期用地2000亩，委托汕头市城市规划设计研究院规划设计。棉湖镇素有生产电线电缆的基础，但厂房分散，难以形成规模，建设电线电缆工业城将进一步推动棉湖电线电缆工业的发展，目前登记进入工业城的企业有10家。规划建设的棉湖电线电缆工业城注重整合功能，集约管理，节约用地，集电线电缆产业基地、物流商贸中心于一体的多功能工业城。项目建成后，将进一步提升棉湖镇作为揭西县中心镇、专业镇、工业重镇、名镇的地位，对周边地区产生辐射带动作用。

揭西顺天建材物流中心项目简介

揭西顺天建材物流中心选址揭西县棉湖镇，由揭西县顺天贸易有限公司投资兴建，占地40亩，计划总投资3.5亿元，集装修设计、建材、购物、休闲于一体的现代化装饰建材市场，市场设若干大区，100余家商场，荟萃上百种国内外知名建材品牌，名家竞秀，风格迥异，各显风采，高中低档一应俱全。

该项目的建设是棉湖镇“三旧”改造示范工程之一，建成后将服务棉湖周边城乡，进一步提高棉湖中心镇的影响力。

揭西（国际）电线电缆城项目简介

揭西（国际）电线电缆城选址在素有生产电线电缆专业镇的揭西县棉湖镇，由广东宏和集团有限公司投资兴建，该项目用地是利用“三旧”改造项目中8个“二轻厂”和揭西糖厂、果子厂、船修厂改制后的老厂房，占地约250亩，计划总投资30亿元，规划建设一个面积约40万平方米，集电线电缆标准化信息中心、展示中心、商务中心等诸多功能为一体的综合型现代物流中心，建设期3年。项目建成后，年营业额可达20亿元以上，安置3000人就业，将有力提升棉湖在电线电缆生产、销售等方面的服务水平及品牌效应，成为面向海内外辐射整个粤东地区的大型电线电缆综合物流集散中心。

棉湖新城项目简介

棉湖新城高级住宅小区位于棉湖镇区“跟斗山”，由揭西湖坡房地产开发公司投资兴建。该项目毗邻揭西县棉湖高级中学，与实验学校隔路相望，交通便捷，区位优势明显。计划总投资8亿元，占地面积约120亩，首期建筑面积22万平方米，商品房1300多套，建设年限约3年。建成后，将与正在建设中的曙光新城花园一起，形成棉湖镇配套完善、环境优美的最大住宅小区群，进一步改善宜居环境，推进城镇化建设进程。

（政府办）

科学发展绿化事业

——揭西县荣获“全国绿化先进集体”称号

揭西县地处山区，总面积1346.53平方公里，林业用地130万亩。揭西县高度重视绿化事业，积极践行科学发展观，精心规划，精心部署，精心落实，并大力开展宣传工作，让植绿、护绿意识深入人心，使造林绿化行动成为时尚，全县绿化事业走上了可持续的科学发展之路。

科学规划，以明确目标定位统揽造林绿化行动

由于揭西县地处山区，交通区位较差，工

业难于发展。面对困境，揭西县在聘请专家进行考察研讨发展方向后，决定“靠山吃山”，大力发展绿色事业，依靠资源优势、生态优势吸引商机，壮大发展后劲。制订生态林业发展规划，要求做到“四个结合”，即：经济林、防护林、风景林相结合；乔、灌、草相结合；绿化、美化、香化相结合；生态、社会、经济效益相结合。在总体布局上以林业重点工程为龙头，以城镇、村庄绿化为点，以公路两侧的绿色通道工程建设为线，以消灭荒山造林绿化为面，大搞造林绿化、美化，使全县绿化事业形成三个“三分之一”的大格局。在布局上，三分之一在重点林区，三分之一在面上山区，三分之一进城入村；在结构上，三分之一营造重点生态公益林，三分之一发展商品用材林，三分之一营造低碳环境效益林；在投入上，争取上级支持、本级挖潜与社会多元投入各占三分之一。

科学实施，典型引路与全面开花相结合

揭西县以规划指导行动，扎实推进造林绿化事业。一是抓宣传。全方位开展绿色宣传工作，使植绿、护绿意识深入人心，成为时尚。全县凡是显眼处皆有绿色林业宣传牌，凡有人迹处皆可见绿色宣传。二是抓示范。县主要领导、每个乡镇的党委书记、乡镇长和分管林业工作的副职领导每人抓好一个示范点，每个部门办好一个示范点，各项工程都有样板工程。三是抓落实。抓重点、带全面，做到“重点地区重点造、面上地区扶持造、公共绿化全民造、难点盲点努力造”，掀起全民造林高潮。在经济困难的情况下，每年安排50万至100万元用于重点地区造林，先后实施重点工程造林7万亩，完成生物防火林带921公里。面上地区则由林业部门提供造林种苗，发动社会闲散资金投资造林。5年来，县林业部门每年无偿支持各乡镇造林种苗600万株，完成面上造林5万亩。

科学管理，让每一棵树、每一片绿都能享受阳光雨露

揭西县坚持一手抓保护，一手抓管护，切实做好林木抚育工作。一是抓保护。采取有效措施，加强林业“三防”，即防“人害”、防“火害”、防“病虫害”；大力打击和坚决制止盗伐滥伐、乱占林地等破坏森林资源违法犯罪行为；加大林业执法力度，健全应急队伍。二是抓管护。加强林木抚育，把2010年定为“森林抚育年”，让每一棵树、每一片绿都能享受到关怀；加强对城镇绿化保护，实行“门前三包”制度，组织绿色巡查队，确保城镇绿化不留盲区；重视古树名木保护管理工作，对现有古树名木进行登记建档，并采取办法进行妥善保护；积极组织开展“爱绿护绿宣传周”、“青少年绿色宣誓”、“保护古树名木百里行”等活动，使爱绿、护绿成为全民的绿色低碳时尚。

科学延伸，扎实推进林改和“绿化进五园”活动

面对新形势、新任务，县及时调整工作思路和目标，科学延伸。一是扎实推进集体林权制度改革。抓住林改的大好时机，深入调研，认真思考总结，扎实推进集体林权制度改革，不断提高林农耕山的积极性，进一步解放林业生产力，实现社会效益与经济效益双丰收。二是延伸造林绿化的深度和广度，积极开展“绿化进五园”活动。创造性地部署开展“植树尽义务，绿化进五园”活动，把绿化家园、田园、校园、工业园、公共服务园的责任、目标、任务及时确定下来，把“为身边增绿”作为一项重点绿化工作目标加以推进，实现“工作环境像公园，生活环境像花园”，打造良好宜居宜业的“美丽山城”；同时，进一步宣传义务植树的方式和方法，培育多元绿化投入和健全管理体制。三是积极弘扬生态文明，大力发展绿色产业。至2011年底，县先后投资4亿元建设大北山国家森林公园、李望嶂自然保护区，创办林业科普长廊、种子基因库、森林生态旅游基地。绿色事业带来生态旅游业的蓬勃发展，揭西县已成为人们向往的森林生态旅游胜地。

通过科学发展，揭西县的绿化事业取得了显著成绩。

揭西县每年新增造林绿化面积2万亩以上，森林蓄积量从2005年底的183.6万立方米，递增至2011年底的255.3万立方米，森林覆盖率从2005年底的55.1%，递增至2011年底的62.4%。揭西县先后荣获“广东省林业生态县”、广东省“绿色名县”；2011年揭西县荣获“全国绿化先进集体”称号。

（林业局）

以人为本　真情服务

——揭西县荣获“全省计划生育优质服务先进单位”称号

近年来，揭西县认真贯彻落实《中共中央国务院关于全面加强人口和计划生育工作统筹解决人口问题的决定》和《中共广东省委、广东省人民政府关于全面加强人口和计划生育工作的决定》，按照省人口计生领导小组办公室《印发省优质服务先进单位创建标准的通知》的要求，坚持以人的全面发展为中心，以提供优质服务为重点，以创建新机制为突破口，以稳定低生育水平、人民满意为落脚点和“计生是最大的民生”的工作思路，积极开展创建全省计划生育优质服务先进县活动，有力地促进全县人口计生工作整体水平的提高。2008年，揭西县从计生三类地区晋升为二类地区，2011年荣获“全省计划生育优质服务先进单位”。主要做法是：

一、加强基础设施建设，改善优质服务环境

揭西县认真按照计生技术服务机构“四优一满意”即环境优美、技术优良、服务优质、管理优化、群众满意的要求，立足以人为本，合理配置有限资源，切实加强全县计生技术服务阵地建设，构建县、镇、村三级服务网络，逐步形成以县服务站为龙头，乡镇(街道）服务所为骨干，村(居）委服务室为依托的服务格局。

一是高标准建设县计划生育服务站　为改善技术服务条件，提高服务质量，2010年按照省计生服务机构标准化建设“六统一”和“三室达标”的要求，高起点规划，高标准设计，投资150多万元，对县站进行全面升级改造，总建筑面积近2000平方米，配套设置手术室、化验室、消毒供应室等功能室；投资80多万元，更新购置必要设备，配备B超机、微波治疗仪、多功能光谱治疗仪、乳腺检查仪、生化分析仪、空调等先进仪器和设备，满足开展生殖保健、优生优育、避孕节育知情选择的需要。

二是抓好镇、村计生服务所(室）规范化建设　针对镇级计生服务机构建设较早、起点较低，房屋设备简陋，技术服务条件差，不能满足实际工作需要的状况，2009～2011年，全县投入896万元，统一规划，分步实施，做好乡镇（街道）计生服务所规范化建设，并配齐必备设备。各村（居）委建有规范化的计生服务室，为育龄群众提供计生优质服务最广泛的服务阵地。

二、以技术服务为重点，积极开展优质服务

揭西县紧紧围绕避孕节育、出生缺陷干预、生殖道感染干预三大工程和群众的生殖健康，积极开展优质服务。

一是开展知情选择服务　为维护每一位育龄群众的身心健康和合法权益，提高避孕节育措施的有效性和安全性，全县稳妥推进避孕节育措施知情选择工作。做到知情宣传先行，合同管理跟上。通过各种宣传、培训等途径，向广大群众宣传避孕节育政策、各种避孕方法适用群体及优缺点和双方在知情选择工作中的责任、权利、义务等，使群众明确避孕方法知情选择是在政策指导下的选择，而不是落实措施的自由化，指导群众根据各自身体、生活、工作特点，选择安全、有效、适宜的避孕措施。在知情选择实施过程中，充分发挥村规民约和村民自治章程的作用，通过村（居）民自我管理、自我教育、自我监督、自我服务，保障知情选择的有效实施。

二是开展三查及随访服务 坚持每四个月一次查环查孕，每两年一次普查普治，实行定点和上门服务相结合。县计生服务站和17个乡镇（街道）计生服务所是查环查孕查病的定点单位，对偏僻乡村实行计生服务车下乡上门服务，尽量方便群众。对落实各种避孕节育措施的育龄群众实行跟踪服务，全县各级都建立随访服务岗位责任制，确保每一位落实避孕节育措施的育龄群众都能享受到计生干部的电话慰问和上门随访服务。全县随访服务率100%，没有发生计划生育手术并发症，提高群众对计生工作的满意率。

三是开展生殖道感染综合治疗服务 每年组织县计生服务站、乡镇（街道）计生服务所技术服务人员和卫生系统医疗人员，分成若干个技术服务小组，深入到全县17个乡镇（街道）316个村（居）委开展巡回技术服务，服务范围辐射到农村、社区、企业、厂场等人口聚集的场所。在普查普治中，面对面向育龄妇女进行生殖健康知识宣传，对患病对象建立服务档案，实行跟踪服务。

四是开展出生缺陷干预服务 定期举办优生优育知识培训班，大力传播优生优育知识。强化计划生育综合治理，县人口计生、卫生、民政等部门通力协作，大力推广孕前、孕中服用“叶酸”等复合营养素，新生儿的素质进一步提高。县计生服务站服务队还定期或不定期下乡为怀孕、生育和“四术”对象开展健康检查和优生咨询等服务，有效降低出生缺陷发生率。

五是开展不孕不育访视服务 县服务站技术人员在下乡巡回开展生殖健康服务的同时，有针对性地上门为不孕不育症夫妇提供服务，帮助患者分析不孕不育的原因，提供初步诊断意见，建议患者采取相应措施，对一些疑难患者，建议到专业医疗机构检查治疗，做到既关心生育也关心不孕。

六是开展生殖健康咨询服务 乡镇（街道）计生服务所设立优生咨询门诊、咨询电话，为育龄群众提供优生和生殖健康咨询服务。针对个别乡镇医技资源比较薄弱的实际，经常派出计生服务站医生，携带药具、药物、B超等医疗器械药品，深入乡村，开展大规模的计生咨询及义诊活动，向广大群众广泛宣传优生优育、避孕节育、生殖保健知识，有效地提高育龄群众的自我保健能力和生殖健康水平，生殖保健率85%。

三、落实奖励优惠政策，完善利益导向机制

把落实计生优惠政策作为一项德政工程、民心工程来抓。在贯彻落实好省政府奖励优惠政策的同时，陆续出台多项惠民政策，进一步创新和完善计生利益导向机制。具体是抓好“四个落实”：

一是抓好农村部分计划生育家庭奖励制度的落实 2004年以来，认真贯彻落实《广东省农村部分计划生育家庭奖励办法》，确保省的惠民政策落到实处。在实施过程中，职能部门认真负责，严格把关，坚持上墙公示，接受群众的监督，规范发放程序，确保奖励金发放到真正符合奖励条件的对象手中。2011年，全县共对1570人发放每月80元奖金。

二是抓好城镇独生子女父母计划生育奖励政策的落实 县制订《揭西县贯彻落实<广东省城镇独生子女父母计划生育奖励办法>实施方案》，在地方财政比较困难的情况下，全力落实省的奖励办法，决定给予符合奖励条件的对象每人每月发放奖金80元，奖励金由县财政负责支付落实。至2011年底，全县首批共落实符合规定的奖励对象287人，累计兑现奖励金74.4万元。

三是抓好县“节育奖”的落实 2004年9月，在粤东地区率先实行计划生育“节育奖”，创造性地出台《揭西县计划生育“幸福工程”

优惠奖励办法（试行）》，对农村独生女户、纯生二女结扎户给予优惠奖励，优惠奖励资金由县财政负责。该办法规定，独生女户按户每月80元的标准发放，纯生二女结扎户按户每月100元的标准发放，直到小孩年满14周岁止。“幸福工程”的实施，与《广东省农村部分计划生育家庭奖励办法》的无缝对接，完善计生利益导向机制。

四是抓好计生“安康险”的落实 为进一步解决计生家庭的后顾之忧，2010年县委县政府决定，对所有落实结扎措施的对象及其家庭成员，由县级财政统一购买“安康险”（包括“计划生育手术保险”和“计划生育家庭意外伤害保险”）。该险种保险期限一年，每份交保险费60元，保险金额为5.6万元，其中30元为落实结扎者投保。至2011年底，全县已投入30多万元为结扎对象家庭购买“安康险”。这一做法是揭西县创新利益导向机制的又一重大举措，受到省人口计生委的充分肯定。

四、创新计生工作机制，提升服务管理水平

认真贯彻落实省“三个规范”，着力创新工作机制，不断推进服务管理的规范化，提升服务管理水平。

一是强化计生责任制，促进工作重心下移 县先后制订出台《揭西县人口和计划生育层级动态管理责任制实施方案》、《揭西县落实人口和计划生育层级动态管理责任制奖惩暂行办法》、《揭西县人口和计划生育目标管理责任制考评办法》、《落实“四术”服务周责任追究制》等，突出层级管理、包户责任和奖惩措施，对计生工作实行动态管理，跟踪督查，将落实奖罚与干部的“面子”、“票子”、“位子”挂钩，严格执行“一票否决权”制度，促进计生经常性工作的开展，实现计生工作重心下移到村（居）。

二是突出抓好例会制度，推动经常性工作落实 县把例会制度作为推动人口计生经常性工作落实的重要抓手，狠抓县、镇、村三级例会的落实。2010年以来，按照省、市关于例会制度的要求，认真执行例会制度，学习先进地区的经验做法，曾经五次对例会制度进行修改，在实践中不断改进和完善例会制度，力求例会效果最大化。2011年5月开始，按照省《关于实施基层人口计生工作例会制度的意见》，进一步落实好例会制度。同时，加强对镇、村两级例会制度执行情况的监督检查，把执行情况作为年度考核的重要依据，有力推动层级动态管理责任制的落实，促进经常性工作的正常开展。

三是强化“两无”创建活动，稳定低生育水平 坚持计划生育基本国策和稳定现行生育政策不动摇，采取经常性工作与集中服务相结合，强化推进创建“两无”活动。在坚持每年开展三次查环查孕，防止政策外生育，促进孕前型管理的基础上，坚持每季开展一次集中服务月活动，每月开展一次落实“四术”服务周活动，抓好长效节育措施的落实，提高节育手术及时率和落实率，推动“两无”活动的深入开展。

四是加快信息化建设步伐，提升信息化水平 县把人口计生信息化建设作为落实基层工作规范，提升服务管理水平的重要措施来抓。2004年底，全县实现人口计生信息化管理，告别手工台账。至2011年底，共投入160多万元完善计生信息网络系统，全县各级计生管理和服务机构都配备较为先进的计算机。落实计生兼职单位职责，实行人口计生信息每月定期通报制度，使县与镇（街）间、部门间实现信息互通、资源共享，提高管理效率和质量，信息准确率达98%以上。

五是建立计划生育兼职单位制度，实行综合治理 人口与计划生育工作不只是计生部门的事，必须多部门齐抓共管，综合治理。县委县政府专门出台《揭西县县直单位人口和计划生育工作职责》，明确各县直单位特别是兼职成员单位在人口计生综合治理中的职责，每年年初，各兼职成员单位与县政府签订人口计生综合治理责任书，年终进行考核，兑现奖惩。揭西县是全省综合治理出生人口性别比偏高问题试点之一，县党政十分重视综合治理出生人口性别比偏高问题，专门成立由县长任组长的综合治理出生人口性别比偏高问题工作领导小组。设立专门的工作机构负责日常工作，全面落实宣传教育、利益导向、全程服务、规范管理、严查“两非”等五项措施，有效促进出生人口性别比平衡发展。

六是加强流动人口服务管理，提升工作整体水平　建立以现居住地管理为主的工作机制，实现流动人口与现居住地户籍人口同宣传、同管理、同服务、同考核。县建立流动人口已婚育龄妇女信息登记、查验证、档案管理、查环查孕和信息通报反馈等制度。同时加强流动人口信息化管理，每年坚持开展全员流动人口清理清查专项活动，不断完善流动人口信息数据库，提高服务管理水平。针对揭西县流动人口中流出人口比重较大的实际，不定期组织服务队，深入到流出人口较多的珠三角地区开展计生专项服务。2010年9月，县计生局组织17支服务队到深圳市，免费为外出人员上门办证、政策咨询，发放宣传资料等，受到外出人员的欢迎和好评。

五、拓宽计生宣教思路，大力弘扬婚育新风

为营造全社会都来关心支持计划生育，群众自觉实行计划生育的良好氛围，揭西县拓宽思路，舍得投入，加强宣传教育基础设施建设，不断深化婚育新风进万家活动，开展关爱女孩行动，把优质服务工作的内容融会贯穿到宣传教育活动中，形成全社会人人参与创优的良好氛围。至2011年底，全县共举办各类学习培训班348场次，发放宣传资料28万多份（册），发放毛巾、围裙、环保袋等计生宣传品36.7万件，出动计生宣传车460多辆次，设置宣传栏435块、读报栏316块、政务公开栏316块，制作安装大型户外宣传牌68幅、瓷片宣传栏（画）65套、搪瓷宣传牌7000多块等等。定期在县广播电视台播出计生政策、优生优育、避孕节育、生殖保健等综合知识，专门制作DVD动画计生宣传片，在县电视台黄金时间播出160多场次。在宣教工作中，注重创新宣教方式方法，充分利用村村通公共交通的有利契机，在全县280个行政村候车亭设置计生宣传栏，宣传内容涵盖人口计生工作的各个方面，包括人口计生政策、法律法规、五期教育、关爱女孩、优生优育、生殖保健、节育奖励等内容。农村候车亭宣传栏的设置，改变原来传统的“灌输式”教育模式，构建人性化的宣教机制，进一步延伸计生宣传触角，使乘客群众在候车期间得到潜移默化的教育，从而达到事半功倍的宣传效果。该项目被省评为“2010年度全省人口和计划生育宣传教育创新项目奖”。

六、建立健全保障机制，确保实现“省优”目标

在保障机制上，突出“五个强化”：

一是强化组织领导　县党政重视人口计生工作，始终坚持党政“一把手”亲自抓、负总责，指定一名县委副书记和一名县政府副县长分管计生工作。充分发挥县人口计生领导小组的作用，加强对全县人口计生工作的组织领导。县委县政府把创建全省计划生育优质服务县活动摆上党委、政府工作重要议事日程，列入《政府工作报告》中年度工作计划。成立由县长任组长，分管计生副县长任副组长，县直计生兼职成员单位主要负责人组成的创建活动领导小组，各乡镇街道也相应成立领导机构，切实加强对创建活动的领导。县委县政府召开全县创“省优”动员大会，部署创建工作。全县各级党政高度重视，把开展“创优”活动作为一项政治任务来抓，为创建活动提供了有力的组织保障。

二是强化责任落实　将创建工作列入年度党政绩效考核内容和年度人口计生目标管理责任制内容，层层落实责任，形成创“省优”活动的强大动力。

三是强化队伍建设　积极实施“强基提质”工程，全面加强人口计生队伍建设，为创建活动打下坚实基础。坚持稳定人口计生工作机构队伍不动摇，落实县、镇、村计生工作人员的编制和待遇。一方面，选好配强各级计生服务机构的专业人员。县、镇计生服务站（所）现有在编人员144名，其中医技人员102名，全部具有医科中专以上学历，实行持证上岗。另一方面，针对村级计生专干队伍中部分存在文化偏低、年龄偏大、素质偏低等问题，按照年轻化、知识化的要求，重新选聘316名村级计生专干，实行“县聘、镇管、村用”的管理机制，并大幅提高计生专干待遇，工资由原来每人月450元提高到800元，还参照村“两委”干部参加养老保险，所需经费由县、镇财政负责，经费列入年度财政预算，提高计生专干的工作积极性。在队伍建设中，着力抓好计生人员培训，提升全县计生队伍的业务素质，努力建设一支结构合理、业务熟练、技术过硬，适应开展计生各项优质服务需要的服务队伍。同时，重视提拔重用计生干部，有效激发全县“计生人”干事创业热情。在2011年的县、镇两级党政换届中，县人口计生局局长被提拔为县政协领导，4名乡镇计生办主任被提拔为乡镇党政领导，1名分管计生工作的副镇长被提拔为镇党委副书记，1名分管领导由原来的镇党委委员，再兼任副镇长。

四是强化督促检查　把创建工作列入县委中心工作督查内容，县人口计生领导小组不定期开展督查，并将督查情况通报全县，好的给予表扬，差的给予批评，限期整改，督促创建工作落到实处。

五是强化财政投入　县政府把人口计生事业经费列入年度财政预算，并及时足额拨付到位，确保人口计生基本免费服务项目的顺利开展，确保计生人员报酬、群众计生奖励等经费的落实。

（县人口和计生局）

大事记

大 事 记

1月

1日 揭西县坪上镇尖田村举行新农村建设首期工程竣工庆典仪式。

5日 揭西县人民法院审判办公综合大楼举行落成庆典仪式。项目占地面积1.3万平方米，建筑总面积近1万平方米，总投资约2500万元。广东省高级人民法院党组成员、执行局局长许佩华，市、县有关领导参加庆典活动。

16日 省委常委、宣传部长林雄率领省“送温暖”慰问团，在市、县有关领导陪同下到揭西开展慰问活动。

21日 揭西县被省委、省政府授予“广东省旅游综合改革示范县”称号。

28日 县公安局会同县安监局在县城垃圾处理场对依法收缴的一批烟花爆竹进行集中销毁。

2月

6日 五云镇流坪村江夏路扩宽改造工程竣工通车。该路全长2.1公里，路面宽7米，工程于2010年9月10日开工，总造价155万元，主要铺设水泥路面、安装路灯和配套完善绿化、排水等设施。

7~26日 揭西籍著名画家杨之光书法展在岭南文博院展览馆举行。

21日 省公路局副局长章权带领迎“国检”工作组一行6人，在市、县有关领导陪同下，到揭西检查迎“国检”工作准备情况。

22日 省林业局副巡视员、森林公安局政委翁修常到揭西检查林改、森林防火等工作。

26日 由上砂乡贤、深圳市承翰集团有限公司董事长庄小夸捐资600万元建设的上砂一中承翰教学楼开工兴建。

3月

3日 珠海市人力资源和社会保障局组织企业到揭西举行扶贫开发劳务对接招聘会。

5日 国家发展改革委稽查办郭文艺、处长高健在省发展改革委稽查办主任张展宏及省纪委监察厅、省扩需办、市纪委等有关领导陪同下，到揭西检查扩大内需中央投资项目整改情况。

10日 揭西组团前往马来西亚访问，祝贺马来西亚河婆同乡会联合会第十六届代表大会胜利召开和温素华会长及全体理事履任新职，庆贺吉隆坡暨雪兰莪河婆同乡会成立四十二周年。

11日 中共揭西县委九届七次会议在县委党校会堂召开，会议回顾总结2010年工作，明确今后六年工作目标，安排部署2011年工作。

同日 揭西县公安机关捣毁“两抢”犯罪团伙1个，破获系列案件7宗，缴获作案工具五四式仿真塑料手枪1支，管制刀具1把，红色太子摩托车1辆。

17日 省民政厅副厅长骆招群率省创建双拥模范县第五检查组到揭西检查“双拥”工作。

18日 南方广播影视传媒集团党委书记白玲、党委副书记杨长途及广东电台、广东电视台、南方电视台领导到良田乡河水村考察扶贫开发工作。

同日 省纪委监察员林汉基一行，在市、县有关领导陪同下，对揭西2010年度住房保障工作进行考核。

19日 “青春绿万村”全省统一行动日，由团县委、林业局、绿化办、消防大队等志愿者到龙潭镇高田村开展植树造林，共同绿化美化家园。

30日 揭西县委在河婆象山革命烈士纪念亭举行祭奠革命先烈活动。

31日至4月2日 揭西县第八届人民代表大会第六次会议在县委党校会堂召开。会议依法补选林培民、张远辉为揭西县第八届人民代表大会常务委员会副主任。

4月

4日 五云大桥维修加固工程竣工通车。工程于2010年11月20日开工，总造价148万元，主要对桥体进行维修加固、铺设水泥桥面、构筑防撞栏杆。

12日 省环保厅党组副书记王子葵在市委常委、常务副市长刘盛发、市政府副秘书长吕凡的陪同下到省环保厅挂钩点灰寨镇上角村调研。

12～13日 以巫颂平为组长、黄学群为副组长的省委巡视组到揭西就经济建设、社会管理和党的建设等方面工作进行调研。市委常委、市纪委书记林俊达，副市长林丽娇，市纪委副书记严雪和与县有关领导陪同调研。

14日 经省委批准，邬郁敏任中共揭西县委书记。

16日 省林业厅组织专家、教授对揭西县李望嶂自然保护区进行考察。

19日 揭阳军分区政委张耀斌大校、政治主任戴谦大校带领全市各县（区）人武部主要负责人到揭西观摩民兵营（连）“四个基本”建设情况。

21日 省统计局局长幸晓维一行在副市长陈澄民陪同下到揭西调研。

同日 南方电视台联合珠江医院的专家教授到对口帮扶的良田乡河水村开展送医送药活动。

5月

7日 省高级人民法院院长郑鄂、市中级人民法院院长林仰平到揭西县法院调研。

12日 县委组织部在龙潭镇龙源山庄举行大学生村官创业实践基地揭牌仪式暨第一期创业实践活动动员大会。

13日 揭阳市“爱心助残惠万民”系列活动2000例白内障复明手术启动仪式暨广东省红十字会博爱光明行活动在揭西举行。

15日 在2011年中国品牌节颁奖会上，“广东揭西生态旅游文化节”荣获“中国最佳自然生态旅游节” 称号。

17日 省档案局局长徐大章到揭西检查县档案馆馆舍建设进展情况。

同日 珠海市安监局扶贫五云镇坡苏村高欣仕制衣加工厂举行揭牌仪式。

20日 南山镇依法取缔、捣毁一家焚烧废旧轮胎的炼胶厂及二家非法占地的砖厂。

25日 粤东片区农村客运服务均等化工作推进会在揭西县召开，省交通运输厅副厅长杨细平出席会议。

26日 省政协民族宗教委员会主任杨华维带领省政协调研组到揭西开展“民间信仰”专题调研。

同日 揭阳市委宣传部、揭阳日报社在五经富镇五新村举行广东宏和集团捐助五新村文化中心建设开工仪式。

同日 珠海市免税集团向河婆街道东星小学捐赠30台电脑及教学设备，并举行捐赠仪式。

27日 揭西开展清理整治有证网吧不规范经营专项整治行动，查处一批有证网吧违规经营，依法依规没收老虎机多台。

30日 中国联通揭西分公司办公大楼暨营业厅举行落成庆典活动。

31日 揭西县公安机关成功捣毁一个特大入室盗窃犯罪团伙，抓获团伙成员6名，破获系列案件28宗，缴获作案工具及赃款赃物一批。

6月

1日 揭阳市整治违法违规用地专项行动现场会在揭西召开。

8日 揭西县城市规划管理局联合交通、派出所、环卫、消防等部门开展整治县城道路和市容市貌专项行动。

12日 中国残联理事会理事相自成率领中国残联调研督导组在省残联理事会副理事长康德成的陪同下到揭西考察督导残疾人工作。

16日 揭西县突降特大暴雨，降雨量达284.2毫米，县城大部分被淹，出现浸水现象，其中广场农化路段积水一米多深。县委书记、县长邬郁敏深入县一中、龙潭镇老圩村指挥抗洪抢险工作。

20日 由乡贤捐资220万元建成的南山大桥竣工，该桥全长81米，宽9米。

22日 珠海市委政策研究室和珠海公共交通集团有限公司援建的五云镇岭新村四项工程举行竣工仪式。珠海市驻揭阳"双到"工作组组长、市委副秘书长曾谷参加竣工仪式。

23日 由珠海市投资促进局帮扶五云镇保新村的村道路硬化工程、饮用自来水工程、沉香种植基地顺利竣工，并举行剪彩仪式。

24日 揭西组织乡镇农村党员收听收看中共中央政治局委员、省委书记汪洋给广大农村党员上党课。

同日 揭西政法委在钱坑中学举行"我们拒绝毒品——揭西县青少年禁毒宣传教育行动"启动仪式。

26日 揭西县举行"广东扶贫济困日"爱心捐赠活动，认捐爱心善款2.2亿元，其中旅深乡贤庄小夸、蔡传健现场为揭西的市政设施建设认捐1.3亿元。

27日 2011年高考，揭西县上省线人数3794人，比2010年增加404人。全县上本科人数1605人，比增221人。

28日 省林业局党组成员、省林业公安分局政委翁修常一行到揭西检查造林绿化和集体林权制度改革工作。

7月

5日 省文化厅副厅长凌曲刚一行到良田乡中心村开展访贫慰问活动。

6日 省工商局副局长丁文、市工商局局长张勇等到五云镇宝石村开展扶贫"双到"工作调研。

8日 省委宣传部巡视员、机关党委书记姚德发一行10人到挂钩帮扶村上砂镇三水村过党日，并为该村党员送上慰问品。

同日 省广播电视大学校长方健壮一行，到省电大挂钩帮扶的灰寨镇溪背圩村调研，并慰问贫困户和老党员。

13日 以省林业局党组成员，副局长陈俊光为组长的省森林资源保护和发展目标责任制检查组一行到揭西检查工作。

27日 县文广新局组织"岭南流动书香车"开进县武警中队，并送上500余册图书。

29日 省第二届"百人百场"应急知识宣讲团到县一中开展宣讲活动。

8月

2日 副市长叶少明到揭西检查残联工作。

3日 珠海市海洋农渔和水务局局长郭促秋一行，到揭西帮扶慰问。

4日 县工商局组织公开销毁一批假冒伪劣食品。

5日 省工商联与中恒集团公司领导到五云镇宝石村考察，洽谈药材种植项目。

6日 南方医科大学的揭阳学子在金和医院开展地中海贫血防治知识宣传活动。

8日 县体育局在棉湖文体广场举行2011年"全民健身日"暨广东省第十二届体育节活动启动仪式。

同日 揭西县食品药品监督管理局与县卫生局根据三定方案进行职能交接，将综合协调食品安全、组织查处食品安全重大事故的职责移交给县卫生局。

16日 揭西县举行揭西希桥酒店、揭西商贸城、广药集团白云山制药揭西生产基地、县中医医院、广州威潜电线电缆有限公司、安力电线电缆有限公司、万瑞通电缆实业有限公司、深圳市凯惠科技有限公司东园线材厂、棉湖电线电缆工业城、顺天建材物流中心、揭西（国际）电线电缆城和棉湖新城12个重点项目奠基开工仪式，总投资105.7亿元。

21日 揭西举行名人馆揭幕仪式。省委宣传部互联网新闻信息中心副主任邹卫东，县委常委、宣传部长杨婉香等有关领导出席揭幕仪式。

22日 揭西县与广东宏和集团在市区宏和大厦举行揭西（国际）电线电缆城项目签约仪式。项目占地面积250亩，计划投资30亿元。

25日 县慈善总会开展济困助学活动，救助贫困大学生79名，发放助学金23.7万元。

31日 大北山革命历史纪念馆举行廉政教育基地揭牌仪式，市委常委、纪委书记林俊达等市县有关领导以及当地干群代表150人参加。

同日 揭西召开贯彻实施《社会保险法》暨新型农村社会养老保险工作会议。

9月

1日 全省基层农业技术推广体系改革与建设专项验收工作督查组组长、省农业厅副巡视员陈正辉到大溪镇检查农业技术推广中心工作。

4日 河婆济襄桥重建竣工暨济襄亭落成、桥西路重修通行，举行庆典活动。张武展将军和县有关领导参加剪彩仪式。

5日 国家住房和城乡建设部检查联络员丁有忠、周朝彬到揭西检查城镇低收入家庭保障房建设。

9日 揭阳军分区政委张耀斌宣布邬郁敏任揭西县人民武装部党委第一书记。

同日 揭西召开全县干部大会，市委组织部领导宣布：任命吴少炎为揭西县委副书记、方伟斌为揭西县委常委。

上旬 20名网上逃犯在“清网行动”中主动到县公安机关投案自首。

14日 揭西县第八届人大常委会第三十七次会议任命吴少炎为揭西县人民政府副县长、代县长；张林华为揭西县人民政府副县长；魏伟填为揭西县人民检察院检察员、检察委员会委员、副检察长、代理检察长。

21～23日 中国共产党揭西县第十次代表大会在党校会堂召开。会议选举产生中国共产党揭西县第十届委员会和纪律检查委员会。23日中午，中国共产党揭西县第十届一次全体会议选举产生中国共产党揭西县第十届委员会常务委员和县委书记、副书记，并通过县纪律检查委员会第一次全体会议产生的常务委员会委员、书记、副书记人选。邬郁敏当选为县委书记，吴少炎、张范当选为县委副书记；陈锐彬当选为纪委书记。

26日 广东揭西农村商业银行股份有限公司举行创立大会暨股东大会第一次会议，陈生文、邱建财分别当选为董事长和监事长。

29日 省文化厅厅长方健宏带领省文化厅调研组一行，到揭西县良田乡中心村考察对口扶贫工作。

10月

10日 县委召开工作会议，传达贯彻落实市委常委扩大会议精神和贯彻落实县第十次党代会精神。

13日 省农业厅副厅长、省扶贫办主任莫定伟到揭西调研扶贫开发“双到”工作进展情况。

18日 市委副书记陈东、市政协主席欧汉波、市委副书记杜安义、市人大常委会代理主任陈石波和各县（市、区）的主要领导在县委书记邬郁敏、代县长吴少炎陪同下参加揭西体育馆奠基仪式。

20日 揭西政法机关在县城文化广场召开全县政法机关公开宣判处理大会，公安机关依法对15名犯罪嫌疑人执行刑事拘留、15名犯罪嫌疑人报请人民检察院批准依法逮捕，县人民法院依法对5名罪犯进行公开宣判。近万名干部、群众、学生参加宣判大会。

22～23日 新加坡作家蓉子到揭西县探访、资助孤贫学生，并举行“宝贝计划”资助款发放仪式。

25日 揭西召开“打黑除恶”专项斗争工作会议。

27日 广东省军区政治部副主任谢社光带领联合工作组，对揭西县管武装工作和民兵预备役“四个基本”建设拟表彰的先进单位和个人进行考核。

11月

8日 揭西县法院机关档案目标管理晋升为“省特级档案综合管理单位”。

9日 广东揭西农村商业银行股份有限公司举行开业庆典活动。

10日 省军区副政委黄善春少将，在揭阳军分区政委张耀斌等领导陪同下，到揭西检查人武部工作。

同日 副市长林丽娇带队到金和镇南联小学和金园小学检查有关学前教育工作情况。

11～14日 政协揭西县第九届委员会第一次会议在县机关大院附楼四楼会议室召开。会议选举蔡福生为政协揭西县第九届委员会主席，黄志宝、何茂国、陈双对、胡绍勇、陈俊强为副主席。

12～15日 揭西县第九届人民代表大会第一次会议在县委党校会堂召开。邬郁敏当选为揭西县人大常委会主任；邹细信、汪耀辉、温金华、蔡育民、林培民、张远辉当选为人大常委会副主任。吴少炎当选为揭西县人民政府县长；邱辉盛、刘小电、魏县汉（挂职）、张林华、陈河、刘丽彬、林金晓当选为揭西县人民政府副县长；李宁生当选为揭西县人民法院院长；魏伟填当选为揭西县人民检察院检察长。

15日 省委宣传部副部长、省广电局局长杨健和市委宣传部副部长方列生等有关领导到上砂镇三水村调研扶贫“双到”工作。

20日 五云镇卫生院综合楼工程竣工。工程总投资约200万元，建筑面积810平方米。

21日 省人大常委会原副主任、岭南诗社社长张汉青回乡参观考察拿督李志明文学艺术中心、大北山革命历史纪念馆。

23日 灰寨镇上角村举行上角村委办公楼落成典礼，省环保厅厅长李清在代市长陈东等有关领导陪同下出席落成典礼。

25日 省扶贫办副巡视员陈成云、市农业局长郑慈透、市扶贫办副主任许妙丽等到揭西检查革命老区工作。

是月 揭西县食品药品监督管理局投资近10万元创建的食品药品质量快筛快检室，通过上级单位验收，投入使用。

12月

2日 省人大常委会委员、科教文卫委员会主任委员林惠俗，省人大常委会委员王如荔及省、市人大代表一行到龙颈水库实地查看项目加固建设情况。

同日 龙潭镇祥龙寺举行大雄宝殿落成庆典。

5日 省委宣传部巡视员姚德发率队到上砂镇三水村开展扶贫“双到”工作。

6日 省文化厅副厅长杨伟时到良田乡中心村开展扶贫“双到”工作调研，并举行帮扶到户茶苗发送仪式。

7日 由县卫生局组织、县妇幼保健院主办的母婴传播项目培训班在县委党校举行。

12日 省工商局局长卢炳辉到挂钩帮扶村宝石村和棉湖工商所慰问。

15日 揭西县举行新农保养老金首发仪式。

19日 大溪镇李天生大楼、井新古寨被揭西县人民政府评为揭西县第九批文物保护单位。

21日　揭西县纪委监察局机关档案目标管理晋升为“省特级档案综合管理单位”。

29日　揭阳市政府在揭西县召开全市冬春水利建设现场会。

同日　河婆街道建新居委海纪路口一栋5层民宅发生火灾，县委书记邬郁敏、县长吴少炎迅速赶赴火灾现场指挥做好扑灭火灾及抢救善后工作。

同日　广州市文物考古研究所研究员黄佩贤到大溪镇考察李氏宗祠。

是月　大溪镇星光村被广东省爱国卫生委员会授予“广东省卫生村”光荣称号。

概 况

基本概况

【政府驻地】 揭西县政府驻地河婆街道，地处县境西南部，东连龙潭镇，西接五云镇，东南邻坪上镇，北毗良田乡和五华县七辇径，居独山、明山、巾山三山环抱之中，地势由西北向东南逐渐变缓。河婆镇形成于明末清初，其得名有两种传说。一说是明洪武年间，有一何姓老妪，在此开设茶寮，方便过往客人，生意也甚兴隆，闻名遐迩。后发展成圩镇，人们贯称此地为“（何）婆”。一说此地原为海丰河与横江河的汇合处，年长日久，两河泥沙淤积成“浦”，揭阳、陆丰、五华、普宁等边陲地土特产多集散于此，渐成小圩镇。当地土语称“浮起”为婆。河婆是从河里“浮”（即婆）起的，故称“河婆”。河婆镇旧属揭阳县霖田都，清顺治年间设有千总驻防，清嘉庆十二年（1807年）棉湖巡检司移至河婆，河婆成为霖田都的行政中心。民国时属揭阳县第五区，1949年10月属河江区，1951年河江区分为横江区、河婆区；1957年1月，横江区改为横江乡，河婆区分为龙潭乡、员埔乡、河婆乡；1958年9月，横江乡、龙潭乡、员埔乡、河婆乡合并为河婆人民公社；1961年6月，河婆人民公社分出良田、河婆、横江、坪上、龙潭5个人民公社；1963年2月，其中的河婆、横江人民公社合并为河婆人民公社；1965年11月，河婆人民公社分为河婆人民公社和河婆镇；1971年12月，河婆镇并入河婆人民公社；1976年10月，河婆人民公司社分出河婆镇；1983年11月，撤公社改区；1986年12月，撤区设乡镇，河婆区并入河婆镇。2002年河婆镇被广东省列为中心镇之一。2006年，撤销河婆镇设河婆街道。

【历史沿革】 揭西县主要地域原属揭阳。秦汉三国属南海郡。晋成帝咸和六年（311年）属东官郡。晋安帝义熙九年（413年）属义安郡之海阳县。宋、齐、梁、陈建制不变。隋文帝开皇十一年（591年）属潮州。唐代因袭之。北宋徽宗宣和三年（1121年），揭西地域隶属潮州辖之揭阳县。南宋高宗绍兴二年（1132年）并入海阳，绍兴八年（1138年）复建揭阳县，均仍隶属潮州。元代至元十六年（1350年），属潮州路。明太祖洪武二年（1359年），属潮州府。清沿明制，仍属潮州府。

民国3年（1914年），揭西主要地域隶属广东潮循道辖之揭阳县。民国14年（1925年），隶属于东江行政委员会。民国17年（1928年），隶属于东江善后委员公署。民国21年（1932年），隶属东区绥晋委员公署。民国25年（1936年），隶属于广东省第五区行政督察专员公署。民国36年（1947年），隶属于广东省第六区行政督察专员公署。民国38年（1949年）初，隶属于广东省第八区行政督察专员公署。

1949年10月，中华人民共和国成立，揭西主要地域随揭阳县隶属潮汕专员公署。1952年隶属粤东行政公署。1956年隶属汕头专员公署。1965年7月19日，国务院第157次会议决定，划出揭阳的良田、河婆、坪上、龙潭、灰寨、五经富、京溪园、钱坑、金和、塔头、东园、凤江12个公社和棉湖镇，陆丰县的上砂、五云2个公社，共14个公社和1个镇，153个行政村，建置揭西县，成立揭西县人民政府，隶属汕头专员公署。

1966年2月，灰寨人民公社划出前锋、北溪、上寮、火炬、大新、南山、西友、分水、称钩潭、杨海坪10个生产大队，增设南山人民公社。全县辖15个公社和2个镇。

1975年2月，经上级决定，划普宁县贡山、湖西、四乡3个生产大队归揭西县棉湖镇管辖。

1976年9月，钱坑人民公社划出大园、大东、大岭埔、渔梁、井新、溪新、井美7个生产大队，增设大溪人民公社；同年10月，五经富人民公社划出大洋大队，增设大洋人民公社；良田人民公社划出岸洋、桐树坪、中心、河新、双水、河水6个生产大队，增设西田人民公社。至此，全县辖18个人民公社和2个镇。

1983年10月，撤销人民公社，将原公社改为区公所。隶属不变。全县辖18个区公所和2个镇，283个行政村。是年10月，实行市领导体制，揭西县人民政府从此隶属汕头市人民政府。1986年12月，改区体制为乡、镇制。由原五云区分设五云镇和下砂乡，原河婆区与河婆镇合并，称河婆镇。全县有16个镇，4个乡。

1991年12月，揭西县隶属揭阳市管辖。

2003年6月，良田乡、西田乡合并为良田乡。同年12月，五云镇、下砂乡合并为五云镇，五经富镇、大洋乡合并为五经富镇。至此，全县共辖16个镇和1个乡。

2006年5月31日，撤销河婆镇设河婆街道。

【政区划分】 2011年末，县辖河婆街道及上砂、五云、坪上、龙潭、南山、灰寨、五经富、京溪园、钱坑、金和、塔头、东园、凤江 棉湖、大溪15个镇和良田乡，有38个居民委员会，280个村民委员会，下设246个居民小组，1620个村民小组。

2011年末揭西县各行政区面积、人口、村居数据明细表

<table>
<tr><th>镇别</th><th>面积（平方公里）</th><th>人口（人）</th><th colspan="2">村（居）民委员会（个）</th></tr>
<tr><td rowspan="2">河婆街道</td><td rowspan="2">102</td><td rowspan="2">143000</td><td rowspan="2">35</td><td>居委：东风、建新、河山、军田、新村、河西、大同、新安、宝塔</td></tr>
<tr><td>村委：新建、新四、乡肚、乡新、北坑、西坑、六一、厚埔、下滩、岭丰、湖洋、庙垅、马头、庙角、欣堂、南新、新楼、南和、宫墩、溪角、河东、三星、东星、溪西、溪东、客潭</td></tr>
<tr><td rowspan="2">棉湖镇</td><td rowspan="2">29.87</td><td rowspan="2">106324</td><td rowspan="2">27</td><td>居委：竹园内、桥头、解放路、米街、方围、南门、云湖、花园、道江、湖滨、东新、新中、岭南</td></tr>
<tr><td>村委：四乡、湖西、新湖、厚埔、上浦、境潭、甲埔、下浦、考溪、贡山、鲤鱼沟、贡东、新厝陂、玉石</td></tr>
<tr><td rowspan="2">上砂镇</td><td rowspan="2">126.88</td><td rowspan="2">56382</td><td rowspan="2">23</td><td>居委：社前</td></tr>
<tr><td>村委：上山、汤輋、上林、龙门、上联、下联、新东、联东、径心、径上、红星、联中、活动、活西、新岭、三水、北湖、竹苏、古塘、双丰、美丰、新丰</td></tr>
<tr><td rowspan="2">五云镇</td><td rowspan="2">144.84</td><td rowspan="2">57600</td><td rowspan="2">21</td><td>居委：新圩</td></tr>
<tr><td>村委：京埔、下洞、流坪、下硿、郑塘、富厚、径下、罗洛、龙江、岭仔、鹏岭、石陂、梅江、双岭、赤告、宝石、坡苏、保新、岭新、岽坑</td></tr>
<tr><td rowspan="2">良田乡</td><td rowspan="2">136.23</td><td rowspan="2">21396</td><td rowspan="2">11</td><td>居委：良田</td></tr>
<tr><td>村委：金坑、下村、龙岭、嶂上、河新、双水、河水、中心、桐树坪、岸洋</td></tr>
<tr><td rowspan="2">坪上镇</td><td rowspan="2">93.33</td><td rowspan="2">42923</td><td rowspan="2">20</td><td>居委：坪新</td></tr>
<tr><td>村委：红旗、石硖、树下、五星、潭角、东南、连城、四新、四和、坪上、员西、员东、五联、尖田、南联、新榕、成全、上仓、湖光</td></tr>
</table>

续上表

镇别	面积（平方公里）	人口（人）	村（居）民委员会（个）	
龙潭镇	78.77	38381	16	居委：龙潭
				村委：菜仔园、南福田、龙跃、泉水塘、高田、北联、团结、井田、关山、汤坝、井下、龙东、双龙、陂尾、富光
南山镇	134.90	37335	19	居委：道南
				村委：西友、分水、前锋、榕光、南山、南河、北河、北溪、上寮、关西、新联、大新、火炬、归善、石结到、洋梅坪、称沟潭、罗京水
灰寨镇	54.04	38562	17	居委：灰寨圩
				村委：河五、向阳、上角、后联、新图、新宫林、老宫林、溪背圩、灰龙、三坝、东联、后洋、南洋、柑坑、金星、马路
京溪园镇	73.36	52055	14	居委：京溪园
				村委：粗坑、九再、甲溪、长滩、新洪、大岭下、员墩、岭溪、上陇、新联、美德、大鹿、曾大寮
五经富镇	167.97	55000	28	居委：长潭、陂头
				村委：第一、第二、第三、第四、第五、第六、第七、第八、建一、建二、陈江、文联、龙山、泮坑、朝阳、中和、营盘、新和、联和、联南、恒星、五新、新安、新仓、新旗、中联
大溪镇	35.5	27499	17	居委：溪圩
				村委：金星、星光、金光、庆光、井美、井新、大岭埔、大东、大园、赤寨、后洋、新楼、坎头、新园、大光、鸭堀
钱坑镇	46.31	45180	14	居委：老圩
				村委：月翁、大茶石、钱东、钱西、顶联、钱北、红光、长三水、钱南、南光、竹园内、埔龙尾、白石
金和镇	49.37	75819	14	居委：金埔
				村委：金光、金园、金新、金溪、仙坡、南山头、南山尾、和南、和西、和东、杜塘、山湖、河内
凤江镇	24.78	82731	16	居委：桥头
				村委：东光、东丰、东新、阳南、阳西、凤西、凤南、凤北、赤新、鸿西、洪湖、花寨、鸿江、鸿新、莪萃
塔头镇	28.98	53185	15	居委：塔头
				村委：阔园、阔西、塔头、新园、龙光、潭新、潭溪、锦龙、旧住、大丰、顶埔、保西、新溪、山寮
东园镇	26.49	39517	11	居委：东联
				村委：桃围、玉湖、东桥园、联丰、赤岩、古福、三犁、月湄、后寮、炉清

【人口】 揭西县建县前进行过两次全国人口普查。1953年7月1日，第一次全国人口普查，揭西县地域人口为337430人。1964年7月1日，第二次全国人口普查，揭西县地域人口为424197人。1965年，设立揭西县，全县有83929户， 442050人。1982年7月1日，第三次全国人口普查，全县总户数111079户，总人口600720人。1990年7月1日，第四次全国人口普查，全县总户数134909户，总人口634949人。2000年11月1日，第五次全国人口普查，全县总户数160573户， 总人口886624人。2011年末，全县常住总人口830600人，总户数249824户，户籍总人口981148人，男性573265人，占58.42％，女性407883人，占41.57％；14岁以下246243人，占25.09％；15～64岁624086人，占63.6％；65岁以上110819人，占11.29％。2011年，人口出生率10.90‰，人口死亡率5.07‰，计划生育率97.78%，人口自然增长率5.83‰。2011年揭西县被广东省委、省人民政府授予“全省计划生育优质服务先进单位”称号。

【民族构成】 揭西县居民以汉族为主，总人口中，汉族974932人，占99.36%。2011年末有蒙古族、壮族等26个少数民族6216人，占0.63%，各镇均有分布，这些少数民族主要以外来婚进妇女为主。

【地理位置】 揭西县位于北纬23° 18′ 53″ ～ 23° 41′ 13″，东经115° 36′ 22″ ～116° 11′ 15″之间，北回归线横贯县境。地处广东省东部，揭阳市西部，潮汕平原的西北部，榕江南河的中上游。东连揭东县，南邻普宁市，西南接汕尾市陆河县，西北与梅州市五华县为邻、北与梅州市丰顺县接壤。人民政府驻河婆街道霖都大道66号，电话区号0663，邮政编码515400，距省会广州402公里，距揭阳市区64公里。

【地形面积】 揭西县地处莲花山支脉大北山南麓，地势自西北向东南逐渐倾斜。西北群山绵延60多公里，有海拔1000米以上的山峰6座，以海拔1222米的李望嶂为最高峰。山势陡峭，层峦叠嶂，谷峡壑深，林木参天，是造湖蓄水与发展旅游业的胜地。中部丘陵起伏，多为矮山，宜林宜果。东南部平原坦展，海拔一般在20米以下，最低为海拔3米；河流交错，土地肥沃，水源条件较好，适宜于发展“三高”农业。全县土地总面积1346.53平方公里（134653.01公顷），分三大类型：一是农用地面积112944.07公顷，占土地面积83.87%；二是建设用地面积11480.47公顷，占土地总面积8.53%；三是未利用土地面积10228.47公顷，占土地总面积7.60%。

【地貌土壤】 揭西县地貌主要有山地、丘陵、平原三大类型，其中山地占62%，丘陵占24%，平原占14%。西北部重峦叠嶂，中部丘陵起伏，东南平原低洼，地势自西北向东南倾斜。西北部的李望嶂海拔1222米，是全县最高峰;东南部榕江河岸边的鲤鱼沟海拔3米，是全县的最低点。根据《全国第二次土壤普查技术规程》制定的分类系统，揭西县土壤包括水稻土、黄壤、赤红壤、潮砂泥土4个土类，8个亚类，29个土属，51个土种。

【气候】 揭西属亚热带季风气候，夏季长，秋季短；夏季高温多雨，冬季低温少雨；春季常有低温阴雨。常年气候温和，日照充足，四季宜耕。年平均气温21.5℃，年平均降雨量2097.4毫米，年平均日照时数1797.7小时。2011年平均气温21℃，年总降雨量1868.2毫米，年日照时数2182.8小时。

【水文】 榕江南河上游及其支流，均属山区暴流性河流，河床较深，水流湍急。榕江南河中下游属丘陵、平原型河流，集雨面积大，河床平缓。东桥园水文站为全县的最终站，集雨面积2016平方公里（其中揭西县总面积1374.1平方公里），多年平均流量为96立方米每秒。揭西县每年4～10月为汛期，一般分为两个洪汛期。4～6月为前汛期，以锋面雨为主;7～10月为后汛期，以台风雨为主。降水量时间、空间分配不均匀。汛期6个月的降水总量占全年降水量的83.6%，其余5个月占16.4%，使本地区常出现春旱夏涝。揭西县降雨量除季节差异外，还存在着年际和地区差异。大气降水是本县地表径流的主要来源，地表径流的时间和空间变化与降水变化规律一致，全县多年平均径流量18.13亿立方米，平均径流深度1000～1600毫米。据东桥园水文站实测资料：榕江南河河水最小含沙量0.004升/立方米，最大含沙量3.09升/立方米，多年平均输沙量62.5万吨。平均流失模数每平方公里310吨，即表土年平均流失0.2毫米。最大表土年流失0.59毫米。上砂河流域的表土流失较严重，超过平均值。

【自然灾害】 主要自然灾害有台风、龙卷风、水灾、旱灾、霜冻、病虫害等。台风灾害平均每年1.1次，台风出现多的月份是7～9月。

【自然资源】 揭西县自然资源丰富，境内主要河流榕江南河穿过县境11个乡镇。全县河流总长298.8公里，分布密度为每平方公里0.219公里。全县河流年平均径流量18.13亿立方米，水能理论蕴藏量21.6万千瓦，可开发利用的有13.9万千瓦。地下水可开采资源约3.2亿立方米。地热资源丰富，河婆街道、五经富镇温泉可开发利用，热水中心孔口最高温度88℃。矿物资源种类繁多，已发现和开发的金属矿物有金、银、钨、铜等；稀有金属矿物有铌、钽、钴、铍及稀土；其他矿物有瓷土、水晶石等。境内中草药资源丰富，较有价值的有土白芨等500余种。较为名贵的木材资源有柚木格木等。野生动物资源有龟、蛇、果子狸、穿山甲等。

【旅游资源】 揭西县境内山清水秀，自然、人文、农业生态、民俗风情旅游资源丰富。独特的自然景观和潮客文化形成“山、水、潮、客、侨、史、庙”为特色的旅游资源，全县有大小旅游资源100多处，地下温泉12处。其中主要景区景点48处，可供参观的旅游景区景点20处。

自然旅游资源有以大北山森林公园、大洋、广德洞天、石灵古刹为代表的山地生态旅游资源，有以黄满寨瀑布群、龙潭瀑布、石内河冰川遗迹为代表的溪流瀑布旅游资源；有以河婆东星埔温泉、五经富温泉为代表的温泉旅游资源。人文旅游资源有以三山国王祖庙、天竺古岩、花果寺为代表的民间信仰胜地旅游资源；有以河婆古塔、坪上过路塘风景区、灰寨新宫林苏州式古民居、棉湖古镇（古打铁街、永昌古庙、兴道书院）等为代表的历史古迹旅游资源。农业生态旅游资源有全国农业旅游示范点、国家AAAA景区京明温泉度假村、有龙源高科技农业示范园及蓝天无公害果蔬基地等。民俗风情游资源有被省评为第二批非物质文化遗产的三山国王祖庙祭典、棉湖锣鼓标旗巡游、大溪李氏宗祠祭典；还有潮客美食（擂茶、细粄、无米粿等）、各具潮客风情的古建筑郭氏大楼、灰寨新宫林苏州式古民居等。

（史志办）

经济社会发展

【经济增长】 2011年，全县国内生产总值141.64亿元，比2010年（下同）增长12.5%；地方财政一般预算收入2.63亿元，比增20.96%；规模以上工业增加值27.07亿元，比增32.6%；全社会固定资产投资42.91亿元，比增28.8%；社会消费品零售总额52.06亿元，比增27.8%；

实际利用外资1467万美元，比增16.2%；外贸出口总额5970.2万美元，比增20.2%。经济质量不断提升。新增投资500万元以上工业项目30个，完成投资9.26亿元；新增规模以上工业企业65家，新增限上商业企业40家，个体转限上企业80家；新增省著名商标1件，累计9件；新增省级民营科技企业2家，累计22家；完成县化工厂、县饲料公司和竹器厂等8家二轻企业改制工作；完成县农村信用社改制，成功组建广东揭西农村商业银行。招商引资取得新成效。签约引进项目93个，计划投资总额232.2亿元，组织计划投资总额达204.2亿元的40个项目参加全市招商引资大会签约仪式。旅游经济加快发展。被授予“广东省旅游综合改革示范县”称号，“广东揭西生态旅游文化节”荣获“中国最佳自然生态旅游节”称号；全年接待游客332万人次，比增22.9%，旅游收入10.8亿，比增27%。

【项目建设】 2011年，新增投资1000万元以上项目44个，投入资金23.04亿元。交通网络不断优化。完成农村公路硬底化86公里；完成省道335线灰寨至河婆段路面大修大部分工程；省道237线、238线揭西段路面大修、河江大桥和棉湖大桥重建、河乡公路、河乡大桥及“二横”、“四横”高速公路揭西段等工程的前期工作扎实开展。水利能源建设扎实推进。完成城乡水利防灾减灾工程、2010年度小型农田水利重点县项目以及110千伏梧桐输变电工程等项目建设，完成金和、塔头等6个乡镇的农村饮水安全工程主管网铺设，解决16.7万人口的安全饮水问题；县第三自来水厂二期工程、象山拦河闸、220千伏明山输变电站、110千伏崇文、经富、塔头输变电站等项目加快建设。工业载体不断夯实。棉湖电线电缆工业城、金塔工业集中区规划建设扎实开展。市政设施逐步完善。棉湖污水处理厂建成投入运营，五经富污水处理厂厂区、县城垃圾填埋场首期主体工程建设基本完成；县城环城东路等工程建设进展良好。商贸物流项目顺利实施。揭西商贸城、揭西（国际）电线电缆城、棉湖顺天建材物流中心等项目前期工作有序推进。旅游项目全面建设。动工建设希桥酒店、大洋云雾山庄、钱坑石灵旅游综合开发区等项目；三山国王祖庙扩建筹建前期工作有效开展；揭西体育馆及文化广场已完成征地等工作。

【“三农”工作】 农村经济稳步发展。农林牧渔业总产值38.57亿元，比增5.8%；农民人均纯收入6333元，比增9.8%。各项强农惠农政策得到落实。发放各类农业直补资金1712.17万元；落实扶贫“双到”帮扶资金2.12亿元，实施帮扶项目197个，669户贫困户3528贫困人口实现脱贫；完成农村危房改造2040户；基本完成101个行政村的雨污分流工程。农业生产获得丰收。粮食种植面积44.83万亩，总产17.3万吨，顺利完成省下达的粮食工作考评目标。农业产业化水平不断提高。新增省名牌产品2个，累计18个；新增市级农业龙头企业2家，省市级农业龙头企业累计10家。林业工作取得新突破。完成全县集体林权制度改革主体改革工作，进一步加强森林资源管护与执法力度，森林覆盖率达到62.4%，县政府荣获“全国绿化先进集体”称号。

【人民生活】 就业工作扎实推进。新增城镇就业5130人，下岗再就业1732人，转移农村劳动力3.64万人，城镇登记失业率控制在3.45%以内。民生保障水平不断提高。参加养老保险90474人，征收企业养老保险费1.74亿元，企业退休人员养老金发放准时足额；有11676户30123人享受最低生活保障，发放低保金3887万元；参加城乡居民医疗保险76万人；新型农村社会养老保险登记参保人数19.7万人。残疾人社会保障和服务体系不断完善。

【社会建设】 投入教育资金4.6亿元，其中，用于校舍建设资金1亿元，新建改建校舍面积1.66万平方米，新招聘教师371名。人口计生工作步入良性发展轨道，进入省计生优质服务县行列，全年落实“四术”7875例，其中结扎3298例，人口自然增长率5.83‰。国土资源管理和环境保护得到加强，全面拆除整治全县56家砖瓦窑，整治取缔一批高耗能、高污染工业企业。群众性精神文明创建活动深入开展。“双拥”工作扎实有效，再次被评为省“双拥模范县”，实现荣誉“七连冠”。产品质量和食品药品安全得到有效监管。安全生产形势保持稳定。深入开展社会治安各项专项整治行动，严厉打击各类违法犯罪活动，社会大局保持和谐稳定。物价、统计、气象、史志档案、外事侨务、民族宗教、对台事务、体育等工作取得新成效。

（政府办）

精神文明建设

2011年，揭西县精神文明创建工作坚持高举中国特色社会主义伟大旗帜，按照“高举旗帜、围绕大局、服务人民、改革创新”的总要求，全面贯彻落实中央、省、市的重要会议精神，以构建社会主义核心价值体系为主线，以理论学习武装干部队伍，以社会主义先进文化和公民道德教育实践活动培育社会新风，以群众性精神文明创建活动构建和谐揭西，组织一系列精神文明创建活动，大力推进全县精神文明建设，全面提高城乡文明程度，为“实现绿色崛起，建设幸福揭西”提供智力支持、道德支撑和文化环境。

【群众性精神文明创建活动】　2011年，全县以贯彻《公民道德建设实施纲要》为主线，在群众性的精神文明创建活动中，结合各个时期的工作重点，开展不同层次、不同方面的主题活动。以群众性精神文明创建活动为载体，践行科学发展观，达到“让党员干部受教育、让科学发展上水平、让人民群众得实惠”的目的。在一些重要场所和交通要道路口设立宣传横幅，宣传市、县发展战略、标语口号和会议精神，在滨江公园设立巨幅牌匾和大型电视屏幕宣扬“八荣八耻”以及“解放思想”、落实“科学发展观”等，营造健康向上的社会氛围。开展文明单位和文明村、文明户标兵创建活动推荐省表彰文明单位2个，推荐市表彰先进单位18个，先进个人5人，评出县级先进单位116个，文明户标兵39户。通过表彰先进、树立典型，努力提高干部群众的文明素质，提高城乡文明程度和人民群众的生活质量。关爱弱势群体为出发点，开展志愿服务活动 认真组织开展“红红火火过大年”、“关爱留守儿童”、“志愿者服务日”等深入基层的志愿服务活动。给空巢老人、留守儿童、残疾人等弱势群体带去慰问和关心，有效促进和谐社会的构建。

【现代公民思想道德建设】　以庆国庆和辛亥革命100周年为契机，大力弘扬爱国主义精神。一方面利用新中国成立62周年庆之际，开展群众文化活动。在棉湖镇云湖公园、县城东风广场、望江楼等地，群众纷纷采用潮乐、红歌会、舞蹈等新形式的纪念活动，把艺术融入爱国，激发出浓烈的爱国情怀。在辛亥革命100周年之际，利用网络、图片展等方式宣传爱国精神，使群众认识到革命成果来之不易，深刻感受到民族团结和祖国统一的重要意义。以“爱国、守法、诚信、知礼”为主题，不断加强现代公民教育。针对社会道德领域存在的问题，以大力培育社会文明新风尚为目标，以“爱国、守法、诚信、知礼”为主题，深入推进现代公民思想道德体系建设，认真组织一系列的宣传教育活动，开展“革命传统教育周”、“公民道德宣传日”、

"学雷锋活动月"、"忠诚、感恩、奉献"、"广东好人评选"、和"排队我快乐、礼让我文明"等活动，提升公民思想道德素质。

【未成年人思想道德建设】 开展"法纪、安全、反邪、禁毒"教育活动 组织"远离邪教毒品，创建和谐校园"的宣誓和签名活动，教育广大师生认识毒害猛于虎，决心洁身自爱，珍惜生命，远离毒品。在县城广场和主要路段悬挂"不沾黄赌毒，健康又幸福"的横联，发放《禁毒宣传专集》、挂图、光碟、《中小学安全工作指南》等宣传读物。积极组织开展"廉洁修身"手抄报创作大赛和"小手拉大手，禁毒建和谐"为主题的宣传教育活动，坚决抵制黄赌毒黑对青少年学生的诱惑和侵蚀。为县净化社会环境工作的顺利开展营造良好的社会氛围。利用网络开展未成年人思想道德教育活动，开展"网上祭先烈"、"书香校园"、"学习雷锋活动月"等一系列活动，以青少年喜闻乐见的形式，拉近与青年相互交流的空间，对青年的教育更具针对性、有效性、教育性。三是净化未成年人成长环境，重点抓好对"网吧"经营业户的管理监督，依法开展对"网吧"、游戏场所的整治净化工作，为青少年健康成长提供良好的社会文化环境。

【扩大志愿者服务领域】 扶贫助学，关爱留守少年儿童。1月24日，揭西县志愿者协会·满天星义教队举办"揭西县关爱留守少年学习帮扶行动"交流见面会。安排志愿者对留守儿童结对辅导，在学习和心理等方面给予留守少年切实帮助。在关爱留守少年学习帮扶行动中，32名大学生志愿者对应结对服务40名留守少年，累积服务265小时。植树造林，建设绿色家园。积极开展"青春绿万村"系列活动，成立护绿志愿服务队，在全县多个乡镇开展植树造林和"植绿、护绿、兴绿"宣传教育，通过志愿行动，号召广大群众自觉保护身边的一草一木，珍惜绿色资源，共建美丽家园。送医送药，积极组织义诊。广泛组织、号召志愿者开展"义诊志愿服务活动"，免费为村民送医送药，并提供卫生保健知识、科学婚育知识的宣传服务。活动义诊200余人次，受益群众达到300余人，免费发放药物和宣传资料一批，切实把健康送到农民群众的身边，受到当地民众的一致好评。

（林伟哲　曾洪斌）

党的组织建设

【概况】 2011年，各级党组织按照党的各项规章制度，严格执行党员标准，时刻保持党的先进性，纯洁性，高尚性，充分发挥党员的先锋模范排头兵的作用，注重发展在生产一线和知识分子中的先进青年成为新党员，加大在非公有制经济企业，社会中介组织，民办非企业单位和重点中学中发展新党员工作力度，不断扩大党的覆盖面和影响力，积极改善党员队伍结构，取得良好效果。2011年，全县有基层党组织1497个，其中，党委20个，党工委2个，党总支126个，党支部1351个。全县有党员33242人，其中研究生学历10人，大学本科1261人，大学专科5573人，中专2773人，高中7622人，初中及以下16003人。

【领导班子建设】 各级党委政府以提高素质、优化结构、提高整体效能为第一目标，围绕改革发展稳定，扎实抓好县镇村三级集中换届工作，切实加强各级领导班子和干部队伍建设，换届选举工作健康有序地推进，顺利完成县委、县人大、县政府、县政协、16个乡镇、280个行政村、38个社区的集中换届选举任务。村级换届选举产生新一届村（社区）“两委”干部1586人，其中村“两委”交叉任职比例81%，书记主任“一肩挑”比例85%，大专以上文化程度66人，高中或中专文化程度1109人，初中以下文化程度411人。乡镇换届调整干部189人，其中提拔48人，交流任职26人，轮岗11人；配备35岁以下的乡镇党政正职5人，每个乡镇配备32岁以下年轻干部和女干部各1人以上。换届后各级班子大专以上文化程度182人，占95.29%，党政班子成员平均年龄39.55岁，比换届前减少3.25岁。严格做好代表的推选工作，积极配合市委对县领导班子的推荐考察工作，严格执行选举法规定的有关工作程序，选举产生县各套领导班子成员和“两长”。

【基层党建工作】　全面推进创先争优、固本强基、互帮互助、远程教育等活动，有效地加强党的基层组织建设，提升基层党员干部的战斗力、影响力。一是扎实开展创先争优活动。坚持实际、实用、实效原则，县委、县政府的发展战略目标，以“服务群众，凝聚人心”为重点，通过层层推荐，逐级遴选，在全县基层党组织中确定创建基层党建示范点14个，发挥排头兵的作用，推动创先争优活动的深入开展，受到市委组织部肯定，并在全市推广。全面开展领导点评工作，做到每名党组织书记和各基层党组织及每名党员都被点评；落实党员领导干部抓联系点制度，推进党群共建创先争优活动；突出抓好窗口单位和服务行业创先争优，举办庆祝建党90周年系列活动。县领导、各单位领导干部和驻（联）村干部分别到基层采取上党课、召开座谈、慰问困难党员、赠送党员互助金等形式开展党日活动。二是扎实全面抓基层强基础活动，进一步提高基层党组织凝聚力、战斗力。首先是百分之百兑现农村、社区“两委”干部的政治、生活待遇，稳定基层干部队伍。其次是推进构建城乡统筹的基层党建新格局，着力提高基层党建工作整体水平。结合扶贫开发“双到”工作，深化基层党组织“一帮一”结对共建活动。再次是建立党内关怀机制。全县登记生活困难党员2374名，“三老”党员1996名，并逐个建立台账，为建立党内关怀机制奠定良好的基础。严格执行党员发展程序、确保党员队伍素质并坚持发展党员“十六字”方针，围绕党员“年轻化、知识化、专业化”的目标，坚持和完善民主评议党员制度，有效确保党员队伍素质的稳步提高。积极实施“一村一名大学生”工程，选聘一批高校毕业生到村任职工作，至2011年底，基本实现全县三分之一的行政村有1名大学生。坚持以“三有一化”为抓手，推进街道社区党建工作。积极推进党内基层民主建设，认真实行党代表任期制。大力建设“党代表工作室”，拓宽发挥党代表作用的渠道。三是扎实推进远程教育活动，党员电教工作突显成效。坚持“以通为先，以用为本，以管为要”原则，使建、管、学、用各项任务落到实处，开创电教工作新局面。县终端接收站点全年平均开机使用率86%，高于全市平均水平。2011年，全县有3个终端示范点，3名站点管理员，3名学用标兵受到市级表彰，大溪镇18个站点开机率全年达到100%。

【干部培训工作】　2011年认真贯彻落实《2010～2011年干部教育培训改革纲要》，突出针对性、实效性、前瞻性，周密制定全县大规模培训干部计划，狠抓培训计划落实。1. 抓好换届后新提拔乡镇党政班子成员和县直单位副职的培训，主要学习上级有关会议精神，并以“十二五”规划和做好新形势人群工作作为专题培训，培训干部120多名。举办村（居）书记、主任培训班3期460多人，进一步加强基层村（居）带头人队伍建设，巩固基层执政基础。2. 抓好各个主题专业班次培训，举办兽医技术培训班；举办干部信息能力提升工程17期，培训干部584名；邀请县有关行局的业务骨干对新招考的大学生村官进行培训。三是认真完成上级的各项调训任务。2011年，选送到省培训11

人次，选送到市培训92人次，通过集中辅导，专题研讨，读书交流等各种方式加强对干部的培训、帮助广大干部深入领会上级有关会议和文件精神，提高政治思想觉悟水平，学习掌握现代产业基础知识，提高干部加快转型升级、促进社会和谐的能力。

【“三个一”工程】　2011年，继续实施“三个一”工程，精心规划、细化方案，充分调动整合各方面的力量，取得良好的成效。一是继续实施村干部跟班学习工程，组织100名村支部书记、村委主任到县直机关单位跟班学习。村干部跟班学习形式新颖、体会直观、学习内容贴近农村实际工作，参培的村书记、主任普遍表示通过培训学习，有效提高自己的政治理论水平和农村领导管理能力。二是继续坚持每年免费培训100名农村困难党员，每年分两期举行。完成学习任务的，劳动技能培训部门按规定颁发给相关技能证书，并协调其实现就业，让他们的生活得到真正的保障和改善，体现党内关怀、共享和谐成果。三是继续实施新农村建设顾问工程。2011年2月12日，县委、县政府举行2011年新农村建设顾问颁证仪式暨表彰先进座谈会。来自深圳市承翰建筑工程有限公司董事长庄小夸等40名做出杰出贡献的新农村建设顾问受到表彰，北京市建峰建筑装饰集团公司总裁庄其铮等100人被聘请为揭西县新农村建设顾问。

【老干部工作】　一是落实老干部政治待遇。2011年，为全县150多位办事员和科员级别的离休干部提高到副科级待遇，为7位抗日时期入伍的离休干部提高到副处级待遇，为289位解放时期入伍的离休干部提高到正科级待遇。6月29日在县老干部活动中心会议室召开部分离休干部建党90周年座谈会、上党课。二是保障老干部生活待遇。2011年，为提高到副科级待遇的离休干部增加生活补贴；为提高到正科级待遇、副处级待遇的离休干部增加相应的离休费和生活补贴。三是关心老干部日常生活。组织老同志在县城文化广场举行红歌大家唱活动，早晚在好日子广场和滨江公园举行老年健身活动。7月1日前，上门走访慰问部分离休干部；国庆节和重阳节前夕，为县内离休干部发放节日慰问金，同时前往汕头、梅州等地看望慰问离休干部；邀请县人民医院医生到老干部活动中心为离休干部进行健康讲座；春节前夕，走访慰问处级以上和抗日时期入伍的离休干部，为他们送上慰问金和节日的问候。四是做好老干部信访。及时、稳妥处理老干部的来信、来访，加强督办。全年接待老同志来信、来访60多人次，对他们热情接待、解答询问和做好解释工作。

（李旭晖　林培福　张赐荣　张优生　黄伟川　彭上华）

政　治

中共揭西县委员会

县委主要会议简述

【全县综治信访维稳工作会议】 2011年1月28日，全县综治信访维稳工作会议召开，主要是贯彻落实全国政法工作电视电话会议精神，总结2010年全县综治信访维稳工作，部署2011年工作。会议对2010年度社会治安综合治理先进集体和先进个人进行表彰。

【中共揭西县委九届七次全会】 2011年3月11日，中共揭西县委九届七次全会召开。会议深入落实科学发展观，认真贯彻落实党的十七届五中全会、中央经济工作会议、省委十届八次全会和市委四届八次全会精神，回顾总结2010年工作，明确今后六年工作目标，安排部署2011年工作，动员全县干部群众进一步统一思想，坚定信心，为“十二五”规划顺利实施开好局、起好步，奋发图强，振兴揭西。

【全县党务公开暨机关作风效能建设工作会议】 2011年6月9日，全县党务公开暨机关作风效能建设工作会议召开，一是贯彻落实中共中央《关于党的基层组织实行党务公开的意见》、全国党的基层组织党务公开工作电视电话会议和全市党务公开工作会议，对全县深入开展党务公开工作进行动员部署；二是深入贯彻县委九届七次全会精神，部署2011年全县机关作风整顿和效能建设工作。

【县委工作会议】 2011年7月26日，县委召开工作会议，学习贯彻省委十届九次全会精神和市委工作会议精神，研究部署全县党务公开、纪律教育学习月活动、党的建设、经济工作和扶贫开发“双到”工作。10月11日，县委召开工作会议，传达贯彻10月8日市委常委（扩大）会议精神，落实县第十次党代会精神，研究部署下一步工作。

【传达贯彻全市经济形势分析和科学发展观考评工作会议精神大会】 2011年8月17日，县委召开传达贯彻全市经济形势分析和科学发展观考评工作会议精神大会，会议传达市经济形势分析和科学发展观考评工作会议精神，并对如何贯彻落实此次会议精神提出意见。

【中国共产党揭西县第十次代表大会】 2011年9月21日至23日，中国共产党揭西县第十次代表大会在县委党校召开，会议主要任务是，以邓小平理论和“三个代表”重要思想为指导，深入落实科学发展观，认真贯彻落实党的十七大、省第十次党代会和市委工作会议精神，总结分析第九次党代会以来的工作，研究部署今后五年的发展目标、发展思路和战略措施，选举产生中国共产党揭西县第十届委员会、纪律检查委员会和出席揭阳市第五次党代会的代表，动员和激励全县党员干部和人民群众，继往开来，奋发图强，开拓创新，艰苦创业，为建设经济发展、文化繁荣、生态优美、环境良好、社会和谐的新揭西而努力奋斗。

【全县领导干部绩效考核工作会议】 2011年10月19日，县委召开全县领导干部绩效考核工作会议，总结2010年度全县领导干部绩效考核工作情况，研究部署2011年度的领导干部绩效考核工作。

【全县“打黑除恶”专项斗争工作会议】 2011

年10月25日，全县“打黑除恶”专项斗争工作会议召开，主要是总结2005年以来全县“打黑除恶”取得的成效，研究部署今后工作。

【传达贯彻市第五次党代会精神会议】 2011年12月12日，县委召开传达贯彻市第五次党代会精神会议，传达贯彻市第五次党代会精神，并研究部署下一步工作。会议提出要根据这次党代会的精神指引，结合本县实际，进一步调整、丰富和完善发展思路，在全市的发展大局中找准着力点，发挥自身优势，突出重点，错位发展，实现绿色崛起。

县委办公室工作

【秘书工作】 认真执行机关公文处理条例，严格把好起草关、审核关、收发关，保证公文质量。2011年县委发文53期，县委办公室发文39期。切实提高办会水平，每次会议从议题、议程、报告起草、文件资料的制发，到会议通知、会场布置、报到、记录、会议服务、宣传报道都精心安排，办会水平得到广泛的肯定和认可。

【综合工作】 认真做好各项会议讲话、工作报告和其他综合材料的撰写工作，有效地保证上级政策和县委决策的贯彻落实。2011年，完成县委九届七次全会、县第十次党代会等大型会议工作报告的起草工作。全年印发《工作通报》17期，《会议纪要》13期。

【政研工作】 围绕县委中心工作展开调查研究，掌握第一手资料，为县委的科学决策提供较好的参考服务。2011年完成重要调研课题12项，形成调研报告和重要调研材料20篇。围绕群众反映强烈的热点难点问题深入调研，形成《揭西县社会建设专题调研报告》、《揭西县加快专业镇转型升级专题调研报告》、《揭西县加强人口管理和服务专题调研报告》、《揭西县加强农村基层组织建设专题调研报告》等情况清楚、问题准确、分析透彻、针对性强、措施具有可操作性的调研报告或材料。

【新闻信息工作】 紧贴县委的中心工作，关注社会反映的热点、难点，及时、准确、全面地收集、选编各类信息。推进信息工作制度化和规范化，不断完善信息报送制度，探索信息的采编方式，突出重点信息的捕捉、编撰和报送，信息工作质量进一步提高。2011年撰写新闻稿90多篇，编发《揭西信息》45期。

【督查工作】 按照“围绕中心，突出重点，抓住关键”的工作思路，扣准领导思路，增强督查工作的方向性，认真开展督促检查，狠抓工作落实。全年开展重点项目进度、招商引资、捐赠款物落实、党报党刊征订、整治非法开采稀土矿等专项督查，使县委重大决策得到及时贯彻落实。2011年组织督查活动72次，上报督查专项汇报53篇，编发《督查通报》3期。

【信访工作】 以“实现绿色崛起，建设幸福揭西”为指导，坚持稳定是第一责任，积极开展领导干部“四访”活动，信访案件得到落实解决。2011年，县委、县政府受理群众来信、来访、来电605件次，其中来信469件（联名信77件，重信82件）；来访136批375人次。信访立案247宗，已办结247宗，办结率100%。按时连接揭阳市网上信访业务平台和广东省网上信访业务平台系统，省、市转来网上信访案件215件，办结212件，办结率98.6%，有效预防集体上访、越级上访、重复上访的发生。

【保密工作】 开展新保密法的宣传教育，增强各级干部保密意识。抓好保密宣传刊物的征订工作。2011年，全县订阅《保密工作》133份，完成上级下达的通联任务。开展对涉密计算机违规上互联网实时监管工作，做好县政府信息公开保密审查工作。做好2011年高（中）考和有关招聘活动的保密工作。

【机要工作】 2011年，完成密码电报、明传电报以及传真电报的阅办工作，做到无遗漏、无积压。全年收密码电报306份，发密码电报24份；业务收报65份，业务发报4份；内部明电收410份；乡镇发报120份。

县委办公室领导任职情况

县委常委、办公室主任	蔡福生	～2011.11
县委办公室主任	巫树林	2011.11～
副主任	张伟英	2004.07～
	李旭晖	～2011.11
	林金晓	～2011.11
	张保才	2009.09～
	李富琼	2011.06～
	林　楠	2011.10～
	陈　锋	2011.12～

（张坚 李凌思 林志越 陈东升 林万顷 刘志鹏 陈振浩 张宇锋 黄庆峰）

组织工作

【城乡基层党建互帮互助】 2011年，城乡基层党组织互帮互助活动，在新的起点上全力推动这项工作扎实有序开展。一是周密部署明确目标。贯彻上级关于干部下基层驻农村的工作部署，抓好驻村干部的选派工作。从县直相关单位和17个乡镇中抽调具有农村基层工作经验、善于做群众工作、能独当一面的干部，与省市下派的干部分别派驻到全县280个行政村。二是理清思路谋划发展。各级挂点联系单位和驻村干部通过深入调查摸底，形成包括村“两委”领导班子建设、党员干部队伍建设、集体经济发展、农村社会和谐文化建设等方面的工作思路，为深入推进干部驻（联）村和城乡基层党支部结对共建工作奠定良好基础。全年县各套班子党员领导干部到联系点开展调查研究137次，县直单位“一把手”到联系点379次。三是密切群众促进和谐。各级帮扶单位和驻（联）村干部认真贯彻党的群众路线，深入农户和田间地头，察民情、听民意、访民生，真诚关心群众疾苦，积极为农民群众办实事，解难题。

【非公有经济组织党建】 2011年，按照省、市关于加强非公有制经济组织的党建工作“总体规划、分类指导、重点突破、加强组建、逐步提高”的工作思路，以扩大党员覆盖面和增强实效性为目标，切实加强领导，积极探索，落实措施，加强跟踪调查，坚持成熟一家，建立一家，加大非公有制企业的党建力度。县委组织部制订出台《关于进一步加强新经济组织和新社会组织党的建设工作意见》，为进一步加强县新经济组织和新社会组织党的建设，充分发挥党组织战斗堡垒作用和党员先锋模范作用，促进“两新”组织健康有序发展提供富有指导意义的纲领性文件。

【创先争优·建党90周年】 2011年，县委组织部、县委创先办按照“基层党组织自行申报、逐级推荐、上级审定”的办法，通过层层推荐，逐级遴选，在全县基层党组织中确定创建一批基层党建示范点，以此带动全县各级党组织以实际行动落实科学发展观，推动创先争优活动的深入开展。“七一”前夕，全县各级党组织开展一系列纪念建党90周年纪念活动，县委县政府领导、各单位领导干部和驻（联）村干部分赴到基层采取上党课、召开座谈、慰问困难党员、赠送党员互助金等形式开展党日活动；召开“庆祝建党90周年暨表彰大会”，表彰一批在各个岗位上取得优异成绩的先进基层党组织、优秀共产党员和优秀党务工作者；发放“50年党龄纪念章”3596个。

【村级换届】 加强对第五届村、社区“两委”换届选举工作的领导，精心组织，按章依规，扎实推进村、社区“两委”换届选举工作。至2011年5月16日，全县280个村、38个社区全面完成“两委”换届选举工作，选出村、社区“两委”干部1586人。其中，村“两委”交叉任职总数856人，交叉任职比例81%，书记主任一肩挑238人，“一肩挑”比例85%；大专以上文化程度37人，高中中专文化程度944人，初中及以下文化程度399人，35岁以下年轻干部151人；

妇女干部293人，女支部书记、主任16人。社区新当选"两委"干部206人，社区"两委"交叉任职总数114人，交叉任职比例96%，"一肩挑"总数33人，"一肩挑"比例87%。大专以上文化程度的29人，高中中专文化程度163人，初中及以下文化程度12人，35岁以下年轻干部49人。

【乡镇党委换届选举】 重点做好四方面的工作：一是认真编写《揭西县乡镇党委换届选举工作手册》，并规范具体操作程序和文件格式，下发到各乡镇结合实际参照实施，二是严格把好代表结构比例关。三是把好选举程序关。各乡镇党委委员按照多于应选委员人数20%的比例实行差额选举，书记、副书记实行等额选举。四是把好呈报审批程序关。

【县第十次党代会代表的选举工作】 拟发《关于中共揭西县第十次党代表大会代表选举工作的通知》，把县委确定的361名代表名额分配到全县 21个选举单位进行选举，经各选举单位的精心组织实施，全县依规选举产生360名代表。在选举过程中，按照职能认真做好代表候选人预备人选的审查和当选代表资格的初步审查工作。选举产生的360名代表符合党章和有关规定要求，具有广泛的代表性。

【市第五届党代表的推选工作】 专门制订推荐选举工作实施方案，拟发《关于我县选举出席市第五次党代表大会代表有关问题的通知》，把市分配给揭西县的63名代表名额分配到各基层党委酝酿推荐。采取自下而上、上下结合、反复酝酿，逐级遴选的办法，在县十次党代会上顺利选举产生揭西县出席市五次党代表大会代表63名。

【农村党建工作】 各级党组织紧密联系农村基层实际，围绕提高基层执政能力这个中心，突出重点，强化措施，扎实推进和谐新农村建设。一是抓好落实玉湖经验工作，推进基层民主化进程。2010年底开始，在农村基层采取多种形式全面推行玉湖经验，开展以"三学三议三帮"、"党员议事日"和村民"民主活动日"、"民主议事日"为主要内容的各项活动，完善各项工作机制，推进农村的民主化进程。二着力解决农村突出问题，构建和谐基层。坚持每年排查一批问题相对突出的镇、村，作为重点帮扶单位，从县直单位和乡镇街道抽派工作组，采取强力措施组织整治，2011年，全县排查出15个问题村作为整顿对象。三是从优秀村（居）书记中招聘考镇事业单位工作人员。在充分调查研究的基础上，起草制订下发《关于在优秀村（社区）党组织书记中公开招聘乡镇（街道）事业单位工作人员的工作意见》，制订下发《揭西县2011年在优秀村（社区）党组织书记中公开招聘乡镇（街道）事业单位工作人员实施方案》文件，严格把好资格初审、笔试、面试和政审等有关程序，有11名村（居）书记录用为事业单位工作人员。

【党代表工作室建设】 2011年，大力整合资源，逐步完善机制，努力搭建党代表工作平台，全面推进党代表工作室建设。全县有市党代表31名，县级党代表283名，镇（街道）党代表535名。通过科学规划、分类设置、联合建设的方式，在全县规划建设19个党代表工作室，其中镇（街道）17个，县直工委和公路局各1个，覆盖全县各级机关、企事业单位和17个乡镇（街道），全县各级党代表编到19个党代表工作室进行开展活动。全县各党代表工作室设立以来，先后开展一系列活动，积极接待党员、群众，收集意见建议，帮助解决问题。

县委组织部领导任职情况

县委常委、组织部长、党校校长

	王一干	2007.03～
副　部　长	林　擎	2007.12～
	巫树林	～2011.10
	李旭晖	2011.11～
老干局局长	邓子安	2008.01～

（李旭晖　彭志向　林培福　黄伟川　张赐荣　彭上华）

宣传工作

【概述】 2011年，揭西县的宣传思想工作以邓小平理论和“三个代表”重要思想为指导，认真贯彻落实党的十七大、省委十届七次、八次、市委四届七次、八次和县委九届六次全会、第十次党代会精神，紧紧围绕县委、县政府建设“生态工业大县、旅游文化强县、绿色和谐揭西”的战略目标，大力开展宣传思想工作。以建设社会主义核心价值体系为主线，做好理论武装、舆论引导、精神文明建设、文化建设和队伍建设等重点工作，全面提升宣传思想工作水平。

【理论武装工作】 按照“武装头脑、指导实践、推动工作”的要求，不断创新学习方式方法，提高学习的主动性和实效性，使理论学习成果不断转化为分析和解决实际问题的能力，不断提高领导班子和领导干部谋划发展、推动发展的本领。一是围绕中心，抓好县委中心组的理论学习。以“北山论坛”为载体，积极做好县委理论学习中心组的服务工作，包括制订年度学习计划、提供学习资料、做好学习记录等工作,保证县委中心组学习的顺利开展。2011年，县委中心组组织专题学习会、讨论会12场次，重点学习党十七届五中、六中全会精神、省委十届七次全会和市委常委扩大会以及中央、省、市主要领导重要讲话精神。二是健全机制，规范各乡镇（街道）县直各单位学习制度。建立健全中心组的学习考核制度，抓好规划部署、检查督促，规范各乡镇（街道）、县直局以上单位党委（党组）中心组的学习工作。三是解放思想，积极探索揭西科学发展机制。2011年10月起，县委县政府以“解放思想谋发展，求真务实为人民”为主题，以学习讨论、调查研究、深入宣讲、征求意见为主要形式，精心组织一系列解放思想学习讨论活动。紧紧抓住影响和制约科学发展的重大问题，客观分析当前面临的机遇和挑战，进一步统一思想，明确目标，达成共识。四是突出主题，加强理论宣传。2011年，县委先后成立“党的十七届六中全会精神”、“市第五次党代会精神”宣讲团，到各乡镇街道、县直各单位开展宣讲10多场次，受教育的党员干部近2000人次。结合实际，围绕主题，开展社科普及周活动。在活动周期间，通过召开主题座谈会、举办“优秀社科读物展销”和优秀影片放映活动，宣传和普及社科知识。

【思想道德建设】 1. 以教育、互动的途径，深化未成年人思想道德建设。一方面是开展“法纪、安全、反邪、禁毒”教育活动。在县综治委、禁毒委的组织下，以良田中学为示范点举行“远离邪教毒品，创建和谐校园”的宣誓和签名活动，教育广大师生认识毒害猛于虎，决心洁身自爱，珍惜生命，远离毒品。在广场和主要路段悬挂“不沾黄赌毒，健康又幸福”的横联，发放《禁毒宣传专集》1500多套，挂图1000多份，下发《英雄少年》光碟500多套、《中小学安全工作指南》等读本。积极组织开展“廉洁修身”手抄报创作大赛和“小手拉大手，禁毒建和谐”为主题的宣传教育活动，坚决抵制黄赌毒黑对青少年学生的诱惑和侵蚀。充分利用网络做文章，维护更新“揭西共青团”网站，开展“网上祭先烈”、“我们的节日”、“书香校园”、“学习雷锋活动月”等一系列活动，以青少年喜闻乐见的形式，拉近与青年相互交流的空间，对青年的教育更具针对性、有效性、教育性。2. 以庆国庆和辛亥革命100周年为契机，大力弘扬爱国主义精神。一是新中国成立62周年庆之际，在全县开展群众文化活动。在棉湖镇云湖公园、县城东风广场、望江楼等地，群众采用潮乐、红歌会、舞蹈等新形式的纪念活动，把艺术融入爱国，激发出浓烈的爱国情怀。二是在辛亥革命100周年之际，利用网络、图片展等方式宣传爱国精神，使群众认识到革命成果来之不易，深刻感受到民族团结和祖国统一的重要意义。

【舆论宣传工作】 1. 加强新闻宣传。县电台、电视台等新闻媒体配合县委县政府中心工作，先后开设“学习实践科学发展观”、“百姓视点”、“牵手揭西”、“文明之花”、“行业新风”、“道德模范”、“扬忠诚风尚、推动跨越发展”、“重点整治大家谈”、“加强文化强县建设”、“揭西风情”、“学习贯彻十七届六中全会精神”等栏目，唱响主旋律，确保县委、政府的“声音”更加广泛、及时传达到各个层面，促进各方面工作的开展。2. 强化舆论的引导和控制工作。强化新闻管理，落实责任，完善工作制度和提高技术水平，确保广播电视安全播出。加强互联网兼职评论员队伍建设，加强网上舆论引导，及时控制处理不良信息。

【文化事业】 1. 开展群众性文艺活动。组织群众开展大型“广场舞”、“健身舞”等文化活动，活跃城乡人民的节日文化生活，推动群众性文化活动开展；成功举办“黄文琦国画展”、“刘院明国画展”等；组织县潮剧团、棉湖锣鼓标旗巡游参加第六届中国（深圳）国际文化产业博览交易会，积极推动揭西县文化产业发展。 2. 利用传统节日弘扬优秀民族文化。充分利用春节、元宵、端午、中秋等传统节日，以“我们的节日”为载体，以广场、文化馆等为舞台，抓好传统节日活动，把社会主义核心价值体系的要求融入传统节日活动中，开展爱国主义、社会主义、集体主义教育，引导人们认知传统、继承传统、弘扬传统，营造更加欢乐、祥和、奋进、乐观的社会氛围，丰富全县百姓的文化生活。3. 非物质文化遗产管理工作。加强对文物单位管理的领导，做好三山祖庙、广德庵、兴道书院、郭氏大楼等文物保护单位的包装修缮；集中人力、物力、财力，抓好非物质文化遗产普查、登记、公布、申报、保护工作。2011年5月，“三山祖庙遗址”和“郭氏大夫第”被省政府列为广东省第六批文物保护单位。2011年8月，揭西县名人馆正式揭幕。4. 完善文化基础设施和文化阵地建设。积极向省、市申报文化信息资源共享工程、乡镇街道文化站建设等专项资金，多渠道、多途径争取上级资金支持，抓好文化设施建设。抓好县图书馆大楼布馆和后续配套设施建设，争取让县图书馆大楼早日开馆。抓好 “农家书屋”工程建设，完成新增100个“农村书屋”的规划选址和材料上报工作。5. 加强文化管理，净化文化市场。一是重点抓好对“网吧”经营业户的管理监督，依法开展对“网吧”市场的整治净化工作，坚持取缔“黑网吧”；二是加强文化市场的消防安全工作，认真开展对文化市场的安全生产检查和监督；三是积极开展音像制品经营专项整治工作，有效打击盗版等非法经营活动；四是推行正版软件，积极开展反盗版行动，净化文化市场。

【群众性精神文明创建活动】 以贯彻《公民道德建设实施纲要》为主线，结合各个时期的工作重点，开展不同层次、不同方面的主题活动。如开展禁赌禁毒活动、“卫生进村居、健康在家园”、“《揭西县公民文明公约》宣传实践”、“科技、文化、卫生”三下乡活动等。加强社会公德、职业道德、家庭美德和个人品德教育，引导广大市民养成文明礼让的良好习惯，营造秩序井然、和谐文明的公共环境，公民文明素质逐步提高。重点抓好文明乡镇、文明小城镇、文明村、户、文明单位、文明行业、文明企业、绿色社区、绿色校园、安全文明小区创建活动。在和谐文明村创建活动中，按照“三化四通五改六有七进村”的要求，以点带面，切实加强思想道德建设和环境建设，搞好村民自治、村务公开、财务公开制度，基层党组织的战斗力和凝聚力进一步得到加强。

宣传部领导任职情况

职务	姓名	任职时间
县委常委、宣传部长	杨婉香	~2011.09
县委常委、宣传部长	王群青	2011.09~
副部长	林伟哲	2005.12~
	邹亿水	2009.09~
	杨一帆	2009.09~

（杨一帆　林佳妮）

统战工作

【党外人士的政治安排工作】 县委统战部搭好党外人士参政议政的平台，做好政治安排，物色、举荐党外优秀人士担任市、县人大代表、政协委员。2011年10～11月间推荐123名党外优秀人士任县政协委员，占县政协委员总数的61.5%；94名党外人士任县人大代表，占县人大代表总数的33.8%；18人（包含香港人士）任市政协委员，22人任市人大代表。第九届揭西县人民政府有党外人士副县长1人（农工党员）；党外副镇长3名，党外副局长1人，其他党外副科（局）以上领导干部2人。

【工商联工作】 一是积极动员会员献爱心，“广东扶贫济困”活动捐款约200多万元。二是筹措资金对建国前不脱产老党员和建国后受省级以上表彰的先进个人进行慰问。三是继续认真落实县级劳动关系三方协调会议制度，深入贯彻《劳动法》，努力帮助企业和员工建立和谐稳定的劳动关系。四是为会员企业产销牵线搭桥，为会员企业开辟另外一条道路。五是引导实施光彩事业，2011年参与光彩事业投资3亿多元，各项福利捐资500多万元，捐资助学10万多元。

【宗教工作】 依法加强宗教事务管理，维护民族宗教领域稳定。妥善处理宗教活动堂点和周边群众关系，消除不稳定因素。五经富基督教会与教会大门旁1户教外群众长期因教会进出问题产生矛盾，双方都有一些过激行动。县民宗局把情况及时反映给县分管宗教工作的领导，县领导亲自带领民宗局、法制局、五经富镇政府和当地派出所到现场办公，做深入细致的思想工作，化解矛盾，维护当地稳定。11月中旬，民宗局和上砂镇政府及镇有关部门协调解决上砂镇东山天主教活动点和当地群众争议土地使用权问题，召开有关人员参加的协调会，妥善解决争议问题。做好制止乱建寺庙和露天宗教造像工作。按照中央、省、市统战部、民宗部门的工作部署，县委统战部、县民宗局成立领导小组，各乡镇也成立专门工作机构，按要求对所属辖区开展一次全面自查自检。做好天主教专项工作。推选教友代表参加汕头教区选举主教工作和祝圣主教活动。选圣祝圣专项工作后，继续加强对教徒信众的思想教育引导和监管工作。加强党的宗教政策学习，发挥宗教界在促进经济社会发展中的积极作用。县民宗局在县基督教两会举办宗教政策培训班，50名各宗教团体、活动场所负责人参加，学习《宗教事务条例》等有关宗教法规，向各界人士分发《条例》等资料380多份。东园镇碧岩寺、龙潭祥龙寺继续按照省民宗委“百寺扶千户”活动要求，每月出资1500元和1000元对7户困难户进行种养扶持和1户困难户助学扶持，河婆天竺岩发动资金约150万元修筑安池路到天竺岩的水泥路。东园碧岩寺在救灾救困、施医施药等支出40多万元，被省民宗委评为“广东省宗教界‘十百千’扶贫济困工程”先进单位。

【对台事务】 2011年接待台胞组团56个，2000多人。邀请台湾高雄12个三山国王宫庙联谊会组团到三山国王祖庙观光考察，加强宣传。印发《反分裂法》等宣传资料1000多份；三山国王祖庙综合开发资料1000多份，并多次邀请国内外企业人士到祖庙现场调研考察。由于前几年受金融海啸的影响，在县的台资企业从原来的10多家，撤存4家，其中3家加工体育用品，1家高尔夫球场。为使他们能巩固和发展，台办经常深入企业，座谈了解企业的生产经营情况，大力宣传县社会经济发展形势、招商引资优惠政策和投资环境，鼓励他们安心置业，并动员他们积极发动亲戚朋友到揭西来投资办企业。主动积极为台资企业服务，帮助协调有关部门的关系，办理有关证件手续。

统战部领导任职情况

部　　长　王耀初　～2011.10

县委常委、统战部长　蔡明专　2011.11～
副　　部　　长　许越成　2004.05～
彭伟明　2008.09～
黄劲松　2011.12～
（巫少伟　曾玉娜）

机构编制工作

【继续完善政府机构改革】　至2011年3月，县级政府机构改革基本完成各部门的“三定”方案，改革设置政府工作部门21个，原县机构编制委员会办公室与县委组织部合署办公，业务独立运作，列县委机构序列。此次改革转变政府的管理职能，全县289项行政审批项目进行清理，211项列入行政审批事项予以保留，不符合行政审批制度改革的78项予以取消。

【简政强镇事权改革】　县委、县政府印发《揭西县简政强镇事权改革实施方案》，按照理顺职能、精简机构编制和加强运行机制的工作思路，结合财政收入和地域面积等综合因素。全县16个乡镇重新划分为较大镇11个、一般镇5个。其中五云镇、南山镇、五经富镇、金和镇、棉湖镇、凤江镇、坪上镇、龙潭镇、灰寨镇、京溪园镇、塔头镇为较大镇，上砂镇、良田乡、钱坑镇、东园镇、大溪镇为一般镇，河婆街道比照镇分类按较大镇设置。

【实名制管理工作】　2011年7月，召开全县机构编制实名制信息库建设工作会议，部署实名制的信息报送、审核、校正并入网工作。至2011年9月，全面完成全县机关、事业单位的机构、编制、人员信息的全面入库工作。

主　任　林俊伟　～2011.11
杨谦谋　2011.12～
副主任　杨谦谋　～2011.11
（杨谦谋　彭志华）

党校工作

【培训工作】　2011年，县委党校共举办各类培训班9期，培训1150人次。其中，入党积极分子培训班2期250人；新录用公务员初任培训班1期180人；大学生村官培训班1期100人；村（居委）书记、主任培训班3期460人；县直机关、乡镇机关科级干部培训班各1期160人。派出骨干教师参加县组织的“党的十七届六中全会精神宣讲团”和“市第五次党代会精神宣讲团”，深入各乡镇（街道）、县直行局机关开展宣讲活动10场次。

大学生村官培训班，培训班紧密结合大学生村官的特点，开设《正确认识当前形势，全面完成“十二五”规划目标任务》、《努力提高村干部素质，扎实推进新农村建设》、《运用政策、法律手段做好新时期群众工作》、《农村国土资源管理若干重要问题》、《如何做好村务管理工作》、《学习人口计生政策业务，落实动态管理责任》等课程，对帮助大学生村官尽快了解农村工作特点，把握农村政策、法规，开创农村工作新局面起到积极的促进作用，深受大学生村官们欢迎。

县直机关、乡镇机关科级干部培训班，紧密结合工作实际，开设《认清反腐倡廉形势，提高拒腐防变能力》和《加快转变方式，建设幸福揭阳》等课程，对提高科级干部拒腐防变能力和工作水平具有很强的现实意义。

【学历教育】　2011年12月，省党校函授本科2009级44名学员毕业，党校函授教育全面结束。揭西党校函授教育自1985年开始办学至2011年全面结束，历时26年。

【理论研究】　2011年，在各级报刊发表的科研理论文章共7篇，其中《对新形势下开展创先争优活动的思考》和《坚持科学发展观建设和谐揭西》两篇文章，在中共中央党校《科学社会主义》杂志发表。

【硬件建设】　为切实解决县召开大型会议和大规模培训党员领导干部的住宿问题，11月份，学员宿舍第五层续建工程动工，工程完工后，学员住宿床位有238个。

县委党校领导班子任职情况

校　　长　王一干　2006.11～
常务副校长　庄衍明　2003.07～
副　校　长　曾　胤　1995.10～

（庄衍明　张五星）

党史研究

【编辑县历届党代会资料汇编】　2011年9月起，专门抽调人力，到县档案局及有关单位收集和整理揭西建县以来历届党代会的资料，至2011年底完成历届党代会资料的编辑工作。

【撰写文章纪念建党90周年】　2011年是中国共产党成立90周年，为纪念建党90周年，积极组织党史工作者撰写纪念文章，县史志办撰写一篇题为《中共五经富支部的建立及其贡献》文章，并在《揭阳史志》刊登。

县史志办公室领导任职情况

主　任　黄道源　～2011.12
　　　　庄淑英　2011.12～
副主任　庄淑英　～2011.12

（庄淑英　刘志辉）

县直工委工作

【概况】　2011年，县直属机关党委以增强机关党建活力为重点，坚持求真务实，努力创新机关党建的观念、载体和方法，积极实施固本强基工程；始终以经济建设为中心，坚持把党建工作与服务基层、服务群众、服务经济发展结合起来。

【党员教育和管理】　一是抓好党员理论学习。多次组织机关党员干部进行理论学习，对广大党员进行正确的权利观、政绩观和科学发展观教育，强化勤政为民的服务意识和廉洁奉公的廉政意识。2011年，机关干部职工平均每人学习时间超过70小时。二是坚持正面教育和治病救人的原则，对党员进行教育和管理，对违犯党的纪律的党员，则坚持实事求是、从严治党的原则进行处置。2011年，处分党员5名。

【基层党组织建设】　一是选举出席县第十次党代会代表，2011年9月，组织县直各行局召开党员代表大会，选举出席县第十次党代会代表111名。二是抓好县直机关党组织的换届选举。2011年对已届满的18个单位党（总）支部严格按规定进行换届选举。三是加强入党积极分子培训，2011年举办2期入党积极分子培训班。聘请县委党校教师进行专题辅导，参加培训入党积极分子250名。通过考试，合格率100%。四是做好发展新党员工作。全面了解入党人员的情况，严格把关，防止把不具备党员条件的人员吸收到党的队伍来；同时又积极开展工作，与各（总）支部保持紧密联系，做到成熟一个、发展一个。保证发展的数量又保证发展的质量，2011年发展新党员170名，预备党员转正88名。

【机关作风建设】　以“强作风、正行风，干实事、求实效”为主题的机关作风建设活动，增强党员干部和县直机关的执行力，努力实现县直机关各项工作高速度、高功率、高质量。认真开展民主评议党员活动。2011年“七一”前夕，开展民主评议党员、“创先争优”评比活动。民主评议党员，体现党员的民主权和监督权，表彰先进，树立榜样。

县直工委领导任职情况

书　记　张燕豪 2005.08～

副书记　杨锦玲 2001.12～

刘道精 2009.09～

林子彤 2011.06～

（林子彤　陈森）

揭西县人大常委会

重要会议

【县八届人大六次会议】　2011年3月31日至4月2日在县委党校人民会堂召开，代表274人。大会听取和审议县政府工作报告、县人大常委会工作报告、县人民法院工作报告、县人民检察院工作报告，审查《揭西县国民经济和社会发展第十二个五年规划纲要（草案）》，审查并批准《揭西县2010年国民经济和社会发展计划执行情况与2011年计划草案的报告（书面）》、《揭西县2010年预算执行情况与2011年预算草案的报告（书面）》。会议依法补选林培民、张远辉为揭西县第八届人民代表大会常务委员会副主任。

【县八届人大常委会第三十三次会议】　4月2日，揭西县第八届人大常委会第三十三次会议决定县人大常委会副主任陈燕展代理主任职务，主持人大常委会全面工作。

【县八届人大常委会第三十五次会议】　5月19日，揭西县第八届人大常委会第三十五次会议审议县政府《关于提请审议置换农信社不良资产问题的议案》和《关于提请审议提供国有土地使用权抵押贷款问题的议案》，并作出决议。

【县八届人大常委会第三十六次会议】　7月25日，揭西县第八届人大常委会第三十六次会议决定设立揭西县选举委员会，主持本级人民代表大会代表的选举工作。

【县八届人大常委会第三十七次会议】　9月14日，揭西县第八届人大常委会第三十七次会议任命吴少炎为揭西县人民政府副县长、代县长；张林华为揭西县人民政府副县长；魏伟填为揭西县人民检察院检察员、检察委员会委员、副检察长、代理检察长。

【县九届人大一次会议】　2011年11月11～15日在县委党校人民会堂召开。代表278人。大会听取和审议县政府工作报告、县人大常委会工作报告、县人民法院工作报告、县人民检察院工作报告，审查并批准《揭西县2011年1～9月国民经济和社会发展计划执行情况与本年度计划预计完成草案的报告（书面）》、《揭西县2011年1~9月份财政预算执行情况的报告（书面）》。会议依法选举邬郁敏为揭西县第九届人民代表大会常务委员会主任，邹细信、汪耀辉、温金华、蔡育明、林培民、张远辉为揭西县第九届人民代表大会常务委员会副主任；吴少炎为揭西县人民政府县长，邱辉盛、刘小电、魏县汉（挂职）、张林华、陈河、刘丽彬（女）、林金晓为揭西县人民政府副县长；李宁生为揭西县人民法院院长；魏伟填为揭西县县人民检察院检察长；张优产等18人为揭西县第九届人民代表大会常务委员会委员；邬郁敏等65人为出席揭阳市第五届人民代表大会代表。

主要工作

【执法监督】　常委会采取听取和审议执法情况汇报、执法检查、视察等形式，对刑法、律师法等法律法规的实施情况进行检查监督；配合市人大常委会对村民委员会组织法的实施情况进行调研。通过检查、监督，进一步规范司法、行政部门的执法行为，提高依法行政、公正司法水平，对保证法律、法规在本行政区域内的遵守和执行，推动经济社会发展起到积极的促进作用。

【代表视察】 常委会围绕中心，突出重点，积极开展闭会期间代表的视察、检查等活动。配合市人大组织部分省、市人大代表视察检查龙颈水库除险加固工程建设；组织部分市、县人大代表就整治县城市容市貌工作进行视察检查，推动市容市貌的整治工作。

【人事任免】 常委会坚持党管干部与人大依法任免干部相统一原则，充分发扬民主，严格依法办事，认真做好人事任免工作。2011年任命县政府副县长、代县长1人，副县长1人，代检察长1人，县政府组成人员2人；任命人大干部2人，县法院干部7人，法院人民陪审员3人，补选市人大代表4人。接受辞去县长职务1人，辞去副县长职务2人，辞去县检察院检察长职务1人，免去人大干部职务2人。

【督办代表建议】 常委会坚持把办好代表建议作为发挥代表作用的重要抓手，及时召开交办会，落实办理责任，采取多种形式，加强对办理工作的检查、指导和督办，确保办理工作顺利进行。至10月底，县八届人大六次会议代表提出的8件建议案，各承办单位都认真办理，并按时书面答复代表。

【依法治县】 常委会大力推进依法治县工作，制订《法治揭西建设五年规划（2011～2015）》和《揭西县2011年依法治县工作要点》，并协助县委进行部署；督促相关单位扎实开展法治揭西宣传教育周系列活动和法治县、法治乡镇的创建活动，促进依法治县工作的深入开展。

【县、乡镇人大换届选举】 2011年，县、乡镇两级人大换届选举是选举法修改后首次实行城乡按相同人口比例选举人大代表。县、乡镇两级人大换届选举工作，从2011年7月起至2011年11月15日结束。9月16日全县141个县选区依法选出县人大代表278人；536个乡镇选区依法选出乡镇人大代表1119人。各乡镇于9月30日前分别召开新一届人民代表大会第一次会议，依法选举产生新一届乡镇国家机关领导成员。11月中旬，召开县九届人大一次会议，依法选举产生新一届县国家机关领导成员，选举产生出席揭阳市第五届人大代表，圆满完成县、乡镇两级人大的换届选举工作。

县人大常委会办公室领导任职情况

职务	姓名	任职时间
主　任	张应新	～2011.12
	黄志生	2011.12～
副主任	黄志生	～2011.12
	李增松	～2011.07
	彭　华	2011.07～

（黄志生　蔡常伟）

揭西县人民政府

县政府常务会议

【第八届县政府第二十五次常务会议】 6月15日下午，县委书记、县长邬郁敏在县政府612会议室主持召开第八届县政府第二十五次常务会议，讨论研究如下有关问题，并作出相应决定：关于河乡公路、金塔公路、钱金公路、大丰公路建设有关问题；关于2011年度中小学、幼儿园教师增配的问题；关于规划建设棉湖综合市场的问题；关于河婆街道溪角村斋公桥地段土地合作开发的问题；关于村级计生专干配备、待遇有关问题；关于要求出让大溪等7个粮所土地使用权的问题；其他有关问题。

【第八届县政府第二十六次常务会议】 8月19日上午，县委书记、县长邬郁敏在县政府612会议室主持召开第八届县政府第二十六次常务会议，讨论研究如下有关问题，并作出相应决定：关于建设2011年保障性住房的问题；关于村庄整治规划的问题；关于要求批准《揭西县宝塔实验学校办学整体规划方案》的问题；关于支持五星级宾馆（希桥酒店）及商贸城项目建设有关问题；关于支持白云山威灵药业有限公司建设有关问题；关于支持揭西（国际）电线电缆城建设有关问题；关于县中医医院搬迁、托管有关问题；关于将县社保局原办公楼房地产划拨给县残联建设残疾人康复中心的问题；关于县城协贤桥边下湖坝区域“三旧”规划改造有关问题；关于提高县级行政事业单位基本办公经费保障的问题；其他有关问题。

【第八届县政府第二十七次常务会议】 9月15日上午，代县长吴少炎在县政府612会议室主持召开第八届县政府第二十七次常务会议，讨论研究县政府领导班子成员临时分工问题。

【第八届县政府第二十八次常务会议】 10月12日上午，代县长吴少炎在县政府612会议室主持召开第八届县政府第二十八次常务会议，讨论研究如下有关问题，并作出相应决定：审议《揭西县公共卫生与基层医疗卫生事业单位绩效工资实施办法》、《揭西县建立健全基层医疗卫生机构补偿机制实施方案》；审议《关于加强我县地方政府债务管理的意见》；关于建立揭西县农村饮水安全工程维修基金有关问题；关于实施2012年度城乡居民低保工作所需资金的问题；其他有关问题。

【第九届县政府第一次常务会议】 12月14日，县长吴少炎在县政府612会议室主持召开九届县政府第一次常务会议，讨论研究如下有关问题，并作出相应决定：审议《揭西县人民政府工作规则（2011年修订）（草案）》；关于落实人大建议、政协提案的问题；审议《揭西县公共卫生事业单位实施绩效工资管理机制方案（草案）》；审议《揭西县机关团体行政事业单位住房公积金实施方案（草案）》；关于提高揭西县机关事业单位工作人员津补贴及发放2012年春节生活补贴的问题；关于完善财经管理制度的问题，当前有关工作安排；其他有关问题。

县政府办公室工作

【概述】 2011年，贯彻落实“实现绿色崛起，建设幸福揭西”核心任务，紧紧围绕全县总体工作部署和县政府中心工作，按照年初确定的工作思路，以提高服务质量为目标，突出办文、办事两个重点，切实增强“政治意识、创新意识、效率意识、奉献意识、责任意识”五种意识，全力发挥“联络中枢、协调纽带、参谋助手、后勤保障”四种作用，奋力拼搏，开拓进取，办文、办事、办会水平得到显著提升，圆满完成全年各项工作任务。

【服务工作】 2011年，收办上级各类文件1126件，上级明传电报185件，审核编发各类文件资料415份（其中以县政府名义及办公室名义编号发文132份）县政府会议纪要20期，各类函件、请示报告件、内部明电等263份，大中小型会议领导讲话稿65篇，总结汇报材料45篇，收受各部门请示报告421件。切实做好收发、传阅、保密、存档、印章管理等工作，杜绝泄密事件发生。做好县长办公会、县政府常务会、县政府全会和全县性重大会议组织安排工作。全年圆满完成250余次会议通知及会务筹备组织任务，接待来访120多人次。制定值班值勤工作规范，实行领导带班与值班表轮流值班相结合，工作人员24小时值班制度。规范与改进办公室人事、工资和统计管理工作，工资管理规范化、电脑化。

【政务督查】 2011年政务督查工作。围绕上级和县委县政府的重要工作及领导的指示，加强对县委、县政府中心工作的督查力度，确保县领导指示和各项文件贯彻执行，确保政令畅通。2011年信息督查组办理督办件32件（其中市督办件21件，县督办件11件），全部办结；根据县领导的指示加强对全县社会经济任务完成情况、整顿社会经济秩序专项行动情况、拆除非法土砖窑、非法开采稀土、环境保护、消防、安全生产工作、房产税土地使用税专项清理、统计“四大工程”、“三个新增”和办好十项民生实事等工作进行督查。

【资料调研】 2011年，撰拟起草《政府工作报告》2篇，撰写县委全委会、贯彻市委全委会精神会议、经济工作会议、财税工作会议、科学发展观考核工作会议、重点项目建设会议等重大会议讲话材料86篇，十件民生实事、重点项目建设等各类情况汇报材料42篇、调研报告10篇、《政务参阅》12期。

【支前工作】 根据新时期支前工作的特点，不断创新工作方式、内容和举措，进一步提升支前综合保障能力。经常组织到驻地和周边部队开展走访慰问部队官兵，交流感情，增进友谊。深入开展创建双拥模范县活动，传承拥军优良传统，以更加务实的作风推动双拥工作上新台阶，2011年揭西县连续第七次被评为省级双拥模范县。大力支持驻地和周边部队基础设施建设，在财政较困难情况下帮助部队解决一些建设资金困难，改善部队工作和生活条件。拨付专项资金为某部购置学生车，解决官兵子女上学接送问题；做好部队野营训练的保障服务工作，协助部队做好交通疏导、宿营地选点及协助解决生活问题，确保部队顺利完成战备训练任务；协助做好部队光缆的保护，妥善处理地方经济建设和部队光缆保护的关系，全年协调自来水工程、排污沟整治工程等4个建设项目涉及部队光缆保护，其中2处进行迁改，既保护部队光缆安全畅通，又促进地方经济发展。

【人防工作】 2011年，人民防空按照“长期准备、重点建设，平战结合”的方针，坚持人防建设与经济社会发展相适应、与城市建设相协调的原则，全面推进人防各项工作。切实加强“结建”工作，进一步规范和严格人防工程报批制度，严格和统一易地建设费征收标准，加大易地建设费追收力度。防空警报系统建设根据县城发展不断完善。在8月28日举行防空警报试鸣取得圆满成功，覆盖率鸣响率均达到100%。强化人防宣传教育，提高组织基础建设水平。县人防办利用电视、报刊、横联、标语等多渠道、多层次、多方位进行宣传，使人防法律、法规、方针政策深入人心，营造良好舆论氛围。2011年，县人防办工作扎实，被揭阳市国防动员委员会评为“十一五”时期国防建设先进单位。

【应急管理工作】 围绕“无急可应，有急能应”的目标，扎实开展各项工作，强化组织领导，层层落实责任；强化县综合应急救援队伍的管理和演练，不断提高应急救援水平。配合省、市“百人百场”应急知识宣讲队在县一中开展应急避险和应急救助知识宣讲活动，并被评为优秀宣讲点；与县教育局、地震局在河婆河山小学开展防震避险知识讲座，组织1000多名师生进行防震应急演练；强化应急值守和信息报送，坚持24小时值班和节假日领导带班制度，确保通信畅通；规范突发事件信息报送和现场处置工作。2011年协调处置各类突发事件11起，上报信息16条，受理火警、交通事故抢险救援等148次，抢救被困人员30多名，保护人民财产620多万元，特别是在“6·16”特大暴雨灾害中，成功解救出6名被困群众，为保障人民群众财产安全发挥积极有效的作用。

【对口帮扶工作】 县政府办公室作为牵头单位对口帮扶五经富镇中联村“双到”工作，县委书记邬郁敏、县政府副县长林金晓定点挂扶五经富镇中联村。按照省市县扶贫办的工作部署和要求，在6个县直部门和五经富镇政府的大力支持下，继续扎实推动定点帮扶各项工作，全面完成2011年帮扶任务，帮扶工作取得显著成绩。

县政府办公室领导任职情况

主　任　黄建胜　2008.09～
副主任　李远辉　2004.03～
　　　　林俊槐　～2011.12
　　　　陈小明　2009.09～
　　　　蔡宇鸿　2011.01～

（陈小明　陈永斌　林旭阳）

法制工作

【议案建议办理工作】 县八届人大六次会议期间，收到代表提出的建议8件，县人大常委会于2011年4月2日将8件建议移交县人民政府办理，9月30日全部办理完毕。代表所提问题已经解决或正在解决的3件，代表所提问题已列入计划、争取逐步解决的1件，代表所提问题因职权范围或条件限制无法解决的4件。10月20日县政府向县人大常委会作汇报，县人大常委会对办理结果表示满意。

【把好规范性文件出台关口】 2011年，协助有关部门做好规范性文件制定工作，严格把关，确保出台的规范性文件符合法律法规规定，提高办文质量。代表县政府制定通告2件，协助部门制定通告5件、其他文件12件。

【办理行政复议工作】 2011年收到申请人提起的行政复议案件6件，其中，符合条件决定给予受理的2件（作出调解决定2件），不符合条件决定不予受理4件。进一步加强对《行政复议法》及《行政复议条例》宣传力度，使广大群众知法、懂法，切实维护和保障自身的合法权益，从而有力地推进县行政复议工作。

法制局领导任职情况

局　长　陈述万　2003.11～
副局长　蔡镇洲　2004.08～

（陈述万　蔡镇洲）

外事侨务工作

【概况】 2011年，县外事侨务工作进一步整合资源，发挥优势，顺利完成年初既定的目标任务。全年邀请接待来自马来西亚、泰国和港澳等国家和地区的华侨华人和港澳同胞有140批2000人次。

【接受捐赠情况】 2011年全县接受华侨华人、港澳同胞捐赠的项目有27宗，总金额616.4万元。其中：教育事业项目221.6万元；医疗卫生事业70万元；生产生活及基础设施建设239万元；扶贫救济、助残养老等社会事业85.8万元。

【完成华侨企业公司改制工作】 县城东端入口地段“三旧”改造，涉及华侨企业公司的改制工作，县外事侨务局就搬迁经费、工作经费、解除租户合同补偿金、企业人员分流费用、缴交社保费等提出方案，理顺相关债权债务，做好租住户、企业职工的思想教育工作。至9月中旬，顺利完成改制工作。

【“寻根之旅”冬令营活动】 为推进县侨务工作科学发展和实现可持续发展，涵养侨务工作资源，12月份与马来西亚河婆同乡会联合总会联合举办以“相约大北山——缘聚榕江水”为主题的大马华裔青少年“寻根之旅”冬令营活动。参加此次冬令营活动的青少年学生35人，全部是由马来西亚河婆同乡联合总会精心挑选的年龄在16～25岁之间第四、五代华裔青少年代表。通过一系列富有地方特色的主题活动，让海外新生代逐步了解故乡的历史文化、风土人情和先辈的经历，亲身感受祖籍国的发展变化，增强海外新生代对祖籍国的认同感和向心力。

【外事往来】 1月11日，由泰国潮州会馆荣誉主席、揭阳市荣誉市民、泰国辜氏影业有限公司总裁辜炳标率领一行16人到访揭西，副县长蔡明专、县外事侨务局负责人接待。

3月9～14日，副县长蔡明专率领由外事侨务局、侨联等单位组成的访问团一行4人，前往马来西亚出席马来西亚河婆同乡会联合总会第16届代表大会、新会长宣誓就职典礼暨隆雪河婆同乡会42周年庆典等活动。在马来西亚访问期间，走访古晋、吉隆坡、槟城等地的著名侨领，拜会中国驻古晋的领事馆及官员，向海外社团赠送纪念品，向旅外乡亲介绍揭西县近年来经济建设和社会事业发展情况，详细了解海外侨胞及其社团的情况，盛情邀请旅外乡亲回乡考察、探亲、旅游、投资兴业，为家乡的建设献计出力。

3月11日，接待由暹罗揭阳会馆副理事长杨潮雄率领的120人的朝拜旅游团。

5月7日，县委书记、县长邬郁敏，县政协主席高史佑，县委常委蔡福生，副县长林建文，县长助理徐战略以及县接待办主任林金晓、县外事侨务局局长刘丽彬一行7人前往香港拜会香港九龙揭阳同乡总会会长林兴识等揭西籍旅港乡亲及在港的部分市、县政协委员和企业界代表，并开展招商引资和捐款活动。

5月10日，接待由泰国汪氏宗亲总会理事长汪东来，永远名誉理事长汪东发、汪文盛率领的一行120人的汪氏宗亲回乡团。

5月11日，马来西亚丹斯里刘南辉一行23人回乡参加家乡捐建项目落成庆典活动。

5月12日，接待马来西亚古晋省长刘佑明一行6人的回乡寻根团。

5月19～22日，县外事侨务局副主任科员李新水一行3人随市外事侨务局组团考察澳门、香港两地，先后拜会澳门潮州同乡会、香港九龙揭阳同乡总会、香港揭阳侨联联谊会，达到联络感情，增进了解的目的。

6月9日至11日，副县长蔡明专率领由县委统战部、县外事侨务局、县侨联等单位组成的代表团一行4人，随市委市政府组团前往香港出席香港揭阳侨联联谊会第二届会董就职典礼活动，期间拜会揭西籍的旅港乡亲。

8月10～15日，县外事侨务局副局长贝卫平随市委市政府组团参加在泰国曼谷举行的第六届“世粤联会”。

10月31日至11月5日，县外事侨务局副局长刘少方随市委市政府组团参加在马来西亚吉隆坡举行的第十六届国际潮团年会。

10月16～18日，马来西亚沙捞越河婆同乡会长蔡文铎偕同沙捞越州助理部长彼得南祥及同乡会执委一行13人回乡观光探亲，县海内外乡亲联谊会、县外事侨务局、县侨联等多个部门单位的负责人陪同接待。

12月份接待的主要团组有：参加第四届粤东侨博会的海外侨胞和9～16日参加冬令营活动的马来西亚华裔青少年及马来西亚河婆同乡会联合总会会长温素华，县政府县长吴少炎和县政协主席蔡福生及副县长刘丽彬会见团组代表并进行交流座谈。19日马中商贸协会主席、吉隆坡河婆同乡会会长黄汉良受到县委常委林建文、县政府副县长刘丽彬及县政协副主席黄志宝的接待并宴请。

外事侨务局领导班子任职情况

局　长	刘丽彬	～2011.12
	刘永业	2011.12～
副局长	贝卫平	2008.10～
	刘少方	2011.06～

（刘永业　李碧清）

地方志工作

【概况】 2011年，县史志办公室发挥史志部门职能作用，做好史志各项工作。参与省、市年鉴中揭西县相关内容的编写工作；完成《揭西年鉴》（2011）编写任务，并已出版。

【参与省、市年鉴编写】 按照省、市史志部门工作要求，2011年《广东年鉴》、《揭西年鉴》中的揭西县相关内容由当地史志办负责组稿。县史志办领导对此项工作高度重视，及早部署，精心组织，落实责任，突出地方特色，收集各有关单位资料、稿件，安排人力分门别类负责整理做好编写工作，全面、系统、翔实地反映全县经济社会发展情况，按时、保质完成编写任务。

【编辑出版《揭西年鉴》】 2011年3月，县委办、县政府办联合发文启动《揭西年鉴》（2011）的编写工作。至6月底，全县109个单位完成《揭西年鉴》（2011）初稿的编写。《揭西年鉴》（2011）所刊内容为2010年1月1日至12月31日全县社会经济文化发展情况。全书设特辑、大事记、揭西概况、政治、法制、经济、教科文卫体、社会生活、乡、镇（街道）建设、人物等11篇，61章，共39万多字，同时还组编部分彩色图片，进行直观宣传记载。经过编修人员努力，《揭西年鉴》（2011）于2011年12月出版。

【地情网站建设】 地情网是社会各界了解揭西的平台、对外宣传的窗台、沟通内外的桥梁，在招商引资、旅游资源开发、信息咨询等方面发挥作用。至2011年底，揭西地情网已发表文章35万字，图片9张。

【队伍建设】 加强政治理论和史志业务知识学习，年初办公室专门制订学习计划，每月四次，每周一次定期政治理论学习。还经常利用党小组会、支部会、支委会组织干部职工学习史志业务知识，认真做好《地方志工作条例》的学习宣传，开展机关作风整顿活动和党委公开活动，成立党务公开领导小组，制订《揭西县史志办党务公开工作方案》，建立健全一系列党务公开制度。

（庄淑英 刘志辉）

档案工作

【业务指导】 2011年，围绕档案工作监督指导职能，县档案局（馆）针对基层建档存在认识不足的现状，以及建档参差混乱情况，派出100多人次到基层单位指导建档工作，指导建档的单位有县委、县政府、县纪委、县林业局等，建档270多卷（件），为历史保留有价值的依据，为各单位和广大干部职工查阅提供利用方便。协助县纪委档案室做好升级工作，县纪委档案室被评为省特级档案管理。

【档案馆工作】 一是抓好新档案馆建设项目工作，揭西档案馆与县图书馆合建，地处揭西县城好日子广场东侧，2008年末立项，2009年1月初完成工程招标，于2009年5月初开始动工，2010年2月基本完成主体工程，图书档案馆四层，建筑面积5464平方米，总造价约1400万元，其中三、四层归档案馆使用，包括保卫室等面积近2000平方米，预计在2012年上半年搬入使用；二是设专人值班保卫库房，做好防虫、防水、防潮、防火、防高温、防霉等方面的安全措施。三是做好档案接收进馆工作，2011年，县档案馆接收进馆档案610卷。四是做好文书档案目录录入工作，2011年止已录入文书档案目录48101条，有效地推进馆藏档案信息化建设。五是做好档案服务社会利用，提高快捷服务工作，2011年接待档案利用者78多人次，提供档案资料300多张。

档案局（馆）领导任职情况

局　长	邓进仕	2008.10～
副局长	陈玉华	2007.01～
	刘建昌	2008.10～

（邓进仕　彭俊冬）

政治协商会议揭西县委员会

重要会议

【县政协八届六次会议】 政协八届六次会议于2011年3月31日至4月1日在县机关大院附楼四楼会议室召开。190名委员出席（其中港澳委员11名）。会议听取和审议政协揭西县第八届委员会常务委员会工作报告；听取和审议政协揭西县委员会常务委员会关于八届五次会议以来提案工作情况的报告；列席揭西县第八届人民代表大会第六次会议，听取和讨论县人民政府工作报告及有关报告；审议通过政协揭西县第八届委员会第六次会议决议。

主要工作

【换届工作】 县政协坚持“统筹兼顾、全面安排”方针，实现“统一领导、坚持标准、发扬民主、健全制度、确保质量”的总体要求，由县直单位、乡镇街道、民主党派、人民团体和工商联等有关方面充分酝酿协商，推荐委员人选，经县委组织部、县委统战部审查，召开政协常委会议进行讨论确定委员人选，政协揭西县第九届委员会第一次会议于2011年11月10～14日胜利召开，选举产生政协揭西县第九届委员会常务委员会，圆满完成县政协的换届工作。

【政治协商】 围绕县委县政府的中心工作以及群众反映强烈的社会热点难点问题，选准题目，加强调研，组织政协委员通过全委会议整体协商、常委会议专题协商、主席会议重点协商、专委会议对口协商等形式，积极开展多层次的政治协商活动。2011年，召开2次全委会议、5次常委会议、6次主席会议、5次专委会议，组织政协委员围绕“实现绿色崛起，建设幸福揭西”总目标，着重就如何进一步加快经济发展方式转变、加强招商引资、重点项目和基础设施建设、保障和改善民生等事关全县改革、稳定和发展的重大问题进行协商讨论，提出意见和建议，得到县委县政府的重视和采纳。

【民主监督】 采取通过委员提案加强监督、反映社情信息强化监督、联合有关部门合力监督、选派特约监督员和行风评议员参与监督等不同形式，积极实施多形式民主监督，为促进民主政治建设、党风廉政建设、机关效能建设献计献策。2011年，共组织和发动委员书写提案 32 件，反映社情信息16条，联合县人大、纪委、法制局等单位开展合力监督2次，选派20人次担任特约监督员和行风评议员，参与县直有关部门工作的评议检查活动。

【参政议政】 采取通过专题调研、专题视察、专题议政等多种形式，开展多样式参政议政活动。2011年，围绕重点项目和基础设施建设等问题，开展专题调研2次、专题视察3次、专题议政2次，组织专委会围绕县城污水处理厂和棉湖星湖城高级住宅小区建设、霖田中学建设、扶贫开发建设等有关问题调研视察5次，协同省市政协调研视察3次，向县委县政府报送专题调研视察报告2份，为县委县政府的科学决策提供依据，促进有关工作的进展和有关问题的解决。

【提案办理】 县政协八届六次会议和九届一次会议期间共收到委员提案32件，在县政府召开的交办大会上交由有关部门办理，采取主席挂钩督办、联合督办、重点跟踪、办理后评比等形式，加强对提案的督办。32件提案都得到如期的办理，取得较好的社会效益和经济效益。

【民计民生】 积极协助招商引资。突出以情招商，发挥工商界委员多的优势，通过各种有效形式和途径，加强与旅外乡亲和各界朋友的联系沟通，联络感情，增进友谊，宣传揭西县投资环境和优惠政策，协助县委县政府把招商引资工作引向深入。县政协有关常委和委员庄小夸、蔡传健、张景新、陈汉杰、蔡勇达、曾少波等许多企业家加大在揭西的投资，许多乡亲和社会热心朋友也纷纷投资置业，为增加税收、壮大县域经济起到较好的作用。政协主要领导和有关常委在经富洋经济旅游圈建设中，全力协助县委县政府做好工作，促进重点工程建设。积极支持社会公益事业。广大委员充分认识到当选政协委员既是崇高的政治荣誉，更承担着重大的政治社会责任，纷纷以实际行动为县的和谐发展贡献智慧和力量，有的爱岗敬业，默默奉献；有的慷慨捐资公益事业建设，2011年政协委员捐资1亿多元支持县社会公益事业，为县的和谐发展作出重要贡献。积极支持新农村建设。2011年，组织庄小夸、刘利坚、彭康良、蔡传健等31名常委和委员应聘担任县新农村建设顾问，为新农村建设献计出力，推进新农村建设。工会界委员团结其界别人士开展帮扶贫困、送温暖活动，妇联界、青团界委员举办“爱心父母大联盟”、“关爱留守儿童，共建希望家园”活动。

【联谊工作】 联系和团结港澳台侨胞、旅外乡亲为家乡建设献计出力。例会期间，组织港澳委员视察县重点建设项目，召开座谈会共商家乡发展大计；外出参加香港揭阳同乡总会换届、旅穗和旅深乡亲新春团拜会，通报县经济社会发展情况，密切关系；注重通过书信、电话、登门拜访、做好接待等多种形式，加强与港澳台侨胞和旅外乡亲的联络联谊，增进了解，敦睦乡谊，激发他们爱国、爱乡和建设家乡之情。加强与县内各界别、各阶层、各人民团体的联系。坚持“民主协商、平等议事、求同存异”原则，密切联系政协委员，营造团结民主和谐活跃的工作氛围，为政协委员团结协作履行职能创建良好平台。加强与兄弟市县政协的合作和交流，坚持每年举办一次迎春茶话会，加强与各界别、各阶层、各人民团体和工商联人士的联系，倡导“爱国、守法、知礼、诚信”公民道德，调动积极因素，团结积极力量；坚持深入基层、倾听群众呼声，体察群众疾苦，了解情况，反映问题，协助做好理顺情绪、增进共识、协调关系工作，维护社会稳定，构建和谐揭西。办好《乡情》和文史。重视《乡情》编辑出版工作，努力发挥《乡情》传播乡音、联络梓谊的桥梁纽带作用。重视诗社工作，加强诗社的领导，团结传统诗词爱好者，丰富文艺作品。2011年编辑出版《乡情》2期，寄送旅外乡亲4000多份，出版《揭岭诗词》3期。

（张文生　高伟情　蔡建生）

纪委监察

【落实党风廉政建设责任制】 党风廉政建设责任制是建立健全反腐倡廉惩防体系的“龙头工程”，县委书记邬郁敏履行党风廉政建设第一责任人职责，及时研究部署党风廉政建设工作任务，共批示反腐倡廉重大问题18件，督办案件7件。县纪委充分发挥组织协调职能，研究和制定加强党风廉政建设的措施和办法，定期召开会议，深入基层检查，督促各单位抓好反腐倡廉各项工作任务的落实。党风廉政建设和反腐败工作任务分解为六大方面53小项，落实到县直27个牵头单位，将责任落实到部门、单位和具体人。派出检查组对各乡镇（街道）、部分县直单位落实党风廉政责任制的工作情况进行检查考核，重点考核党风廉政建设情况、党务公开工作情况、推进惩治和预防腐败体系建设等情况，促进全县党风廉政建设责任制深入开展。按照“谁主管谁负责、谁负责谁承担责任”的原则，做到“有责必有究、究必到位”。全县共查处失职责任追究案件8宗，对责任不落实和负有领导责任的党员干部33人进行了责任追究，其中科级干部8人，党政纪处分25人，移送司法机关1人。

【惩防体系建设】　围绕《建立健全惩治和预防腐败体系2008～2012年工作规划》，突出工作重点，狠抓任务落实，拓展从源头上防治腐败工作领域，进一步加大预防腐败力度。一是加强宣传教育力度。突出主题，创新教育方式方法，以示范引路，结合创先争优活动，开展乡镇街道党（工）委书记党风廉政建设电视访谈活动。二是建立健全制度。制订县委常委会议事规则、领导干部个人重大事项报告、出国（境）登记、责任追究、诫勉谈话、任前廉政谈话、述职述廉等制度。三是加强监督力度。突出监督重点，加强对领导机关、领导干部特别是各级领导班子主要负责人遵守党的政治纪律、贯彻落实科学发展观、执行民主集中制、落实领导干部廉洁自律规定等情况的监督。依托县政府门户网站，开通揭西县工程建设领域项目信息公开平台，进一步扩大“阳光政务”的范围。四是坚持改革创新。推进干部人事制度改革、推行政府机构改革和第四轮行政审批制度改革。加强对教育、卫生事业和住房制度改革工作的监督管理。推进财税体制改革，扩大部门预算改革范围，深化“收支两条线”管理，完善非税收入管理规定。五是切实纠正不正之风。加强对社保基金、住房公积金和扶贫、救灾专项资金的监管。做好减轻农民负担工作，加大对各种补贴资金落实情况的监督力度，确保强农惠农政策的落实。六是严肃查处违纪案件。严肃查处影响经济建设稳定发展的违纪行为。

【党务公开】　揭西县成立由县委书记邬郁敏为组长的党务公开领导小组，召开全县党务公开工作会议，研究部署全县党务公开工作；印发《中共揭西县委关于实行党务公开的意见》、《揭西县党务公开工作任务分解表》，明确规定公开的范围、内容、时限、形式、程序；制订《揭西县党务公开工作制度》，包括党务例行公开制度、党务信息依申请公开制度、党务预公开制度等八项制度，及时在互联网上传内容，面向全社会公开党务工作。全县各单位紧紧围绕扩大党内民主、密切党群关系、促进科学发展的目标，积极谋划，大胆探索，注重实效，扎实工作，以“五个注重”确保党务公开有序开展，以“四个规范”提升党务公开的真实性，以“三个结合”增强党务公开的实效性，深入推进党务公开工作。全县有92个单位的党组织实现网上公开，设置公开栏92个，聘请党务公开监督员388名。

【纪律教育学习月活动】　7月26日，县委召开县委工作会议，部署全县纪律教育学习月活动工作。参加会议的有县各套领导班子成员，县法院院长，县检察院检察长，县直局以上（含上级垂直管理）单位主要负责人，各乡镇街道党（工）委书记、乡镇长（办事处主任），县委办、政府办副主任160多人。会上，县委常委、纪委书记陈锐彬作纪律教育学习月动员报告，县委书记邬郁敏对如何抓好纪律教育学习月活动作重要讲话。活动期间，创新教育活动方式方法：对全县1586名新当选村干部进行廉洁履职培训，命名大北山革命历史纪念馆为廉政教育基地，举办“廉洁揭西、美丽山城”书画展，开展党风廉政建设电视访谈、纪念建党90周年反腐倡廉知识竞赛、“进百村入千户，当群众贴心人”和廉洁图书读后感征文等一系列活动，增强党员干部廉洁自律意识和拒腐防变能力。

【查处违纪违法案件】　2011年，受理群众信访举报377件，其中县纪委直接受理信访举报件84件，属于纪检监察范围的369件，已办结364件，信访立案13宗。全县立案查处党员干部违法违纪案件47件47人，其中县纪委立案22件，县直纪检组立案6件，乡镇纪委立案19件，乡镇纪委自办案件率已连续七年达100%。审结46件，处理党员干部46人，其中处分43人，组织处理3人。受处分人员中，党纪处分28人，其中：警告13人，严重警告8人，撤销党内职务4人，留党察看2人，开除党籍1人；政纪处分18人，其中：警告2人，记过7人，记大过7人，撤职2人。受党纪政纪双重处分3人，刑事处理1人。受处分人员中：乡科级11人，一般党员干部35人。同时，解除行政处分8人，恢复党员权利1人。

【行政监察】　加强对扶贫项目和惠民政策性资金的监管，确保扶贫惠民"资金安全"。强化对政府采购、节能减排、安全生产法律法规执行情况等常规监督检查。突出效能建设，严格开展机关作风整顿活动。2011年6～9月，在全县开展机关作风整顿活动，印发《2011年揭西县机关作风整顿活动工作意见》。严格责任追究，加大对党政领导干部的问责力度。深化效能投诉，积极查办效能投诉案件。强化电子监察，增强行政透明度。深入开展工程建设领域突出问题专项治理工作。2011年3月9日，县投入18.5万元购买网络服务器等计算机相关设备，依托揭西县政府门户网站，开通揭西县工程建设领域项目信息公开平台，集中发布全县范围内工程建设领域项目信息和信用信息。抓好治理商业贿赂工作。

【纠风工作】　认真做好治本抓源头工作。按照"更加注重治本，更加注重预防，更加注重制度建设"方面的要求，加强与各单位的联系，督促各单位明确党风廉政建设的责任、分工和任务，实时跟进各单位贯彻落实情况，及时发现问题，提出对策，促进整改，不断加强机制的建设，推进源头上预防和治理腐败的各项工作向深入发展；加强津补贴发放制度执行情况的监督检查。2011年4月，组织纪委、组织、财政、审计、人力资源和社会保障等部门对规范公务员津贴补贴执行情况进行全面检查，未发现违规发放津贴补贴的现象，进一步维护财政纪律的严肃性；继续做好农村党风廉政信息公开平台工作。县党风廉政信息公开平台自2010年6月份建成后，建设领导小组办公室与各乡镇（街道）加强联系，督促把该公开的内容及时公开，鉴于村镇两级换届选举人员变动，及时要求上报镇有关纪委、财务、村务、党务责任人并制订平台运行管理制度，进一步完善平台的运行机制，至11月30日，县农村党风廉政信息平台公开信息42444条。

县监察局领导任职情况

局　长　蔡建新　2007.01～
副局长　汪伟富　2007.12～
　　　　刘锦铭　2009.12～

（张优产　彭绍兴　温俊声）

民主党派

中国农工民主党揭西支部

【概况】 2011年，中国农工民主党揭西支部有成员16人，设支部主任委员1人、副主任委员1人，成员分布在文化、教育、卫生、农业、司法等单位。

【参政议政】 积极反映群众心声，尤其是注重反映“三农”问题。如农工党负责人在八届会议上提出《加强农田水利建设问题》和《加强村官教育建议》得到县有关部门满意的答复。总支成员有7人是揭西县第九届政协委员，参加揭西县政协九届一次会议期间，7位政协委员共提交政协提案2件，占全部提案20件的10%。2件提案均得到承办单位的办理和答复，发挥其参政议政的作用。农工党揭西县支部成员在做好本职工作时，参加社会主义三个文明建设。1人被全国科协评为优秀科技带头人，受到表彰。

【组织建设】 一是抓好支部的组织生活。支部坚持每季度召开一次总支委员会议，各支部基本能做到每月一次的组织生活活动，结合形势进行学习。通过学习，使成员提高认识，坚定坚持共产党领导的信念，正确认识参政党的作用和地位，发挥参政党的作用。二是及时调整补选出缺的支部委员。 2011年底举行换届选举，选举何茂国为主任委员、刘小电为副主任委员。三是发展新党员。2011年发展新党员2名。

【社会服务】 一是办好揭西县体育协会，二是创办残疾人种养技术培训基地，三是为老干部进行义诊活动。

农工民主党领导班子任职情况

主 任 委 员　何茂国　2007.03～

副主任委员　刘小电　2007.03～

（刘小电　张尤满）

地方军事

县人民武装部

【概况】 揭西县人民武装部成立于1965年8月，下设训练、政工、民兵3个科，是中国人民解放军设在揭西县地方军事机关，受汕头军分区与中共揭西县委的双重领导；1986年6月，中国人民解放军揭西县人民武装部改归地方建制，改称广东省揭西县人民武装部，下设军事科、政工科和办公室；1996年4月，改归军队建制，称为中国人民解放军广东省揭西县人民武装，隶属揭阳军分区管辖，下设军事科、政工科、后勤科。2011年，揭西县人民武装部下辖17个基层武装部（包括1个街道武装部15个镇武装部和1个乡武装部）。

【思想政治工作】　把思想政治工作放在首位，确保地方军事工作始终保持正确的政治方向。1月，组织干部、职工学习共同条令、《安全条令》、《事故防范细则》等条令法规和安全常识，进一步强化干部、职工的条令条例意识和安全意识。积极抓好干部职工新闻报道工作：2011年在《民兵生活》上稿7篇，在战士报上稿3篇，《广东武装》上稿7篇。

【战备工作】　2011年，不断完善和建立国防动员的各项制度、开展国防动员潜力调查、国防教育、加强人民防空教育和建设。结合本地区民兵担负的任务有针对性进行训练。使基干民兵熟练掌握手中武器装备和执行战斗任务的基本技能。应急分队进行应用训练，突出抓好各种应急方案的熟悉演练和临时处置原则的掌握运用，有的放矢，保证训练内容的真正落实，使应急分队能适应有任务立即出动的需要。组织县民兵轻舟分队进行为期一周的专业训练，选派20名训练尖子参加揭阳市组织的轻舟分队评比性汇报表演。

【兵役登记】　2011年9月30日以前，组织乡、镇武装部门对当年12月31日以前年满18周岁的男性公民进行兵役登记，全县有3343人。

【征兵工作】　2011年，揭西县有适龄青年约1万名，报名青年2500多名，经目测、初检初审，确定1200多名青年体检。2011年有双合格青年335名，296名新兵应征入伍。

【正规化管理】　扎实开展综合整治活动，提高人武部正规化建设水平。以人员、车辆、武器弹药、信息安全保密和营院为重点，开展教育整顿，规范“四个秩序”。3月，对各科室的涉密载体进行清理整顿，销毁涉密载体586份。

【党管武装】　揭西县各级党委、政府高度重视党管武装工作，增强战备意识，加强对武装工作的领导。全县应抓建民兵营（连）“四个基本”建设346个。其中，民兵营（连）318个，民兵分队28个，3月底全部完成。2011年，投入资金184万元，县人武部统一制作各类牌匾，印制各类资料，购买物资器材，镇、村两级筹集部分配套资金，完善硬件设施。指导抓好基本队伍、基本教育、基本制度的落实。

2011年，揭西县委被省委、省政府和省军区评为“党管武装先进单位”，河婆街道武装部被广东省委、省政府和省军区评为“四个基本”建设先进单位。

【双拥共建】　2011年，全面贯彻落实省军区党委扶贫开发“双到”工作指示，武装部负责帮扶南山镇洋梅坪村贫困户5户，党委委员每人帮扶1户。自筹资金8万元，主要用于该村改造供水工程、修建公厕、扶持贫困户等工作。

【后勤管理】　2011年，制定经费预算，加强财务管理，大力提倡勤俭节约，减少浪费，提高资金使用效率。按照封闭式管理和美化营区的要求，筹集22万多元对营院进行整修。扎实开展“三项清理”，县武装部迅速召开党委会，传达上级会议精神，学习有关政策规定，成立领导小组和办公室，制订工作计划，认真展开“三项清理”工作，清理人员仔细查看资料，逐个场地测量核实，有在用房地产3处，人武部大院、武器仓库和民兵训练基地，面积33456平方米，没有空余房地产出租和工程建设项目。

【武器装备管理】　对民兵武器仓库进行清理整改，对所有武器装备进行擦拭保养。加大对仓库看管人员管理教育力度，坚持安全制度，落实安全措施，确保武器装备的安全。

武装部领导任职情况

政　委　陈锐章　2008.02～
部　长　许壮举　2010.03～
副部长　邱庆标　2008.02～
　　　　叶元春　2009.07～

（陈荣波　黄创明　蔡劲松）

消防大队

【思想政治建设】　2011年，揭西大队始终把加强党组织建设放在各项工作首位，党委一班人能够坚持以班子建设为龙头，从大局出发，团结一致，齐心协力办大事、办实事，不断增强大队各级党组织自身建设，积极开展党委中心组学习，坚持民主集中，加强廉政作风建设，切实增强党委班子的执行力、凝聚力、战斗力，“立警为公、执法为民”，树立党委班子良好形象，部队各项工作稳步推进。2011年，消防大队荣获团省委“五四红旗团支部”荣誉称号，揭阳消防支队“基层建设先进大队”、“后勤规范化建设先进单位”称号，1人被广东省消防总队记个人“三等功”一次，1人被广东省消防总队记个人“红旗车驾驶员”一次，2人被揭阳消防支队记个人“三等功”一次，4人被揭西县政府记个人三等功一次；1人被揭阳消防支队记个人“优秀党务工作者”一次，2人被揭阳消防支队记个人“优秀共产党员”一次，1人被广东省消防总队记“优秀警官”一次：2人被揭阳市消防支队记“优秀士官”：1人被揭阳市消防支队记“优秀义务兵”等。

【消防工作】　2011年，揭西大队党委“一班人”坚持“政府统一领导、部门依法监管、单位全面负责、公民积极参与”的原则，安心扎根山区、迎难而上，牢固树立“立警为公、执法为民”的意识，克服执法过程中的种种苦难，强化监督执法，扩大宣传，铸就社会面火灾稳定新局面。2011年，揭西大队接处警291起，出动车辆912辆次、指战员600多人次，救援群众20多人，疏散群众近百人，抢救财产价值1000多万元。成功处置“6·16”水灾事故，营救6名受洪水威胁的群众，受到揭西县委县政府和人民群众的高度肯定。大队开放消防站12次、开展消防宣传培训教育12期，受训人员累计八、九千人；发放消防宣传资料18000余份；利用电视台、广播新闻媒体播放消防公益广告、视频150多天等。大队通过建立火灾隐患整改长效机制，加大消防监督检查力度，从严排查整治火灾隐患，开展消防“五大”活动和“清剿火患”战役，市政府挂牌重点地区灰寨镇基本达到验收标准，省政府挂牌重点地区五经富镇整治工作成效显著，社会面火灾防控水平明显提升。

【拥政爱民工作】　消防大队党委高度重视拥政爱民工作，积极和街道、学校、单位开展共建活动。通过汇报、座谈、联欢、咨询、宣传、搞劳动、打篮球、助学献爱心等各种形式活动，密切党政、警民关系，共同进步，共同提高。2011年，消防大队积极组织官兵参加重要会议、重大节日及大型晚会演出等安全保卫工作10次；组织官兵到驻地医院无偿献血1次，献血量累计4500毫升；看望福利院、敬老院孤寡老人，送上慰问品和慰问金11次；为市政单位、敬老院等冲洗地板、路面8次；组织官兵进行志愿植树1次；为群众摘马蜂窝、取钥匙、处置交通事故抢先救人等各类事故数10起，向驻地政府和群众汇报大、中队工作开展情况，向驻地群众做出郑重的服务承诺，军政警民共叙心声，促进党政、军民“鱼水”情深。

【后勤保障工作】　2011年，消防大队党委班子，千方百计抓落实，认真研判大队车辆器材装备、营房基础设施建设和官兵生活、工作、学习环境需进行改造和升级。并积极向县委、县政府请示和汇报大队的车辆器材装备和营房基础配套建设工作情况，得到县委、县政府领导的高度关注和大力支持。一是进一步加大和落实车辆装备建设力度。消防大队积极争取到县慈善总会支持，购置一台32米登高平台消防车和一台多功能城市主战消防车，购置一批常规器材和泡沫灭火剂，已到位参加执勤备战；二是依托成立县防汛轻舟抢险队，购置相关救援器材装备，补充消防大队水上救援能力；三是解决五经富镇整治工作经费欠缺问题，成功向县政府争取火灾隐患整治专项经费，助推火灾隐患重点地区顺利摘牌；四是基本完成大队营区基础设施修缮工作，为官兵打造和谐温馨工作氛围。大队为每名官兵购买伤亡和医疗保险、定期进行健康检查，创造拴心留人的好环境。

县消防大队领导任职情况

大 队 长	尹正端	~2011.03
	陈　斌	2011.03~
教 导 员	陈　斌	~2011.03
	郑树金	2011.03~
副大队长	朱永金	2010.06~
中 队 长	李伟栋	~2011.12
指 导 员	马红贵	~2011.05
	沈善军	2011.08~

（郑树金　沈善军）

武警揭西县中队

【基层党组织建设】　2011年，武警中队按照建设“学习型”领导班子的要求，着力加强党委班子建设，进一步增强班子的凝聚力、战斗力和创造力。一是紧紧抓住支部建设这个核心，努力提高支部按纲抓建的能力。中队党支部能建立健全各个组织，抓好班子建设，并组织支部委员认真学习《党章》、《政治工作条例》、《深入开展创先争优活动实施办法》和总队《进一步强化基层党支部组织功能的意见》，紧紧围绕加强先进性建设，强化组织功能，突出对支部自身建设存在的现实问题进行研究解决，在面对中队大项工作时，支部一班人能集思广益，统一思路、明确分工、抓好落实。二是突出抓好理论学习，提高党员素质和能力。积极引导广大党员学习党的创新理论，按照党课教育计划和今年干部理论学习的重点内容，结合理论学习计划和党日活动的具体安排，有针对性地开展教育，使中队党员队伍先锋模范作用得到进一步发挥，中队 “一个班子，两支队伍”三个能力明显增强。三是严密开展创先争优活动。结合实际把党员干部“五个带头”的标准进行细化，做到评有对照、比有标准，把示诺践诺评诺结合起来，在工作安排中，将党员这张“牌”摆出来，开展“我是党员，向我看齐”“党员先锋哨”等活动，形成支部带着党员干、党员带着群众干的局面。四是认真贯彻民主集中制，提高决策质量。支部“一班人”在研究重大事件和敏感问题上，着眼官兵利益，坚持民主集中，科学决策，做到公平公正，得到官兵普遍认可。五是加强作风建设，树立良好形象。着力增强班子成员事业心和责任感，解决好“为谁当官、怎样干事、干什么事”的问题，使班子成员始终以昂扬的精神状态干事业，自觉做好表率。六是强化组织功能作用，突出抓好基层党组织和党员队伍建设。2011年，武警中队被武警广东省总队评为基层建设先进中队。中队党支部先后受到支队、总队表彰，5名官兵被评为优秀党员，7名官兵立功受奖，全面建设走在省武警总队基层中队前列。

【思想政治建设和管理教育工作】　2011年，中队始终坚持把思想政治建设摆在首位，紧紧围绕“两个成为”的根本要求，不断深化邓小平理论、“三个代表”重要思想和科学发展观等党的创新理论，以贯彻党的十七大为主线，深入学习贯彻胡主席一系列重要讲话和十七大精神，扎实开展“培育当代革命军人核心价值观”主题教育活动，官兵争做忠诚卫士的热情更加高涨。着力抓好经常性思想教育工作，充分发挥有效载体作用，扎实抓好“四个教育”，着力打好拒腐防变主动仗。充分发挥有效载体作用，加大对涉法问题、思想问题和心理问题的解决力度，扎实做好预防犯罪工作和隐蔽斗争工作，不断加强警营政治环境政治建设，稳步推进政治工作，确保官兵政治坚定和思想纯洁。加大新闻宣传工作力度，在市级以上报刊上稿6篇，地方电台、电视台上稿20余篇，总队新闻发布信息80多条。大力开展军地两用人才培训和岗位练兵活动，形成了岗位学习成才的良好氛围。至2011年底，中队干部全部取得大专以上文凭和国家计算机等级一级以上证书，100%达到本科以上学历，90%以上的士兵掌握计算机基本操作技能，大学生入伍的战士有10人，高中以上学历有29人，占中队人数的89%以上。

中队贯彻从严治警方针，严格落实条令条例和规章制度，加大检查督察和从严执纪力度，突出“两会”、长假、补兵退伍等特殊时期的管理，狠抓作风养成，部队经常性管理工作得到加强，“四个秩序”正规。突出抓好不假外出、喝酒宵夜、违规开车、“四不”等倾向问题治理，加大士官队伍培养和管理力度，部队保持安全稳定，实现“三无”目标。2011年被武警广东省总队评为正规化执勤一级中队。

【执勤处突工作】　2011年，县武警中队以中心任务为牵引，在完成揭西看守所固定勤务的基础上，配合公安机关出动兵力300多人次，圆满完成重大敏感期县城武装巡逻、设卡任务，完成看守所搬迁、犯人转移和押解、参与处置群体性闹事事件、抢险救灾等任务二十多起，在处置潮州古巷群体性闹事事件和揭西县南山镇群体性闹事事件上，中队官兵高举维护法制、维护人民群众根本利益，维护社会稳定三面旗帜，坚持善待人民群众的原则，正确领会上级意图，坚决执行命令指示，配合公安机关圆满完成处置任务，为驻地的社会稳定和经济发展保驾护航，受到上级党委和县委县政府表彰。在深圳大运会安保任务中，全队官兵众志成城、全力以赴，确保前方后方安全稳定，中队20多名官兵奔赴赛场一线执勤。在执勤过程中，官兵发扬特别能战斗、特别能吃苦的作风，坚持全心全意为人民服务的宗旨，一切从人民群众的根本利益出发，自觉做到慎用警力、慎用强制措施、慎用警械和武器，耐心做好说服教育工作，有理，有利，有节处理问题，圆满完成党和人民交给的光荣任务，展示武警官兵良好形象，受到中央首长、省委、省政府和上级党委的充分肯定和赞赏。

【拥政爱民工作】　中队高度重视拥政爱民工作，始终把加强警民共建、抓好拥政爱民、遵守群众纪律教育，杜绝警政、警民纠纷发生。每年“五一”“八一”、学雷锋活动月、老兵退伍等重大节日和重要时机都会联同共建单位开展联欢活动，促进军地双方交流，广泛开展拥政爱民活动。每年“八一”建军节，县委、县政府主要领导都亲自到中队看望慰问中队官兵。2011年，中队和地方共建单位联合举办“和谐警营铸忠诚，幸福揭西做奉献”专题文艺晚会，演出取得圆满成功，县电视台，市电视台，揭阳日报等多家媒体宣传报道，受到社会各界的高度好评。中队积极参加无偿献血、义务植树、清扫大街、打扫烈士陵园及敬老院、参加“青年志愿者行动”等爱民助民活动20余次。帮助驻地学校军训学生、帮助县公安局军训民警5期超过1000人次。进一步密切警政、警民关系，深受地方党委、政府和人民群众赞扬。2011年被揭西县委、县政府评为“文明单位”；被市、县两级团委评为“青年文明号”单位。

【后勤保障工作】　中队后勤战备制度落实到位，严格落实各项规章制度，加强经费、设施、物资、军械等管理，基层硬件建设进一步加强，提高后勤规范化管理水平，圆满完成各项保障任务。中队的四项设施基本配套齐全，“配套”率90%以上。中队官兵立足山区地理优势，坚持发扬“自力更生、艰苦奋斗”的优良传统，勤俭持家，艰苦创业，着力发展农副业生产和田园文化建设，积极推进后勤规范化建设，全年生产收益4.8万元，基层生活进一步改善，官兵普遍满意。中队每月定期开展卫生防病和计生工作，官兵昼夜发病率控制在1.5‰以下，计生工作“五率”全部达标。2011年被支队评为“后勤管理先进单位”。

县武警中队领导任职情况

中　队　长　黄洁标　~2011.01
　　　　　　黄伟城　2011.01~
政治指导员　黄晓滨　2010.01~

（黄晓滨）

人民团体

县总工会

【基层工会组织建设】 2011年着眼于集体企业、私营企业和外商投资企业基层工会建设。全县建独立基层工会68家，发展会员5046名，其中独立私营企业工会66家，发展会员2461名，外商投资企业工会2家，发展会员105名。至2011年底，全县共有基层工会组织1603个，工会会员60415名，其中农民工会员25800名，基层工会组建工作迈上新台阶。

【劳模工作】 “五一”节前夕，县总工会召开全县各级劳模、先进工作者代表座谈会，表彰一批先进单位和个人。2011年县地方税务局工会被省总工会评为“模范职工之家”。县总工会关心老年劳动模范的生活情况和个人身体状况，对特殊困难家庭的劳模给予慰问和困难补助，全年慰问劳模、先进工作者50多人次，补助特困劳模28人，金额4.5万元；通过多方渠道协助体弱多病劳模对新农保、医保和社会养老金的咨询、申请工作，切实为劳模办好事实事。

【厂务公开】 2011年 ，全县国有企业53家、集体企业23家、事业单位323家实行厂务公开，推行率100%。在全县非公有制企业中推广广东荣华企业集团有限公司厂务公开民主管理的先进经验。全县有511家非公有制企业开展厂务公开工作，占应开展厂务公开单位的80%。

【送温暖工作】 做好困难企业、困难职工的送温暖工作。对收入达不到生活保障标准的1320户困难职工家庭进行造册登记。春节前夕，县总工会对国有企业、集体的停产半停产企业做好调查摸底，对困难企业、困难职工进行分类，争取县政府重视支持，做好春节送温暖活动。2011年，全县各级工会筹集资金17万元，慰问困难企业48家，帮扶困难职工862户，资助困难职工子女入学52人，助学金额5万元。

县总工会领导任职情况

总工会主席	林俊玉	～2011.04
	李益军	2011.04～2011.12
	张远辉	2011.12～
常务副主席	温俊社	～2011.04
副　主　席	蔡红辉	2004.01～
	胡雪娇	2005.08～

（李益军　吴仲杰）

共青团揭西县委

【基层组织建设】 争取各级党组织把“党建带团建”工作纳入党的基层组织建设格局。在县委办等县直机关、企事业单位中建立青年工作委员会，充分发挥团组织协助党政管理青年事务的职能。营造新经济组织和新社会组织（以下简称“两新”组织）团建的社会氛围，巩固和规范现有的“两新”组织团支部，实现青年工作的新发展，探索、创新团建新路子，2011年，全县新建11家“两新”组织团支部，扩大共青团在青年中的组织覆盖和工作覆盖。加强团的组织格局创新工作，全县17个乡镇（街道）于2011年6月30日前全部完成团委调整、充实工作，从信用社干部、民警、农技推广人员、教师以及致富带头人、农村专业合作组织负责人、民营企业负责人中的青年人及大学生村官中选拔新的团委班子成员，充分体现代表性，调动一定的社会资源帮助开展团的工作。

【青年文明号活动】 2011年，中国移动揭西分公司金和移动沟通100服营厅、中国移动揭西分公司五经富服务厅被评为市级“青年文明号”。揭西县广播电视台有线网络中心、揭西县人民医院急诊科被评为县级“青年文明号”。

【促进青年创业就业】 利用原有的揭西县志诚食品有限公司、中国移动揭西分公司、广东农夫山庄食品工业有限公司三个青年就业创业见习基地，继续为农村青年提供就业创业平台。

【扶贫助学】 积极拓宽资金来源，联合县慈善总会、县希望工程办、县少工委、中国移动揭西分公司于7月举办“赢在广东·第四届希望工程南粤会亲—揭西会亲”活动，按每人一次性资助500元的标准，筹得助学金2.7万元，资助54名孤儿、贫困单亲家庭或病残特困家庭的学童。

【希望工程】 进一步发挥希望工程在构建和谐社会中的积极作用，着力解决青少年实际困难、关心青少年成长，让幸福广东成果惠及更多青少年，2011年度共发放省“希望工程”助学金27996元，扶助贫困学生96名。

【志愿服务】 关心帮助留守少年儿童的健康成长，团县委下属揭西县志愿者协会·满天星义教队于1月24日举办“揭西县关爱留守少年学习帮扶行动”交流见面会。通过个性化的面对面学习辅导、书信交流等多种有效方式，在学习和心理等方面给予留守少年切实帮助。

联合中国移动揭西分公司组织团员青年50多人，在春节前夕，将一批食用油、大米、学习用品、慰问金等送往金和镇南山尾村10贫困户和10名贫困生家中。

3月19日，联合县卫生局、县人民医院组织医疗卫生系统志愿者20多名到钱坑镇钱东村开展“创先争优·服务基层——揭西县‘健康直通车’送医送药志愿服务活动”，为村民送医送药，提供卫生保健知识宣传、科学婚育知识宣传等系列服务。活动当天检查200余人，受益群众300余人，免费发放药物和宣传资料一批；联合揭西县林业局、揭西县绿化办、揭西县公安消防大队组织30名县青年志愿者日在龙潭镇高田村举行揭西县“植树造林·幸福青春”全省统一行动日植树活动。开展“植绿、护绿、兴绿”宣传教育和成立护绿志愿服务队，让团员青年自觉保护身边的一草一木，减少日常纸张的浪费，珍惜、保护地球家园的绿色资源，做护绿使者。

6月30日，组织灰寨镇、上砂镇医疗卫生服务队分别走进后洋村和三水村，以集中义诊和走村入户的形式，为两个贫困村开展“做一次体检、送一批爱心药品、送一次健康知识、帮扶一批卫生站、联系一批困难群众”的“五个一”志愿服务活动，让困难群众得实惠、让团员青年受教育。

【青年统战】 组织动员全县各级团组织和广大团干部、团员青年积极投身社会建设，按照省、市团委关于开展“走进基层、走进青年，同劳动、同学习、同生活”的工作主题，团县委精心制作团支部制度牌送至企业、农村、学校，机关团干部结对帮扶团支部，与企业青年骨干、村民、师生们“同劳动、同学习、同生活”，加强基层团组织建设，深化基层团干、团员的团组织意识，增强青年凝聚力。

【少先队工作】 “六一”期间，联合县教育局、县少工委在全县少先队组织中动员开展揭西少先队“红领巾心向党”纪念建党90周年主题教育活动。各基层少先队组织立足本地实际，紧扣“红领巾心向党”的主题，广泛开展“红领巾心向党”六个一活动（即学唱一首爱党歌曲，会讲一个党史故事，赏析一部红色影视剧，参观一个革命教育基地，写一篇有关家乡变化的感受文章，寻访一位优秀党员）。学校利用升旗仪式、国旗下的讲话、宣传栏、板报、广播等各种形式向全体少先队员宣传党史；大队部抓好宣传阵地建设，及时更换以红领巾心向党为主题的宣传橱窗；队员们用画笔描绘小康社会、幸福家庭，精心创办“红领巾心向党”主题黑板报、手抄报。队员们通过自己的切身感受，体会生活的新变化，深刻懂得“没有中国共产党，就没有新中国，就没有改革开放，就没有今天的幸福生活”的深刻道理，在实践中增强党、团、队衔接的组织意识。

动员全县各少先队组织在10月13日建队日期间，以体验教育为基本途径，充分利用学校广播台、宣传窗、黑板报、网络等宣传阵地，积极开展形式多样、内容丰富的“红领巾心向党”主题队会活动，展示少先队员新风采。充分利用学校广播台、宣传窗、黑板报、网络等宣传阵地，通过少先队礼仪教育和新老队员交流分享活动，增强少先队员的光荣感和自豪感。

【保护未成年人】 8月20日，与中山大学急救知识普及宣传队联合举办急救知识普及宣传讲座。讲座对象为中小学生，分为专题应答和现场演示，对心肺复苏、运动损伤、野外求生、自然灾害避险、化学防护这五大方面进行解说。通过急救普及宣传活动，增加学生对急救知识的了解，遇到危急情况可以自救、互救，提高学生们的应急避险能力，唤醒群众自我保护的意识，引起社会的关注。

【青联工作】 与县外事侨务局、县青年联合会、马来西亚河婆同乡会联合总会于12月12日联合举办“相约大北山——缘聚榕江水”马来西亚华裔青少年“寻根之旅”两地青少年联欢会。加深海外新生代侨胞对家乡的历史文化、风土人情的了解，增强故乡情谊、祖国情怀，进一步加深两地青少年的交流、合作。

县团委领导任职情况

书　记　林　平　2009.09～
副书记　曾翠萍　2007.01～
林绪杰　2009.09～

（林平　庄志莹）

妇女联合会

【妇女儿童两个规划纲要终期评估】 揭西县各级政府能够坚持把妇女儿童发展纳入经济和社会发展的总体规划，制定和实施妇女儿童发展规划，采取措施保障妇女儿童发展权益；妇女儿童工作机构逐步健全，事业经费得到一定保障。全社会更加热心扶助妇女儿童公益慈善事业，基本形成尊重妇女、关爱儿童、支持妇女工作的良好氛围。完善党委政府领导，妇儿工委协调、社会共同参与的联运机制，使各成员单位相互支持协调，推动两纲实施。2011年5月，市妇儿工委对《揭西县妇女规划纲要（2001～2010）》、《揭西县儿童规划纲要（2001～2010）》两个规划纲要通过终期评估。

【组织妇女参与新农村建设】 围绕统筹城乡经济社会发展、推进农村和城市共同繁荣，不断深化“双学双比”、“巾帼建功”等活动，利用培训基地、妇女学校等阵地，开展多层次的素质教育、技能培训和就业创业服务，发挥广大农村妇女在新农村建设中的主力军作用。开展“巾帼示范村”、“巾帼文明岗”、“妇女科技直通车”、“低学历妇女学历教育”等工作，组织妇女参与实用技能培训。围绕“三促进一保持”采取提供服务、促进消费等措施，带领妇女共克时艰，走出金融危机困境。引领城镇妇女积极参与“巾帼文明岗”创建活动，激励广大妇女立足岗位建功立业、成长成才。开展“百岗联百村，共建新农村”结对帮扶活动，各“巾帼文明岗”创造性地开展各种城乡妇女牵手共建活动，为农村妇代会、妇女提供信息、设备、卫生、技术、助困等服务，实现城乡优势互补，丰富城乡妇女组织的工作内容，引领城乡妇女携手共进，共同发展。2011年表彰“三八”红旗手10名，“三八”红旗集体3个，先进妇联组织3个，巾帼文明岗5个，先进妇委会3个，先进妇女干部11名。

【维护妇女儿童合法权益】　立足新形势下妇女儿童的维权需求，加强源头参与，创新服务载体，建立县、镇、村三级信访维稳中心和村妇女维权站，健全妇女儿童利益协调、诉求表达、矛盾调处和权益保障机制。协调职能部门以专题会议、示范带动、项目攻坚、预警通报、监测评估等手段，推进妇女儿童发展规划的实施和重点难点问题的解决，全面完成终期评估。采取多形式广泛宣传男女平等基本国策，将男女平等基本国策纳入各级党校的干部培训课程。建立健全维权机制，建立维权联席会议制度，设立法律援助分支机构，创建维权服务站和家庭暴力投诉点，农村建立妇女"四禁"组织。深化妇女法制宣传教育工作，"平安家庭"创建活动纳入综合治理规划。6月26日，联合县禁毒办等单位在钱坑中学开展禁毒誓师大会和公益宣传活动，增强家庭成员学法守法、拒赌拒毒、防拐反家暴的意识。2011年，创建"平安家庭"9户，"文明家庭"11户。参与社区治安综合治理，查处侵犯妇女儿童权益的典型案件，处理来信来访12 人次，提供法律援助1宗。

【家庭教育宣传实践活动】　制定实施"家庭教育十一五规划"，广泛开展"小公民道德建设计划"、"争做合格家长、培养合格人才"家庭教育宣传实践活动，宣传普及家庭教育科学知识，促进儿童的健康成长。分别在9月18日在揭西职校和10月29日在灰寨镇举办"家庭教育大讲堂"活动。各级妇联利用组织网络，开展教育引导工作，依托婚育学校、妇女之家、儿童友好社区，积极有效的开展活动。2011年，全县举办家庭教育讲座15场。上砂镇庄景袍家庭被评为全国"五好文明家庭"。

【关爱妇女儿童健康】　为提高妇女健康水平，降低"两癌"对妇女健康的威胁，县妇联配合县妇幼保健院，深入乡镇基层开展妇科普查，充分利用媒体做好宣传活动，从不同角度关注农村妇女身心健康，普及农村妇女健康知识和提升农村妇女健康意识，促进农村妇女积极参与健康普查，切实为她们排忧解难。

【扶贫帮困】　筹集援助资金11万多元，援建母亲安居房11户。配合省妇联开展帮扶贫困母亲发展生产工作，对全县单亲特困母亲进行调查摸底及时了解掌握情况。在"赢在广东，共创幸福"活动中，全县30名特困母亲各得到价值2000元物资的帮扶。"六一"前夕，县妇联、县儿童福利会向在城机关及干部职工发出倡议书，发动各单位和社会各界热心人士为孤贫儿童捐款献爱心。5月26日，在县政府、县妇儿工委领导的带领下，慰问河婆街道4名孤儿；在上级妇联和县委、县政府的支持下，县妇联与广东公益恤孤助学促进会于6月27日签订约300万元的助学项目，全县有1000名困境儿童将得到广东公益恤孤助学会的援助。

【基层组织建设】　围绕县委的工作部署，以"创先争优"为载体，全面加强妇女组织建设和干部队伍思想、作风与能力建设。全县315个村、社区建立"妇女之家"，并积极做好"妇女之家"的各项工作，努力使"妇女之家"成为广大妇女的"温暖之家"和"坚强阵地"。6月28日，县妇联与县劳动局、揭西职校联合举办基层妇女干部培训班，对全县村（社区）"两委"339名女干部进行分期培训，安排政治理论、电子信息、业务知识、法律知识、实用技术等课程，提高妇女干部的劳动素质和技能水平，提高妇女干部的理论水平和业务能力。

县妇联领导任职情况

主　席	蔡琼珍　～2011.09
	李秀琼　2011.11～
副主席	李秀琼　～2011.11
	黄文华　2005.10～

（李秀琼　黄文华）

归国华侨联合会

【交流联谊】 各级侨联组织积极发挥职能作用，走出国门，拜访老朋友，结交新朋友，开展多层次、多渠道、多形式的联络活动，与海外侨胞保持联络，进行文化信息交流。2011年3月，县侨联领导出访马来西亚，祝贺马来西亚河婆同乡会联合总会第十六届代表大会胜利召开和温素华会长及全体理事履任新职，庆贺吉隆坡暨雪兰莪河婆同乡会成立四十二周年。并与马来西亚吉隆坡暨雪兰莪、森甲、沙捞越、霹雳、柔佛、美里的河婆同乡会和各地的同乡互助会的侨领进行交流座谈，受到拿督黄汉良和河婆同乡会联合总会的热烈欢迎。通过广泛接触侨领和侨胞，沟通感情，增进情谊。6月，县侨联主席陈影生随揭阳市访问团出席香港揭阳侨联联谊会第二届会董就职典礼活动等。热情接待海外华侨回乡参加祭祖、旅游、考察等活动。2011年，县侨联接待的有：马来西亚拿督彼德南祥访问团；马来西亚河婆同乡会会长温素华访问团、马来西亚河婆同乡会学生团等。

【公益事业】 县各级侨联组织积极配合当地政府，发动海外乡亲捐资兴办各项公益事业，支持家乡建设。至2011年底捐资额616.4万元。

【媒体报道】 县侨联定期向上级侨联进行信息报送工作，部分信息被省、市侨联网站刊登。2011年全年报送信息30条，被广东省侨联网录用16条，揭阳市侨联网录用16条。揭西县侨联被评为揭阳市侨联系统信息先进单位，信息员陈乔川被评为揭阳市侨联系统信息先进个人。

县侨联领导任职情况

主　席　陈影生　2004.09～
副主席　蔡少明　1999.01～
　　　　蔡小燕　2008.10～

（陈影生　陈乔川）

残疾人联合会

【残疾人基础设施】 2011年，县残联获得省级竞争性专项资金300万元补助，购买原揭西县社会保障基金管理局办公楼兴办揭西县残疾人康复中心的建设。至2011年底残疾人康复中心正在配套完善之中。该中心能为给残疾人提供一个通过劳作及简单训练，使残疾人功能障碍得到不同程度恢复的场所。在棉湖和河婆街道创建完成残疾人康园工疗中心各1个。

【残疾人康复】 2011年，全市万名白内障复明行动启动仪式在县人民医院举行。县白内障行动得到省红十字会的大力支持，聘请昆明市光明眼科医院专家吕玉建团队为揭西县171例贫困白内障患者免费施行手术。省红十字会义工对复明活动及患者护理全程给予支持。全县全年完成白内障手术1027例（其中残联赞助全免费171例）；肢残矫治15例；假肢装配18例。送出轮椅、拐杖等辅具一批。

【基层组织建设】 为调动残疾人专职委员的工作积极性，对全县各乡镇（街道）村（社区）选聘的残疾人专职委员给予每月50元的补贴。河婆街道新村社区残协专职委员张吉水认真践行人道主义精神，默默为社区残疾人工作辛勤耕耘，成绩突出，被国务院授予“全国残疾人工作先进个人”称号。

【扶残助残】 对县内668名符合贫困、重度Ⅰ级残疾人给予每人一次性救助400元，对符合条件的残疾人机动轮椅车发放燃油补贴。春节、助残日期间走访慰问残疾人271人、慰问金44100元。扶助贫困学生44名、助学金19600元。免除城镇残疾居民185人医保参保费。为10户残疾人家庭进行居家无障碍改造，方便残疾人的生活、起居。

【残疾人就业保障】 2011年，加快残疾人就业保障金的征收，全县征缴残疾人就业保障金180多万元。不断配套完善揭西县残疾人扶贫种养就业培训基地各项设施，开展种养培训，引导有劳动能力的残疾人发展种养业。选送40名残疾人参加市残疾人制衣培训，多渠道拓宽残疾人就业门路。

【残疾人教育】 不断完善棉湖聋儿语训部，就读残疾儿童8名。设跟班就读特教班3个：河山小学2个，五经富小学1个。2011年2名残疾高考生被录取。

县残联领导任职情况

理　事　长　黄小平　2007 12～

副理事　长　刘伟来　2006 07～

陈梅芬　2007 07～

（黄小平　刘伟来　林凯荣）

文学艺术界联合会

【文联名人馆开幕】 2011年5月，县文学艺术界联合会（简称“县文联”）名人馆开幕。馆中收录的30位乡贤的人生阅历和辉煌的事业成就，足以为家乡增光添彩。名人馆旨在纪念，最好的纪念是传承，精神只有传承才会永恒，其展现的勇往直前、开拓创新的坚强意志和无畏精神才是它重要的内涵。传承30位名人的闪光点，以坚定的理想信念、全面的知识技能、优良的品行道德，与时代同进，与祖国共荣。

【张汉青参观文学艺术中心】 2011年11月21日，广东省人大常委会原副主任张汉青一行在县委常委、宣传部长王群青，副县长林金晓陪同下，分别参观拿督李志明事迹陈列展、揭西县名人馆、揭西县建县成就展等。

【华裔青少年寻根之旅】 2011年12月10日，马来西亚华裔青少年“相约大北山——缘聚榕江水”、“寻根之旅”冬令营到文学艺术中心参观，进一步加深海外新生代对家乡的历史文化、风土人情的了解，增强故土情谊。

【自身建设】 严格执行《廉政准则》和党内监督各项制度，维护党的政治纪律，推进党务公开、深化“小金库”专项治理，促进党风建设顺利发展，加强廉政文化阵地建设。

推行党务公开。县文联指派专人负责文联的党务公开工作，收集整理党务公开的资料、建立维护县文联党务公开的网站、及时更新文联工作等，进一步发挥网站辐射力大、影响力强的作用，增强群众监督力度，实行行政办公透明化，拓展廉政文化的宣传空间。

以“以人为本、执政为民”为主题，深入开展2011年纪律教育学习月活动。通过教育学习，加强党员干部的作风建设和思想政治建设，筑牢拒腐防变思想防线，为建设“美丽山城”提供坚强的思想政治保障。

县文学艺术界联合会领导班子任职情况

主　席　邓演杰　2009.08～

（邓演杰　邱倩娴）

工商业联合会

【参政议政】 县工商联（商会）及成员认真参政议政，充分发挥政治协商、民主监督作用。2011年两会期间，工商联（商会）成员中的人大代表、政协委员提交议案、提案7件。这些建设性的议案，受到领导重视。如：《关于清理占路为市、还一条畅通道路的提案》。

【服务工作】 县工商联（商会）积极服务会员。一是落实县级劳动关系三方协调会议制度，帮助企业和员工建立和谐稳定的劳动关系。二是实施名牌战略，帮助会员企业申报项目。2011年，会员企业推报获省著名商标1个，省名牌产品2个；技术开发成果获科学技术进步奖5项：市二等奖2个、市三等奖3个，县一等奖2个、县二等奖4个，县三等奖4个。三是与公安局经侦大队建立警企联系制度，为企业经济安全运行保驾护航。四是协调相关职能部门，帮助民营企业技术人员做好技术职称评审。五是组织部分会员到邻县进行商贸考察、参加各地产品交流会。六是积极为有供求关系的会员企业牵线搭桥，达到资源共享、互补互惠。

【培养引导工作】 一是积极引导民营企业家投身社会主义新农村建设，支持农村合作医疗、教育、体育、社会保障、整治村容村貌、安居工程、救灾助困等福利事业。二是实施光彩事业，促进社会稳定。2011年，参与光彩事业投资1亿多元，社会公益捐资1000多万元；新解决农村富余劳动力、下岗再就业800多人。三是做好届中增补政协委员人选推荐工作，推荐3名会员作候选人，增补为政协委员。

【自身建设】 一是抓好会员队伍建设，不断发展新会员；二是加强商会领导班子建设；三是抓好机关内部建设。开展纪律教育学习月、机关作风、机关效能建设活动和学习实践科学发展观活动，不断提高机关干部职工的政治素质和工作能力；不断完善机关工作制度，规范机关工作行为，提高办事效率。四是积极完成县委、县政府布置的对上砂镇活西村扶贫工作、五云镇的计生工作。

县工商联领导任职情况

职务	姓名	任职时间
主　　席	张燕雄	2006.09～
常务副主席	李树亭	～2011.12
	黄劲松	2011.12～
副 主 席	李少隆	1994.11～
	陈汉杰	1999.05～
	张国琼	1999.05～
	钟留见	1999.05～
	邱建灵	2002.04～
	杨子议	2002.04～
	彭招思	2003.05～
	陈志林	2004.05～
	邓万金	2005.04～
	张远青	2005.04～
	刘贤群	2006.09～
	张伟雄	2006.09～
	方毓新	2008.03～
	韩伟如	2009.08～
	林奕群	2009.08～

（黄劲松　刘巧明）

政　法

政法综治工作

【概述】 2011年深入贯彻落实科学发展观，以建设“平安揭西、构建和谐社会”的总体目标，以科学发展观为统领，以“平安大运”为主线，全面加强社会管理服务工作，严厉打击违法犯罪，紧紧抓住影响和谐稳定的源头性、根本性、基础性问题，深入推进社会矛盾化解、社会管理创新、公正廉洁执法三项重点工作，全力维护揭西社会稳定。2011年，各项工作有序推进，全县社会政治稳定，治安形势逐渐好转，群众安全感明显增强，为全县经济社会健康发展创造良好的法治环境。

【维护社会和谐稳定】 围绕“全力开展社会矛盾排查调处，促进社会和谐稳定”这一主线，各级党政明确“稳定压倒一切，稳定是第一责任”，认真落实维稳工作各项措施，建立健全矛盾排查、信访督查员、领导包案、人民调解员等制度，及时掌握和解决群众反映的热点难点问题，围绕企业改制、电改、征地拆迁、山林纠纷、劳资纠纷、农村选举等问题，认真排查，严格落实“五个一”调处方案，把矛盾化解在基层，消除在萌芽状态。做到发现得早，控制得住，化解得了，调处得好。对于破坏稳定、扰乱社会秩序的，坚持依法“从重从快”和“稳、准、狠”的原则予以打击，特别是对带有暴力犯罪性质的“闹访”行为的冲击南山镇政府案，及时召开公开宣判大会，对一批犯罪嫌疑人和被告人进行处理和宣判，有效地震慑别有用心的违法犯罪分子，维护社会稳定。2011年，开展矛盾纠纷排查2210场次，化解群体性事件28宗，开展重点突出问题整治17次。把换届选举和深圳大运会期间的维稳工作，作为重中之重抓紧抓好，在节日等特别防护期实行24小时值班制度和零报告制度，确保信息渠道畅通。做到“五个不发生”：一是不发生危害国家安全和社会政治稳定的重大政治事件；二是不发生暴力恐怖袭击事件；三是不发生大规模群体性事件；四是不发生个人极端暴力事件；五是不发生群死群伤等重大治安灾害事故。全县没有发生到省进京上访事件，做到小事不出村，一般问题不出镇，重大问题不出县，营造良好的社会氛围和发展环境。

【严打整治】 全县政法各部门始终坚持严打方针不动摇，组织开展重点突出的专项行动，先后部署开展“春季攻势”、“粤安11”、“夏季攻势”、“断源行动”、“清网行动”、“创平安、迎大运”、“十项整治”和“打黑除恶”等一系列声势浩大的专项行动，严厉打击涉黑涉恶、涉车、涉赌、涉爆、“两抢一盗”、拐卖妇女儿童等突出违法犯罪活动。全年立刑事案件421宗，破205宗，其中“两抢一盗”251宗破89宗；查破各类犯罪团伙21个99名；抓获各类犯罪嫌疑人266名。“清网行动”抓获行动前网上逃犯75名，到案率79.78%。查处治安案件3100起，处理违法嫌疑人407名。查扣无牌无证机动车1798辆，依法公开销毁1718辆。县人民检察院依法批准逮捕案件95件155人，移送市检察院审查起诉的案件4件6人，依法提起公诉77件128人，其中起诉“两抢一盗”案件29件47人，涉赌案件4件7人，涉毒案件7件9人，团伙犯罪8件24人，聚众冲击国家机关犯罪2件13人。县人民法院受理刑事案件87件148人。县司法局累计接管矫正人员59人，其中在册46人，已解除矫正13人。

【构筑社会治安防控体系】 2011年，揭西县社会治安综合治理工作围绕“强综治、创平安、促发展”目标，扎实推进综治信访维稳三级平台建设，积极有效化解各类社会矛盾纠纷，落实综治各项工作措施，全力打造“平安揭西”，确保全县社会治安大局持续稳定。全面推进治安防控“五张网络”建设，充分发挥县级、镇级、村级治安联防队，“平安揭西”治安视频系统和治安执勤岗的作用，完成县际治安卡口8个、棉湖50个视频监控建设规划。全面落实综治维稳工作责任制，把社会治安综合治理和维护社会稳定纳入全县经济社会发展和平安建设总体规划及年度计划，建立健全综治维稳领导责任制。强力推进综治信访维稳工作平台建设，镇街中心全面安装使用镇街综治信访维稳中心信息管理系统单机版软件。县综治委成立县诉前联调工作联席会议制度。诉前联调工作室设在县法院，工作室建立台账，实行一案一卷；建立情况报告制度，每月工作数据和年度工作情况报县综治信访维稳中心。诉前联调工作纳入县社会治安综合治理年度检查考评内容。至2011年底，县、镇、村三级平台受理来信来访2086宗，调处2011宗，开展矛盾纠纷排查2510场次，化解群体性事件32宗，诉前联调工作室受理案件10宗，结案2宗。

【政法队伍建设】 2011年，全县政法系统深入开展“发扬传统、坚定信念、执法为民”、“结合实际学标准、立足岗位当先锋”主题实践教育活动、创先争优活动、机关作风效能建设教育活动、廉洁执法教育活动和“解放思想谋发展，求真务实为人民”学习讨论活动等思想教育活动，结合部门实际继续开展“大练兵”活动，严格执行政法领导干部“六个严禁”，切实解决政法工作和政法队伍建设中的突出问题，强化政法干警的业务技能，努力建设一支政治坚定、业务精通、作风优良、执法公正的高素质政法队伍。

县委政法委领导任职情况

县委常委、政法委书记	黄俊明	～2011.10
	林建文	2011.10～
副书记	陈纪华	2004.08～
	陈卓锐	2003.09～
	李木通	2007.01～
	黄国干	2007.07～
	张碧波	2007.07～

（陈纪华　蔡远良）

公安工作

【概述】 2011年，县公安局以“平安揭西、建设幸福社会”为总体目标，以“平安大运”为主线，以社会管理“六项创新”为抓手，围绕“两节”、“两会”和“大运会”、重大节日安保，先后组织开展“粤安11”、“夏季攻势”、“断源行动”、“清网行动”、“平安大运”和“社会治安整治”等专项行动，严厉打击盗抢、涉枪、涉赌、涉毒等突出问题，各项工作取得新的进步。

【户政管理】 户政部门在强化户口日常管理的同时，组织开展全县性的户口登记管理专项清理整治工作，克服清理核对范围广、时间长、任务重等困难，以重户口、虚假户口为重点，认真落实清理、核对、整改、协查等各项工作，全面清理核对1990年后新增户籍人口和出国（境）定居人员户口，进一步完善户政管理制度，建立有效监督机制，杜绝违规办理户口问题的发生。清理档案242510份，上门核对306520人，注销重户714人、虚假户口307人，清理疑似虚假户口1740人。2011年，换发居民身份证71752张，办理临时身份证6109份、居住证1875

份，变更人口信息资料2573份，复户148人。

【出入境管理】 出入境管理部门面对前台工作量的不断攀升， 强化“窗口”意识，内强素质，外树形象，坚持管理与服务并重，认真做好受理、审核工作，加强对外国公民管理，进一步提高涉外管理工作水平和控制能力。2011年办理护照、通行证27898份，遣送“三非”外国公民1名。

【交通管理】 一是以深入开展事故预防工作、强化交通安全宣传、强化道路巡相管控、强化车辆检查检验、强化事故多发和道路隐患点段治理为中心，确保全县道路交通的安全畅通。突出“关爱生命、注重安全”这一主题，坚持严查、勤检，以开展酒后驾车专项整治为重点，全面整治疲劳驾车、违章行驶、遮挡号牌等交通违法行为，加强学生接送车安全管理，净化交通环境，最大限度降低重特大交通事故发生。二是重拳整治非法机动车。以省厅、市局统一部署的专项打击行动为契机，分解任务，落实责任，强化措施，全警出击，采取设卡检查与上路巡查相结合、全面清查与日常查扣相结合等措施，重拳整治非法机动车，进一步巩固整治成果，净化道路交通环境。2011年，受理交通事故1200宗，其中重大交通事故16宗；办理机动车入户1163辆，培训合格驾驶员2975名；查处各类交通违法行为18660宗，其中醉驾3宗3人；查扣违法机动车2515辆，公开销毁2490辆，其中汽车16辆、摩托车2474辆。

【网络安全管理】 国保网监部门扎实开展涉网综合治理行动，切实加强信息网络安全管理、互联网网站管理和网吧管理工作。编写网安工作动态和网警简报69期，协破刑事案件6宗，抓获各类犯罪嫌疑人13名。

【打黑、除害专项斗争】 一是成功打掉涉黑犯罪团伙1个。2011年，按照省厅、市局的部署，深入开展“断源”行动，强化涉黑涉恶案件线索排查和侦办工作，成功打掉以凤江镇林某钦为首的涉黑犯罪团伙，先后抓获团伙成员5名，缴获仿“六四”手枪2支、猎枪1支。已查实该犯罪团伙涉嫌拐卖妇女、故意伤害致死、故意伤害致重伤、非法经营食盐、非法开采河沙以及非法持有枪支、弹药等案件6宗。二是捣毁非法制售假药窝点1个。“打四黑、除四害”专项行动中，经侦部门缜密侦查，精准打击，在塔头镇捣毁制售假药窝点1个，抓获犯罪嫌疑人1名，现场查获曲马多、吗丁啉、康泰克胶囊等假冒药品一批，涉案价值43万多元。

【严厉打击涉枪犯罪】 坚持“涉枪案件当命案办”和“枪案必破、凡枪必缴”要求，严厉打击涉枪犯罪。通过追逃、抓捕，快速侦破省厅督办、市局限期破案的金和“2·05” 陈某某等人持枪械故意伤害案，抓获主要犯罪嫌疑人2名，缴获涉案枪支猎枪1支；通过巡逻、伏击，抓获网上逃犯陈某某，缴获仿“六四”手枪1支子弹2发，破获系列伤害案件3宗；通过扩线、深挖，查办林某某涉黑团伙中追缴猎枪子弹10发、催泪弹4发、六四式手枪子弹8发、自制手枪子弹6发；通过清查、布控，抓获非法持有枪支犯罪嫌疑人李某某，缴获土制猎枪1支。同时，以防爆炸、防剧毒、防枪击、防盗抢、防制贩为重点，在全县范围内组织开展治爆缉枪专项行动。2011年，立涉枪案件14宗破10宗，抓获嫌疑人12名，收缴枪支11支子弹5发。

【严厉打击“两抢一盗”犯罪】 以严打整治为纲，以提升公安工作效能、提高群众安全感和满意度为目标，定期对110警情进行分析，加强刑事发案情况研判，强化清查伏击、侦察破案、追逃追赃和扩线深挖，向“两抢一盗”等多发性犯罪发起凌厉攻势。进一步优化巡逻值勤和指挥调度模式，实现处警快、反馈快、研判快、侦查快、打击快，严打“两抢一盗”现行犯罪。进一步加大居民区、重点部位及“三角地带”的巡逻力度和巡逻密度，组织开展以巡警、社区民警为主，义务巡逻队为辅的大巡逻、大防范，使“两抢一盗”案件得到有效遏制。成功打掉抢劫出租车犯罪团伙1个，抓获团伙成员4名，破获系列案件3宗；成功打掉特大入室盗窃犯罪团伙1个，抓获团伙成员6名，破获系列案件10宗，涉案总值近40万元，缴获作案工具及赃款赃物一批。

【打击毒品违法犯罪】 始终把禁毒、收戒工作作为压减刑事、治安案件的一项硬措施，制定奖惩办法，分解任务，落实责任，大打禁毒人民战争。加强摸查，严厉打击毒品犯罪；加强满员收戒、滚动收戒，圆满完成上级下达的收戒任务；强化全县娱乐场所检查督导，杜绝公共娱乐场所发生吸贩毒违法犯罪。通过严厉打击、集中收戒、宣传帮教，从根本上减轻治安压力，遏制犯罪源头。2011年，查破贩毒案件7宗7名，收戒吸毒人员79名，缴获毒品海洛因2.75克、冰毒22.63克、高锰酸钾2500克。

【打击经济犯罪】 2011年，经侦大队充分履职，依法办事，成功移送起诉邹某某、张某某职务侵占案和曾某某挪用资金案，严惩职务犯罪。加强与烟草、工商等行政执法部门的联合打击，严厉打击制贩假犯罪，进一步整顿和净化市场经济秩序；查破印制假发票案、假冒“相宜本草”品牌系列护肤品案、非法制造销售电线电缆注册商标标识案各1宗，抓获涉嫌制假人员3名，缴获假药、假发票及制假原辅材料、生产机械一批，涉案总值案100多万元；深入开展“清网行动”，抓获“网上逃犯”2名，破积案2宗；牢固树立全国公安“一盘棋”理念，协外办理经济案件15宗，抓获“网上逃犯”7名；结合“大接访”、“大走访”活动，依法查处棉湖厚埔村陈某某私自屠宰生猪案，妥善处置灰寨向阳村委上点村集体征地款案，成功协助河婆洪屋楼村追回集体资金17.5万元。全年立经济案件13宗，破8宗，抓获犯罪嫌疑人9名，挽回经济损失60多万元。

【严打聚众赌博】 坚持聚众赌博“零”容忍。进一步落实禁赌责任，强化打赌工作措施，特别是对“牌九”聚众赌博做到见赌必打，闻赌必扫。治安、刑侦、经侦、巡警部门和各派出所加强清查清理和重点管控，精准打击，顶格处理，杜绝赌风反弹，有效地净化社会风气。2011年，查处赌博案件189起443名，其中，办理赌博刑事案件18宗，刑拘52名，逮捕25名。

【网上督察“清网行动”】 5月26日开始，依托全社会追逃的大格局，牢固树立“有逃必劝、有逃必抓”的必胜决心和信心，坚持“抓劝并举，以劝开路，先劝后抓，先易后难”的工作思路，以“一丝希望、百倍努力”的追逃理念，以“锲而不舍，不获不归”的追逃斗志，以“苦中作乐，亮剑必胜”的追逃情怀，全警动员，全警参与，卓有成效开展网上追逃专项督察“清网行动”。“清网”下降率从“齐步走”到“跑步走”，提前完成既定任务。劝投、抓获行动前网上逃犯79名，下降率84.04%。借大“清网”威力，不断扩大战果，将“清网”行动的有效措施贯穿于日常的侦查破案工作之中，先后敦促塔头“9·14”故意伤害致死案、坪上“10·05”故意伤害案、河西“10·19”强奸案等11名涉案违法犯罪嫌疑人投案自首。

【社会治安防控】 一是不断完善三台合一报警服务平台建设。在规范110、119、120接处警工作机制，进一步健全处置突发事件、自然灾害等工作预案的同时，不断完善以110为核心，以业务股队和基层派出所为依托，覆盖社会面的灵敏高效的治安防控指挥调度体系。2011年，110接处有效警情5492宗，其中：刑事警情292宗、治安警情318宗、交通事故1195宗、火灾事故329宗、求助205宗、举报案件1060宗、投诉案件5宗、其他2088宗；加强重点人员的管控，依托“大情报”平台，抓获“网上逃犯”42名。二是强化治安防控。完成县际8个治安卡口、棉湖50个视频监控建设规划。交警、派出所联合在五云、棉湖、五经富设立3个县际武装固定卡哨，严查过往可疑车辆、人员，构筑安全屏障。巡特警和各派出所建立健全“勤、快、密”巡逻工作机制，重兵上路巡查，提高旅游景点、城区街头、商业闹市、车站、金融网点和城郊结合部等“双抢”多发性路段和时段的见警率，打现行、压发案，增强群众安全感。三是发动群众，群防群治。警力有限，民力无穷。通过宣传、发动，组织社会各种力量参与治安防控，进一步健全全警参与、全民互动的巡逻防控机制。组建县级治安联防队4支81人，镇级专业治安联防队18支242人，村级治安联防队293支2017人。四是加强治安日常管理工作。治安部门认真抓好《娱乐场所管理条例》的贯彻实施，按等级强化管理和人员的培训，适时开展清查打击行动，促进公共娱乐场所的规范经营和健康发展；加强与各职能部门的沟通协调，深入开展“清剿火患”战役；本着“枪爆无小事”理念，持续不断开展治爆缉枪专项行动，收缴各类枪支48支，其中苏式冲锋枪1支、自制猎枪8支、钢珠枪5支、气枪12支、火药枪11支、仿六四手枪1支；加强危爆物品管理，开展以消隐患、保安全、促稳定为主要内容的安全生产大检查26场次，检查石场92家，公共娱乐场所112家，危爆单位6个，及时消除安全隐患；强化重点排查和依法清理，维护全县校园及周边社会治安秩序稳定；全力维护重点单位、要害部位的安全，出色完成各种警卫、保卫任务26场次。

【队伍建设】 一是坚持从严治警，纯洁队伍。狠抓队伍的党风廉政建设和反腐败工作；坚持主题教育，定期召开民主生活会，加强公安廉政建设；扎实开展“党务公开”、“审计整改年”、“涉案财物管理问题专项治理”、“继续深入开展集中整治执法过程中涉案人员非正常死亡问题”专项治理工作，深入督查整改执法突出问题，严格内部财务管理，强化内外监督，下大力气解决群众反映强烈的问题；狠抓从严治长、铁腕治警各项措施的贯彻落实，减少队伍违法违纪问题的发生；以规范执法为核心，全面开展公安机关作风整顿活动和警风警纪教育、警务暗访活动，促进队伍作风的转变，打造“纪律严明、作风优良、高效务实”的干部队伍；组织开展民主评议政风行风工作，在县组织的评审团评议中获得第一名。二是坚持政治建警、从优待警、文化育警，提升警队形象。把深入开展“岗位练兵”、“创先争优”活动与大力弘扬公安优良传统结合起来，努力营造激情工作、快乐生活、团结和谐的警营氛围。积极推动从优待警措施的落实，最大限度地激发队伍的向心力、凝聚力、战斗力。积极培养“一警多能”，组织合唱队参加全市“警民同声—警察歌曲大家唱”活动、选派2位民警参加全市公安机关书法联展、4名民警参加广东省公安系统第三届运动会，丰富警营文化，展示民警良好形象。三是推进执法规范化。积极创建“执法示范单位”活动，扎实开展六五普法、执法培训和岗位培训。强化案件审核和执法监督，严格执行案件五级审核制度，坚持每月执法通报和每季度执法质量集中检查制度，有效保证案件质量；强化“办公办案一网通、工作执法一网考”推广应用，实现全局一般法律文书网上制作目标，提升办案程序意识，加快公安执法工作信息化进程，全面提高公安队伍的法律素质和执法水平。2011年，未出现冤假错案和行政复议、行政诉讼案件。同时，法制室重视法制信息网页建设，落实专人管理维护，以功能齐全、设计新颖，内容翔实、特色显著，更新及时、浏览顺畅等优点，通过综合评比获得全省第五名，获“全省优秀县级公安法制网页”奖励牌匾。四是深入开展“大走访”开门评警活动。以“听民声、访民意、察民情、暖民心”为主题，通过领导带头走访受评、民警定量走访受评、单位集中走访受评、限期回访复评等形式，扎实开展“大走访”开门评警活动。拉近警民距离，构建和谐警民关系。活动中，参与走访受评民警379人，走访总户数3424户3615人（次），收集意见建议1827条，回访案件200宗163人；组织“千名代表座谈议评”座谈会6场次，参与人数49人；组织“警民心连心”

活动，发放问卷调查300多份；组织“相约警务室”活动的场数16场次，收集群众意见、建议208条。2011年，组织民警到省、市培训2批18人次，组织“战训合一”1期98人次。1位民警被评为揭阳市十佳民警，1位民警被评为2011年春运道路交通安全管理先进个人，2位民警报评省优秀人民警察，3位民警报记个人一等功、5位民警报记个人二等功，7位民警被市局记个人三等功。

公安局领导任职情况

局　长	黄俊明	～2011.08
	张林华	2011.09～
政　委	林少标	2007.12～
副局长	韩新建	2004.08～
	汪东生	2007.11～
	林欣强	2007.11～
	袁春雄	2008.01～

（吴骥　张德诚　）

检察工作

【概述】　2011年，县人民检察院扎实推进三项重点工作，认真履行法律监督职能，积极推进执法规范化建设、队伍专业化建设、管理科学化建设和保障现代化建设，全力维护揭西经济社会的和谐稳定，各项检察工作取得新进展，先后被授予省“先进基层检察院”、市“先进基层党组织”等荣誉称号。

【刑事检察工作】　2011年批准逮捕案件111件191人，移送市院起诉的重特大案件5件7人，提起公诉的案件94件164人，其中起诉“两抢一盗”案件36件62人，涉赌案件4件7人，涉毒案件10件12人，团伙犯罪12件37人，聚众冲击国家机关犯罪2件13人，有力地打击各类刑事犯罪活动。坚持重大疑难案件提前介入和起诉关口前移等有效做法，所办案件均没发生超期羁押和无罪判决的情况。认真落实宽严相济刑事政策，对未成年人犯罪、初犯、偶犯以及因邻里纠纷引发的轻微刑事案件，依法予以从宽处理，依法不捕13人，不诉14人。积极推进刑事和解和量刑建议工作，和解刑事案件5件12人，提出量刑建议49份。认真落实社会治安综合治理，坚持检察长接访制度，认真办理信访案件，2011年，受理控告举报信件27件，接访37批次，全部按规定处理，做到涉检信访“零”遗留。

【职务犯罪侦查和预防工作】　查办在经济社会发展中以权谋私、中饱私囊的职务犯罪、涉及民生有关领域的职务犯罪和危害生态环境、能源资源等职务犯罪，努力营造风清气正的政务环境。2011年，立案查处职务犯罪10件15人，其中贪污贿赂6件11人，渎职侵权4件4人，为国家和集体挽回经济损失300多万元。落实“一案三卡”、“四书二表”和“三个一”制度，实行讯问职务犯罪嫌疑人同步录音录像工作，以执法的规范文明赢取最佳办案效果。坚持防重于治的方针，多措并举开展预防工作。实行“侦防一体化”的办案机制，结合办案发出预防职务犯罪的检察建议6份，严防类似案件的发生。通过开展举报宣传周活动、惩防职务犯罪展览等方式，加大宣传教育力度。

【诉讼监督工作】　不断强化法律监督职能，继续在敢于监督、善于监督上下工夫，坚决监督纠正人民群众反映强烈的执法不严、司法不公等问题。2011年，依法监督立案1件，依法抗诉1件，催办即将超期案件5件，检察社区矫正“五类人员”38名。受理民行申诉案件5件，立案审查3件，发出检察建议2件，和解息诉2件。

【阳光检务工作】　深化阳光检务，接受监督。

接受人大及其常委会的监督，落实人大交办、督办的案件；开展“检察开放日”活动，听取人大代表、政协委员和社会各界对检察工作的意见和建议；积极推行人民监督员制度，接受人民监督员对检察院直接受理立案侦查案件进行监督9件；利用新闻媒体等平台，宣传检察工作，接受社会各界监督。

【队伍建设】 深入开展“发扬传统，坚定信念，执法为民”主题实践活动，不断提高队伍的思想政治素质；深入开展岗位练兵、业务竞赛和技能培训等活动，不断提高队伍的法律监督能力；积极举办或组织干警参加各类文体活动，丰富干警文化生活，提高综合素质。2011年选派13名干警参演市院“文明之路”首届文艺汇演，其中选送的《威风八面》等节目，受到一致好评；12名干警迎战市院“第三届羽毛球比赛”并取得优异成绩。坚持通过公务员录用考试向社会招录高学历人才，2011年招录3名已过司法考试的新干警，缓解办案力量不足局面。坚持以德才兼备、注重实绩的标准选好用好干部，通过公平、公开、公正、择优的原则，提拔、任命一批科员和助理检察员等，有效激发干警爱学习、创实绩、争一流的工作热情。

【举办首届案例控辩大赛】 2010年12月6日至2011年1月18日，揭西县人民检察院举办首届案例控辩大赛。控辩大赛有26名干警参加，分为初赛、复赛和总决赛三个环节，历时一个半月，邀请市院有关部门领导和县政法部门领导担任比赛评委。参赛干警唇枪舌剑，最后由侦查监督科黄漫衡脱颖而出，荣获一等奖。

【举办“廉洁揭西，美丽山城”书画展】 2011年3月29日，揭西县“廉洁揭西，美丽山城”书画展在李志明文学艺术中心首日开展。书画展由县人民检察院与县纪委、县宣传部、县监察局、县文联等6个单位联合主办，以“廉洁揭西，美丽山城”为主题，旨在营造“以廉为荣，以贪为耻”的良好社会氛围，致力弘扬积极向上的廉政文化，增强全县干部群众反腐倡廉的信心和决心。

县检察院领导任职情况

检察长	朱喜荣	~2011.09
	魏伟填	2011.09~
副检察长	韩学凤	2001.12~
	沈胜辉	2007.08~
	孙映生	2009.10~

（魏伟填　李萍）

审判工作

【概况】 2011年，县法院按照“为大局服务、为人民司法”指导思想的要求，深入推进三项重点工作，大力加强审判、执行工作和自身建设，各项工作取得新进展，为“加快科学发展，建设幸福揭西”提供有效的法律服务和有力的司法保障。受理各类案件3171件（包括旧存），结案3119件，解决涉案金额10172.3万元。

【刑事审判工作】 充分运用刑事审判职能，全力维护社会稳定。2011年受理各类刑事案件97件167人，审结96件165人，结案率99%。积极推进量刑规范化改革，通过规范量刑刑罚行为，总结细化科学的量刑方法，确保量刑结果均衡和过程公开透明；积极运用审判职能参加社会治安综合治理和社会管理创新工作，加大司法领域的人权保障力度，注重对宽严相济刑事政策的正确把握，依法适用非监禁刑，进一步加强未成年人权益的司法保护。判决宣告非监禁刑罚27人，非监禁刑适用率21.6%，其中未成年人判处非监禁刑罚7人，非监禁刑适用率46.7%。运用刑事审判职能，严厉打击危害社会治安、破坏社会稳定、贪污渎职等各类犯罪。生效判决被告人139人，给予刑事处分的136人，其中判处五年以上有期徒刑的16人，占处刑总人数的11.5%，有效发挥刑罚打击、教育、震慑作用，增强人民群众的安全感。

【民商事审判工作】 以服务群众，关注民生为根本，扎实推进社会矛盾化解，依法调节和规范社会关系。全院共受理民商事案件2877件，审结2844件，结案率98.9 %。依法调处婚姻家庭继承纠纷矛盾，突出保护妇女、儿童、老人合法权益，审结案件220件；依法调处合同纠纷矛盾，维护交易安全、促进诚信建设、服务经济发展，审结案件222件；依法调处权属、侵权纠纷矛盾，制裁侵权行为，审结案件42件。牢固树立和谐司法理念，加大民商事案件调解力度，坚持“调解优先，调判结合”的民事审判原则，以及构建诉讼与非诉讼相衔接的矛盾纠纷解决机制，推动建立大调解格局，妥善处理和解决矛盾纠纷，调解撤诉案件311件，调撤率达64 %。2011年，法院联合县综治办、国土局、工商局、质监局、县妇联等部门采用诉前联调方式共同化解社会矛盾10宗。

【行政审判工作】 认真履行司法审查职能，加强行政审判工作，积极化解行政争议，有效保护行政相对人的合法权益，监督和支持行政机关依法行政，及时审查并受理非诉国土的行政执行案件14件，执结非诉行政案件13件，对规范土地市场管理秩序起到很好的作用。开展审判监督工作，全年受理并审结再审案件1件，受理并审结重审案件2件。

【执行工作】 加大执行工作力度，着力解决“执行难”问题。在执行环境日益困难复杂的情况下，全院执行干警坚持能动司法，为大局服务，满足人民群众的司法需求，自觉加快办案进度，提高执行效率，实行阳光执行，通过加强对中心法庭业务的指导和突击执行，执结一批疑难复杂案件。2011年，受理执行案件182件（含旧存和非诉行政案件），执结164 件，执结率90 %，实际执结率76%，执行标的总金额达2381.2万元。自觉树立和谐执行司法理念并贯穿在执行工作全过程，通过耐心细致的思想工作和疏导教育，促使当事人自动履行、和解执行的案件占46.3%；对于有执行能力拒不履行的，坚决采取强制措施执行，强制执行的案件占30%，依法保护当事人的合法权益，维护司法权威。同时积极开展反规避执行专项活动，将4宗拒不履行债务的被执行人信息上报上级法院，扩大执行效果。

【司法为民】 以开展“人民法官为人民”主题实践活动为载体，积极营造以当事人为本的诉讼环境，最大可能地满足人民群众最关心、最直接、最现实的利益诉求。一是规范立案大厅服务。通过诉讼指南、电子显示屏、板报等方式公开办事制度，及时进行诉讼引导和风险提示，实行“一站式”立案流程服务，在一个窗口就可以完成诉讼材料收领、咨询解答、立案审查、费用核算等立案程序，让当事人在诉讼一开始就感受到方便快捷。二是强化便民诉讼措施。积极创新立案方式，开展预约立案、巡回立案等活动，为行动不便的群众开通立案绿色通道。对案情简单、事实清楚的案件依法适用简易程序快审速结，让当事人在高效审执的过程中切实感受到及时的正义。三是坚持做好“重信重访”工作。通过建立和健全信访首访制、登记制、限期答复制等便民措施，为群众告状、申诉、反映社情民意开辟畅通渠道，及时向有关部门反映信访动态。四是认真落实司法救助制度，对涉及城乡贫困居民、下岗职工、老弱病残等社会弱势群体，依法实行减、缓、免交诉讼费用，全年为6件经济确有困难的当事人缓交诉讼费4.3万元，让困难群众打得起官司。

【审判管理】 进一步强化审判管理，以区域加个别类案为标准，调整民商事案件、执行案件在业务庭与人民法庭之间分工，有效提高工作效能。各审判业务部门认真分析研判新颁布的审判质效指标体系，提高审判人员对各项指标的理解和运用能力；严把审判信息录入关，确保指标数据准确无误；严抓流程节点管理，切实提高审判工作效率。大力开展案件质量评查，重点评查改判或发回重审案件、重大疑难案件和上级法院督办案件。加强与检察机关沟通协调，共同提高案件质量，维护司法公正。

【监督工作】 强化监督，保证公正司法。县法院自觉把法院各项工作置于人大、政协和人民群众的强有力的监督之下，通过工作报告、报送法院简报等形式通报法院工作情况。对涉及县经济建设大局的案件、涉及民生诉求的重大疑难复杂案件，以及涉及稳控的敏感性案件，及时向县委、人大请示报告，取得理解和支持，保证国家法律的正确实施。加强联络工作，开展“双百”活动，强化外界监督，主动邀请人大、政协等人员旁听案件的审理，召开座谈会，针对案件审理中存在的问题及法院工作广泛征求意见，使人大、政协的监督工作进一步落实，保证法院工作为大局服务，公正司法。将“五个严禁”等规章制度进行公示，在办公楼各楼层设置廉政警示格言，为机关干警制作岗位牌，便于社会监督。发挥人民陪审员既是“审判员”又是“监督员”作用，2011年，邀请人民陪审员参加陪审的案件238件，有效发挥人民群众参与司法、监督司法的重要作用。

【基层建设】 加大人力物力财力投入，进一步推动人民法庭工作。一是制定科学合理的措施，吸引法律人才投身法庭工作，加强对法庭的人才援助力度，进一步充实法庭审判力量。二是不断加大经费投入，强力推进信息化建设。实现四级联网；完成审判庭安装录音录像设备；完成办公自动化OA系统安装和使用，通过法院综合业务系统，实现文书、案件网上报送与审批，实现办公信息化和自动化。三是通过诉讼费回拨，进一步加强法庭建设的物质保障。法庭办公经费除每月按标准由法院统一下拨到法庭外，分上、下半年由法院按各法庭收取的诉讼费以一定的比例回拨给法庭作为办公费用，有效解决法庭办公设施不足和经费短缺问题。四是加强指导与监督，进一步推进人民法庭的审判工作。2011年，人民法庭受理各类案件2949 件（包括旧存），办结2920件，占全院结案总数的93.6%。

【队伍建设】 一是立足本职，推进各项教育活动深入开展。扎实有效地开展“纪律教育月”、“创建无执行积案法院”、“排头兵达标竞赛”、“司法公开”、“创先评优”和“群众观点大讨论”等活动。改进干警秉公执法的意识、审判纪律和工作作风。二是强基固本，努力提升干警司法业务能力。深入推进学习型法院建设，着力提高审判人员的法律理论水平和解决实际问题的能力。定期推广举办民商事研讨会，研讨典型案例、交流工作经验，更好地解决棘手案件。通过庭审观摩、优秀审判文书评比、考核比武等途径，广泛开展业务技能竞赛活动，提升法官的司法能力。三是监督制约，确保队伍清正廉洁。认真贯彻执行党风廉政建设责任制；加强干警职业道德教育，强化干警勤政廉政、甘于奉献意识；深化廉政文化建设，深入挖掘廉政文化，开展丰富多彩的廉政文化活动；严格执行错案、瑕疵案件责任追究办法，强化审判监督庭的工作职责，进一步提高案件质量，提高干警的工作责任心，确保队伍不出问题；加强对各项制度监督和检查，落实考勤制度、岗位责任制、首问责任制等行之有效的制度，为优化软环境提供基础保证。

县法院领导任职情况

院　　长　李宁生　2006.02～
副 院 长　许谋杰　1999.08～
　　　　　邓玉宝　1999.08～
　　　　　刘新求　2007.02～

（刘新求　李翠梅）

司法行政工作

【普法宣传】 2011年，是“五五”普法总结表彰和“六五”普法规划的启动年。普法工作总体要求是：深入贯彻落实市委四届八次全会、县委九届七次全会精神，紧紧围绕科学发展这个主题和加快转变经济发展方式这条主线，着眼于推进社会矛盾化解、社会管理创新、公正廉洁执法三项重点工作，结合省级文明城市创建活动，精心策划“六五”普法规划，切实推进全民普法教育，着力提高社会法治化管理水平，为揭西经济社会又好又快发展营造良好的法制氛围。

制定《2011年揭西县普法工作要点》，做好“六五”普法规划和县人大常委会关于加强法制宣传教育的决议的送审工作。

积极开展“12·4”全国法制宣传日暨法治揭西宣传教育周系列活动。围绕“人人遵纪守法、幸福伴随你我他”的主题，开展一系列普法活动。派发宣传资料7000多份，制作2000份印有“六五”普法规划的工作目标及2011年宣传日主题词的贺年明信片，寄发到全县各单位、村居委及调委会。做好“法讯通”短信普及推广和“法讯通”有奖法律知识竞赛活动，扩大普法的社会效应。

做好干部学法考核登记工作和青少年学生法制教育工作。2011年，全县参加年度学法考试和年度学法考核登记的干部职工人数13500多人，学法考试参考率99%，及格率100%，优秀率96.5%；全县中小学开展各类法制教育活动862场次，受教育人数14万人次。

【人民调解】 2011年，人民调解工作得到进一步加强。各基层司法所和人民调解组织，积极参与社会治安综合治理，积极开展社会矛盾纠纷排查调处工作，成功地调处一大批民间纠纷，及时把矛盾纠纷解决在基层、解决在萌芽状态，有效地防止矛盾激化，为维护社会的稳定，确保一方平安作出一定的贡献。全年调处各类民间纠纷1084宗，调解成功1081宗，成功率99.8%。

【律师工作】 做好常年法律顾问，当好顾问单位的参谋、助手，为其提供优质高效的法律服务。做好民事代理和刑事辩护工作，维护当事人的合法权益。公职律师积极参与政府的法律事务，协助县政府解决有关法律问题，为县政府有关重大工程提出法律意见，提供决策依据。2011年，县律师所担任常年法律顾问33家，受理民事诉讼31宗，刑事辩护7宗，非诉讼案件54宗。

【公证工作】 县公证处严格规范公证行为，发挥公证在防范风险、化解纠纷、减少诉讼、维护经济秩序的职能作用。抓好县招商引资、重点建设项目公证，为县经济建设保驾护航。2011年办结公证825件，其中涉外公证222件，国内公证461件，涉港澳台公证142件，取得良好的社会效果，提高公证的公信力。

【法律援助】 法律援助机构进一步增强社会责任感，把这项“民心工程”当作树立形象的窗口，依法维护弱势群体的合法权益，让困难群众打得起官司，促进社会稳定。2011年办理各类法律援助案件77宗，其中民事50宗，刑事26宗，行政1宗，接受来访来电318人次。

【基层司法行政】 加强基层司法所规范化管理，发挥司法所面向基层、面向社区、面向群众的特点，做好综治信访，人民调解，普法宣传，社区矫正、安置帮教等工作。2011年，全县法律服务所担任法律顾问81家，代理民事诉讼148件，非诉讼法律事务105件，协办公证82件，见证75件，解答法律咨询7500人次。

稳步推进社区矫正试点工作，认真做好刑释解教人员安置帮教工作。以司法所为主体的社区矫正及安置帮教工作机构，与综治部门紧密配合，做好接收和整理狱外服刑人员的资料档案，落实帮教措施，预防和减少重新违法犯罪。2011年，接收社区矫正对象57个；刑满释放97人、解除劳教30人，其中涉毒6人。

司法局领导任职情况

局　长　林少庭　2004.08～
副局长　李绪玉　2005.12～
　　　　林业勤　～2011.08

（林少庭　彭依庚）

经　济

经济管理

计划管理

【概况】　2011年，县发展和改革局充分发挥计划、规划的引导作用，积极组织协调有关方面认真落实县委、县政府决策部署，当好县委县政府参谋助手。加强宏观规划、调控、预警、监督、检查，在重大项目的引进和申报、争取补助资金、规划研究和深化体制改革等方面取得新的突破。2011年，全县实现生产总值141.64亿元（现行价），比去年同期增长12.5%。其中，第一产业增加值25.8亿元，比增5.8%；第二产业增加值51.9亿元，比增32.3%；第三产业增加值22.3亿元，比增27.8%。农村人平年纯收入6333元，比增9.8%，全县产业结构进一步得到优化，经济保持平稳发展，经济增长质量明显提升。

【规划、预测及调研】　2011年3 月完成编制《揭西县国民经济和社会发展第十二个五年规划纲要》，县组织20个职能部门以及各乡镇（街道），用半年时间，形成全县“十二五”规划（2011～2015），并在县八届人大六次会议上通过。

县发展和改革局领导任职情况

局　长　彭新会　~2011.12
　　　　林俊伟　2011.12~
副局长　高庆茂　2006.01~
　　　　温扬城　2007.03~
　　　　温瑞全　~2011.04
　　　　刘志刚（兼物价局局长）　2008.09~
　　　　林锦佳　2009.09~
　　　　陈春强　2011.06~
　　　　陈镇汉（兼粮食局局长）　2011.12~

揭西县2011年重点项目一览表

单位：万元

序号	项目名称	建设性质	建设内容及规模	建设起止年限	总投资	到2010年底完成投资	建设阶段	责任单位	备注
1	S335线灰寨至河婆段路面大修工程	改建	改造路长23公里	2011～2012	8200		在建	县公路局	
2	S238线河婆至坪上段路面大修工程	改建	改造路长12.6公里	2011～2012	4300		前期工作	县公路局	
3	揭阳揭西输变电工程（梧桐“卅岭”输变电工程、龙潭站#2主变扩建工程、钱坑输变电工程、清河“河婆”输变电工程、明山“三星”输变电工程）	新建	新建线路（2千米＋5.5千米+32千米+71千米）、新建主变容量（50兆伏安+40兆伏安+40兆伏安+50兆伏安+180兆伏安）。	2009～2013	42862	2860	在建	县供电局	

续上表

序号	项目名称	建设性质	建设内容及规模	建设起止年限	总投资	到2010年底完成投资	建设阶段	责任单位	备注
4	揭西县2010年配网工程	新建	改造线路102千米、改造变压器容量1200千伏安	2011~2012	4000		竣工	县供电局	
5	国电揭西县良田风能发电工程	新建	风能发电机组、电网等。	2011~2013	100000		前期工作	国电广东新能源公司	
6	五洲龙新能源电动汽车环保电池	新建	车间、生产线及设备配套	2010~2015	70000	10000	在建	广东五洲龙电源科技有限公司、县经贸局	
7	河婆工业商贸区	新建	厂房、设备及配套设施。	2009~2015	100000	7300	在建	河婆街道办、县经贸局	
8	揭西灰寨轻纺工业城	新建	厂房、设备及配套设施。	2011~2015	100000		在建	灰寨镇政府、县经贸局	
9	揭西棉湖工业城	新建	三通一平、地下排污设施，厂房、设备及配套。	2011~2015	50000		在建	棉湖镇政府、县经贸局	
10	揭西县金和工业集中区	新建	厂房、设备及配套设施。	2011~2015	40000		在建	金和镇政府、县经贸局	
11	揭西县凤江乌堂田工业区	新建	三通一平、厂房、设备及配套设施。	2011~2015	30000		在建	凤江镇政府、县经贸局	
12	揭西县东园砼搅拌站	新建	厂房、设备及配套设施。	2010~2012	10000	1200	竣工	东园镇政府、县经贸局	
13	揭西县威潜电线电缆厂	新建	厂房、设备及配套设施。	2010~2012	12000	1000	前期工作	东园镇政府、县经贸局	
14	揭西县巨洋纺织有限公司	新建	厂房、设备及配套设施。	2010~2013	10000		前期工作	东园镇政府、县经贸局	

续上表

序号	项目名称	建设性质	建设内容及规模	建设起止年限	总投资	到2010年底完成投资	建设阶段	责任单位	备注
15	白云山威灵制药厂新建厂房	新建	厂房、设备及配套设施。	2011~2013	40000		前期工作	白云山药业有限公司、县经贸局	
16	揭西县金瑞科兽药厂	新建	厂房、设备及配套设施。	2010~2013	20000	7000	竣工	金瑞科兽药有限公司、灰寨镇政府、县经贸局	
17	揭西县象山拦河坝工程	新建	拦河坝、灌溉1.7万亩	2011~2012	6551		在建	县水利局	
18	揭西县贡山电排站工程	新建	改造总装机容量4200千瓦	2011~2013	9725		前期工作	县水利局、棉湖水利所	
19	揭西县德辉养殖有限公司粤东优质种猪生产基地	新建	年产优质母猪800头，仔猪1600头，沼气2000立方米	2011	1800		竣工	揭西县德辉养殖有限公司、龙潭镇政府	
20	揭西县环城东路	新建	全长约2.1公里，路基宽度32米，建设用地面积约190.63亩	2010~2011	6195	3000	在建	县城规局	
21	揭西县环北二路	新建	路长3.5公里，宽48米	2010~2012	10000	1060	在建	县城规局、交通局	
22	揭西县坪上垃圾填埋场	新建	日处理300吨	2011~2013	4800		在建	县老虎坷垃圾填埋场	
23	希桥酒店（五星级）	新建	建筑总面积50000平方米	2011~2013	30000		在建	深圳安远公司	
24	广东揭西大北山生态旅游区	续建	九大功能区168平方公里	2006~2025	304200	160250	在建	县旅游局、深圳安远公司	
25	揭西钱坑石灵旅游综合开发区	新建	大雄宝殿、钟鼓楼等十多个旅游景点	2010~2013	13000	1500	在建	钱坑镇	

续上表

序号	项目名称	建设性质	建设内容及规模	建设起止年限	总投资	到2010年底完成投资	建设阶段	责任单位	备注
26	揭西县霖田高级中学	新建	占地面积210931平方米，建筑总面积87569平方米	2008~2015	21000	14250	在建	县教育局	
27	揭西县金和粮仓	新建	占地面积15258.7平方米，粮仓四座，建筑总面积6383平方米	2011	2000		竣工	县粮食局	
28	揭西县棉湖五金塑料物流中心	新建	占地0.2平方公里	2011~2015	50000		前期工作	棉湖镇政府	
29	揭西县凤凰新城高级住宅区（一期）	新建	总面积99880平方米	2011~2012	21000		在建	揭阳市凯瑞投资有限公司	
30	揭西县2010年防护林工程	新建	建设沿海防护林33000亩	2011	982		竣工	县林业局	
31	揭西棉湖新城（一期）	新建	总面积99800平方米	2011~2012	21000		在建	揭西县湖陂开发建设有限公司	
32	揭西县中医医院住院综合楼	新建	建筑总面积6500平方米	2010~2011	1260		竣工	揭西县中医医院	
33	揭西县人民医院手术室综合大楼	新建	建筑总面积6159平方米	2011~2012	2080		在建	揭西县人民医院	
34	揭西县2011年第一批园地山坡地开发补充耕地项目	新建	开发补充耕地9640.34亩	2011	7478		竣工	县国土局	
35	上砂第一中学教学楼	新建	五层教学楼建筑总面积3865平方米	2011	600		竣工	上砂第一中学	
36	棉湖过境公路改造及配套工程	改建	改造路长3.675千米，路基宽32米。排水管、隔离带及美化绿化等	2011~2012	5600		在建	棉湖镇政府	

续上表

序号	项目名称	建设性质	建设内容及规模	建设起止年限	总投资	到2010年底完成投资	建设阶段	责任单位	备注
37	金塔公路新建工程	新建	路长5.1千米、路宽24米	2011~2012	5024		在建	县交通局	
38	棉湖污水处理厂	新建	厂房、集污管网及设备设施，规模为日处理污水2万吨	2009~2012	6450	2850	在建	棉湖镇政府	
	总计38项				1172107	212270			

（林俊伟　汪云光）

粮食购销管理

【粮食储备】　2011年初完成新增储备任务大米300吨、实用植物油180.01吨。全县粮食储备数量：稻谷10560.75吨，大米300吨，食用油180.01吨。分别在国有粮食企业县储备粮管理中心所属10个粮食管理所和委托寄存江西抚州中央直属库（稻谷2421吨）储备。

【粮食购销】　2011年完成180吨食用植物油、300吨大米和1585吨稻谷全部轮换。做好部队政策性粮油供应服务工作。

【粮食安全检查】　认真开展春秋两季粮食保管普查。通过检查，全县粮食库存数量真实、质量合格、会统及实物一致，各项规章制度规范、健全、储备粮油安全。春秋两季粮食保管普查全县储粮均达到标准。抓好储粮仓储管理和粮食安全生产大检查及储备粮油仓库（龙潭粮所）的维修。抓好粮食流通统计工作，建立全县粮食企业流通统计制度，做好全县社会粮源统计、及时掌握分析粮食市场行情。做好粮食市场行情上报，全县3个信息采集点实行平时每周一报、特殊情况每天一报制度。建立与粮食主产区江西抚州中央直属库的长期稳定购销协作关系，确保粮源充足。

县粮食局领导任职情况

局　长　彭新会　～2011.12
　　　　陈镇汉　2011.12～
副局长　彭文写　～2011.12
　　　　张国操　2009.09～

（林俊伟　张国操）

工商行政管理

【概况】　2011年，揭西县工商行政管理系统紧紧围绕服务“加快转型升级、建设幸福揭阳”这个中心，以创先争优活动和民主评议政风行风工作为抓手，加快法治工商、信用工商、信息工商建设，推进“两项改革”工作，努力做到“五个更加”，服务发展水平提升，监管市场能力增强，工商队伍的素质和形象优化。2011年底县局机关设9个股室、2个事业单位、1个经检大队和12个基层工商所，在职工作人员171人。

【监管、注册管理】　全面提升服务效能。一、落实“一个窗口许可”服务，通过整合行政资源提供“一站式”服务，统一受理行政许可申请，统一送达行政许可。二、继续推行“一审一核”制，缩短办事时间。对申请材料齐全、符合法定形式的当场予以受理，并在五个工作日内予以发照。三、开通网上登记业务，不断探索注册登记服务新模式，优化投资环境，提高办事效率，为广大企业、商户提供又一条高效便捷的绿色通道。2011年全县应参加年检企业1033户，通过年检企业846户，其中网送年检通过企业833户，占通过年检企业98%。

全面推行规范化服务，放宽经营限制，除国家明确限制的投资领域外，坚持不限经营方式、不限经营范围，严格兑现前置审批规定；认真落实兑现服务承诺，积极为企业提供政策咨询。2011年核准企业开业登记134户，核准办理个体工商户开业登记712户，有内资企业、合伙、独资企业1140户，农民专业合作社38户，个体工商户11018户，三资企业118户。

【市场管理】 一、加强农资商品监管，加大农资商品经营的监管力度，突出重点季节、重点品种，开展春耕护农专项行动，严厉查处制售假劣农资商品行为；二、支持农民专业合作社发展，全县新设立登记农民专业合作社9户；三、推进企业诚信经营，服务企业信用体系建设。组织开展“守合同重信用”活动，动员企业积极参与，严格把好申报关，支持和引导符合申报条件的企业完善申报材料，充分利用公示平台，加强对企业经营行为监管。2011年办理动产抵押7宗；申报2010年度“守合同重信用”企业53家，其中新申报企业2家，连续10年以上获得该荣誉的企业有18家。

【商标广告管理】 一、积极采取措施力促个体户转型升格。2011年扶持、引导17户个体工商户升格为私营企业。二、扶持企业做大做强，提高企业竞争能力。引导企业申冠省名10家，申冠市名4家，使企业上水平、创效益，切实服务地方经济发展。三、开展推荐著名商标认定工作。积极引导支柱行业、重点企业和涉农企业、高新技术产业和服务业进行商标注册，按照“培育一批，扶持一批，推荐一批”的原则，积极开展商标战略宣传，对有一定知名度和影响力的农产品商标进行重点培育扶持，引导企业品牌经营。2011年全县新增注册商标1819件，著名商标1件。至2011年底，全县累计注册商标3120件，著名商标9件。

【维护消费者权益】 一、抓好“一会两站”消费维权网络建设，健全投诉调解机制。二、认真处理群众举报案件，及时分转到相关单位查处，实施告知制度。三、做好节日期间消费维权工作。四、积极开展宣传活动。借助“3·15”消费者权益日平台，开展多样化宣传，增强消费者的维权意识。2011年受理消费者投诉47件，调解47件，挽回经济损失5.26万元，投诉解决率100%。

【工商执法监管】 一、深入推进网格化监管工作，以网格化管理工作考评和随机抽查，促进网格监管规范化。二、继续完善清理无证无照经营长效监管机制，采取专项整治与日常监管相结合、惩治与教育相结合的原则，认真做好清理无照、检查亮照经营工作。2011年清理无照经营573户，引导办照472户，立案查处82宗。三、全面开展排查摸底黑网吧的基础工作，突击开展查处取缔黑网吧专项整治行动。2011年查处取缔“黑网吧”19户，查扣电脑主机309台，显示器200台。四、加强广告监管。坚持把药品、医疗、保健食品等广告与群众反映强烈的投诉广告作为监管重点，严厉查处虚假违法广告，2011年查处违法广告案件1宗。拆除违法户外广告96条（块）、违法烟草广告4块。

【经济检查】 根据省局关于“一支队伍办案”的工作要求，切实提高执法效能，开创执法办案工作新局面。全县2011年查处各类违法经济案件103宗，无照经营案件85宗，其他违法案件18宗。

加强流通环节食品安全监管。一、严把《食品流通许可证》核准关，加强对经营户食品安全知识的宣传，从源头上杜绝不安全食品入市。2011年发放食品流通许可证685份，其中内资企业43份，个体工商户642份。二、正式启动“信誉通”食品备案信息系统。全县已开通“信誉通”食品备案信息系统22户。三、开展食品安全示范店创建工作。至2011年年底，全县创建县级食品安全示范店15户，市级食品安全示范店1户，申报和创建工作正在有序开展中。四、加强乳制品质量安全监管。完善乳制品经营主体经济户口，健全台账，建立健全信用分类监管制度和“黑名单”制度，引导和监督乳制品经营者不断提高信用自律水平。

开展打击违法行为工作。一、严厉打击走私行为，对经销无合法来源进口商品违法行为及假冒进口商品的违法行为进行严厉查处。二、加大打击非法传销力度。强化区域合作，创新打击传销机制，继续推进创建“无传销社区（村）”工作，完善部门联合机制，探索打击传销和直销监管新办法，铲除传销滋生的土壤。全县已建立无传销社区（村）310个。三、严厉打击不正当竞争行为。严厉打击傍名牌、商业贿赂和公用企业利用独占地位进行不正当竞争等行为，维护公平竞争。四、开展“打四黑除四害”专项行动。采取积极措施，配合有关部门，联合开展打击“黑作坊、黑工厂、黑市场、黑窝点”专项行动，大力整顿市场秩序，净化市场环境。全年出动执法人员2748人次，出动执法车辆885台次，检查经营店铺3245户次，查处销售假冒伪劣商品案件4宗。

【个私协会工作】 一、加强对个私协会的指导工作，积极支持协会开展“光彩服务活动”，引导会员为群众办好事、办实事，积极回报社会。全年慰问困难会员100多户，发放慰问金6.5万元。二、提高协会服务职能，认真学习贯彻《个体工商户条例》和《广东省个体工商户和私营企业权益保护条例》，在个体私营企业中广泛宣传，印发材料6000册。三、积极激活民间投资，推动会员企业发展。县个私协会与县邮政储蓄银行合作，联合帮助广大会员解决资金短缺困难问题。

县工商局领导任职情况

局　长　林木宏　2003.12～
副局长　陈子明　2003.12～
　　　　陈新伟　2006.01～
　　　　林武国　～2011.10

（陈新伟　陈炳森）

物价管理

【价格管理】

日常价格检查　开展节假日市场物价巡查，组织人员对粮食、肉禽蛋奶、交通运输、汽油、液化石油气、春运票价、旅游景点门票等重要商品和服务价格进行巡查，坚决打击价格违法行为，全年出动168人次。

强化价格监测　对省要求的12类46项商品价格实施监测，做到每天一测一报；对瓶装液化石油气价格的监测，做到每周一测一报；切实维护市场价格秩序。全年编印《物价信息》7期，及时反映市场价格动态，为政府及相关部门决策提供依据。

医疗药品服务价格　2011年9月1日起，对107个单独定价药品、729个统一定价药品品种的激素、调节内分泌类和神经系统类等药品最高零售价格进行重新调整，取消107个品种的定价药品价格；对基层医疗卫生机构现有门诊挂号费、诊查费、注射费（含静脉输液费、不含药品费、耗材费）、药事服务成本合并为一般诊疗费。

惠农价格　2011年10月15日零时起，省始发的除农村客运外的班车客运（含旅游班线客运）单位计费里程燃油附加费下调为0.01元/人·公里。

【收费管理】

经营服务性收费　2011年11月1日起，批准县建设局收取廉租房租金标准为1元/平方米.月；专项用于廉租房维护管理各项工作。

教育收费　2011年秋季开学起，调整幼儿园保教费、伙食费。县一级幼儿园保教费调整为每生每学期450元，乡镇（街道）中心幼儿园每生每学期350元，未评级幼儿园保教费调整为每生每学期300元。学前班学杂费按未评级幼儿园保教费收取，即每生每期300元。伙食费属代收代管项目，调整为每生每日6元。

【价格检查】

价格专项检查　开展农村电价、涉农收费政策落实情况、农产品市场监管、农机服务收费、行业协会收费、教育收费、对商品房销售价格明码标价、医药卫生服务价格、银行金融系统收费等专项检查。全年查处违规收费案件4宗，违规金额3.9万元；接到各类投诉举报案件3宗，咨询11宗，查处投诉退款2宗，违规金额7192元，办结率100%。

【处理食盐价格异动事件】 2011年3月16日晚开始，受周边地区食盐紧缺的谣言影响，引发全县城乡居民抢购食盐风波。县委、县政府主要领导高度重视，并到现场指挥。盐政、物价、公安、工商等有关部门密切配合、同力协作。县物价局第一时间迅速反应，当晚组织人员重点加强对食盐市场价格的监测，掌握价格动态。3月17日早上采取措施：一、与盐商协商将配送车变销售车开到县城文化广场，让群众排队购买。二、物价、工商、公安的工作人员到场维持秩序。三、通过新闻媒体等向群众做宣传疏导工作，安抚居民恐慌心理，正确引导群众理性消费。四、与盐政部门协调把食盐配送到三家大型超市，动员群众到超市购买。至当日下午2：30分，抢购风波得到平息。县物价局组织人员检查全县商场、超市、批发点90多家。

【价格服务】

价格认证工作　县物价局价格认证中心全年开展价格认证评估业务135宗，评估标的400多万元，为公安司法机关办案提供依据。

价格临时补贴　2011年1月23日春节前将价格临时补贴资金128万元，通过民政部门发放到城乡低保卡上（城镇低保户3530人、农村低保户25728人）。

平价商店、蔬菜大棚建设　2011年7月8日经申报、审核，认定河婆街道瑞记粮油店、河东平价商店为揭西县第一批“农副产品平价商店”。9月份拨付省级价格调节基金30万元给广东蓝天果蔬农业科技开发有限公司作为蔬菜大棚建设扶持资金。

开征价格调节基金　2011年1月1日起向社会征收价格调节基金。缴纳义务人是全县行政区域内符合《揭阳市价格调节基金征收使用管理暂行办法》第七条规定的建筑安装、发电、银行、证券、保险、其他非银行金融机构、烟草企业。2011年1～9月通过地税大系统征收价格调节基金68万元。

县物价局领导任职情况

局　长　刘志刚　2008.09～
副局长　陈史明　2000.10～
　　　　林培周　2007.08～

（刘志刚　许越俊）

市场物业管理

【市场建设】 河婆中心市场二楼原是成衣市场，由于生意冷落，场内租户逐年减少，多年来处于半荒废状态。2011年，河婆物业所经过积极探讨，将中心市场二楼出租给商家重新装修开办“家家乐购物广场”，成为一个规模较大的自选超市。尽管县物业局市场租费收入有限，经费严重不足，但局仍然通过严格控制各项开支，尽力挤出资金，合理安排资金对河婆大同市场等危旧市场进行必要的维修改造，努力维护市场形象。

【市场防火】 县物业局始终把安全生产工作当作头等大事来抓，投入资金对消防器材进行更换、维修，不断完善消防设施，指定一名副局长专门负责安全防火工作。一、加强市场安全工作责任制落实。强化市场安全防火责任书的分级签订工作，加强对各市场安全工作的检查和督导，坚持检查登记制度和安全隐患整改追踪制度，确保市场安全工作的落实。二、加强落实市场值班制度。县各所落实市场值班制度，要求各所对重点市场实行昼夜值班制，及时、全面掌握市场安全动态。特别是在重大节日和汛期、防台风期间，各所严格落实24小时市场值班制度。三、加强消防安全教育。各所认真订购消防杂志进行学习借鉴，积极组织开展安全生产月和安全生产知识问答等活动，适时召开市场安全工作会议。平时，县物业局还利用全国各地发生的重大安全事故作为事例来教育引导全体干部职工。

县物业局领导任职情况

局 长 陈会堂 2008.10～

副局长 李绍鹏 2006.08～

刘建兴 2011.06～

（陈会堂 刘佑兴）

质量技术监督

【食品安全监管】 编制《2011年揭西县食品生产加工环节监督管理计划》，严格督促企业落实质量安全主体责任，对全县104家食品生产企业实施分级管理，建立企业食品安全信用档案， 严厉打击食品非法添加和滥用食品添加剂行为。大力宣传《食品安全法》及其实施条例对食品生产经营活动的各项要求和规定，督促企业逐步完善产品质量管理体系。至2011年，全县有99家食品生产企业获得全国工业产品生产许可证，有15家食品生产企业获得广东省名牌产品18个。

【产品质量监管】 认真开展质量强县工作，帮助企业分析和解决质量控制疑难问题，完善产品质量管理体系，督促企业建立健全进货验收、出厂检验制度，推动企业落实质量安全主体责任，帮助企业完善质量管理体系，逐步提高企业的产品质量管理水平。配合国家、省、市对电线电缆、食品、食品包装材料等产品的监督抽查，突出抓好不合格产品后处理工作，严格按照后处理的有关规定，及时下发检验报告和整改通知书，组织企业开展查找原因、整改和产品复查。

【标准化、条代码管理】 加强产品标准审查、备案、登记等工作，促使企业严格执行标准生产。同时积极推进采标进程，加大采标力度。积极推进农业标准化工作，加快推进农业标准实施力度，提高标准的实施率。做好全县企业条码、代码动态管理，2011年，全县新办及变更组织机构代码440家，办理数字证书270家。

【计量管理】 强化计量管理，认真做好对压力表、加油机、干燥箱、培养箱、台案秤、电子秤、天平、地秤和医疗卫生用计量器具的监督管理工作，同时加强对加油站、液化石油气站的计量监督管理。降低能耗物耗和管理成本，加强定量包装商品管理，积极推动企业申报二、三级计量保证体系确认和C标志。

【特种设备安全监察】 贯彻落实“安全第一，预防为主”的精神，重点对气瓶、锅炉、压力容器、起重机械、电梯维保等五类特种设备的专项整治工作。按照“谁使用谁负责”和“企业法人负总责”的原则，结合辖区实际，按照“三落实、两有证、一检验、一预案”要求，规范特种设备使用行为，做好隐患排查治理工作，抓好特种设备的使用、定期检验、作业人员培训和各项专项整治工作，认真落实特种设备主体责任制，实现全县特种设备安全运行无事故。

【行政执法】 加强专项执法检查，严格依法履行职责，开展食品、农资、建材、家电下乡、“双打”和液化石油气充装站等专项执法监督检查，严厉查处违法违规生产行为。出动执法421人次，查办案件19宗，违规物品货值0.96万元。有效遏制区域性、行业性假冒伪劣现象的发生。认真做好投诉申诉处理工作，依法处理投诉申诉案件，认真回复投诉申诉人，查处结果及时告知投诉申诉人并做好相关记录，做到件件有落实、件件有回音。落实保密措施，切实维护投诉申诉人的合法权益。2011年，受理投诉23起，申诉21起，办结回复率100%。

县质监局领导任职情况

局　　长　方跃波　2007.07～
副 局 长　陈　建　2008.09～
　　　　　蔡海礁　2011.05～

（蔡海礁　蔡雪娟）

安全生产监督管理

【概况】 2011年，县安全生产监督管理局（以下简称“安监局）以防范重特大事故为重点，全面落实安全生产责任制，强化控制目标管理；开展安全生产大检查，加大安全隐患排查力度，采取得力措施，狠抓安全生产专项整治；加强安全生产宣传教育，认真开展安全监管各项工作。2011年，全县发生各类安全生产事故37起，死亡22人，受伤51人，直接经济损失71.91万元，同比下降7.68%。其中工矿商贸事故1起，死亡1人；道路交通事故32起，死亡17人，受伤47人，直接经济损失6.01万元；火灾事故5起，死亡4人，受伤4人，直接经济损失65.9万元，同比下降4.79%，全县安全环境持续稳定。

【防范重特大安全事故】 2011年全县出动安全生产检查3365人次，检查企业1486家，发现安全隐患825处，现场整改安全隐患783处，限期落实整改安全隐患42处，发整改通知书42份，取缔非法企业14家，行政处罚29宗。

【安全检查】 2011年全县组织6次全县性安全生产大检查。县政府专门召开全县安全生产大会，布置安全生产大检查和督查的具体工作。各乡镇（街道）、各单位按照县政府的统一部署，迅速行动，认真做好会议精神的贯彻落实，结合各自实际，制订安全生产大检查方案，在全县范围内开展声势浩大的安全生产大检查。

【宣传教育】 2011年6月县安委会组织各乡镇、街道和县有关部门积极开展“安全生产月”活动。活动期间开展“安全责任、重在落实”安全生产法律法规宣讲活动，组织安全生产明信片竞答活动，制作宣传栏12个，宣传横幅16条，公益广告3则，播放安全生产警示标语30条，专题报道6场。

【打击非法违法生产经营行为】 2011年春节、清明、中秋等重大传统节日期间县安监、公安、工商等部门会同各乡镇（街道）在全县范围内联合开展打击非法生产经营烟花爆竹联合执法行动，在塔头镇、河婆街道没收非法经营的烟花245件、爆竹95件，并在县垃圾焚烧场进行公开销毁，有力打击非法经营烟花爆竹行为。

【安全问责制度】 2011年，依法对金和镇金桥工业区揭西县金鸿纸业有限公司发生的安全生产事故进行事故调查、结案。

【治理事故隐患】 2011年8月县安监局会同县公安、经贸、钱坑镇政府对钱坑镇一家非法经营成品油的加油站进行依法取缔和行政处罚。

【应急救援建设】 2011年6月，县安监局、县消防大队、县环保局、县气象局和全县危险化学品经营企业在县城中石化河婆加油站开展应急救援演练。全县6家液化石油气充装站、24家加油站已完善应急预案备案手续。

县安全生产监督管理局领导任职情况

局　长　刘耀雄　2007.01～
副局长　邹细服　2002.03～
　　　　黄德强　2007.07～
　　　　杨俊彬　2011.06～

（刘耀雄　蔡明权）

审　计

【概况】 2011年，县审计局紧紧抓住科学发展主题和加快转变经济发展方式主线，牢固树立科学审计理念，坚持依法审计，围绕中心，服务大局，切实履行审计职责，充分发挥审计“免疫系统”功能。县审计局全年审计和审计调查项目46个，完成年度审计项目计划的164%，查出违规金额783万元，管理不规范金额1918万元，处理上缴财政103万元，调账处理金额973万元，提出并已被采纳的审计建议51条。

【财政审计】 预算执行审计是审计工作的重点，县审计局始终坚持把它放在审计工作的第一位，大力深化财政预算执行审计，重点检查预算执行的有效性和财政资金的分配情况及使用效果，促进财政部门加强预算管理，优化财政支出结构，提高资金使用效益。2011年，预算执行审计单位2个，查出未按规定征收、缴纳预算收入38万元，其他14万元，处理上缴财政38万元。

【经济责任审计】 2011年是全县县、镇、村换届年，县审计局为确保经济责任审计工作能按时保质圆满完成，改变以往集中换届年的做法，重点突出对乡镇党委政府、县政府组成部门的领导干部任期经济责任审计，在审计组织方式上，当经济责任审计任务一下达，迅速行动，召开专门会议研究部署，制定审计工作方案，统筹安排，充分调动审计干部的工作积极性，全力以赴组织实施。在审计内容上，注重从真实合法审计为主向真实合法效益并重入手，以领导干部守法、守纪、守规、尽责情况为重点，把重大经济决策、遵守财经法规情况、债务情况、工作绩效和遵守廉政规定等方面纳入审计内容，把对领导干部的“问责”与对使用资金的“问效”有机结合起来，着力提高审计质量，不断深化经济责任审计。2011年，审计经济责任人35人，审计单位35个，发现和纠正的问题主要有：违规金额中负有主管责任的626万元，管理不规范金额中负有主管责任的1675万元。

【行政事业审计】 2011年，审计行政事业单位39个，查出违规改变资金用途4万元，虚列支出1万元，少计少缴税费38万元，其他违规金额2081万元，处理上缴财政65万元。

【专项资金审计】 一、组织开展全县清理化解农村义务教育债务审计核实。全县有79所中小学农村义务教育的债务余额3674.82万元，其中：学校工程款3610.20万元，设备费21.87万元，其他42.75万元。二、做好企业债权债务清核工作。县审计局抽调审计人员6人，成立2个审计组，开展对县化工厂、县饲料公司2011年3月末的债权债务情况进行审核，采用审阅、核对、询问和调查等审计方法，审核债权债务总额1103.13万元，其中：债权84.26万元，债务1018.87万元。

【审计调查】 2011年2月，县审计局对县中医院2009～2010年度收费项目进行专项审计调查。审计组深入调查，基本了解该医院药品和耗材来源、采购，医疗服务项目收费，以及医疗收费政策措施的执行情况，并延伸调查药品和耗材经销商12家。发现该医院存在多收护理费、超标准收费、少提单位修购基金等问题，提出整改意见3条。县中医院采纳审计调查意见并立即整改，切实加以纠正和改进。组织对全县中小学校校舍安全工程进行审计调查，至2011年10月底，县审计局开展五个阶段的审计调查，投入审计人员20人次，审计天数45天，审计资金总额15850万元，抽查55所中小学和16个教育组，审计项目涉及校安工程改造面积120050平方米，审计抽查学校已办理竣工验收项目25所，发现和纠正部分学校的校安工程项目存在白条抵账、大额现金支付、未专账核算等问题，提出建议意见5条，已落实整改4条，落实率80%。对全县公办普通高中债务进行审计调查，查清全县公办普通高中债务总体情况，揭示存在的风险隐患，分析债务的形成原因，提出加强普通高中债务管理、建立长效机制、促进普通高中教育持续健康发展的意见和建议。

【审计管理】 一、严格审计执法，在业务工作上提升水平。县审计局在做好每一个审计项目审前调查、制定审计方案的基础上，加强审计质量控制，坚持把好审计进点、审计现场、审计复核、审计处理、审计整改“五个关口”，促使审计工作目标更加明确、重点更加突出、方案更加具体、实施更加规范、成果更加实用、整改更加彻底，有力推动各项审计业务工作更好地落实。二、不断改进方法，在审计能力上有所作为。建立部门预算执行审计、经济责任审计“一体化”的工作机制，推行乡镇书记、乡镇长经济责任同步审计，探索绩效审计，大力提高审计质量和综合利用审计成果。三、打牢思想根基，在队伍建设上狠下工夫。按照“实、高、新、严、细、廉”的要求，以抓班子、带队伍、聚人才的审计队伍专业化建设的工作思路，加强审计机关建设，切实提高审计干部依法审计能力和综合素质。2011年，县审计局组织各类学习会31场次，举办业务培训班2期，还派出5批次、24人参加省审计厅、市审计局举办的审计业务培训学习。四、加强信息化建设，在提高工作效能上见实效。组织开展“金审工程”二期建设，投入资金20.91万元，建设审计专网、审计会商系统和审计信息化配套设施，经市审计局专家组验收合格，全面投入使用，各项仪器设备运转正常，实现省、市、县专网互联互通，有效整合审计信息资源和共享。

【内部审计】 至2011年底，县直单位内审机构9个，内审人员23人，其中专职机构1个，专职人员4人，完成审计项目80个，审计总金额18504.70万元，查出损失浪费5.60万元，纠正违规资金20.90万元，促进增收节支12万元，提出审计建议意见被采纳的75条，建议给予行政处分1人。全县农村集体经济审计站17个，审计人员73人。2011年，各乡镇农村集体经济审计站为配合全县村（居）委会换届，对全县280个行政村、38个居委会近3年来财务收支进行审计，审计覆盖面100%。

【揭西群信会计师事务所】 揭西群信会计师事务所1999年12月23日经广东省财政厅批准设立。2000年2月12日登记注册，由具备中国注册会计师资格人员为主体组成，承办《注册会计师法》规定的法定业务，业务范围包括审查企业会计报表，验证企业资本，办理企业合并、分立、清算事宜中的审计业务，税务代理，担任会计、审计顾问、提供会计、财务和经济管理咨询，办理法律、行政法规规定的其他审计业务。事务所接受省财政厅的监管以及注册会计师协会的行业管理。按照“独立、客观、公正”的宗旨承办业务。2011年度承办企事业会计报表审计、注册资本验证、企业清算、财务审计、账务清理、专项审计、经济案件鉴定、应纳税所得额汇算等业务363项，会计从业人员后续教育培训900人。

县审计局领导任职情况

局　长	温贵明	2008.01～
副局长	陈松华	2008.01～
	蔡利波	2009.09～

（温贵明　蔡伟恩　蔡素钦）

统　计

【信息服务】 编印全年的统计快报和统计年鉴，每月出版《揭西信息快报》，为领导的科学决策提供依据。编印《揭西信息快报》12期、编写印发2010年年鉴150册。

【主要工作】 一、紧紧围绕上级统计部门和县委、县政府的目标任务，切实做好数据统计和报表上报工作。1. 开展工业、农业、商业、固定资金投资、建筑房地产业、能源、外经贸、旅游、劳动工资、科技等专业统计工作，为全县GDP核算提供数据依据。2. 抓好幸福揭阳、科学发展观、“插红旗”三大考核指标及“三个新增100”的数据统计和上报工作。3. 开展农村住房调查、企业景色调查、规下名录企业抽样调查、畜牧业调查、非公企业人才资源调查、公安工作群众满意及公众安全感调查、选人用人群众满意度调查、人口抽样调查等统计调查工作，完成国家及省市布置的调查任务。二、建设乡镇街道统计工作站。全县17个乡镇街道都成立统计工作站，为乡镇街道属下正股级事业单位，负责辖区内综合统计工作。全县共配备乡镇（街道）统计站站长17名，统计人员35名。三、第六次全国人口普查。第六次全国人口普查工作，严格按照国家普查方案及省市的工作部署和要求，2011年集中全力抓好登记表审核、编码和数据快速汇总、长短表数据光电录入、数据编审和汇总上报、户主姓名底册和普查地图绘制录入等各个环节的工作，按要求完成上级普查机构布置的工作任务。四、集中精力抓好各项建设措施的落实。建设县级机房和视频会议室；抓好乡镇（街道）硬件建设，每个乡镇（街道）配备两台统计专用电脑、一台打印机和一条网络连接；组织业务培训，推动网上直报工作。县统计局组织5次各乡镇（街道）统计人员业务培训。同时，积极推进，全面实行 “三上”企业和房地产开发的联网直报。五、基层统计人员上岗培训。2011年，组织新上岗统计人员进行统计从业资格培训考试，全县有33名基层统计人员参加培训考试，获得统计从业资格证书。

【统计方法制度改革】 揭西县从2011年10月起在全县范围内开展统计“四大工程”建设（建立统一完整的基本单位名录库、规范的企业一套表制度，统一兼容的数据采集处理软件系统、安全高效的联网直报系统）。制订实施方案，进行工作部署；2011年11月至12月底为统计“四大工程”基础设施建设和技术准备阶段；2011年年报和2012年定报起为正式运行阶段。统计“四大工程”建设的核心是“三上”企业和房地产企业全面实施“企业一套表制度”，并由企业直接通过互联网报送数据。各级统计部门负责配套建立实时在线监管系统，对企业上报数据进行实时监管、审核、查询和汇总，确保数据质量。

【法制建设】 2011年，县统计局加强统计法制建设，采取扎实措施，广泛开展统计法制宣传教育，抓好统计人员从业资格培训和继续教育，强化统计执法工作，进一步提高全社会的统计法律法规意识，促进依法统计，推动统计工作的更好开展。一、深入宣传，营造良好氛围。在全县第六次全国人口普查和统计“四大工程”建设工作期间，为提高社会公众的认识，通过电视、广播、横联及致企业一封信等形式，广泛开展宣传，使广大人民群众和企业了解有关法律法规，提高社会大众的知晓度和配合度，为人口普查和“四大工程”建设工作顺利开展营造良好氛围。二、加强检查，提高执法力度。2011年，县统计执法大检查领导小组会同有关部门组成两个检查组，分别对各乡镇（街道）及有关部门进行全面检查。重点检查统计站建设和办公用具配套设施情况，并抽查规上工业、限上商业、固定资产投资专业报表和农业台账，对工作不落实的单位进行当场批评教育，并责成落实整改。

县统计局领导任职情况

局　长	陈统将	2008.09～
副局长	沈少雄	2002.03～
	林吉新	2007.01～

（陈统将　温茂琼）

农　业

种植业

【粮食作物】　2011年粮食播种面积44.83万亩，总产17.3万吨，其中，水稻播种面积28.05万亩，产量10.07万吨；薯类种植面积14.21万亩，产量6.14万吨；玉米种植面积1.91万亩，产量1.02万吨;大豆种植面积0.29万亩，产量0.04万吨，其他粮食面积0.37万亩，产量0.03万吨。

【经济作物】　2011年经济作物种植面积1.19万亩，其中，花生种植面积1.06万亩，产量0.25万吨；甘蔗种植面积0.05万亩，产量0.3万吨；药材种植面积0.08万亩，产量1.92万吨；蔬菜种植面积10.83万亩，产量21.96万吨；瓜类种植面积0.04万亩，产量0.05万吨。茶叶种植面积2.85万亩，产量0.33万吨。

【农业科技】　积极组织县内农业企业、种养大户选送产品参加国家、省、市各级举办的各类优质农产品展销、展示活动，积极实施品牌带动战略，鼓励农业企业发展自主品牌。积极开展无公害、绿色、有机农产品基地及产品申报活动，以品牌吸引消费，以名牌抢占市场，不断提高自主创新能力。2011年新增广东名牌2个，广东星期八食品有限公司的星期8牌瓜子、广东富城食品工业有限公司的金碧富城牌花生被评为广东省名牌产品，全县获得的广东省农业类名牌产品18个。

【农业龙头企业】　继续发展壮大龙头企业。2011年新增市级农业龙头企业2家：广东雄发食品有限公司、揭西县同心食品有限公司。至2011年底，全县市级以上农业龙头企业达到10家。

【农机管理】　贯彻落实《财政部、农业部联合印发的〈农业机械购置补贴专项资金使用管理暂行办法〉》和《广东省2011年农业机械购置补贴项目实施方案》，组织实施农机购置补贴工作。全县享受财政补贴农户400户，购置农机具611台套，投入上级财政补贴资金90万元，提高全县的农业机械化装备水平。至2011年底，全县农业机械总动力79464千瓦，其中柴油发动机动力56932千瓦，汽油发动机动力5547千瓦，电动机动力16985千瓦。联合收割机11台。大中型拖拉机21台。2011年办理拖拉机入户52台，考核拖拉机驾驶员2期154人，安装拖拉机三灯、反光灯328台。

【扶贫开发】　2011年全县落实帮扶资金6207万元，帮扶项目289个，完成脱贫户1049户4597人。全县省定47个贫困村，贫困户5735户33170人，至2011年底，脱贫5162户29854人，分别占省定的贫困户和贫困人口的90%。

县农业局领导任职情况

局　长	林森锐	2006.11～
副局长	邱小林	2005.12～
	林宋填	2006.07～
	林和新	2009.09～
	曾颂波	2009.09～
	庄世史	2011.07～

（林森锐　彭志松）

林　业

【集体林权制度改革】　2011年全县集体林权制度改革的林地面积120.5万亩（其中自留山面积20.2万亩，责任山面积36.1万亩，集体统一经营的林地面积64.2万亩），国有林地9.5万亩，全县森林覆盖率62.4%。林改涉及17个乡镇，262个行政村，涉及13.4万农户，人口61万人。全县林改主体改革任务完成外业勘界120.5万亩，占涉及林改面积的100%，确权119.51万亩，占集体林地面积99.2%。自留山、责任山保持稳定，进行分户分宗地勘界确权，完成自留山确权发证19.68万亩，占应确权发证面积的97.42%，完成责任山确权发证35.81万亩，占应确权发证面积的99.2%，集体统一经营林地实行均股均利，集体山林收益70%以上分配到农户，完成集体统一经营林地确权发证64.02万亩，占任务的99.7%。通过林改全县共发放林权证13817本，面积119.51万亩；发放股份权益证10.3万本，面积64.02万亩，占集体统一经营林地面积99.55%；发生山林纠纷320宗0.71万亩，调处318宗0.69万亩。至2011年底，全县集体林权制度改革工作全面完成。

【造林绿化】 按照"四个结合"（经济林、防护林、风景林相结合，乔、灌、草相结合，绿化、美化、香化相结合，生态、社会、经济效益相结合）的原则，实施造林灭荒工程和沿海防护林、重点碳汇林、林分林相改造工程及绿色通道工程、速生丰产林建设、万村绿大行动、绿化进"五园"活动等，进一步发展和培育森林资源，增加森林资源储备，实现森林面积和蓄积量"双增"目标。2011年完成中央造林任务33000亩、省级沿海防护林5000亩、森林碳汇示范林1000亩、抚育森林15000亩；及时延伸造林绿化工作，推进造林绿化向纵深发展，结合"万村绿"大行动，深入开展"绿化进五园"活动，把造林绿化逐步延伸到家园、校园、工业园、公共服务园和田园等"五园"。造林绿化工作得到上级的肯定，2011年，揭西县人民政府被全国绿化委员会、人力资源社会保障部、国家林业局授予"全国绿化先进集体"称号。

【生态公益林建设】 2011年加强管护和建设全县有省级生态公益林28475.2公顷，通过与农户、村民小组或村委会签订协议、合同或管护责任书，由各林权单位开设生态公益林效益补偿资金专用账户，省级生态公益林效益补偿资金按有关规定如期拨付到各林权单位。

【防火工作】 森林防火工作围绕"抓宣传、抓预防、抓基础、抓队伍、抓制度"开展，做到思想到位、领导到位、责任到位、措施到位、队伍到位。严格执行森林防火行政首长负责制，县人民政府和17个乡镇、6个国营农林场签订森林防火责任书24份，签订率100%，乡镇与村签订森林防火责任书280份，签订率100%。充分利用广播、电视、传单、横幅、墙报、路牌、宣传车等宣传工具，宣传新修订的《森林防火条例》。出动宣传车113次，张贴标语25450条，悬挂横幅50条次，竖立固定宣传牌50块，更新、刷新永久性宣传牌315个，印发宣传资料26500份，广播电视470场次，组织13个宣传队深入边远山区村寨宣传175次。

落实野外火源管理责任。镇（挂钩干部）、村干部及护林员要分片管理责任管理的森林、林木、林地。高火险天气和特殊重点节日，在重点山头、地段、进山入口落实专人负责看管，严防死守，禁止任何单位和个人携带火种和易燃易爆物品进入林区。严格执行炼山县审批制度，推广野外生产用火"三集中"；对森林火险重点地段、部位实行重点管理。县政府、森防指挥部在省道线沿途8个乡镇（重点火险区）建立野外火源管理巡查联动机制，抽调干部职工组成专职野外火源管理小组，带扑火工具，在三级以上火险天气的上午9时至下午5时，规定地点集中后，分组沿规定的路线专职巡查管理野外火源。对划定森林防火区范围内森林火灾隐患进行全面排查。对于在山地及其边缘地带的旅游景点和群众性祭拜点，督促开设防火隔离带，落实专人负责看管。对于精神病人及痴呆人，要求乡镇、村负责落实监护人和监护措施。1月和9月，县森林防火指挥部、县林业局派出两个工作组，对划定森林防火区范围内森林火灾隐患进行全面排查，做到发现一宗，处理一宗，教育一宗，并对违规用火者进行电视曝光。2011年组织野外火源专职巡查小组18支，出动巡查1750次，制止在山田边缘野外违章用火4宗，消除火灾隐患11个，没收上缴易燃易爆物品25公斤。

加强扑火队伍建设和做好扑火准备工作，成立县防火协会，健全群防群治网络。在搞好县属200人扑火队伍建设同时，认真抓好乡镇一级扑火队伍建设，乡镇级成立扑火队（组）17支，每支30～50人，共680人。对各乡镇主管领导、林业站长、扑火队队长进行森林扑火知识和扑火技能培训，参加人430人次。在扑火物资方面，争取上级支持，多渠道筹集资金，积极采购物资，购置二号工具1100把，铁铲、镰刀1050把，解放鞋200双，手套300双，电筒50支等。

2011年，全县发生森林火灾5宗，受害面积294.9亩。

【林政管理】 规范林木采伐审批制度，确保林木的快速增长。规范采伐申请、伐区勘查、审批核发采伐证等程序，严格控制木材消耗。2011年，全县审批林木采伐36宗，砍伐林木12130立方米。强化征占用林地的审核审批工作，禁止任何单位和个人破坏林地。任何单位或个人征占用林地，必须依照法定程序上报林业主管部门审核同意并逐级上报审批。2011年，全县受理审批各项工程建设征占用林地4宗，面积10.76公顷；受理审批临时占用林地19宗，面积18.14公顷。2011年，全县活立木蓄积量255.3万立方米，森林覆盖率62.4%。

【林场建设】 林场道路方面，认真制定林区公路详细改建规划，对辐射区域、生产生活集中的路线进行优先安排。加强宣传力度，提高基层单位对林区公路养护的认识。到2011年12月为止，油桐林场已完成3公里水泥硬底化水泥路和河breaking林场3.5公里水泥路面。供水方面，安排各国有林场做好有关饮水安全工程的初步设计、技术审查、立项报建和工程建设管理等有关工作。河breaking林场饮水工程经多方筹集资金进行建设，已顺利完工。危旧房改造方面，对4个林场进行危旧房改造项目建设（大北山林场、河breaking林场、油桐林场、天宝堂林场），共205户。协助和指导各国有林场做好危旧房建设和资金等问题，改制方面，做好棉湖木材工业公司改制工作，处理和落实好木材公司职工有关改制后的各项工作，使职工改制后生活得到保障。做好国有林场建设和管理工作、森林公园开发与利用等工作，加快林业建设与地方开发战略的整合，壮大林业产业，大力发展林业的第二、三产业。

县林业局领导任职情况

局　　长　庄添明　2006.02～
副 局 长　刘永业　～2011.12
　　　　　陈森林　～2011.11
　　　　　彭康全　～2011.06
　　　　　邓云俊　2011.06～
森林公安分局局长
　　　　　曾莉强　2011.06～

（庄添明　庄瑞华）

果蔬业

【概况】 2011年，全县水果种植面积184664亩，产量81742吨；蔬菜栽培面积111334亩，产量242779吨。

【果蔬生产和发展】 大力发展“一乡一品” 2011年，县果蔬局在金和镇组织开展“红脚芥兰开发”项目建设，创建200亩红脚芥兰生产示范基地，举办技术培训班2期，培训农户239人次，印发技术资料5000份，扶持农户250户，带动农户503户，新发展红脚芥兰种植面积1832亩，新增产量3110吨，促进地方特色农产品生产发展、农民增收。

开展蔬菜标准园创建工作　县果蔬局组织开展蔬菜标准园创建，项目由广东蓝天果蔬农业科技开发有限公司承担，创建地址在金和镇和南村，创建面积1000亩。严格按照农业部提出的规模化种植、标准化生产、商品化处理、品牌化销售、产业化经营的“五化”要求，通过改善园地生产条件，完善生产设施，加强标准体系建设，落实标准化生产管理，实现100%生产资料统购统供、100%种苗统育统供、100%病虫害统防统治、100%产品商品化处理、100%品牌化销售、100%符合食品安全国家标准的“六个百分百”目标。

加快发展“三高”农业　至2011年底，完成“橄榄深加工技术开发”项目建设任务，项目由揭西县天高食品厂有限公司承担，从2009年1月开始实施，项目总投资421.65万元，进行厂房扩建和无尘晒房等工程建设，采用全封闭式玻璃暖房和利用太阳能的热效应进行凉果干燥等先进技术，创造“隔音、无尘、节能、高效”现代化生产，确保橄榄凉果质量安全生产，实现年加工能力1800吨。

【开展病虫害监测和防控】　县果蔬局组织技术人员继续开展柑橘木虱药剂防治试验，提高柑橘木虱的防控技术，在全县范围内开展柑橘黄龙病、溃疡病防控工作，取得良好的防控效果。

【果蔬产品质量安全】　2011年，全县加强水果蔬菜农产品生产基地安全生产工作，规范标准化生产技术，加强肥料、农药等农业投入品的使用管理，进一步完善农业投入品登记制度，健全生产记录档案，实现果蔬产品全年安全生产。

【科技推广应用】　全县加强农业科技推广应用工作。在水果生产方面着重推广柑橘标准化生产技术，推广应用柑橘脱毒种苗，提高柑橘黄龙病防控水平，推广应用香蕉枯萎病防控技术。在蔬菜生产方面大力推广包心芥菜无公害蔬菜生产技术、黑皮冬瓜标准化生产技术、淮山和马铃薯标准化生产技术等。

县果蔬局领导任职情况

局　长	高育辉	2006.01～
副局长	陈国安	1996.02～
	李建放	2000.01～

（高育辉　温瑞强）

畜牧业

【概况】　2011年全县畜牧业总产值104268万元；全县生猪存栏26.14万头，出栏39.19万头；家禽存栏185.51万只，出栏945.54万只；珍禽出栏346万羽，出售种苗885万羽；牛出栏0.98万头。各类养殖场967个，其中养猪场648个，年存栏1000头猪以上的规模养猪场16个，已建设的标准化示范猪场18个；养牛场11个，养鸡场157个，其中大型养鸡场6个；养鸭场86个；养鹅场17个；特禽养殖场（主要是鹧鸪，其次还有山鸡、鸽等）48个，其中大型养殖场2个（存栏种鹧鸪5万只以上）。

【畜牧生产】　随着养殖形势发展，农村散养户越来越少，规模化养殖场逐步增大，成立养殖公司的有揭西县德辉养殖有限公司和揭西县荣益养殖有限公司；成立养殖专业合作社的有揭西县龙东生猪养殖专业合作社、揭西县优旺家禽养殖合作社、揭西县和鑫种养专业合作社。家禽及珍禽较大型养殖场有金和蛋鸡场、海发鹧鸪养殖场、天明鹧鸪养殖场。2011年县畜牧局从广东省各大原种纯种种猪场引进的纯种猪（公母猪）1600多头，引进二元杂交母猪5400多头，淘汰生产性能差的种猪，获得较好的杂交优势。

【防疫检疫】　2011年，全县防疫采用常年免疫与春秋集中免疫相结合的免疫制度，对国家实行强制免疫的免疫种类，要求各乡镇必须做到免疫率达100%以上，抗体合格率达70%以上。2011年全县共免疫高致病性禽流感的家禽达1090万羽；免疫注射牲畜口蹄疫63.33万头份；免疫注射猪瘟108.5万头份；免疫注射猪高致病性蓝耳病疫苗68.8万头份。对非强制性免疫的各类疫苗，要求各养殖场根据本场及周边疫病流行情况灵活应用。

检疫方面：县城机械化生猪定点屠宰场由县动监所派出检疫人员进行检疫，各乡镇生猪定点屠宰场由县动监所委托各乡镇畜牧兽医站进行检疫；产地检疫为调往省内各地的畜禽由县动监所委托各乡镇畜牧兽医站进行检疫，调往省外的畜禽必须由各乡镇畜牧兽医站现场检疫，开具检疫合格证到县动监所换取由县动监所开出的检疫合格证后才能调运。动物产品必须有产地的检疫合格证才能进入市场销售。

【行政执法和畜产品安全】 县畜牧局定期派出执法人员到全县辖区内的兽药店、规模养殖场进行检查，检查内容主要有兽药店有无出售国家违禁兽药、假冒伪劣兽药、过期兽药；规模养殖场有无添加“瘦肉精”等政府违禁药物、有无滥用抗生素和执行兽药休药期，有无规范使用兽药等。向全县规模养殖场、养殖专业户发放《规范使用兽药告知书》和《无“瘦肉精”等违禁药物承诺书》，在全县各乡镇村庄显眼地方张贴《告广大养殖场（户）严禁使用“瘦肉精”书》。组织全县兽药店学习《兽药经营质量管理规范》、《广东省兽药经营质量管理规范实施细则》、《关于认真贯彻实施兽药经营质量管理规范工作的通知》等文件，要求兽药店必须在年内通过兽药GSP认证，至2011年底，全县有20家兽药店通过兽药GSP认证，并获县畜牧局核发的“兽药经营许可证”证书。2011年10月县畜牧局与县环境保护局联合下发“关于印发《揭西县畜禽禁养区划定方案》的通知”，划定各乡镇畜禽禁养区域，保护饮用水源及生活环境。县动监所在本县辖区内的养猪场（户）每月采集70头猪尿液进行“瘦肉精”专项检测，经检测，全县未发现有添加“瘦肉精”等政府禁用药物。

【科技培训】 2011年4月，举办乡镇畜牧兽医站新进人员培训班，培训班采用理论和实际操作相结合的方法进行培训。2011年7月与广东省动物疫苗供应站、广东省动物防疫协会、广东省永顺生物有限公司联合举办“广东省动物疫病防控交流会”，参会人员主要是各养殖场场主或技术人员。

县畜牧局领导任职情况

局　长　杨隆重　~2011.09

　　　　蔡琼珍　2011.09~

副局长　李俊林　2007.01~

2011年揭西县畜禽业产值、产品及数量情况表

牧业产值（万元）	肉类总量（吨）	奶类总量（吨）	蛋类总量（吨）	生猪			牛					羊		家禽			珍禽		
				存栏（万头）	其中	出栏（万头）	存栏（万头）	其中			出栏（万头）	存栏（万头）	出栏（万头）	存栏（万只）	其中	出栏（万只）	饲养量（万只）	其中	出栏（万羽）
					母猪（万头）			役用牛（万头）	肉用牛（万头）	奶牛（万头）					蛋鸡（万只）			种鸟（万只）	
104267	49033	645	9423	26.14	4.2	39.19	0.77	0.29	0.45	0.03	0.98	0.20	.054	185.51	30.65	945.53	613	23.5	346

（蔡琼珍　许福文）

水产业

【概况】　2011年，全县水产养殖面积、产量和产值稳步增长，渔业生产经营状况良好，水产品价格稳中有升。全县水产放养面积38355亩，比增2%；水产品产量19094吨，比增3.5%，其中淡水养殖18774吨，淡捕320吨；渔业总产值2.48亿元，比增12.1%，占农林牧渔业总产值的比重为6.42%，渔业劳动力人均纯收入6075元，比增10%。

【水产养殖】　抓好渔业基础设施建设，改善养殖条件，打造山区特色养殖。大力发展山坑塘立体种养模式，在山坑田较多的乡镇，积极引导群众利用山坑低产田、低洼地进行鱼塘改造，发展"鱼、禽、畜"为一体的山坑塘微流水立体种养模式，投入资金230万元，开挖山坑低产田、低洼地养鱼750亩，发展以养鱼为主，综合经营的生态种养模式132户、6075亩，收入2000万元，比单纯养鱼增加收入160万元；抓好标准化鱼塘建设规划，开展老鱼塘整治改造，累计投入资金150万元，整治老池塘1500亩，整治后鱼塘比原产量提高三成以上，增产65吨，产值60万元；抓好养殖品种调整，在稳定大宗品种四大家鱼养殖的基础上，主推罗非鱼养殖，全县发展罗非鱼面积（含套养）1.65万亩，产量8440吨，产值1.09亿元。甲鱼养殖较快发展，养殖面积500多亩，产量98吨，产值588万元。龟类养殖取得新突破，大溪镇投资300多万元，成立华阳科技有限公司，发展绿毛龟养殖以及生产绿毛龟系列保健酒等。泰国笋壳鱼、鲳鱼、加州鲈鱼、塘虱、乌鳢、鸭嘴鱼等名优品种养殖稳步发展，全县名特优品种主养、套养面积1.8万亩，占总面积的47%；抓好无公害水产品养殖示范基地建设。年初，投资60万元，在县鱼苗场创办机械化无公害水产品养殖示范基地，项目于11月完成验收。投资10万元，配套完善金和镇无公害健康养殖标准示范区建设。抓好鱼苗孵化，更新老化亲本，提高良种覆盖率。全县孵化各种优质鱼苗3亿尾，除满足全县需求外，还部分销往外地。

2011年揭西县渔业生产情况表

合计			其中									
			池塘			水库			河沟			淡水捕捞
面积（亩）	产量（吨）	产值（万元）	面积（亩）	亩产（公斤）	总产（吨）	面积（亩）	亩产（公斤）	总产（吨）	面积（亩）	亩产（公斤）	总产（吨）	总产（吨）
38355	19094	24822	29625	602	17853	8415	87	734	315	593	187	320

【水产技术推广】　开展渔业科技进村入户工程，成立渔业科技进村入户技术指导小组，在全县选挑水产养殖示范户30名，按照"专家进大户，大户带小户，农户帮农户"的思路，组织技术人员深入生产第一线，与水产养殖示范户进行直接对接，签订目标责任书，示范推广优良品种和配套技术，对养殖户进行技术培训，实现科技人员直接到户，技术辅导直接到人、技术要领直接到塘。对示范户进行物化补贴，发放增氧机、自动投料机等养殖机械以及鱼药一批，总价值10多万元。2011年，采取集中培训的方式，举办水产养殖技术培训班5期，培训养殖户400人次，示范户参训率100%，发放技术书籍、资料2000多份。推广"鱼塘高产精养

技术”、“山塘、小水库生态养殖技术”、“无公害健康养殖技术”和“鱼病综合防治”等技术，促进全县水产养殖技术水平的提高；切实开展鱼病防治、监控工作。全面推广草鱼免疫技术。全年注射疫苗30万尾，注射量16万毫升，降低草鱼病害的发生。认真做好水产养殖生产用药的指导和服务，积极开展鱼病害的门诊服务和现场诊治。2011年，县鱼病门诊部检测小瓜虫、出血性败血症病例各50例，通过远程诊断系统向省病防中心上传 “肠炎”“ 烂尾”等病例8个，接待养鱼户咨询100多人次，诊断鱼病30多例，为养殖户减少经济损失100多万元。

【水产品质量安全】 成立“打添”专项整治领导小组，制定水产品质量安全专项整治工作方案和安全监控计划，实施每周一报、每月一总结的信息上报制度。积极开展宣传活动，充分利用媒体宣传，广泛开展水产品质量安全法律法规宣传。组织开展执法检查，重点检查养殖过程中是否存在使用禁用药物和其他可能危害人体健康的物质，建立生产记录、用药记录和销售记录等情况。2011年，出动执法人员30人次，检查养殖场、种苗场15家，鱼药销售点6个，发放宣传资料200份，发出整改通知书4份，未发现有使用违禁药物等情况。3月和7月，省、市渔业检测部门两次对全县水产品进行抽检，合格率100%。

【渔业资源保护】 开展渔业法律法规宣传，通过有线电视、举办专题讲座、召开座谈会、张贴标语、派发资料等方式，向社会各界和广大渔民群众宣传渔业法律法规，提高渔民群众、全社会保护渔业资源意识。加大执法检查力度，开展打击“三无”渔船及江河电、毒、炸鱼等非法捕捞野生鱼类资源行为。2011年，县渔政部门出动执法检查12次，执法人员60人次，渔政艇45艘次，检查渔船926艘次，查处违规捕捞行为15宗，查处电鱼案件2宗，收缴电鱼工具一批，遏制江河电、炸、毒鱼等非法捕捞作业蔓延，保护全县江河水域渔业生态资源。

【渔政管理】 加强江河捕捞渔船管理，建立完善“一船一档”管理制度；全面完成渔船2011年度年审签证检验工作，渔船签证率100%；加强渔船生产安全管理，积极做好安全预警工作，组织开展渔业安全生产集中专项整治，重点检查渔船是否“三证”齐全、是否存在违章载客载物以及是否配备安全设备等，组织开展安全生产大检查3次，检查渔船120艘次，排查渔船安全生产隐患15起，强制渔民整修存有安全隐患渔船12艘，更新改造渔船3艘，遏制渔业生产安全事故发生；做好燃油补贴惠民政策落实，按照渔用燃油补贴工作程序，制定“油补”实施方案，对渔用燃油补助的基本原则、补贴范围和对象进行严格规定。2011年，全县发放渔用燃油补贴资金25万元，受补助渔船69艘，每艘渔船按照额定功率大小补贴资金2000元至6000多元不等。

县水产局领导任职情况

局　长　蔡明力　2008.10～
副局长　张杭春　2008.10～
　　　　陈锐彬　2009.09～

（蔡明力　黄少波）

水　务

【概况】 2011年全县在建水利工程25宗，投入水利建设资金14985万元，其中中央补助3595万元，省补助5650万元，市配套190万元，县自筹1960万元，乡镇及群众自筹3590万元。改善灌溉面积1.5千公顷；治涝面积1.2千公顷；加固堤围30.7公里；渠道维修清淤82公里；解决农村饮水安全17.16万人；累计完成土方55.4万立方米，石方40.91万立方米（其中浆砌石35.87万立方米），砼2.54万立方米，投入劳动工日158.3万工日。

【小型农田水利重点县建设】 2011年小型农田水利重点县建设项目范围主要分布在棉湖、凤江、京溪园、五云、金和5个乡镇，改造灌溉面积1.43万亩，维修加固引水堰闸5宗，渠系建筑物新建4宗、改造45宗，建设高效节水灌溉面积0.25万亩，受益人口3.2万人。工程总投资1833万元，其中中央小型农田水利重点县专项补助资金800万元，省补助800万元，县配套资金160万元，群众投工投劳73万元。

【水资源管理】 2011年审批取水申请4宗，新发《取水许可证》5 宗、续发11宗，征收水资源费6.1万元。积极宣传用水总量控制、用水效率控制、水功能区限制纳污“三条红线”的控制管理，严格把好取水项目审批关，加强合法取水工程和入河排污口管理，进一步提高公众节约、保护水资源意识。

【水库移民后期扶持】 2011年水库移民后期扶持投入资金1747.6万元（其中省补助1031.4万元，群众自筹716.2 万元），改建移民新村2个，完成建筑面积23040平方米，解决320户1719人的危房或居住问题。

【水政执法】 2011年受理涉及水利信访案件26宗，发放责令停止违法行为通知书31份；每月水政巡查、执法10天以上，与市联合执法9次，与乡镇政府联合执法11次，取缔非法采砂场61个次，摧毁非法采砂船105艘；先后出动执法人员300多人次，对东园、棉湖、凤江、金和、京溪园等镇的非法采、堆砂行为进行突击打击、清理。

【“三防”工作】 2011年，全县没有受到较大的自然灾害影响，降雨量属正常偏少年份。全县年平均降雨量为1745毫米，比多年同期平均值减少275毫米，比2010年同期减少27毫米；其中年降雨量最多的大北山水库为2433.3毫米，最少的为水打坝水库，只有649毫米；全县494宗蓄水工程总存水量为20462万立方米，占正常库容的66.7%，比去年同期增加2828万立方米；县管中型河峯水库存水量为1150.4万立方米，占正常库容的75% ，比去年同期减少14.5万立方米。受“6·16”特大暴雨的影响，部分地方出现灾情，全县受灾乡镇11个，受灾人口2.35万人，紧急转移0.32万人。全县直接经济损失6850万元（其中水利设施直接经济损失3400万）。为确保全县水安全，县水务局多方筹集资金，对受损水利工程进行除险加固，投入除险加固资金3180万元，完成除险加固工程96宗，恢复工程效益灌溉面积2985亩。全县降雨时空分布相对均匀，全县没有出现明显旱情。

【农村饮水工程】 2011年建设凤江镇、金和镇、塔头镇、五经富镇、京溪园镇、钱坑镇六宗农村饮水安全工程，解决饮水不安全人口17.16万人，工程总投资9958.97万元（其中中央下达资金2795万元、省级补助资金2744.4万元、市补助资金171.55万元、县级配套资金1154.32万元、群众自筹3093.70万元）完成土方30.8万立方米、石方30.09万立方米、混凝土23226立方米、管道铺设732.9公里。

【全国第一次水利普查】 2010～2012年开展第一次全国水利普查工作。县委、县政府组建成立普查机构，落实普查经费、办公场所，选聘普查指导员和普查员428名，按照前期准备工作、清查登记、成果汇总上报三个阶段全面开展工作，对全县的水利工程、灌区、河湖开发治理保护情况、地下水水源地、经济社会用水、水利行业能力建设、水土保持等六个方面进行普查、调查，完成2463个清查对象和150243个普查数据指标的普查登记，对普查对象建立台账数据库和空间数据库。

县水务局领导任职情况

职务	姓名	任职时间
局　　长	李会明	2006.11～
副 局 长	李建航	～2011.12
	李庆裕	1999.08～
	李速建	2011.06～
三防办主任	林永光	2007.07～

（李建航　林永光　李巧波）

【小水电管理】 县小水电公司原属揭西县国营企业，2006年1月开始为深圳市安远控股集团有限公司承包经营。公司内设机构三部二室管理四座发电站，引水渠道总长28280.5米。四座梯级电站主要以水库调节径流式水力发电，总装机容量为10600千瓦。2007年对二级电站、三级电站扩容改造，扩容后总装机容量为21200千瓦。

2010年小水电公司发电量4114.26万千瓦时，2011年发电量4151.26万千瓦时。

县小水电公司领导任职情况

总经理　　蔡子堂　~2011.10
　　　　　贝仁君　2011.11~
副总经理　吴景祝　2006.01~
　　　　　贝仁君　~2011.10

（贝仁君　张国杰）

水　库

【横江水库】 横江水库库区2011年降水量年累计1897.4毫米，年末蓄水量3640.00万立方米，全年最高蓄水量出现在7月23日（5926.50万立方米）；全年最大降雨出现在6月17日（202.00毫米）；全年汛期内，对库区有影响的台风有6月26~28日4号台风“海马”，累计降雨116.6毫米；9月1~3日11号台风“南玛都”，累计降雨145.4毫米。2011年揭阳市横江水库发电量为797万千瓦时。

横江水库管理处领导任职情况

主　任　张伟坚　2005.02~
副主任　钟其团　1999.01~
　　　　温自强　2010.09~

（张伟坚　吕旭波）

【北山水库】 北山水库集雨面积28.8平方公里，正常水位海拔598米，相应库容4380万立方米，有效库容4320万立方米，多年平均降雨量2533毫米。北山水库是以发电为主，结合防洪、灌溉等综合利用水利工程。北山水电厂是揭阳市国有企业，2006年4月开始为深圳市安远控股集团承包经营。2011年揭阳市北山水电厂发电量为9538.38万千瓦时。

北山水电厂领导任职情况

法人代表　陈自雄　2006.06~
厂　　长　刘志力　~2011.11
　　　　　李远群　2011.11~
副 厂 长　钟其营　2011.11~
　　　　　李远群　~2011.11
　　　　　陈建森　~2011.11

（李远群　彭思捷）

【龙颈水库】 龙颈水库分为龙颈上水库和龙颈下水库（水坝相距9公里），水库为大（Ⅱ）型水库，集雨面积为285平方公里，库容1.54亿立方米。下水库为中型水库，集雨面积43平方公里，库容0.3亿立方米。水库流域年平均降雨量2299毫米。上水库2004年被列入广东省城乡水利防灾减灾建设项目，2005年11月被鉴定为三类坝，需进行加固。2007年3月省发改委批准立项，2007年10月省水利厅批准初步设计，工程总概算投资为10934万元。主要资金来源为中央及省专项资金和市级配套资金。龙颈上水库加固工程于2008年11月开工建设，2010年12月完成主体工程投入使用验收，2011年7月省水利厅批复龙颈上水库病险销号。龙颈水电厂是揭阳市国营企业，2006年4月开始为深圳市安远控股集团有限公司承包经营。2011年揭阳市龙颈水库发电量为4206.51万千瓦时。

龙颈水库领导任职情况

法人代表　李闻欢　2006.06~
厂　　长　杨国俊　~2011.11
　　　　　蔡文雄　2011.11~
副 厂 长　蔡文雄　~2011.11

（蔡文雄　叶晓宏）

气象事业

【气候特点】　2011年年降水量为1868.2毫米，比正常年份偏少10%，各月降水分布不均，1至4月降水比历年平均偏少72%，11月降水208.8毫米，比历年平均偏多78%，属异常偏多。2011年年平均气温21.0℃，比历年平均偏低0.8℃，属正常年景。其中1月平均气温9.9℃，比正常年份偏低3.9℃，打破近30年来最低纪录，属异偏低。6月16日受季风低槽和副高边缘不稳定区的影响，全县出现特大暴雨，此次强降水过程雨强大，持续时间长，给全县带来严重损失。

【灾害性天气】　1. 强降水天气。受局地强降水云团的影响，从6月16日15时37分起河婆1小时雨量达到117.7毫米，为全年最大值，从14时01分起3小时最大雨量达到192.8毫米，打破建县以来1小时降水量最大雨量。据“三防”办统计：受灾人口2.35万人，死亡1人，转移人口3150人，倒塌房屋100间，直接经济损失6850万元。

2. 低温冷害。1月受较强冷空气不断补充的影响，大部分时间日平均气温维持在10.0℃以下，1月12日平均气温只有4.5℃，月平均气温9.9℃，比正常年份偏低3.9℃，打破近30年来最低纪录。

【天气预报服务】　1. 认真做好决策气象服务。2011年为县委县政府等党政部门提供《重要气象快报》28期，《重要气象专报》4期，《天气报告》19期；发布决策气象短信130次，8万人次。

2. 做好重大灾害性天气预报服务。县气象局提早做出准确预报并及时发布各类预警信号。县委、县政府根据预报及时做好防御工作。

3. 做好专题气象服务，为节日保驾护航。每逢重大节日都主动发布专题预报，主要有“春节期间天气预报”、“高考期间天气预报”、“中秋、国庆天气预报”，为重大活动提供气象保障。

【防雷减灾】　1. 认真履行防雷减灾职能。县气象局领导对防雷减灾工作非常重视，不定期组织防雷安全专项联合检查，发现存在问题落实整改，全年防雷减灾安全无事故。

2. 开展行政执法，加大防雷安全隐患排查力度，不定期地联合安监局及消防部门对全县易燃易爆场所的防雷安全进行检查，共组织或参与防雷专项安全检查50人次。

3. 做好新建建（构）筑物防雷装置建设的质量管理工作。受理“防雷装置设计审核”和防雷施工图纸技术审查，防雷竣工验收。

4. 加强宣传，提高防雷安全意识。通过电视、印发《防雷减灾36计》宣传小册子进行宣传防雷安全知识，防雷社会管理氛围大大改善。

县气象局领导任职情况

局　长　杨　新　2009.02～
副局长　李小勇　2007.05～
　　　　林伟旺　2011.05～

（李小勇　张小荣）

工　业

工业综述

【概况】 2011年，围绕“旅游文化、生态工业、商贸物流、特色农业”四大工程建设目标，创新思路，真抓实干。引导、鼓励全县民营企业进行自我发展，创名牌、创品牌。积极推介揭西产品，拓广产品市场。加快工业园区建设，拓展企业发展空间。全县以电子电器、纺织服装、食品加工、五金塑料和制药为主的五大支柱产业发展平稳。2011年全县工业总产值210.27亿元，比增20.02%；其中民营企业工业总产值201.07亿元，比增18.21%；预测单位GDP能耗同比下降3.77%。

【国企改制工作】 推进国有企业的改革工作。按揭西县“三旧”改造的部署和规划，认真做好揭西化工厂改制改造，完成企业改制，确认土地手续，职工已解除劳动关系、交缴社保金、租户已解除租用关系。

【工业新生力量】 白云山威灵药业有限公司成立于1994年，归属白云山制药总厂统一管理，从事胶囊剂、片剂、颗粒剂的生产和销售。白云山制药总厂销量位居全国领先地位的知名产品阿莫西林在此生产，年销售额超2亿元，是白云山制药总厂超亿元产品之一。威灵公司是揭西县纳税大户，在当地企业界很有威望，2010年为当地贡献的税额就达到760多万，并为当地提供400多个就业岗位。2011年广药集团计划投资10亿元，建设占地170亩的白云山制药揭西生产基地，采用先进绿色生产工艺，打造多条不同剂型的现代化生产线车间。

【经贸合作】 采取“政府搭台，企业唱戏”的方式，通过政府企业联动的形式，开拓国内商品市场，扩大经贸合作。组织企业参加省、市举办的各种商品展销会、经贸洽谈会，推介展示揭西生态工业新形象。2011年6月组织企业参加在江西南昌举办的泛珠三角“9+2”经贸洽谈会、参加市政府在重庆市举办“2011广东省揭阳市经贸洽谈暨轻工产品展销会”；9月参加广州中小企业博览会，11月参加省在汕头举办的第六届珠江三角地区与东、西两翼经济技术合作洽谈会，12月参加省在汕尾市举办的第四届粤东侨博会等。

【节能工作】 揭西县节能工作围绕“绿色崛起，建设幸福揭西”的目标，把节能降耗作为调整经济结构，转变发展方式的重要抓手，加大资金投入，强化责任考核，完善政策机制，加强综合协调，打好节能攻坚战，抓好全县节能降耗各项工作，超额完成年度能耗下降任务，实现“十二五”节能工作良好开局。2011年全县万元GDP能耗为0.68吨标准煤，比上年同期下降3.79%。与“十二五”期间年均下降3.77%，完成100.5%，超额完成第一年完成“十二五”节能目标进度20%的要求。

县经信局领导任职情况

局　长　　刘有生　2003.07～
副局长、外经贸局局长　杨和快　～2011.12
副局长　　陈少辉　2003.07～
　　　　　贝国华　2006.07～
　　　　　林广文　2008.10～
　　　　　温海涛　2011.06～

（林俊槐　陈　斌）

工业集中区建设

【工业园区建设】 2011年，县招商办继续做好京明工业集中区、灰寨纺织工业城配套建设，集中力量启动河婆工业集中区和棉湖电线电缆工业城的各项规划设计和申报审批手续。

【招商引资】 县招商办成立全县重点项目建设领导小组，开展重点项目建设现场办公，为重点项目建设实行“一站式”和“绿色通道”服务。2011年全县引进项目93个，计划投资总额232.2亿元，实际完成投资65.3亿元。2011年6月24日，揭阳市举行招商引资暨捐赠大会，揭西县组织40个项目参加签约仪式，计划投资总额204.2亿元。

【投资服务】 抓好项目的跟踪落实，对已达成投资意向的项目，集中力量，尽快解决项目建设的用地、立项、环评等相关问题。为外来投资者搜集提供各种资料、办理各项审批证照手续，协助7家企业申报“广东省著名商标”、“广东省名牌产品”。协助企业申报专项资金，为县重点企业申办重点保护“绿卡”。

县招商办领导任职情况

主　任　蔡喜生　2010.01～
副主任　林远智　2010.01～
　　　　刘金珠　2011.11～

（蔡喜生　王晓璇）

电力供应

【概况】 2011年揭西供电局全年完成购电量9.67亿千瓦时，比增18.72%；售电量8.73亿千瓦时，比增21.25%。实现营业收入5.06亿元，比增10.48%；资产总额达到3.12亿元，利润总额–49.40万元；综合线损率9.69%（省公司下达揭西供电局2011年度线损指标10.9%），同比下降1.84个百分点；电费回收率99.96%，比市局下达指标99.9%提高0.06个百分点；旧欠电费回收率为67.38%，完成市局下达全年指标30%的目标。供电可靠率为99.80%，同比提高0.36个百分点；客户平均停电时间17.34小时，同比减少31.61小时；用户平均停电次数为3.97次，同比减少9.06次；综合电压合格率为90.32%。安全风险管理体系外审评分为58分，达到“二钻”水平；信息化水平评价89.83分，达到B+级水平。2011年，揭西供电局完成上缴国税、地税共4167万元，被揭西县委、县政府评为“文明单位”，被揭阳市政府评为“文明窗口单位”、“‘五五’普法工作先进集体”、“2010年度纳税光荣户”银奖。

【经营管理】 2011年，揭西供电局实现销售收入48168.79万元，主营业务支出46511.18万元，净利润358.16万元。总资产报酬率2.69%，营业利润率1.30%，主营业务利润率2.95%。2011年利润总额–49.40万元，较预算下达指标减少亏损1238.93万元，总资产内部报酬率为–1.01%，购电单位成本（不含税）为297.78元/千千瓦时，较省公司下达的预算指标297.35元/千千瓦时降低0.43元/千千瓦时，供电单位成本为202.93元/千千瓦时，比预算指标节约12.01元/千千瓦时。

【安全生产】 一、加强安全生产责任落实。围绕年度安全生产工作目标，深刻吸取公司系统发生的安全生产事故教训，认真抓好安全生产责任书签订工作，安全生产责任传递到位。二、落实现场安全管理。全年开展现场安全督查1514次，发现违章次数15起，不规范次数12起，以督查促进“十个规定动作”执行到位，避免施工现场安全事故的发生。三、扎实推进安风体系建设。按照第一、第二次内审结果，滚动开展整改工作，结合安风体系51个要素，把安全生产目标和重点措施融入到日常工作当中。四、深入开展安全大检查。认真做好大运会、迎峰度夏、春节、国庆、两会、中高考等重大节日、重大活动的保供电任务，及时做好对重载和关键输变配电设备的巡视检查，及时消除设备缺陷。至2011年底，实现安全无事故，连续安全生产810天。

【电网规划与建设】　2011年揭西配网建设计划投资5455万元，其中续建450万元，新建5005万元。新建部分解决问题38个，投资重点侧重于新增线路满足负荷增长、解决重过载线路和安全隐患等问题。其中投资3166万元，新增21条线路满足负荷增长；投资1253万元，解决重过载线路的问题6个；其中投资140万元，解决中低压线路存在的安全隐患问题3个；投资174万元，改造年限过长的中低压线路2个；投资122万元，解决6个电压偏低的台区；另有150万元为业扩配套项目预留资金。

重点项目前期工作进展顺利。根据属地化管理的要求，积极与地方政府和相关部门加强协调，220千伏明山、110千伏崇文输变电工程已完成环评、水保、国土预审、规划选址批复，220千伏明山输变电工程已完成三通一平，110千伏经富输变电工程已完成设计招标手续。重点工程建设加紧开展。110千伏梧桐输变电工程建成投产，为高新区的发展提供必要的电源；110千伏清河站、钱坑站已完成站内土建和电气安装；110千伏京溪园站、35千伏五云站完成大修和技改，110千伏金和站扩容工程全面完成。配网建设项目加紧进行。2011年新建和改造30个配网工程正按照要求抓工程进度，抓好工程全过程管理。小型基建项目进度良好。完成塔头供电所生产综合楼工程，灰寨物流仓库已完成主体工程。

【队伍建设】　2011年，揭西供电局不断深化“四好”班子建设。积极稳妥推行竞争上岗选拔机制，经过公开、公平、公正的竞争，有11位年轻同志走上新的中层管理岗位，实现老、中、青合理搭配。加大培训力度，促进员工主动学习，提高业务知识和技能。全年共组织各类培训班135期次，培训7496人次，全员培训率达到100%。加大一线生产人员职业技能鉴定工作，提高中高级技能人才比例，至2011年底，全局的中高级技能人才已达62%。

县供电局领导任职情况

局　长　廖建伟　~2011.11
　　　　洪锐辛　2011.11~
副局长　潘　亮　2011.11~
　　　　蔡俊杰　2008.09~
　　　　黄伟旋　~2011.11
　　　　江奕川　~2011.11

（洪锐辛　谢沛锋）

轻工业

【概况】　揭西县二轻集体企业联社（原二轻工业局）有下属集体企业32家（改制17家），主要分布在河婆、棉湖、五经富等街、镇，生产塑料制品、小五金、胶木电器、电线、服装、家具、竹木工艺品等，有干部职工6617人（其中在职3410人，退休3207人）。

【二轻集体企业联社】　二轻系统内各企业大部分厂建于上世纪五、六十年代，因厂房简陋、设备破旧、人员老化，现已濒临半停产、停产边缘。二轻联社克服重重困难，抓住和谐发展、企业所属企业改制两个工作重点。2011年做好棉湖片8家二轻企业改制工作，解除劳动关系2711人。做好拆迁工作，安置租户、住户342户。做好职工参保工作。搞活集体经济，不断探索二轻系统各项工作的新思路，以改革促发展、以改制求稳定，发挥连接政府与集体企业之间桥梁纽带作用，密切联系群众，做好对下属企业的“指导、协调、监管、服务”，配合党和政府的各项中心工作，努力解决实际问题，使改革和经济活动和谐稳定发展。

县二轻集体企业联社领导任职情况

主　任　张云如　2008.08~
副主任　许良泉　2011.04~

（张云如　彭燕丽）

交通　通信　信息

交通建设

【规划工作】 2011年重点推进五项工作：一、大力发展交通基础设施建设；二、抓好公路养护管理；三、重点发展全县农村客运、乡镇客运站场、农村候车亭建设；四、认真抓好货运市场管理，加强车辆超限超载治理；五是强化机关效能，抓好队伍建设。

【公共交通】 继续抓好农村客运工作，强化农村客运市场管理，抓好乡镇客运站场建设，严厉打击无牌无证营运车辆经营行为，维护客运市场正常秩序。至2011年底，开通14条农村客运班线，投入70辆客车，1563个座位，完成河婆富洋客运站四级站建设并投入使用12个乡镇简易客运站及招呼站建设，基本实现全省100%镇有站、100%符合通客车条件的行政村通客车和100%行政村有候车亭的“三个100%”目标任务的完成。

【基础设施建设】 一、抓好大北山森林公园路网建设，已完成90公里，尽快形成以大北山森林公园为中心的公路网建设，促进全县旅游业发展；二、抓好县城河乡公路西段及河乡大桥建设工程（县城石油公司至县城西出口接省道S335线，总投资8306万元），已完成审批；三、抓好新建金塔公路及支线大丰公路建设工程（金和至塔头接京棉公路，总投资3160万元，按二级公路标准建设）。四、抓好县道坪石线钱坑至石牛埔段改建工程（总投资约2170万元）。按山岭重丘二级公路的技术标准进行设计改造，已完成招投标工作；五、抓好通自然村、学校、主要工业园区公路硬底化工作，完成公路硬底化86公里。

【道路运输市场管理】 依法整治道路运输市场。一、打击非法营运。开展打击非法营运，规范道路运输市场秩序的专项整治活动；二、加强客运市场管理。查处未经许可擅自经营行为和客运经营者揽客、拉客、宰客、甩客、卖客及客车超载行为；三、强化安全生产管理。组织开展安全生产大排查，对全县的运输企业安全状况，安全生产等进行整顿。2011年在开展道路运输市场专项整治工作中，先后出动执法人员952人次、实施行政处罚56宗、罚款额21万元，纠正违规业户11户，维护揭西县道路运输市场秩序。

【行业管理】 一、抓好改革工作，做好人员安置分流，维护交通职工队伍的稳定；二、抓好执法队伍建设，提高行政执法水平，组建综合行政执法局；三、加强党风廉政和机关效能建设，规范运输市场和公路建设市场两大领域，实施公路建设阳光工程，严格招建程序，强化制度建设，制订局机关效能建设17项制度。

县交通局领导任职情况

局　长	张剑辉	2004.02～
副局长	邹志勇	2001.12～
	庄友银	2004.01～
	黄富强	2006.08～
	彭炳凌	2008.01～

揭西县汽车客运站客运班车情况表

序号	车号（粤）	标志牌号	发车时间	序号	车号（粤）	标志牌号	发车时间
1	VV0934	V5–A1001 河婆–广州	6:30	20	VU0833	V5–A1021 河婆–广州	16:00
2	VV1078	V5–A1002 棉湖–广州	6:20	21	VV0389	V5–A1022 河婆–广州	17:00
3	VU0998	V5–A1003 河婆–广州	7:00	22	VV1146	V5–A1023 河婆–广州	18:00
4	VV0831	V5–A1004 河婆–广州	7:30	23	VV1166	V5–A1024 河婆–广州	19:00
5	VV1256	V5–A1005 河婆–广州	8:00	24	VU0836	V5–A1025 棉湖–广州	8:00
6	VU0866	V5–A1006 河婆–广州	8:30	25	VV1432	V5–B1002 河婆–深圳	6:00
7	VV0811	V5–A1007 棉湖–广州	7:00	26	VV1372	V5–B1003 河婆–深圳	7:15
8	VV1113	V5–A1008 棉湖–广州	13:00	27	VV0626	V5–B1004 河婆–深圳	7:40
9	VV0740	V5–A1009 河婆–广州	9:00	28	VV0933	V5–B1005 河婆–深圳	8:20
10	VV0868	V5–A1010 棉湖–广州	16:00	29	VV0773	V5–B1006 棉湖–深圳	6:50
11	VV0338	V5–A1011 河婆–广州	10:00	30	VV0733	V5–B1007 河婆–深圳	8:50
12	VV0630	V5–A1012 棉湖–广州	10:00	31	VV0863	V5–B1016 河婆–深圳	9:15
13	VV0538	V5–A1013 河婆–广州	11:00	32	VV0913	V5–B1001 棉湖–深圳	6:40
14	VV1190	V5–A1014 河婆–广州	12:00	33	VV1305	V5–B1011 河婆–深圳	10:15
15	VV0817	V5–A1015 河婆–广州	12:30	34	VU0338	V5–B1012 河婆–深圳	11:15
16	VV0882	V5–A1016 河婆–广州	13:00	35	VV1429	V5–B1019 棉湖–深圳	12:10
17	VV1449	V5–A1017 河婆–广州	13:30	36	VV0883	V5–B1020 河婆–深圳	12:15
18	VV1331	V5–A1019 河婆–广州	14:00	37	VU0858	V5–B1022 棉湖–深圳	7:30
19	VV1351	V5–A1020 河婆–广州	15:00	38	VV0038	V5–B1009 河婆–深圳	12:50

续上表

序号	车号（粤）	标志牌号	发车时间	序号	车号（粤）	标志牌号	发车时间
39	VV1426	V5–B1010 河婆–深圳	14:30	58	VV1207	V5–B2001 棉湖–宝安	11:40
40	VV1208	V5–B1008 棉湖–深圳	6:30	59	VV1151	V5–B2016 河婆–宝安	13:50
41	VV0708	V5–B1013 河婆–深圳	14:20	60	VV0892	V5–B2014 河婆–宝安	14:20
42	VV0685	V5–B1015 河婆–深圳	15:20	61	VV1241	V5–B2012 河婆–宝安	15:20
43	VV1069	V5–B1017 河婆–深圳	16:20	62	VV0683	V5–B3004 河婆–龙岗	17:20
44	VV0936	V5–B1021 棉湖–深圳	6:50	63	VV0759	V5–B3003 河婆–龙岗	12:00
45	VV1367	V5–B1014 河婆–深圳	17:20	64	VU0453	V5–D1001 河婆–汕头	5:30
46	VV1083	V5–B2017 河婆–宝安	6:40	65	VV1388	V5–D1002 棉湖–汕头	6:50
47	VV1109	V5–B2002 棉湖–宝安	7:00	66	VV0665	V5–D1003 棉湖–汕头	7:00
48	VU0579	V5–B2003 棉湖–宝安	11:30	67	VV0853	V5–D1004 河婆–汕头	6:30
49	VV0878	V5–B2004 河婆–宝安	7:40	68	VV0783	V5–D1005 河婆–汕头	7:30
50	VV1250	V5–B2005 河婆–宝安	8:40	69	VV0533	V5–D1006 河婆–汕头	8:00
51	VV0926	V5–B2006 河婆–宝安	9:40	70	VV0919	V5–D1007 河婆–汕头	8:30
52	VV0858	V5–B2007 棉湖–宝安	15:30	71	VV0729	V5–D1008 河婆–汕头	9:00
53	VV1210	V5–B2008 河婆–宝安	10:40	72	VV0888	V5–D1009 河婆–汕头	10:00
54	VV1198	V5–B2009 河婆–宝安	11:40	73	VU0448	V5–D1010 棉湖–汕头	8:20
55	VV1226	V5–B2010 河婆–宝安	8:00	74	VV1138	V5–D1016 棉湖–汕头	8:50
56	VV1092	V5–B2011 河婆–宝安	13:20	75	VV1100	V5–D1012 河婆–汕头	11:00
57	VV0822	V5–B2013 棉湖–宝安	12:30	76	VU0660	V5–D1013 棉湖–汕头	6:20

续上表

序号	车号（粤）	标志牌号	发车时间	序号	车号（粤）	标志牌号	发车时间
77	VV1408	V5–D1014 棉湖–汕头	6:50	96	VV1390	V5–S1005 棉湖–东莞	6:20
78	VV0650	V5–D1015 棉湖–汕头	6:10	97	VV1487	V5–L2002 河婆–惠州	9:00
79	VV1159	V5–D1011 棉湖–汕头	9:30	98	VV1252	V5–F1001 河婆–韶关	半班 –12:00
80	VV0832	V5–D1017 棉湖–汕头	6:40	99	VU0802	V5–F1002 河婆–韶关	半班 –12:00
81	VV1319	V5–D1018 河婆–汕头	12:00	100	VU0691	V5–F1003 河婆–韶关	6:00
82	VV0990	V5–D1019 棉湖–汕头	14:15	101	VV0563	V5–E1001 河婆–佛山	半班 –07:00
83	VV0988	V5–D1020 河婆–汕头	12:30	102	VV0801	V5–E1002 河婆–佛山	半班 –07:00
84	VV1302	V5–D1021 河婆–汕头	13:00	103	VU0828	V5–R1001 河婆–清远	半班 –08:00
85	VV1401	V5–D1022 河婆–汕头	10:00	104	VV1358	V5–R1002 河婆–清远	半班 –08:00
86	VV1225	V5–D1023 棉湖–汕头	7:30	105	VV0673	V5–U2001 棉湖–饶平	6:50
87	VV0689	V5–D1024 棉湖–汕头	8:00	106	VV1362	V5–P1002 河婆–河源	12:40
88	VV0798	V5–D1029 河婆–汕头	15:00	107	VV0565	V5–M1001 河婆–梅州	6:30
89	VV1106	V5–D1030 河婆–汕头	16:00	108	VV0903	V5–M6001 河婆–五华	9:00
90	VV0750	V5–D1032 棉湖–汕头	8:30	109	VV1153	V5–J4001 河婆–开平	半班 –07:00
91	VV1189	V5–C1001 河婆–珠海	7:00	110	VV1185	V5–J4002 河婆–开平	半班 –07:00
92	VV1312	V5–C1002 棉湖–珠海	7:20	111	VV0931	V5–N3001 河婆–陆河	7:00
93	VV1363	V5–S1001 河婆–东莞	8:00	112	VV0869	V5–N3002 河婆–陆河	8:00
94	VV0599	V5–S1002 河婆–东莞	12:00	113	VV0691	V5–N3003 河婆–陆河	9:00
95	VV1237	V5–S1003 河婆–东莞	10:00	114	VV0690	V5–N3004 河婆–陆河	10:00

续上表

序号	车号（粤）	标志牌号	发车时间	序号	车号（粤）	标志牌号	发车时间
115	VV0686	V5-N3005 河婆-陆河	11:00	125	VU0722	V5-04004 河婆-信丰	半班 -8:00
116	VV0438	V5-N3006 河婆-陆河	12:00	126	VV1310	V5-04003 河婆-赣州	半班 -8:00
117	VV0683	V5-J4002 河婆-开平	17:20	127	VV1501	V5-01001 河婆-儋州	四天一班 07:00
118	VV1365	V5-02001 河婆-南宁	三天一班 14:00	128	VV1336	V5-P3003 河婆-普宁	9:00
119	VU0838	V5-02002 河婆-南宁	三天一班 14:00	129	VV0590	V5-Y1001 河婆-揭阳	6:50
120	VV0633	V5-02003 河婆-南宁	三天一班 14:00	130	VV1338	V5-Y1002 河婆-揭阳	7:30
121	VV0702	V5-08001 河婆-沙市	四天一班 12:00	131	VV1343	V5-Y1003 河婆-揭阳	7:30
122	VV1055	V5-08002 河婆-沙市	四天一班 12:00	132	VV0369	V5-Y1004 河婆-揭阳	7:10
123	VV0621	V5-08003 河婆-沙市	四天一班 12:00	133	VV1111	V5-Y1005 河婆-揭阳	7:30
124	VU0809	V5-08004 河婆-沙市	四天一班 12:00	134	VV1219	V5-Y1006 河婆-揭阳	7:40

（张剑辉 吴乐华 蔡振英）

公路建设养护

【高速公路建设】 协助建设的高速公路工程取得阶段性成绩。二横高速——汕湛高速揭西境内揭博段已与业主签订征地拆迁补偿合同，与汕揭段业主商谈征地拆迁补偿合同；四横高速——潮惠高速揭西境内征地拆迁补偿合同正在商谈中。

【公路建设】 2011年，樟（林）公（平）线S335揭西境内大修分三段实施：第一段河婆至五云段路面大修工程完工；第二段五经富至灰寨段路面大修工程完工；第三段灰寨至河婆段路面大修工程正式动工，该大修工程经过公开招投标，由普宁市地方道路桥梁工程公司中标承建，设计单位为揭阳市公路勘察设计院，监理单位为揭阳成亨监理有限公司，由揭阳市交通工程质量监督站进行监督，全长23.01公里。至2011年底，已投入资金6630万元，完成揭西灰寨至龙潭约17公里路面大修铺设水泥路面建设任务。

2011年，S237、S238线揭西段路面大修工程省已批复立项建设，进入招投标的准备工作。重建河江大桥、棉湖大桥的施工图已通过省审批，年底将完成招投标工作。

【公路养护和绿化】 坚持以人为本，服务至上，安全第一的理念，进一步加大养护管理力度，细化方案，规范管理，认真落实桥梁养护工作制度和危桥责任制度，加强桥涵的日常检查工作，健全桥涵管理档案，同时加大危桥检测管理力度，保障交通安全。制定完善《2011年养护工作思路和打算》及《2011年养护工作实施方案》，坚持抓好日常养护工作不放松，建立全方位、多层次的集路基、路面、桥梁、防护工程为一体的预防性养护体系；根据干线公路状况，细化养护考核方案，按照“区别对待、优先保畅、打造亮点、逐步推进、创建特色、提升品位”的原则，实行分级养护管理；结合不同路况，采取“科学分类、辨证施治、区别对待、对症下药”的办法进行养护，确保路况稳步提高。全年投入公路小修保养资金400万元，整理路肩31300平方米，抢修被水毁危桥5座，路基3处，建设绿化通道26公里，挖补水泥混凝土路面4000平方米，沥青碎石修补水泥混凝土路面10000平方米，水泥稳定碎石填补路面坑槽600立方米。

【公路路政管理】 2011年，路政管理所利用各种宣传工具，深入宣传公路法律、法规，营造良好的执法环境。增强公路沿线群众的爱路、护路意识。重点抓路产路权管理，公路建筑红线控制、路政许可、非公路标志清理以及治超管理工作。狠抓各类路政事案，坚持日常巡查，发现、制止各类违章侵权案件。全年共清理路障113场次，治理乱摆卖摊点1091处，受理、审批行政许可案件2宗，收取公路赔（补）偿费11.567万元，查处涉路案件8宗，告知交通行政执法局2宗。

【公路收费】 县公路局继续按市委、市政府以及市公路局的有关文件精神代征收辖区内车辆年票。原公路规费征稽所克服诸多不利因素，以完成征收目标任务为中心，认真执行规费征收的有关政策，切实加强与交警的联系和合作，实施年票征收与交警车辆年审挂钩，互建信息平台，漏征车辆明显减少，年票征收得到健康发展。全年征收车辆通行年票费405万元，完成任务数390万元的104%。

县公路局领导任职情况

局　长　高锐华　2009.10～
副局长　赖涛锋　1996.08～
　　　　彭韶武　2003.11～
　　　　李林峰　2007.08～

（高锐华　林程渊）

汽车运输

【概况】 县汽车运输总公司现有干部职工99人（其中上班人员16人，下岗分流人员83人），离退休人员122人，全年上缴社会劳动保险金40万元，用于干部职工的医疗费、困难补助费、慰问费5万元。

【站场建设】 2011年，揭西县汽车运输总公司投入资金150万元对棉湖汽车客运站客运大楼、停车场及站场配套工程设施建设，至2011年底，工程全部竣工验收并投入使用。投入资金60多万元，完善河婆汽车客运站的配套工程设施建设。

【客运业务】 2011年，公司在原有23条客运线路基础上，新开通一条揭西至武汉客运线路。全年投入客运车辆134部，更新车辆20部，投入资金1500多万元；全年完成客运量2437328万人次，客运量31991.64万人/公里；全年上交国家税费120多万元。

【企业管理】 继续落实承包经营责任制和落实捆绑经营责任，继续维护原河婆老车站、棉湖汽车站的承包经营体制、落实安全生产责任。2011年1月份，公司投入50多万元，正式建立GPS卫星定位监测平台，对公司134部客运车辆进行全天候监控，落实专人管理、专人负责、层层落实责任，并与省、市、县交通主管部门监测联网。至2011年底，全部车辆控制在105公里/时速以下，如有违章超速的车辆，按省、市、县及公司有关规定，从严教育和处理。从公司建立GPS平台以来，违章超速车辆数逐月下降，安全生产质量不断提高，交通事故明显减少。2011年，妥善处理多宗历史遗留问题，做好2次要求上访人员的工作，帮助有实际困难的干部职工解决生活问题，特别是解决好下岗分流人员的生活出路和再就业问题，公司以最大的努力做好企业的稳定工作。

县汽车运输总公司领导任职情况

总 经 理　林少豪　2005.05～
副总经理　张　龙　2005.05～
　　　　　黄俊华　2005.05～

（林少豪　温红英）

信息化工作

【信息产业】 2011年，揭西县信息化建设加速协调发展，信息化整体环境进一步完善，信息技术得到进一步普及。全年县信息中心举办各类培训班18期、培训1104人。电子政务得到进一步提升，新增县人口计生、县残联、地税管理系统。农业和农村信息化快速发展，山区信息网得到维护完善，“村级农村党员现代远程教育”扎实推进。

【信息产业基础】 2011年，全县有固定电话用户数130700户，电信、移动、联通三大电信公司移动电话用户376536户，网络用户有42554户。

【积极推进农村信息化】 2011年完善揭西县农村信息化综合服务平台，农业和农村信息化快速发展，山区信息网得到维护完善，建立全县村级“农村党员现代远程教育”系统。

【信息化应用技能培训】 县信息化培训中心充分发挥信息化推进作用，2011年组织县机关干部进行信息化应用技能培训600多人次，组织镇、村中青年信息化技能提升培训300多人次，提升全县的信息化应用水平。

（林俊槐　陈　斌）

电信通信

【概况】 2011年，中国电信揭西分公司以科学发展为主题，以转变发展方式为主线，以提升企业价值为核心，把握战略机遇，深化固移融合，大力推进集约运营和精细管理，加快3G、宽带规模发展，积极拓展天翼家校通、天翼税通等重点行业应用，做好固网话音存量保有，围绕2011年的经营目标，积极拓展业务。

【业务发展】 一、加强营销组织。通过设立年末岁初重点业务发展专项考核，加大大带宽业务发展奖励力度，开展现场促销活动，精细化目标客户，开展第二季度“红色之旅”营销劳动竞赛等多种举措，促进用户的规模发展。二、做好移动、宽带拍照用户的维系工作。落实政企客户经理和个客经理对政企客户、公众和个人客户开展维系，组织VIP客户经理开展欠费追讨活动，做好联通老客户的价值提升。三、提升服务质量。按时对营销服务中心检查并发现情况及时反馈，开展营业厅服务稽查，落实开展“营业厅服务明星窗口”和“服务标兵”创优评选活动，提高一线员工积极性，做好天翼国际卡及联通双模卡的换卡工作。四、加强社会渠道的建设，通过激活有效网点，建设好示范网点，带动天翼易通卡预付费产品的销售。五、做好节后“返乡人群专项营销工作”，以“打遍全国九分钱，2G换3G”为主题，狠抓拦截营销和厂区营销，有效壮大用户群。六、加强“家校通”拓展工作，进驻目标学校宣传推广“天翼家校通”品牌，并对学校相关人员进行家校通专项培训，提高学校应用水平。七、成立“天翼税通”专项营销团队，主动加强与地税部门的沟通联系，积极对目标纳税客户进行二次走访营销，对新的发票在线用户进行有效拦截。通过多种营销方式，取得较好的成效，方便纳税人网上缴税。八、做好“旺铺助手”、“工商e通”、“翼定位”“全球眼”等业务的宣传和拓展工作。九、探索“农家园”发展模式。

利用山区农家园特点，将全球眼、固定电话、移动业务、互联网视听等业务打包，并根据农家园各自的规模和需求，量身定做设计通信方案，助力农副产品出深山。十、拓展“完美酒店联盟”业务。全年共签约酒店5家，提升酒店的信息服务水准。利用团购体验策略，大力发展互联网视听业务。

【通信建设和维护】 网络能力建设加快光进铜退网络改造进程，2011年前三季度规划建设FTTB节点23个，新增宽带端口6100个，窄带端口1700个，在上砂美丰村实施FTTH全覆盖改造，2011年建设22个CDMA无线网络基站。网络安全保障落实基础维护保障工作，及时发现故障、排除故障，做好各专业资源动态管理。落实好FTTH平移工作以河婆、棉湖两大中心镇为试点，本着“营销、改造、平移”三位一体的思路开展工作，加强节能减排、降本增效工作做好制度的细化及落实，及时落实对闲置设备下电，配套考核来提高执行力，在夏季来临之前对全县空调系统进行清洁巡检，提升空调制冷效率，降低空调能耗。

【企业管理】 分公司采取多种措施加强员工劳动纪律管理的力度。加强执行每日例会制度，通过日例会加强各方面的沟通协作；加强员工刷卡考勤制度。分公司劳动纪律督查组每月采取不定期检查的方式，突击检查员工劳动纪律情况，促进工作效能的不断提高。加大教育培训力度。举办各类业务培训班52期，508人次参加。加强安全管理工作。认真贯彻执行“安全第一，预防为主”的安全生产方针，在年初制定和签订安全责任书，积极开展四月消防宣传月、五月护线宣传月、六月安全生产宣传月活动。加强对员工的安全教育，针对存在问题和安全隐患，积极采取措施抓整治，消除事故隐患，举行模拟火灾扑救和员工消防疏散演练活动。认真做好安全生产管理考核评级达标工作，顺利通过省“安全创优”考评组的评级验收，被省公司授予“安全生产管理五星级单位”。

【精神文明建设】 开展争先创优活动，进一步推动精神文明建设。开展“天翼3G党员先行”系列活动，落实市公司“创先争优促发展”主题实践活动，保持3G规模增长，促进移动规模加速发展，突出重点，集中发力，努力实现移动业务发展“开门红”。2011年，分公司荣获市公司“先进绩效单位三等奖”。组织党员参加建党90周年纪念活动，组织选拔员工参加市公司“庆七一”歌咏比赛。加强企业文化建设，构建和谐企业。组织员工参加揭阳电信员工第十三届乒乓球比赛；开展美术、书法、摄影作品征集活动，鼓励员工进行书画、摄影创作，兴办员工个人创作的书画和摄影作品展览。

中国电信揭西分公司领导任职情况

总 经 理	钟传常	2009.11 ~
副总经理	黄炳伟	2007.06 ~
	李声辉	2010.09 ~

（钟传常　郭璐丹）

邮政通信

【概况】 2011年，县邮政局认真贯彻落实科学发展观，抓改革推创新，企业发展活力不断增强；抓发展讲效益，企业运行质量不断提高；抓建设重管理，企业核心竞争力持续增强；抓服务促和谐，企业发展环境逐步改善，推动邮政经济实现平稳较快健康发展。2011年全局在岗员工199人，业务总收入比增16.28%。设职能管理部门2个（综合办公室、市场经营部），下设17个邮政服务网点（1个县城营业处，14个邮政支局，2个邮政所）。

【网络建设】 县邮政局按照省公司的统一部署，逐步对网点进行集团公司网点标准化改造。2011年对凤江、金和两个网点进行整治，通过标准化改造，网点在功能分区、硬、软件配套、服务形象等方面均得到全面优化，打造出一流的服务环境，努力为广大百姓提供优质的用邮服务；为各乡镇邮政支局长配备电脑宽带，连接网络，提高支局工作效率；2011年底，县邮政局电视电话会议系统工程顺利竣工，建立先进的电视电话会议系统平台，为企业的发展需求提供坚实的信息平台基础。

【网络优化】　实物网络优化开办县城至五云至上砂、县城至良田两条县内接驳邮路，解决偏远山区邮件进出口及时率问题；开办县城至洪阳报刊接驳邮路，确保报刊全面实现当天出版、当天进口和当天投递，为广大报刊订阅客户提供优质的服务。信息网络优化积极配合省市局对爱心包裹、ATM系统、中间业务系统及电子汇兑系统进行升级，对基础网络进行优化，为业务发展做好支撑；在代理速递物流网络优化上，通过培训，提高营业员系统录入的便捷性和操作性，加大物流速递业务的发展力度；在投递网络优化上，对平信以外所有进出口邮件实行系统录入和信息反馈，方便邮件的跟踪查寻，为客户提供更加方便快捷的查询服务。

【业务经营】　县邮政局时刻牢记“发展现代化邮政，满足社会需要”的使命，加快改革发展步伐，创新多元经营服务模式，用心打造实物流、信息流、资金流“三流合一”的现代化综合服务平台。通过发展直邮产业链，为广大客户特别是中小企业提供商业信函服务；通过“一站式”电子商务平台，为群众提供各种票务代理、代缴费、“自邮一族”　等便捷服务；通过遍布城乡的实物传递网络，为社会提供邮政速递和物流配送服务；通过全国联网、通存通兑的金融网络，为广大城乡居民提供储蓄、结算、保险等金融服务。2011年注重产品、业务、服务创新，在业务经营上力求满足广大人民群众的需求。创新邮政金融服务地方经济发展邮政金融点多面广的网点优势，为揭西中小企业和个体工商户提供金融结算服务，提供贷款协助中小企业和个体商户经营发展，主动承担社保金发放、新农保等大量繁杂金融服务工作，为揭西的和谐发展作出应有的贡献；同时针对揭西外出打工人员较多，全力组织做好投单汇款的兑付工作，服务遍远农村居民。创新邮政普遍服务工作，服务地方经济发展。揭西地处山区，山高路远，为满足全县人民的通信通邮需要，全县50名投递员不管刮风下雨，信件传递、物流配送、汇票汇单等都按时按点投送到位，秉承“情系万家，信达天下”的服务理念；创新商函产品，帮助中小企业以发广告商函形式拓展市场空间，开办“次日递”、“当日递”等限时服务帮助揭西中小企业实现快速物品传送等，融入地方经济发展。发行10万多种书刊杂志满足人民群众文化需求；开展揭西文化图书巡展活动；开发集邮品服务政府宣传，提升揭西对外文化新形象；联合教育局在中小学生中开展感恩书信教育活动，融入揭西精神文化感恩教育。

【客户服务】　2011年，县邮政局继续秉承为人民服务的宗旨，积极满足广大人民群众的需求，通过网点形象工程的改造，为客户提供差异化服务，不断地为中高低端客户提供最优质的服务；同时通过对邮储客户VIP绿卡通的发放，提升邮政品牌对客户的吸引力；注重落实客户走访工作，与客户建立友好的关系，让客户深感邮政时时就在自己身旁；深化服务的内涵，抓好员工业务操作和应知应会培训，提高业务受理的效率，提高整体服务水平；以用户满意为目标，认真落实各项服务承诺，进一步提高营业窗口和投递的服务水平；建立健全服务监督体系，加强服务工作的监督检查，有效促进整体服务质量的提高。

【承担社会责任】　县邮政局一如既往承担好邮政普遍服务义务，落实通信与信息安全保障措施，保证机要通信、党报党刊发行、义务兵通信等特殊通信任务的完成。推进新农保项目以及邮政便民服务站项目，作为惠民助民工程，县邮政局加大投入支撑力度，积极服务农户，服务社区，同时注重服务的连续性，不断改进服务方式，为广大人民群众创造更舒适的用邮环境，为当地百姓提供更优质的邮政服务，同时以服务地方经济促企业发展为根本，主动融入地方经济，服务揭西经济发展大局。

【企业管理】 2011年，县邮政局以精细化管理提升企业软实力，加快企业转型发展步伐，进一步提升企业的运行质量和效益。加强人力资源管理制定干部经营管理绩效考核办法，完善经营绩效考核激励机制；积极探索制订投递邮路酬金计酬方案，完善各类专项营销活动考核办法，充分调动投递人员、专、兼职客户经理及一线员工的生产积极性；加强员工的培训教育工作，特别抓好上岗、转岗以及新业务的培训工作，同时注重加强网络远程教育培训，逐步培养出一支适应企业转型发展需求的职业化员工队伍。加强安全保障管理认真贯彻“安全第一、预防为主、综合治理”的工作方针，按照“谁主管，谁负责”的工作原则，坚持以人为本，依托现有的技防设施，利用信息化监控手段，增加技术管理含量，努力提升企业科学安全管理水平。加强精神文明建设。2011年，全县邮政深入开展“创先争优推转型促发展”主题实践活动，把创先争优活动同局各项工作紧密结合起来，促进党员干部示范引领作表率、党员立足岗位争优秀，精神文明建设硕果累累：2011年，县邮政局工会职工书屋被中华全国总工会授予“全国工会优秀职工书屋”光荣称号；县邮政局被广东省邮政公司、揭阳市邮政局、县委县政府评为“文明单位”；县城霖都营业处被广东省妇女联合会授予“广东省巾帼文明岗”称号；县局团支部被共青团揭阳市委评为“揭阳市五四红旗团支部”。

县邮政局领导任职情况

局　长　许树龙　2010.11～

副局长　刘汉光　2007.11～

（许树龙　彭惠珠）

2011年揭西县主要邮政业务量表

项　目	函件（万件）	汇票（万张）	包件（万件）	特快（万件）	报纸期发数（万份）	杂志期发数（万份）	邮政储蓄余额（万元）
数　量	33.22	7.26	0.62	1.80	0.83	0.86	111299

移动通信

【概况】 2011年，中国移动揭西分公司秉持做优秀企业公民的承诺，以构建信息化新农村为导向，振兴TD名族产业为已任，积极贯彻落实省市公司打造“创新型增长的移动服务运营商”的工作部署，深化管理，积极开展“争先创优”活动，在分公司内营造积极向上的文化氛围。分公司2011年移动电话新开户35002户，实现业务收入1.71亿万元。分公司市场部营销室被中共揭阳市直属机关工作委员会评为市“共产党员先锋岗”；分公司河婆服营厅被市妇女联合会评为“三八红旗集体”；分公司志愿者服务支队被共青团揭阳市委员会、揭阳市志愿者协会评为“揭阳市青年志愿服务先进集体”；分公司金和服营厅、五经富服营厅被共青团揭阳市委员会评为“青年文明号”。

【网络建设】 2011年，中国移动揭西分公司全面加强网络建设、优化网络质量。组织开展“人人都是网络‘砖’家活动，发动员工及时收集网络弱点、盲点信息，做好区域的网络覆盖规划及优化。全年建设基站78个，开通基站

33个，杆路迁改14例，排除设备故障13例，重点整治河婆、棉湖区域网络信号覆盖问题，区域内主干道网络信号覆盖率达100%，保障区域内的网络通信需求。

【客户服务】 根据“开展服务质量升级工程，打造服务新优势，实现客户服务工作‘高品质、高效率和高满意度’”的工作要求，围绕全年“优势服务 满意100”服务主题，深入落实服务“四化”建设。利用服务厅窗口，开展“争先创优”服务竞赛，全面提升服务人员的专业服务技能。大力开展户外便民服务，扩大客户服务范围。根据农民工的收入水平，按照“微区域管理 网格化营销”的推广模式，开展“农村复兴工程”营销活动，以“低价、超值、实用”为切入点，开展下乡宣传，大力推广终端业务，通过买手机送话费的形式，满足农民工的手机通信需求。“5·17”世界电信日期间组织20多场“信息通信技术让农村生活更美好”主题便民服务；“两会”期间，统筹策划开展全方位的信息化专项服务，包括设置“两会”专厅、信息服务、信息化服务体验、“两会”专享客户经理服务、“两会”专享优惠以及现场通信保障服务等，并为“两会”代表提供天气预报、会务短信、温馨提醒、“两会”手机报等个性化服务等等，客户服务得到广大用户的认可。

【社会责任】 秉承“正德厚生，臻于至善”的企业核心价值观，分公司热心公益，为民着想，主动承担社会责任，积极参与社会公益活动。2011年1月25日，揭西分公司团支部联合团县委，开展“幸福广东，青春情暖”送温暖活动，为金和镇南尾村20多户贫困户及贫困小学生送去慰问品及慰问金；2月28日，揭西移动公司大力赞助揭西县妇女工作表彰大会暨纪念“三八”国际劳动妇女节101周年文艺表演，并为文艺汇演献上歌伴舞一曲；6月8日，分公司领导与揭西武装部、中国建行揭西支行等八个单位相关负责人到南山镇洋梅坪村了解帮扶村民情况；7月3日，在分公司四楼会议室，与团县委、县慈善总会等联合举办“赢在广东·第四届希望工程南粤会亲，春苗希望·第十三届春苗行动揭西会亲”活动；9月2日，揭西分公司志愿者在棉湖乐心协会的帮助下，登门拜访部分孤寡老人并送上慰问金。联合县文广新局开展“信息移动，助力三农”电影下乡活动，约有30万观众参与活动。

【企业管理】 围绕和谐幸福的目标，揭西分公司坚持“以人为本”，从工作、生活、健康等方面，加强员工关怀与成长关注。一、合理利用公司的内外部资源，有针对性地组织员工参加各种知识、技能培训，提升个人内在素质；组织横纵向交流活动，实现知识的交流与共享；二、与工会相结合，组织员工参加各种劳动竞赛活动，鼓励员工参加健身俱乐部等健身活动，同时组织各种员工喜欢的文体活动，开阔员工的视野。如组织“感谢员工，跃动青春”乒乓球比赛，与揭西县人民政府、武警揭西中队联合开展“和谐警营铸和谐，幸福揭西做奉献”军民联欢活动，与揭西京明度假村有限公司共同举办“唱响主旋律，颂歌献给党”红歌大赛，歌唱幸福生活；组织“爱在揭西——幸福生活我做主”大型户外交流活动，让员工及家属共享欢乐，通过各种形式丰富员工文化生活；三、根据公司的工作发展需求，开展公开竞聘上岗，让有能力、有干劲的员工能通过自己的努力，规划自己的职业生涯。2011年，分公司组织三次公开竞聘上岗活动，16人报名参加；四、利用公司博客、新闻、微博等平台，加强员工的经验分享与风采展现等等，让员工由内而外，素质全面提升。利用QC工具开展市场探索，市场部“扫村特攻队”QC小组的QC成果参加广东省质量协会、广东省总工会、共青团广东省委员会、广东科学技术学会、广东省妇女联合会联合举办的QC攻关比赛，并被评为2010年度广东省优秀QC小组。

【廉政建设】 坚持“谁主管，谁负责”原则，把党风廉政建设责任与企业的经营责任有机地结合，一岗双责，一起部署，一起落实，一起检查，一起考核。加强关键岗位人员的廉政知识教育，通过党支部大会，学习《廉政准则》中的八个严禁和五十二个不准、国有企业领导人员廉洁自律七个不准，学习贯彻揭阳市纪委五届二次全会精神等重要法规及有关党员领导干部廉洁自律相关规定。本着“谁主管，谁负责，一级抓一级，层层抓落实”的原则建立严密的党风廉政责任制，各级层层签订党风廉政建设责任书，明确公司工作人员在党风廉政建设中的责任，公司全体员工84人全部签订党风廉政建设责任书，签订率100%。

揭西移动公司分公司领导任职情况

总 经 理	许树谋	～2011.04
	钟榕光	2011.05～
副总经理	林炳春	～2011.03
	苏冬生	2011.04～

（钟榕光　黄淑萍）

联通通信

【概述】　2011年，中国联通揭西县分公司紧紧围绕上级公司的总体经营思路，以市公司经营策略为基准，以增收节支为目标，对内不断加强管理，对外积极创造营销条件，不断提升服务质量，积极完成市公司下达的各项指标任务。站在新的时代节点，通过转变服务观念，同心同德开拓市场，公司在收入计划完成率、收入同比增长率、收入市场占有提升率等方面均取得好成绩。并荣获揭阳市分公司颁发的“2011年第二季度经营单位班子业绩贡献奖”、“2011年第二季度收入超额奖”、“2011年上半年收入超额奖”、“2011年度准利润完成奖”、“宽固收入完成奖”。

【市场经营】　2011年，揭西联通根据市场经营发展形势，通过精心的部署并做出详细计划，明确各阶段的工作目标，就是以增收为目的，通过2G用户及固网宽带用户为主要增长点，实现全年业务收入超额完成任务。2G业务通过逐步提高分销商销售积极性，不断扩大用户规模，实现收入稳步上升。3G业务发展方面，努力加快3G渠道建设步伐，逐步扭转落后局面。固网业务发展方面，利用价格优势获取增量市场客户以及它网存量客户。全年中国联通揭西县分公司共完成业务收入2355.04万元，超进度107.17万元。

【客户服务】　以提升客户服务感知度为目标，积极查找服务流程中的薄弱环节，增强队伍建设，创新工作方法，提高服务水平。实施3G服务领先，明确3G专属服务经理开展3G VIP客户维系，大力宣传推广3G课堂，利用“沃在揭阳”、“揭阳联通iphone俱乐部”、“在线客服”的形式和内容，提升3G服务体验；提升窗口服务水平，建立服务质量与销售挂钩的新型绩效考核；启动客户生命周期维系管理，大力推进客服的职能到位，使公司客服工作迈上一个新台阶。

【网络建设与维护】　网络信号是运营商的核心服务，网络质量是优秀服务的基础。2011年揭西联通进一步加大基础设施的投入力度。全年G网新增建设了26个站点，W网新增建设32个站点，固话、宽带共建设开通13个ONU站点，网络质量得到明显的改善，为用户提供最优质的服务。

【企业管理】　继续推进和完善“目标—计划—考核”三大体系及“竞争、激励、淘汰”三大机制，有效增强员工队伍的向心力、凝聚力、战斗力；继续推行准利润中心的管理体制，加强财务预算管理与执行力度，全年准利润达到完成上级公司下达的目标。同时，强化安全防范意识，建立健全安全生产长效机制并制定各项安全防护措施，成立安全责任小组，明确责任，落实任务。实现全年安全生产无事故。充分发挥公司工会的作用，不断完善企业人文怀管理。2011年12月29日，组织员工参加揭阳市分公司在揭阳市第一技工学校举办的“2011年第一届职工运动会”，并在活动中荣获揭阳市分公司颁发的“优秀组织奖”。

【精神文明建设】 2011年不断深入开展学习实践科学发展观活动和党风廉政建设，队伍素质不断提高。认真履行公司的社会责任，积极推进公司精神文明建设和企业文化建设，县分公司被揭西县委县政府评为“文明单位”，河婆区域中心荣获“2011年度揭阳市青年文明号”荣誉称号。

联通揭西分公司领导任职情况

总 经 理	刁念英	2009.03～
副总经理	黄绍波	2009.03～
	庄任生	2011.01～

（刁念英　林洁鸿）

城乡建设　环境保护

城乡建设

【城镇规划建设】 以县城为龙头，推进城镇化建设。抓紧完善城镇总体规划和各项专项规划修编，狠抓城区基础建设和经营管理。县城建设重点是继续推进环城东路、环北二路、环城南路、城东新区道路等市政道路和金凤凰山庄、凤凰花园2个住宅小区建设，以及县城两河四岸、污水处理厂、教育城等市政建设。做好棉湖的星湖花园和旧城改造项目工程建设，带动其他城镇的发展，加快城乡一体化进程。

【城乡规划管理】 2011年聘请湖南省湘潭市规划建筑设计院广州分院，对河婆街道庙角名村、京溪园镇粗坑名村、上砂镇活动示范村、凤江镇鸿新示范村、南山镇北溪示范村、大溪镇井新示范村、良田乡龙岭示范村7个行政村进行编制名村示范村规划（2011～2030）。2011年12月聘请广州中大城乡规划设计研究院有限公司，对钱坑镇进行总体规划修编（2011～2030）。已通过专家评审，并报县政府批准实施。

【勘察设计工程】 县建筑设计室2011年设计供电物流仓库、五云卫生院门诊楼、塔头供电所营业生产楼、金和信用社营业楼、县第一中学教学楼、幸福花园、南通苑、大华新苑及县保障房等几十项县重点工程。随着设计人员的不断增加，大量更新硬件设备和各种软件，配套完善设计各项专业工种，如建筑、结构、水电防雷、消防、暖通以及工程效果图制作等。随着设计市场的不断放开，县建筑设计室已经在江西、南京、深圳等地设计多项工程，设计水平不断提高，业务量迅速增加。2011年以来，通过扩大与其他设计单位的合作，设计中高层建筑，设计较多优秀作品。

【建设工程质量安全监督管理】 建设工程质量安全监督站依据法律、法规和强制性标准，对工程实体和工程建设、勘察、设计、施工、监理、质量检测等单位的质量行为实施监督。日常监督中以抽查和抽测为主，发现问题坚决要求整改。对工程竣工验收进行监督。对建设工程各有关单位的安全生产行为及施工现场生产情况进行动态管理，对违反安全管理的行为进行动态扣分，全面掌握建设工程的质量和安全生产情况。2011年接受33项监督项目，竣工项目17项，一次性验收合格率100%，全年未出现重大质量安全事故。

【工程建设监理】　2011年揭阳市工程建设监理有限公司揭西分公司有工程师6人，助理工程师4人，专业监理工程师7人，安全监理从业人员5人，见证员6人。

【住房公积金管理】　至2011年底，全县有87个单位6645人缴纳住房公积金，归集公积金13805万元。对符合使用住房公积金条件的申请给予批准，返拨还个人9062万元。

【燃气企业】　2011年，全县有7家燃气企业：揭西县五经富石油气储配站、揭西县灰寨金辉燃化有限公司、揭西县棉湖联达石油液化气有限公司、揭西县金和安乐石油气有限公司、揭西县三和石油气有限公司、揭西县商业石油液化气有限公司、揭西县河婆燃辉石油气站。进一步加强城镇燃气经营和安全管理，规范燃气市场秩序，履行好监督、管理职能，确保燃气行业安全、稳定、健康发展。

【主要企业简介】　揭阳市揭西建筑集团公司　集团公司是一家经国家建设部批准的建筑工程施工总承包一级企业。集团公司下设30多个分公司，施工网点遍布9省18市，连续十多年被市建设主管部门评为“先进施工企业”工程质量创优先进单位。2008~2011年度，年均完成建安产值在6亿以上，上缴国家税利年均约6000多万元。2011年由集团公司承建完成的主要工程和获得的荣誉有：1. 广东宏和大厦综合楼工程荣获2011年度揭阳市优良样板工程称号；2. 深圳悦城花园三期21栋工程荣获2011年度深圳市安全生产文明施工优良工地奖；3. 揭西县棉湖镇湖坡大道的曙光新城一、二期高级住宅建设规模约150000平方米，总投资约15000万元，在2011年已竣工；4. 揭西县城新安雅筑高级住宅，建设规模约49000平方米，总投资约5000万元，在2011年已竣工。

揭阳市揭西建筑安装工程总公司　总公司拥有一支高素质的施工管理队伍，能够胜任较为复杂和高新的施工工艺、多层次的综合管理、多工作层面多工种配合协调的大中型工程项目的施工。公司施工机械设备齐全，可以保证大面积、短工期、高工艺、优质量的综合性工程项目的顺利有效展开，是建设工程工期质量的有力保障。2011年，由总公司承建完成或在建的主要工程有：揭西县坪上镇垃圾填埋场工程，总容量为166.5万立方米，总投资约2600万元；揭西县2011年保障性住房项目工程，框架结构8层4栋，建筑面积10144平方米，总投资约1700万元；揭西县棉湖镇过境公路改造工程，总长约3.675公里，总投资2927万元。年建安量达30万平方米以上，建筑业总产值逾亿元。连年被市建设局评为“先进施工企业”，“安全生产先进单位”，被揭阳市人民政府授予“纳税光荣户”，被广东省工商行政管理局授予“连续十年守合同重信用企业”荣誉称号，并顺利通过IS09001、1400质量、环境管理体系认证及职业安全管理体系认证。

县住房和城乡建设局领导任职情况

职务	姓名	任职时间
局　长	蔡宝安	~2011.12
	李清闲	2011.12~
副局长	陈修灿	2006.12~
	李冠新	2007.11~
	杨建生	2007.11~
	黄　南	2011.05~
	沈汉展	2011.06~

（李清闲　方　旭）

城市规划

【概况】　2011年，县城市规划局按照县委九届七次全会提出：“把揭西打造成为宜居、宜业、宜商、宜游的美丽山城”的部署，充分发挥城市规划的先导作用，以科学规划为动力，进一步明确城镇定位，树立城市管理工作理念，突出城市亮点，全面清理整顿市容市貌，提升城市功能，取得显著成效。

【城市规划工作】　严格按照《城乡规划法》，

强化规划审批，细化工作措施，狠抓规划工作的落实。完善调整管理流程与技术规程，严格规划制度，把好“一书两证”的发放关，对手续不完善的坚决不予办理。制定建设工程规划管理记录册，对各类项目进行跟踪管理，确保规划的实施。同时在收费的项目中坚持统一收费，按标准收费，落实收支“两条线”的各项要求。围绕重点项目建设、“三旧”改造工作，对区域发展定位、功能布局、项目安排进行全面策划，突出以科学规划引领城市开发建设。2011年完成14项详细规划及专项规划工作，受理申请报建493宗，办结493宗。

【县城重点项目工程】 2011年，城市规划继续以抓基础、保项目、促创新为重点，全年完成市政公用基础设施投资2.63亿元；续建和改建县城主干道路3条，新建道路景观绿化工程2条，公共绿化地5亩。县城建设由小体量开发向区域化、组团式整体打造成功转型；两河四岸综合开发以及希桥大酒店、商贸城、人民体育广场等一批新项目的上马，三山国王祖庙扩建筹建前期工作有效开展。

【综合整治工作】 县城规局根据县城市容市貌情况，狠抓综合整治工作。一、充分发动群众。使群众自觉支持与配合综合治理工作。二、抓重点带全面。通过对广场、新亭街、河山市场、河婆桥、隆昌路、霖都大道、沿江路、青少年宫周围、新河路、东风小学周围及百家楼、河山路、河山小学周围等作为重点清理，大造清理整顿声势。三、讲究工作的方法方式。2011年全县拆除违规搭建雨篷6830个，13.6万平方米，割除雨布2660片；拆除违章建筑、私搭乱建等拆除乱搭乱建房屋721间，查封违章店埔8间；取缔和整治马路市场14处，清理占道商贩和占道烧烤3450处（次），有效遏制占道经营势头；完成首批14条严管路街内的广告牌匾、橱窗大字、灯箱的规范清理工作，拆除广告牌匾4300块、大型无手续广告牌23个，清理无手续条幅、拱形门、空飘250处，清理招手牌、灯箱800个；清理粘贴“牛皮癣”广告4万处、收缴野广告4500张、粉刷喷涂野广告5500多平方米；清理店铺门前遮雨伞水泥墩127车（次）；加强对施工材料占道摆放及工业废渣的整治，维持环境清洁和路面畅通。

【团队形象塑造】 一、抓作风建设。城规局积极推行党务、政务公开工作，落实岗位责任制，改善和优化办公环境和办公条件。监察队员每天坚持上岗巡查执法，实行文明执法，认真查处违章工程和违章建筑，严格清除一切占道经营行为，认真督察“门前三包”责任制的落实和规范户外广告的管理工作，发现问题及时处理。二、抓党风廉政建设。认真落实党风廉政建设目标责任制，做好领导干部廉洁自律等反腐倡廉工作，加快推进惩治和预防腐败体系建设。充分发挥党务、政务公开作用，积极推进扩大公众参与度，接受公众监督的窗口和平台，使各项工作在阳光下进行和操作。三、抓班子团结。努力提高班子成员的思想理论素养和执行民主集中制的自觉性，提高科学决策、民主决策的能力。坚持按照“集体领导、民主集中、个别酝酿、会议决定”四项原则的要求，确保民主集中制的落实和工作的成效。四、抓制度建设。以建立健全相关的制度为保障，规范完善工作机制，不断提高工作的自觉性和执行的约束力。做到事事有人管，人人有责任。五、抓思想政治工作。六、抓办事效率。认真贯彻工作制度和个人工作的守则，加强人员培训，不断提高干部职工思想政治觉悟和业务技术水平，提高专业技术人员业务素质。在各股室制定行为准则及工作职责。加大机关干部自我管理、相互监督的力度，从而强化监督运行机制，提高工作效率。

县城市规划局领导任职情况

局　长	李益军	～2011.04
	张建理	2011.04～
副局长	温瑞全	2011.04～

黄少春　2011.04～
（张建理　温瑞全　曾志刚）

国土资源管理

【耕地保护和开发】　市下达耕地保有量控制指标401378.55亩，至2011年底实际耕地保有量407118.55亩，耕地总量保持动态平衡。积极推进利用园地山坡地开发补充耕地，将利用园地山坡地开发补充耕地任务分解到各乡镇（街道），在增加数量的同时强化质量意识，狠抓质量管理，2011年全县新增耕地面积7749亩。县政府与各乡镇人民政府（街道办）、乡镇（街道）与村签订《揭西县2011年度耕地保护目标责任书》，层层落实耕地保护责任，耕地保护工作到位、责任到位、措施到位。加强基本农田保护区管护工作，新设置石料制作保护区标志牌40个，翻新原水泥制作保护区标志牌200个、界桩960支，投入经费42.61万元。

【土地规划和利用】　完成新一轮县级和乡镇级土地利用总体规划修编工作，严格执行土地利用总体规划，为科学统筹安排用地提供依据。根据重点项目建设用地的需要，积极做好扩大内需项目用地情况调研，同时采取有效措施，跟踪落实用地报批，尽快满足重点项目用地需求。2011年完成河婆工业集中区517亩的供地工作。五星级酒店52亩、棉湖镇贡山工业区57亩、京塔工业区265亩、白云山制药厂等县重点项目用地完成组织报批工作。完成国有土地使用权公开招拍挂出让18宗，面积661.42亩，成交金额21269.5万元，其中工业用地公开出让6宗，面积523.42亩，成交金额12444万元。组织上报5个批次用地，总面积约1263.3亩。完成县级用地预审7宗，面积208.2亩，市级用地预审1宗，面积9.36亩。

【执法监察与信访】　加强执法监察工作，健全县、镇、村三级土地监察工作，健全预警网络，完善土地执法机制，遏制违法违规用地势头。认真制定动态巡查季度计划，实行分片包干责任制，明确巡查区域、人员、时间、路线和频次，切实做到及时发现、报告和制止土地违法行为。2011年通过动态巡查发现与制止违法用地49宗，涉地面积62.07亩，其中制止非法开采苗头22宗，挽回经济损失14.5万元；重视做好群众来信来访工作，接受信访信件14件，其中重复来信3件，接待群众来访5批15人次，全部办结，办结率100%。

【测绘与矿产管理】　加强测绘市场行业管理和公共服务，确保测绘行政管理合法高效，引导和规范测绘行业健康发展。2011年，继续抓好整顿和规范矿产资源开发秩序，做好矿山采矿企业年度检查工作。抓好安全生产工作，实施“安全生产年”的活动方案，全年组织开展矿山安全生产巡查56人次，未发生安全事故。结合违法用地清理清查整治行动，开展砖瓦窑的专项整治工作，强制拆除非法占地、污染环境的56个无证砖厂，拆除建筑面积6.6万平方米。

【地质灾害防治】　制定2011年度地质灾害防治方案，全面落实地质灾害防治工作，与17个国土管理所签订《揭西县地质灾害防治工作责任书》。制定59份地质灾害隐患点防灾预案表，对每个隐患点落实具体措施和责任人。积极做好揭西县群测群防“十有”县建设工作，全面完善地质灾害群测群防体系，完善群测群防的监测预警网络，把地质灾害可能损失降到最低限度。完善地质灾害明白卡发放制度和警示制度，对全县17个乡镇，78个地质灾害隐患点，发放地质灾害“工作明白卡”78份，“避险明白卡”536份，落实各隐患点监测人78人，责任人72人。对重大地质灾害隐患点设置警示牌，在良田长江自然村等较大级隐患点树立50个警示牌。筹措资金对隐患点进行治理，完成对揭西县良田中学、宫墩小学地质灾害隐患点进行治理，投入资金约280万元。

【地籍管理】　落实土地登记制度，依法做好土地确权登记，强化土地权属管理。制定《揭西县土地登记规范化和土地权属争议调处工作检查方案》，扎实做好土地登记规范化管理工作，对2008年以来的土地登记进行一次全面规范化检查，共清理土地登记档案5283宗。继续做好河婆街道、棉湖镇、五经富镇三个中心镇的城镇地籍调查工作。制定《揭西县加快推进农村集体土地确权登记发证工作实施方案》，启动农村集体土地确权登记工作。2011年，全县完成土地使用权登记2927宗，面积703413.19亩，其中：国有土地使用权登记950宗，面积624.03亩；集体土地使用权登记1362宗，面积213.1亩；抵押登记615宗，面积702576.06亩。宅基地使用权登记1334宗，面积142.2亩。完成土地评估22宗，面积758亩；完成土地测量126宗。

【法制建设】 坚持依法行政，将推进依法行政与履行宏观调控职责相结合，健全行政执法责任制，规范行政许可和行政审批工作流程，以“两整治一改革”专项活动为重点，积极开展廉政风险点排查和自查自纠工作，健全土地储备机构的管理制度、清理矿业权管理和招拍挂等相关制度，修订制度10个，新建制度4个。加强对机关效能建设，提高办事效率，推行岗位责任制、服务承诺制、限进办结制、首问负责等制度，公开办事程序、办事时效、办事结果。结合“世界地球日”、“全国土地日”、“法制宣传日”开展全民国情、国策、国法宣传教育工作，提高全民国土资源法制观念，增强依法用地管地的自觉性。

【队伍建设】 按照分期分批培训学习原则，重点针对基层所能力素质建设，加强国土资源业务知识全方位的培训学习，全年进行培训10场次，350人数。加强党风廉政建设和反腐败工作，抓好党务公开、政务公开工作，实行一把手亲自抓落实的工作机制，签订党风廉政建设责任状37份。全力做好创先争优活动中的“三服务”、“学习优秀共产党员具体标准”等工作，积极开展“解放思想谋发展，求真务实为人民”学习讨论，扎实开展政风行风民主评议，全面提升干部职工服务群众的水平，为人民服务的水平进一步提高。

县国土资源局领导任职情况

局　　长	张远辉	~2011.06
	李文烈	2011.06~
副 局 长	刘国声	2002.04~
	张永欢	2006.12~
	刘武军	2009.10~
	吴少平	2009.12~

（张永欢　彭志怀）

环境保护

【概况】 2011年，揭西城市环境空气质量达到国家一级标准，榕江河及支流水质良好，达到国家二类水标准，城市区域和道路交通声环境状况总体较好，完成2011年省市下达的二氧化硫、化学需氧量等主要污染物减排任务。

【政务信息及环境信访】 2011年，县环保局完成与市环保局公文传输及协同办公能力建设项目，实现OA系统网上文件办公。认真做好网上审批及排污证发放工作，全年发放排污许可证及年审128个，实施环保审批项目67个。建立健全政务公开及党务公开信息，认真做好信息的收集及编写、上报工作。2011年，开展“基层大接访”活动，168人（次）参加活动，接待群众5批23人（次），主动下访、接待群众61人（次），处理群众反映的环境问题68件，处理率及办结率100%。

【投资与规划】 2011年7月开工建设揭西县坪上垃圾无害化处理填埋场，项目总投资480万元，选址为坪上镇老虎坷，服务人口约50万人，服务范围为河婆街道、坪上镇、良田乡、龙潭镇、大溪镇、钱坑镇、五云镇、上砂镇等，总容量166.5万立方米，日处理垃圾300吨。2011年规划建设黄京坷垃圾无害化处理填埋场，预计项目总投资4100万元，选址为东园镇黄京坷，服务范围为东园、塔头、金和、凤江、棉湖、京溪园、五经富、灰寨等镇，项目分二期建设，首期计划2012年底完工。

【环境监测】 2011年县环境监测站开展计量认证工作，投资96万元用于仪器购买及化验室改造等工作，于2011年10月通过水、声、气三大项计36项计量认证工作，为环境保护提供具有法律效力的监测数据。

【环境监察与排污费】 2011年出动执法人员410人次，查处违法排污企业14家，其中，取缔企业3家；对25家企业实施行政处罚，清查非法采矿点22宗，拆除整治砖瓦窑56家。征收排污费57万元，全部上缴财政专户。

【环境宣传教育】 2011年6月开展环境宣传教育活动月活动及环境安全宣传月活动，在"六·五"世界环境日举办环境咨询活动。2011年发放环境宣传小册子2000份，环保倡议书3000份，张挂横联63条，展出环保图片14套，出动宣传车10场次。

县环境保护局领导任职情况

局　长　郭炎乐　2008.01～
副局长　林奕柯　2003.07～
　　　　邓瑞凡　2006.01～

（郭炎乐　林生足）

城市卫生管理

【县城环卫管理】 2011年，县环卫局按照县委建设"美丽山城"的目标要求，强化内部管理，加强内涵建设，以良好的服务态度和优质的服务质量做好县城的市容环境卫生管理工作。一、加强环卫队伍自身建设，通过开展创先争优活动，培养职工爱岗敬业精神。二、制订《清扫保洁管理制度》、《垃圾清运管理制度》等一系列生产管理制度，建立健全科学的管理体系。三、扩大清扫保洁范围，将北环一路、温泉大道、新堤路等列入清扫保洁范围。四、不定期组织环卫工人清理县城卫生死角，确保县城环境整洁优美。五、加强环卫法规、环卫知识的宣传力度，通过电视台、宣传栏和上门宣传等形式，规范教育市民的卫生行为，提高市民的环卫意识。

【环卫基础设施建设】 2011年，加大对环卫基础设施建设的资金投入，使县城环卫基础设施日臻完善。新购置垃圾运输车一辆，机动三轮车二辆，手动胶轮车35辆，垃圾收集箱20个，垃圾桶200个。揭西县坪上垃圾填埋场项目于2011年7月开工建设，至2011年底投入资金2000多万，完成基础工程建设和垃圾场综合楼首期工程，综合楼的装修、填埋区的防渗膜铺设和污水处理池的建设正在进行中。

县环境卫生管理局领导任职情况

局　长　蔡明醒　2005.12～

（蔡明醒　张小辉）

城乡供水

【县自来水公司】 2011年，公司的业务总收入663万元：其中水费收入578万元，比增15%；安装收入73万元，营业外收入12万元。全年抽水量475.3万立方米，比增7.55%。2011年售水量379.6万立方米，比增7.41%。

搞好硬件建设，确保安全供水。2011年，公司始终坚持保证和提高水质作为工作重心，将制水生产线八个过滤池全部换上新海沙，沉淀池全部换上新斜板，并新购一台消毒机，确保供水水质达到国家饮用水卫生标准。

加强党支部建设，推进党建工作。公司党支部认真学习落实执行上级有关文件精神，推动党内民主，加强党内监督，成立党务公开机构，增设党务公开栏、意见箱，聘请三位党务公开监督员。党支部进行支委换届选举和开展民主评议党员及"创先争优"活动，并坚持实行厂务公开，以厂务公开促进企业民主管理，以厂务公开促进企业发展。

县自来水公司领导任职情况

经　理　张国旭　2008.09～
副经理　张永明　1997.03～
　　　　蔡传庭　2011.05～

（张国旭　蔡国生）

【第三自来水公司】　揭西县第三自来水公司地处五经富镇联和罗屋村大花园地段，发电站位于榕江河一级支流上游，水厂以川天王电站尾水取水。水源丰富，水质清醇。工程占地面积90亩，工程总投资7.8亿元，工程规划建设的主要项目有取水头部、送水泵房、清水池、消毒池、过滤池、沉淀池、供水管网以及配套建设道路、围墙、大门和绿化等。工程建成后日供水量26万吨，工程供水范围为“八镇三区”。工程第一期建设于2010年5月全面竣工，二期建设正在进行中。

第三自来水公司领导任职情况

总经理　陈自雄　2010.05～

（曾伟彬　姚妙旋）

商品流通

商　业

【概况】　揭西县商业企业（集团）公司，下辖有14个股级公司；至2011年底，全系统有干部职工1046人（其中：在岗126人，下岗920人），离退休1193人（其中：离休29人，退休1164人）。至年底全系统办理退休60人，补缴交社保费102万元。2011年全系统全年商品总购进17680万元，完成年计划的101.08%，比增7.09%；商品总购售19005万元，完成年计划的100.24%，比增3.21%；实现毛利194万元；盈亏相抵后亏损10万元，比2010年亏损14万元，减亏4万元，减幅28.57%；本期上缴税142万元，比上年同期上缴141万元增加0.07%。

【企业管理】　一、认真抓好企业班子建设。执行集团公司制定的各项规章制度，办事公开，重大事项决策通过集体讨论决定，学习有关法律法规，提高防范意识。二、加强财务管理。继续把增收节支、开源节流作为财务工作的重要事情来抓，更好地完善和规范财务管理制度以及报销审批制度，坚持“量入为出、开支从紧”的原则，严格控制业务招待费、修缮费等开支和补贴的发放，严禁私设小钱柜。三、加强安全生产管理。按照“谁主管、谁负责”的原则，落实安全生产责任制，每逢节假日都印发整改通知书到各个承包门店，促使承包者提高安全观念意识，预防火灾隐患的发生，确保全年安全生产无事故。四、关心职工生活。做好下岗职工和离退休人员的思想工作，切实解决他们反映的最直接、最现实的问题。加强党员干部的廉洁自律教育，推进党风廉政建设。

【食品经营】　认真做好病害猪无害化处理以及资金使用情况等有关资料档案的管理工作。2011年全县生猪购进总值14760.8万元，比增24.5%；销售总额15993.9万元，比增21.6%；生猪屠宰上市量10.97万头，比增12.6%，生猪税收收入141.9万元。

县商业企业（集团）公司领导任职情况

经　理　李志明　1997.11～
副经理　张少良　1997.11～
　　　　刘永明　2001.03～

（李志明　张丽娇）

供　销

【概况】　2011年全县供销社系统，立足城乡统筹发展，创新经营业态，逐步建立以“新网工程”、“万村千乡市场工程”、“专业合作社”、“农超对接”、“平价商店”为基础的现代流通网络体系，提升网络水平强化服务能力，努力建设一个组织新、体制新、网络新、产业新、文化新的供销合作社。至2011年底全系统在职人数1940人，其中：在岗312人，下岗1628人，离休54人，退休1566人。

【供销情况】　2011年全系统商品总购进6320万元，比增6.97%；商品总销售7900万元，比增6.7%；利润亏损45万元，比去年同期减亏12.9 %。县供销合作联社被广东省供销合作社系统评为2011年度全省供销合作社系统县级供销合作社综合业绩优胜单位“二等奖”。2011年揭西县供汇日用品贸易中心承办商务部“万村千乡”市场工程项目，新增农家店90个，实现年日用消费品销售总额1300万元。2011年7月28日揭西县安全生产委员会办公室关于注销揭西县供联烟花爆竹专营有限公司烟花爆竹经营（批发）许可证的通报，停止全县烟花爆竹经营（批发）许可业务。

【服务“三农”】　为“三农”服务是供销社的办社宗旨，县农资总公司以配送中心为依托，积极推进“新网工程和万村千乡市场工程”建设，打造县、乡、村三级农村现代流通经营网络新形象，形成一条比较完整的农资供应配送网络覆盖全县镇村。2011年全系统农资销售5311万元，化肥供应3540吨，其中：尿素720吨、复合肥850吨、磷肥500吨、碳氨680吨、钾肥790吨，农药3.56吨，各种中小农具3424件，为全县农业生产尽力尽责。全县有庄稼医院15所，配备兼职庄稼医生15名，农科咨询服务员171名。

【企业管理】　根据有关政策、法规、法令精神，结合供销社实际，制订《揭西县供销社企业管理规定》，内容包括机关、人事、财务、资金、资产、业务、社保、合作经济八章四十四条。

县供销合作联社领导任职情况

主　任　黄树文　～2011.03
　　　　张巧欧　2011.04～

（张巧欧　黄东记）

烟　草

【概况】　2011年，县烟草专卖局践行国家局提出的“两个至上”行业共同价值观，紧紧围绕省、市局和地方党政的工作部署，落实“卷烟上水平”的中心任务，弘扬“企业文化”建设。完成2011年各项经济指标：卷烟总销量为137587.11万支，金额为52099.27万元，比增16.38%；利润总额7907.76万元，比增19.26%；实现税利总额为13375.98万元，比增19.87%。

【专卖打假管理】　继续深入贯彻“四个转变”和完善“四大机制”发挥地方政府和相关部门作用，加大对案件经管力度。2011年全县有持证的卷烟零售客户2393户，办理卷烟违法案件204宗，查获涉案卷烟78.14万支，其中假冒注册商标且伪劣卷烟0.72万支，跨区流动卷烟77.4万支，罚款金额为1.26万元。专卖管理案件办结率为100%，行政复议和行政诉讼率为零。

【营销服务】　以电话订货、送货上门为服务手段，为全县2393个合法卷烟零售户提供卷烟商品和优质服务。全年卷烟入网销售率100%，订货成功率（包括网上订货和电话订货）为98.01%。电子结算户2273户，占总客户数的99.34%；电子结算成功率96.17%；送货能按时、按质、按量到达客户。卷烟销售服务零售户满意率96.21%。

【精神文明建设】　弘扬“只有起点、没有终点”的企业精神，不断提升精神文明建设。2011年度县烟草专卖局（分公司）被省妇女联合会授予“巾帼文明岗”；被市委市政府授予卷烟打假“先进集体”、“纳税光荣户银奖”；被县委授予“中央、省、市驻揭西单位领导班子绩效考核第一名”；被县党委授予“先进党支部”；被县文明委评为“文明单位”；被揭阳市烟草专卖局授予“文明单位”。棉湖服务站被县文明委评为“基层文明单位”。县烟草专卖局（分公司）投入社会公益事业及构建和谐新农村建设资金19.25万元（其中职工个人捐款4.34万元）。

县烟草专卖局领导任职情况

局长、总经理　邱建灵　1996.10 ～

副　局　长　陈如强　2006.11 ～

（邱建灵　张美清）

食　盐

【食盐管理】 根据国务院《食盐专营办法》、《食品安全法》以及《广东省盐业管理条例》，为确保人民群众吃上合格碘盐，揭西县食盐行政管理职能部门从加大宣传、加强管理入手，做大量工作。2011年由省、市、县打假办统一安排，在全县开展食盐安全专项整治活动，经过专项整治进一步净化辖区食盐市场。

2011年盐政管理量化表

盐政管理事项	数量
盐政管理人员出勤（人、次）	1846
检查食盐市场（个、次）	529
检查零售门店（间、次）	2931
检查腌制厂场（家、次）	95
检查酒楼、食肆（家、次）	2420
检查家庭用户（家）	925
查处假冒、伪劣盐产品（公斤）	592
立案、结案	15宗
罚　款（人民币）	2410元

【食盐销售】 根据揭阳市盐业总公司统一部署，在全市逐步实行食盐销售配送制度。2011年，揭西盐业公司积极拓展配送网络，全县较大的自然村以上都已经有直供配送点。建立健全配送队伍，从而比较有效地保证合格碘盐的供应，堵塞假冒伪劣碘盐的流通渠道。

2011年食盐销存情况表

单位：吨

年份	销售	其中		库存
		食用盐	其他用盐	
2011	2656	1381	1275	335

县盐务局领导任职情况

局　长（经　理）　林汉斌　～2011.06

贝斯俊　2011.07～

（贝斯俊　杨建华）

物资供应

【基本情况】 2011年县物资总公司有干部职工371人（其中：离休1人，退休118人）；在册人员252人（其中：在岗人员45人，下岗人员207人）；历年来接收安排复退军人69人（其中荣残军人3人）。做好下岗人员的思想工作，特别是当年到龄退休人员的工作，关心他们，协助解决应交社保问题。2011年物资全系统实现商品总购进2947万元，商品总销售3265万元。比增10%，盈亏相抵后基本持平。

【企业管理】 计划经济政策过渡为社会主义市场经济后，物资部门失去原有专营建筑物资的优势，下属各专业公司先后相继停产歇业，人员下岗，仓库变为闲置资产。以前是租给几家小企业经营，经济效益很不理想，没能充分发挥仓库土地、房屋应有的社会效益和经济效益。下属金属材料公司、机电设备公司、化工建材公司、汽车贸易公司、物资贸易公司、民爆器材物资供应公司和燃料公司各专业公司先后退出市场经营。按照县委、县政府的统一部署，总公司继续在企业中进行深层次的改革，紧紧依靠科学进步，切实遵循经济规律，要以产权制度为重点，盘活资产存量，推动国有资产的合理流动，促进国有资产增值保值；要加强国有资产的监督管理，防止国有资产流失，同时要根据实际情况用改组、合并、转让、股份制度等方式，建立现代企业制度，通过调整企业结构布局进一步增强企业活力，促进企业持续健康发展。

揭西县物资总公司领导任职情况

职务	姓名	任职时间
总经理	彭文明	~2011.04
	贝小雄	2011.05~
副总经理	张文雅	2007.07~
	黄惠金	2009.10~

（贝小雄　张文雅）

对外贸易

【概况】 坚持以邓小平理论和“三个代表”重要思想为指导，坚持科学发展观，紧紧围绕建设“生态工业大县、旅游文化强县、绿色和谐揭西”的总目标，大力实施外向带动战略，紧紧抓住利用外资和外贸出口两项中心工作不放松，努力拼搏，使全县外经贸得到持续、健康、协调发展。

【对外经济贸易】 2011年全县外贸出口总额5989万美元，其中一般贸易出口5249万美元，比增26%，加工贸易出口740万美元，比减7.73%；实际利用外资1468万美元，比增16.3%，合同利用外资2909万美元，比增96.8%。其他各项经济指标为：“三资”企业产值20866万元，比增24.5%；“三来一补”工缴费收入148万美元，比减1.3%；银行结汇145万美元，比减2.0%；出口退税3170万元，比增56.9%。

（林俊槐　陈斌）

旅　游

【概况】 2011年，县旅游局认真贯彻落实省、市旅游工作会议精神，围绕县委、县政府提出的“旅游文化、生态工业、商贸物流、特色农业”四大工程建设目标，以科学发展观为指导，加大招商引资力度，推进重点项目建设，加快旅游资源开发，提升旅游接待功能，加强旅游宣传推介，全方位拓展市场，促进全县旅游业健康、有序、快速发展。2011年全县旅游接待人数332万人次，比增22.2%，旅游收入10.8亿，比增27%。2011年1月揭西县被广东省人民政府授予“广东省旅游综合改革示范县”称号。旅游经济已经成为县域经济新的增长点。

【招商引资】 创新引资模式，加大旅游项目招商引资力度，做大旅游产业，推进旅游重点项目建设。2011年全县签约旅游项目8个，计划投资共57.12亿，立项旅游项目4个。

【旅游设施建设】 县重点项目五星级希桥酒店、大洋会议中心已开工建设；“黄满寨瀑布旅游区农家乐配套项目”、京明温泉度假村提质增效也计划在近期开工，进一步提升国家AAAA级景区的接待水平；广东揭西大北山生态旅游区规划不断完善，大北山森林公园旅游度假区基础设施建设、十八湾景区、天宝堂风景区的开发步伐不断加快；上砂开口石风景区、钱坑石灵寺旅游综合开发区、五经富黄龙寺风景区规划设计、立项等工作进展顺利。

【扶贫开发】 2011年争取到省大型重点旅游扶贫资金300万元，用于黄满寨瀑布旅游区农家乐综合配套项目，带动企业新增8000万元投入景区建设，为黄满寨景区创国家AAAA景区和公司旅游上市打下良好基础。

【宣传推介】 通过电视、网络、报纸等新闻主流媒体全方位多渠道宣传推介全县旅游资源。一、在“5.19” 第一届“中国旅游日”开展以“读万卷书，行万里路。拥抱美丽山城，享受生态揭西”为主题的各项宣传活动及惠民措施纪念中国第一届旅游日；二、配合《中国旅游报》、《南方日报》记者到揭西采访宣传揭西旅游扶贫工作；三、组织县重点旅游企业、星级宾馆、各旅行社筹备参加中国（广东）国际旅游博览会、广东国际旅游文化节，全方位推介全县的旅游资源；四、中秋节在大北山森林公园京明度假村举办 “中秋月，潮汕情” 第二届揭阳京明中秋大型篝火狂欢晚会，吸引潮汕三市及周边各地800多名游客参加，《揭阳日报》、揭阳电视台、揭阳新闻网、揭西电视台分别作报道。五、办好揭西旅游网，景区、酒店管理方面也全面实行网络化管理。2011年5月在北京召开的“第二届中国节庆创新论坛暨2011中国品牌节会颁奖盛典”上，“广东揭西生态旅游文化节”荣获“中国最佳自然生态旅游节”称号。

附表：

【配套设施】 围绕县委、县政府提出的“旅游文化强县”的目标，在抓好景区（点）建设的同时，切实加强各项旅游配套设施建设，逐步完善游、行、住、食、娱、购旅游六要素，不断提高旅游接待功能和服务水平，增强竞争能力。通过科学规划，精心打造，旅游六要素日臻完善。全县旅游接待酒店及旅馆50家，房间2254间，床位3904个，旅行社4家，旅游从业人员6000多人。

【人员培训】 在全县旅游行业开展“内强素质、外树形象”活动，促进企业规范经营。加强旅游从业人员管理，输送导游员、旅行社经理参加省、市举办的培训班。全年组织旅游企业举办旅游培训班12场次。

【行业管理】 加强旅游安全生产监督管理和检查力度，落实安全生产责任制，全面开展旅游安全生产和消防安全演练，实现旅游安全无事故，全年开展安全生产检查18场次，参加检查108人次。查处隐患3处，责令整改3处。严格旅游执法，认真贯彻实施《旅行社条例》和有关旅游政策法规，依法打击各项违规经营活动，并通过严格执法来促使旅行社完善用车制度，确保旅行社组团用旅游专用车。

县旅游局领导任职情况

局　长　刘燕璇　2011.04～

副局长　黄劲松　～2011.12

　　　　林燕玲　2005.08～

（刘燕璇　许燕珊）

揭西县酒店名录

序号	酒　店	星级	电　话	地　址
1	揭西县河婆特美思度假村	四	5588688	广东省揭阳市揭西县河山北路14号
2	揭西县京明温泉度假村		5851888	广东省揭阳市揭西县京溪园镇新洪村1号

续上表

序号	酒　店	星级	电　话	地　址
3	揭西大北山森林公园京明度假村		5799001	揭西县南山镇大北山森林公园京明度假村
4	揭西县盛通酒店		5536666	河婆镇过境路桥一号
5	揭西县河婆万福盈宾馆		5566888	揭西县河婆镇大同居委温泉大道东A4栋15—21号
6	国防迎宾馆		5527888	揭西县武装部内测
7	揭西县广信商务宾馆		5596999	揭西县河婆镇霖都大道101号
8	揭西县河婆金凯苑商务宾馆		13480331558	揭西县河婆镇霖都大道82号
9	县党校会议接待所		5584964	揭西县城党校路5号
10	揭西县棉湖迎宾馆		5218199	广东省揭阳市揭西县棉湖镇湖坡村1号
11	揭西县荣华大酒店有限公司		5213888	广东省揭阳市揭西县棉湖镇湖东村20号
12	棉湖迎宾馆副楼宾馆		5216998	揭西县棉湖镇兴华路口
13	棉湖龙都宾馆		5216998	揭西县棉湖兴华路

揭西县旅游景点一览表

名　称	地　址	电　话	传　真
开口石风景区	上砂镇		
三山国王祖庙旅游综合开发区	河婆镇	5511374	
天竺岩风景区	河婆镇	5517963	
过路塘风景区	河婆镇	5584981	
广德洞天风景区	河婆镇	5581980	
石内河漂流有限公司	坪上镇	5634623	5634632
石灵寺旅游综合开发区	钱坑镇	5899389	
龙源生态旅游区	龙潭镇	5323447	
大洋旅游区	五经富镇	5331323	
大北山国家森林公园	南山镇	579999	5799202
京明温泉度假村	京溪园镇	5855888	5851345
黄满寨瀑布旅游区	京溪园镇	5851345	
碧岩寺宗教文化旅游区	东园镇	5383336	
郭氏大楼	棉湖镇	5258126	
兴道书院	棉湖镇		
永昌古庙	棉湖镇	5254616	
花果古寺	棉湖镇	5257039	

揭西县旅行社名录

名　称	类　别	许可证编号	地　址	电　话	传　真
揭西县霖都旅行社有限公司	私营企业	L-GD-0085	河婆镇霖都大道183号	5591166	5581382
揭西县新世纪旅行社有限公司	股份有限公司	L-GD-0084	棉湖镇道江西路公园东大门12号	5252618	5266266
揭之旅旅行社有限公司	私营企业	L-GD01235	河婆镇滨江公园	5535869	5535889

财税　金融　保险

财　政

【财政收入】　2011年，全县地方财政一般预算收入26347万元，为年度预算调整后27224万元的96.78%，比2010年度21781万元增收4566万元，增长20.96%。在一般预算收入中，工商各税占57.96%，耕地占用税和契税占13.98%，非税收入占28.06%。分部门收入情况看：国税系统完成6567万元，为年度预算调整后7177万元的91.50%，比2010年度5394万元增收1173万元，增长21.75%；地税系统完成13071万元，为年度预算调整后13833万元的94.49%，比2010年度10801万元增收2270万元，增长21.02%；财政系统完成6709万元，为年度预算调整后6214万元的107.97%，比2010年度5586万元增收1123万元，增长20.10%。

【财政支出】　2011年，全县地方财政一般预算支出完成164813万元，为年度预算调整后150856万元的109.25%，比上年117011万元增支47802万元，增长40.85%；2011年，全县教育、社保、医疗卫生、农林水事务等关系群众切身利益的民生投入达113278万元，占一般预算支出的68.73%，同比增长54.98%。超过全县财政支出增幅15.84个百分点。在财政支出中，重点是推进《县政府工作报告》中承诺的要做好十件民生实事的落实，2011年安排资金33241万元。

【财政平衡】　2011年，县级财政预算内收支平衡。2011年财政预算总收入197537万元，其中县级一般预算收入26347万元，上级补助收入147321万元，上年结转收入23373万元，调入资金496万元；预算总支出166726万元，其中县级一般预算支出164813万元，上解支出1013万元，增设预算周转金900万元。预算滚存结余30811万元（上年结余收入和预算结余受省批复决算结转下年使用资金和平衡奖影响）。

【优化支出】　2011年，根据公共财政的要求和服务全县经济社会发展的需要，把加强财政支出管理放在突出的位置，财政支出坚持统筹兼顾、注重民生、确保重点的原则，支出结构进一步优化，体现“保证运转、倾斜重点、突出民生、和谐发展”的特点，加强重点支出和民心工程工作的保障力度。

水库移民后期扶持资金　2011年度省继续

对面上大中型水库移民后期扶持，扶持472户，1835人，资金1077.53万元。

扶持农村沼气建设　2011年度扶持农村沼气建设94万元，扶持440户，建池补助标准1500元／户，其中用于沼气推广资金28万元。

支农资金　2011年度，为加强社会主义新农村组织建设，大力发展农村村级集体经济，鼓励发展多种形式的农村专业合作经济组织，加强农村基础设施建设，安排资金675万元。

生态林建设和绿化造林　按县委、县政府的决定精神，创建林业生态县，把创建林业生态县当作是打造“生态工业大县、旅游文化强县、绿色和谐揭西”战略部署的重要基础配套工程，加大生态林建设和绿化造林，2011年县财政安排资金51万元。

水利工程建设　2011年度，为确保防汛工程和人民财产安全的需要，加强重点水利工程防汛和冬修水利工程建设，安排专项资金582万元，其中：防汛除险加固建设资金30万元，主要是购置防汛物资、堤围抢险、山塘加固等；冬修水利工程建设30万元。2011年重点水利工程建设，县级投入资金522万元。

耕地保护和土地开发　为实现社会全面、协调、可持续发展服务，县安排土地整体规划和土地测绘经费等共计132万元。

城乡居（村）民最低生活保障　2011年全县享受低保补助对象有361476人次（其中：城镇居民44196人次，年支出650万元，平均补差147元；农村317280人次，年支出3236万元，平均补差102元），支出低保资金3886万元。

新型农村合作医疗　2011年全县参加新型农村合作医疗608298人，覆盖率99.05%。新型农村合作医疗覆盖全县所有行政村。中央财政补助1336万元，省补助农村合作医疗专项资金7894.8万元，市补助农村合作医疗专项资金243.3万元，县拨农村合作医疗专项资金2676.5万元，农民缴费1824.9万元，几项合计13975.5万元，全部足额纳入专户管理。2011年新型农村合作医疗补助资金标准不低于200元（其中：农民个人30元，中央财政补助22元，省财政补助130元，市财政补助4元，县财政补助44元）。低保对象、五保户参加农村合作医疗资金在基本医疗救助金出资每人30元，由县财政直接缴入合作医疗财政专户（揭府办[2011]74号）。全年支出农合资金7781.5万元，其中：住院报销21187人/次，支出资金7051万元；门诊补助400816人/次，支出资金398.5万元；生育补助2023人，支出资金287万元；农村妇女两癌检查支出45万元。

城镇居民基本医疗保险　2011年全县居民参加基本医疗人数86755人。中央补助97.9万元；省补助1059万元；市补助34.7万元；县财政拨付381.7万元；参保居民缴费260万元。城镇居民医保资金1833.3万元全额转入专户。2011年城镇居民基本医疗保险住院报销人数3867人/次，总支出1579.7万元。

种粮补贴　为及时将补贴资金发放到农民手中，按照工作任务，部门配合，落实责任，由县农业局、乡镇（街道）负责面积的核实审查，填报汇总表册；县财政局、财政所负责数据的录入，直补资金的审查监督，补贴资金“一卡通”拨付到补贴农户。2011年全县种粮补贴面积280684亩，补贴金额1712.17万元（其中：农资综合直补1571.83万元，省级种粮直补112.27万元，县级配套28.07万元）。

家电、汽车摩托车下乡　加大宣传力度，实行经销商代垫直补，财政所结算，推行家电以旧换新，调动农民购买积极性。截止到2011年12月31日止，全年销售家电下乡产品11984台（件），已兑现到户的产品11984台（件），金额355.6万元；摩托车113辆，兑现资金4.68万元；全年以旧换新2708台（件），补贴金额73.29万元。汽车下乡政策2010年已到期，汽车已办理申报审核582辆，补贴资金252.14万元，在2011年已兑付。截止2011年12月31日止，累计已兑付家电、汽车、摩托车下乡补贴资金433.57万元。

教育投入　建立健全教育经费投入保障机制，加大教育资金筹集力度，增强教育事业发展资金保障。加大教育投入，为推动教育优先发展提供有力支撑。2011年，全县预算内教育经费支出46892万元，为年度预算39375万元的119.09%，比去年同期35322万元增长32.75%，占财政总支出28.44%。生均预算内教育事业费逐年增长，小学生、初中生人均预算内教育事业费分别达到514元、669元，同比分别增长63.6%、42.6%。

2011年，按照推进公共教育均等化的思路，多渠道筹集资金，集中有效财力支持教育重点工作，推进教育事业均衡发展，重点支持校舍建设、实施校舍危房改造、义务教育规范化学校建设工程和校园“五化”建设工程，2011年投入资金5560万元；重点支持城乡免费义务教育工作，抓好免费扶贫助学工作，着力推进教育公平。2011年落实义务教育免收书杂费补助资金9375万元，全县有130290名义务教育阶段学生享受免费义务教育政策优惠；落实义务教育阶段农村家庭经济困难学生生活补助资金439万元，全县有16314名学生享受生活补助。

全面清理化解农村义务教育债务工作 2011年，根据省政府文件精神，对中小学、高中教育负债进行清理化解。县财政局从7月份开始配合县审计局、教育局为期3个多月对全县60所小学、26所中学、11所高中十多年来所形成的负债进行清理、逐项登记债权人、债务人、债务项目、债务形成时间、用途、数额，对所有负债单位进行核查，剔除不实债务，经核实教育负债金额7758.31万元，其中：义务教育负债为3319.52万元、高中4438.79万元。核实后的金额在各学校上墙公示5天，接受群众监督，确保债务真实准确。对审计没有异议的债务县政府予以确认。并区别举债主体、举债来源、债务用途等分类，逐笔登记造册，形成汇总报表上报省清理化解农村义务教育债务办公室，经省确认债务后，积极多渠道筹措资金，开设化解资金专户，实行国库集中支付，按照省规定的时间于年底前完成义务教育学校负债化解工作。支付义务教育债务资金3320万元，其中，省1555万元，县垫付1555万元，增支210万元。

【财政改革】 部门预算编制 2011年预算编制，根据县委、县政府的国民经济发展计划和市的计划安排，确立全县财政收入增长比例，分解落实到相关部门，进行预算资金的支出安排。遵循的原则是“保民生、保工资、保运转、收支平衡”，加大对民生的投入以及县的重点项目支出。2011年财政支出分为三大部分：一、人员经费支出；二、维持政府职能正常运转的部分；三、为各项经济建设和事业发展而投入的部分，做到资金安排有保有压。根据全县的财力、人员、经费需求方向、经济发展要求，制定部门预算方案首先确保人员经费的需要，对日常公用经费的需求实行定员定额，标准是依据县财力和全县各项实际综合测算而成；项目经费则有项目才安排，确保财政资金有的放矢。将部门及预算单位的预算内外和其他资金实行综合管理，统筹安排，充分运用零基预算、综合预算等编制方法，量化、细化预算编制。在财政收支活动中，加强资金的统筹和调度，严格按照预算计划做好预算内外资金拨付及会计核算，维护预算执行刚性，保证支出预算的执行力度。

国库集中收付制度 随着全县财政国库管理运行机制的不断健全，财政资金运行效率显著提升，预算执行逐步细化，初步形成预算执行和预算编制相互制衡、相互促进的有效机制，提高财政科学化、精细化管理水平。及时办理财政资金结算业务，监督代理银行办理直接（授权）支付和相关清算业务；按时向预算单位出具财政直接（授权）支付入账通知书和往来款项的入账通知；按时向预算提供资金支付和清算信息，报告财政资金支付情况和预算执行情况。2011年经过财政国库中心支付的财政资金139019万元，其中：授权支付23791万元，直接支付115228万元。

医疗卫生体制改革 乡镇卫生院实行补偿机制是全县卫生系统一项重大改革，按照“保基本、强基层、建机制”的要求，结合县的实际，县财政局联合卫生、人事、社保等部门制订实施方案上报县委县政府研究通过，以县委办、政府办《印发揭西县建立健全基层医疗卫生机构补偿机制实施方案的通知》发文各乡镇（街道）卫生院组织实施。同时，县财政局与人事局、卫生局联合下发《揭西县公共卫生与基层医疗卫生事业单位绩效工资实施办法》、《揭西县基层医疗卫生机构医疗服务收入实行“收支两条线”管理办法》等配套性文件，对实施绩效工资后的经费来源、发放办法、财务问题进行具体规定，确保医院对绩效工资专款专用；对实施补偿机制后服务收入等实行“收支两条线”管理范围、管理办法、账务处理等问题作具体规定。从2011年11月1日起执行，初步构建起基层医疗卫生机构运行新机制。

财政所规范化建设　县财政局把强化基层工作作为推进财政科学化精细化管理的重要抓手，认真谋划，精心组织，从2010年开始，对全县17个乡镇（街道）财政所，坚持“四个一”规范化服务建设。“四个一”即：一个门，大力实施政务服务中心建设工程，统一办公场所，集中办公，方便群众办事，确保群众进一个门就能办好事；一个平台，推动基层财政所电子信息化建设，将县局电子信息平台内网连接到各财政所，方便政务信息的及时高效处理，实现政令上传下达，畅通无阻；一张卡，实行“一卡通”直接发放财政补助补贴资金，实现“数据管理一个网、资金发放一张卡、专业服务一班人”，确保各项惠民政策落实到位；一站式服务，在各财政所政务服务中心设立惠民服务窗口，及时宣传各项惠民政策，主动接受群众的咨询，对群众申请办理的事项，实行“一个窗口”受理，“一站式”办结，“一条龙”服务。到2011年底，基本构建具有揭西财政特色、符合时代要求，服务型基层财政机构。

经联社纳入村财镇管　经过调查研究，县财政局于6月1日制订《关于我县农村经济联合社财务收支纳入乡镇会计委托代理中心管理的指导性意见》上报县政府通过并下发各乡镇（街道）执行。将全县693个“编外”农村经济联合社（即自然村，下称联合社）财务收支纳入村账镇管，由乡镇（街道）会计代理中心负责经联社的会计代理工作，对经联社财务收支实行“统一管理、集中核算、四权不变”的管理模式，着力解决经联社托人管理，财务管理、民主管理断层，财务公开、民主管理不到位，缺乏公开透明度等突出问题。此项工作已在各乡镇（街道）稳步开展。

农村财务管理　2011年，县财政局围绕县农村综合改革的总体要求，结合主体功能区建设，合理运用好财政政策，按照财政职责，狠抓落实，建立完善基本经费保障机制和财税共享激励保障机制，推动城乡经济社会协调发展，为农村综合改革发展提供财力保障。一、建立村级基层经费保障机制。建立编制内村（社区）两委干部养老保险制度、干部补贴制度、干部救济申报制度、村（社区）办公经费保障制度，所需资金应由县政府承担的列入年度预算。二、完善财税激励和共享机制。积极配合做好落实商贸工业优先发展区集中开发园区的财税分成体制的实施工作。三、建立公共服务均等化推进机制。着力推进公共均等化，深入调研掌握情况，做好资金测算工作，不断加大财政资金投入力度。

【政府采购】　2011年度，通过政府采购42个单位涉及项目105宗，申报采购金额4148.11万元（其中预算内1118.71万元，自筹3029.40万元），其中协议采购67宗，金额978.03万元。实际完成采购项目94宗，申报采购金额2217.99万元（其中预算内811.86万元，自筹1406.13万元），实际采购金额2171.80万元，其中协议采购978.03万元，其他采购形式资金1193.77万元，节约46.19万元，节约率4%。

【“收支两条线”管理】　在贯彻落实国家取消、停征部分行政事业性收费项目的前提下，强化票据管理，加大监管力度，继续扩大管理范围，把环卫局卫生费和垃圾处理费、县食品药品监督管理局罚没收入及行政事业性收费纳入管理，另外从2011年11月起，把乡镇卫生院医疗服务等收入纳入县“收支两条线”管理，确保非税收入全额及时缴入财政专户及纳入预算管理。2011年，实行“收支两条线”管理的非税收入12945万元，其中：行政事业性收费收入6605万元；罚没收入1151万元；教育收费收入4618万元；其他非税收入571万元。已纳入县地方一般预算收入7392.7万元，占县地方一般预算收入的28.06%。2011年5月起，县财政局联合县监察局和审计局组成联合检查组，对县直执收执罚单位2010年度非税收入“收支两条线”执行情况进行年度检查。

2011年，根据市财政局《关于推广实施县级非税收入管理系统的通知》精神，揭西县被市安排2011年12月启动实施县级非税收入管理单位第一批上线的县之一，2012年3月底前上线运行。对此，县财政局高度重视，列入工作议事日程，制定实施工作方案，做好基础工作，并选择县司法局、城市规划局、县财政局、食品药品监督管理局、人防办、河婆房管所等6个单位为第一批先上线试点，在12月25日通过非税系统缴费，顺利上线运行。从而确保2012年将所有收费、罚没收入纳入非税系统征收。

【基建投资评审管理】 在工程审核工作中，严格按照投资评审工作的有关规定，坚持“不唯减、不唯增，只唯实”的原则，进一步加大工程审核力度，压缩工程项目造价，降低投资成本，提高资金使用效益，按照工程建设实际资金需求编制工程预算，采用实地勘察，按实结算的方式，编制工程结算。在工程量核定上采取查看图纸与现场勘测相结合的方法；在项目单价的确定上充分利用各种相关造价信息，参照类似项目，使单价真实合理。秉着客观、公正和高效的审核原则，加强与建设单位和施工单位三方对数，认真做好送审项目的结算工作，做到评审有理有据，程序合理合规。2011年共完成工程项目结算审核68个，送审造价19294万元，核定造价17465万元，核减1829万元，核减率为9.5%。

【中央基建资金管理情况】 2011年安排全县投资项目13个，资金预算总额5327万元。中央资金管理是2011年专项资金管理的重点工作，财政局严格参照基建程序，实施直接支付资金制度，严把支出审核关，及时上报整理汇总资料，确保资金安全使用及建设项目顺利实施，充分发挥资金使用效益。已拨付2011年度由各单位申报的中央及省资金预算共计3476.99万元，占收到全年中央及省投资项目资金总额5327万元的65%。

【会计基础工作】 2011年，揭西县会计从业资格实施无纸化考试,全县有800人参加会计从业资格考试,242人获得会计从业资格考试合格证书，占参考人数30.25%；450人获得会计电算化证书;102人报名参加2012年会计专业资格考试（其中：中级17人，初级85人）。2011年新发会计从业资格证书334人,办理会计转档手续20人，办理会计调入手续8人。

【财政监督】 2011年，把财政监督工作纳入反腐倡廉工作大局去谋划和推进,加强财政监督基础工作，抓好资金安全检查，完善财政监督管理和“小金库”治理机制，严格落实财政工作运行规程和农村集体经济审计监督,促进依法理财和源头治理工作,确保财政资金使用的有效性、规范性和安全性。一、落实党风廉政建设和反腐败工作。根据两个文件二十六项牵头任务和四十九项配合任务，把《揭西县财政局关于落实2011年党风廉政建设和反腐败工作任务分工的通知》和《揭西县财政局关于贯彻落实〈中共揭西县委落实建立健全惩治和预防腐败体系2008～2012年工作规划〉实施办法分工方案意见的通知》下发局内各股室（中心）执行，全面落实领导干部党风廉政建设责任制。使党风廉政建设和反腐败工作任务，做到层层有人抓，件件有落实。二、抓好“小金库”专项治理工作。县治理“小金库”工作领导小组办公室及时组织人力，对全县各部门的个数、分布情况进行调查摸底。全县应纳入此次复查治理“小金库”范围的单位384户。其中：⑴党政机关65户（其中：乡镇机关17户）；⑵事业单位210户；⑶社会团体54户；⑷国有企业55户。全部已落实复查工作，复查面100%。在做好自查自纠、复查基础上，全县从2011年7月12日组织两个检查组进行抽查检查。全县计划重点检查单位20个，已完成检查，较好地落实 “小金库”专项治理重点抽查任务。同时，制定印发《揭西县防治“小金库”长效机制建设工作方案》发给各部门各单位，学习贯彻落实。三、开展财政监督检查工作。2011年6月上旬组织检查组对县水产局、果蔬局、计生局等3个单位2010年度会计信息质量和津贴补贴发放情况进行检查。2011年共查处违规罚款0.07万元。四、积极组织财政内部监督检查工作。2011年9月5日起，组织检查组对龙潭镇、河婆街道、钱坑镇、凤江镇、东园镇、棉湖镇等6个财政所会计基础工作及2010年会计信息质量情况进行检查。对各财政所存在问题提出整改要求，使各财政所加强了财务管理制度的全面落实。五、抓好省级财政专项资金检查。2011年7月5日组织检查组对县水利局2010年度省及中央拨付小型农田水利重点县建设专项资金和五云镇财政所2009年至2010年新型农村合作医疗补助资金使用情况进行抽查检查。这次财政专项资金检查未发现有违法违纪行为。2011年4月份组织人力对3所职校进行专项资金检查，摸清各校享受补助资金人数及发放手续完备情况，通过检查，及时发现问题处理问题，确保国家补助政策得到真正落实。六、对中小学校舍安全工程专项资金检查。2011年组织人力对中小学校舍安全工程专项资金进行检查，校安工程跨越2009年至2011年3年，截止2011年10月31日止累计完成投资5661万元。已开工学校96所，加固面积148350平方米，新建重建面积56572平方米，已交付使用学校80所，加固面积125580平方米，新建面积47366平方米。通过检查，校安工程总体实施情况良好。

【队伍建设】 2011年，县财政局把深化作风建设、提高执行力作为一项政治任务来抓，结合机关作风效能建设、纪律教育学习活动和解放思想大讨论活动，增强宗旨意识、责任意识、服务意识和效率意识。从源头加强干部职工尤其是领导干部的作风建设、自身建设和廉洁从政建设，将工作目标任务与岗位管理对接起来，将工作目标分解落实到岗到人，确保各项工作落实到位。强化优质服务，推动依法行政，提高机关办事效率，促进干部职工在抓落实中推动工作，锻造品质、改进作风，努力打造一支“真、实、效、廉”的理财干部职工队伍。2011年6月，揭西县财政局被揭阳市委授予“党组织先进集体”荣誉称号。

县财政局领导任职情况

局　长	邱旭辉	2005.12 ~
副局长	许越明	2001.04 ~
	蔡育群	2008.10 ~
	黄建群	2011.04 ~

（邱旭辉　许越明　刘政章）

国家税收

【概况】 2011年，全县国税系统在册干部职工143人。县国税局坚持“聚财为国、执法为民”的税收工作宗旨，围绕“服务科学发展，共建和谐社会”新时期税收工作主题，努力推进和谐国税、法治税务建设，税收征管的质效不断提升，税收收入快速增长，税收政策全面落实，纳税服务进一步优化，干部队伍建设明显加强，党风廉政建设和机关效能建设深入推进，各项工作均迈上一个新的台阶。

【依法治税】 进一步加强达标小规模纳税人认定管理，宣传、督促业户按照“认定管理办法”及时申请认定，2011年办理增值税一般纳税人资格认定70户。做好2010年度企业所得税汇算清缴工作，全县参加汇算清缴的企业有234户，汇算清缴后补缴税款441.58万元。以查处税收违法案件为重点，切实加强对黄金销售发票的检查力度、税收专项检查及日常税务稽查工作，发挥以查促收、以查促管、以查促查的作用，2011年，稽查部门实现入库税款2604.97万元。组织全县各征收单位开展各项税收清理及纳税评估工作，公平税负，打击偷税漏税行为，实现税收收入约800万元。

【税收征管】 积极落实“以纳税申报和优化服务为基础，以计算机为依托，集中征收，重点稽查”的税收征管新模式，建立健全长效管理机制，夯实户籍管理和日常管理，全面开展税收经济户口清理，加大清理漏征漏管户工作力度，强化行业管理和税种管理，加大税务稽查力度和税收执法力度。至2011年底，全县辖区纳税户5111户，其中：国有企业62户、集体企业42户、涉外企业26户、私营有限责任公司238户、个人独资企业69户、个体工商业户4493户（起征点以上236户）。

【税收收入】 2011年，县国家税务局以组织收入为中心，落实“依法征税，应收尽收，坚决不收过头税，坚决防止和制止越权减免税”的组织收入原则，在税收工作中不断提高科学化、精细化管理水平，不断提升征管的质效，国税收入实现较快增长，支持地方经济社会的发展。全年组织工商各税收入27880万元，增收5489万元，比增24.51 %，完成市局下达年度计划的116.17 %，其中，中央库收入20525万元，比增24.05 %，增收3979万元，省库收入739万元，比增71.33%，增收308万元，县级库收入6616万元，比增22.19%，增收1202万元。2011年揭西县国家税务局税收收入分税种、分入库级次情况：

税 种	2011年（万元）
一、工商税收合计	27880
其中：中 央	20525
省 级	739
县 级	6616
1.国内增值税	23506
2.国内消费税	2
3.海关代征工商税收	
4.营业税	
5.资源税	
6.土地使用税	
7.企业所得税	3659
8.外商投资和外国企业所得税	
9.个人所得税	37
10.固定资产投资方向调节税	
11.城市维护建设税	
12.印花税	
13.土地增值税	
14.房产税	
15.车船税	
16.其他地方各税	
17.燃油税	
18.车辆购置税	676

【出口退税】 按出口退（免）税管理要求，依规定认真对企业申报的免、抵、退税资料进行严格审核，及时上报市国税局审批，加快“免、抵、退”审核速度，提高“免、抵、退”确认效率，加快调库、退库的进度。全年审核出口企业当年出口额2681.01万美元，申报应退税出口额3135.08万美元，免抵退税额2590.26万元，其中应退税额2047.29万元、免抵税额542.97万元，国库已办理退税3170万元。

【纳税服务】 坚持在服务中实施管理，在管理中体现服务，实现管理与服务的有机结合。落实各种税收优惠政策，确保用好用足税收政策，帮助地方调整优化经济结构，扶持企业发展壮大，促进下岗失业人员再就业。对各种纳税申报实行"一窗式"管理，推行"一站式"服务，将纳税人需要到税务机关办理的各类事项统一到办税服务厅办理，并实行即时、限时办理。简化办税程序、深化行政审批制度改革、清理简并报表资料，不断减轻纳税人办税负担。扎实开展税法宣传，在做好日常纳税宣传工作以及纳税咨询辅导等工作的基础上，坚持在每年的四月份开展税收宣传月活动，推动税法宣传进学校、进社区、进企业、进机关、进农村。

县国税局领导任职情况

局　　长　谢创平　2009.09～
副 局 长　高利敏　2003.01～
　　　　　林　娃　2009.10～
　　　　　赖源辉　2009.01～
稽查局局长　郑树和　2008.11～

（赖源辉　周金根）

地方税收

【概况】 揭西县地方税务局是隶属于揭阳市地方税务局管理的垂直机构，负责辖区内地方税费的征管工作，为正科级单位。至2011年底，全县地税系统在册干部职工182人。其中：离休3人；退休47人；在岗132人。局机关内设办公室、人事教育股、征收管理股、税政股、监察室、纳税人服务中心6个股室（中心），直属单位：稽查局，下辖五云、河婆、灰寨、五经富、金和、棉湖6个基层税务分局。主要负责营业税、企业所得税、个人所得税、房产税、城建税、车船税、印花税、资源税、土地使用税、土地增值税、耕地占用税、契税等税种以及社保费、教育费附加、地方教育附加、堤围防护费、文化事业建设费、残疾人就业保障金、价格调节基金等规费征收。

【税收收入】 全县地税部门以发展地方经济为己任，努力克服税源后劲不足、一次性税源比重较大等不利因素影响，积极作为，大力创新，税收收入实现持续稳步增长。2011年组织税收收入（不含契税、耕地占用税）20785万元，同比增收4910万元，比增30.93%，其中：中央级收入5732万元，同比增收1129万元，比增24.53%；省级固定收入1216万元，同比增收214万元，比增21.36%；省级共享收入5131万元，同比增收2250万元，比增78.1%；县级收入8706万元，同比增收1317万元，比增17.82%。全县征收契税940万元，耕地占用税2741万元。

【征收管理】 开展税源调查，全面掌握重点税源的分布和变化，挖掘收入增长的亮点；顺利完成建安业、房地产业税源控管系统（三期）上线工作，全年建安业、房地产业营业税收入分别为2194万元、970万元，分别比增44.91%、150.65%；加大漏征漏管户清理检查、后续管理以及考核管理力度，进一步提升户籍管理质量，截止2011年底，全县税务登记户数10409户，税务登记率达90%；扎实有序地推进房产税、土地使用税专项清理，夯实地方税税基，堵塞征管漏洞。

【规费管理】 全县地税部门坚持税费并重，切实落实税费“同征、同管、同查、同服务”，严征细管，积极稳妥抓好社保费全责征收和其他规费的代征工作，服务民生能力日益加强。全年组织社保费收入19381万元，同比增收6766万元，比增53.63%，其中：企业养老保险费收入17483万元，同比增收6167万元，比增54.5%。其他费（金）收入2070万元。

【稽查执法】 扎实开展2011年税收专项检查工作，加强对高收入行业个人所得税的自查和重点检查，整顿税收秩序，优化税收环境。坚决打击用假发票违法行为，立案处理违法受票单位5户，抽查发现假发票37套，打击假发票“买方市场”。同时，联合县公安经侦部门对制售假发票高发地区和场所进行重点整治，共查获非法制造假发票案件1宗，捣毁制假窝点1个，收缴制假设备一大批、假发票31365份，规范税收经济秩序。

【税收宣传】　在税收宣传月期间，通过在6个分局同步组织“地税开放日”活动、开展电视访谈、编印《地税知识一点通》宣传小册子、开展税法宣传进公交、进校园、进超市、进企业等“四进”活动和创建税费宣传示范区等一系列形式新颖、内容丰富、影响广泛的宣传教育活动，全方位加大宣传活动的力度和广度，提高纳税人的遵从度，为税收工作顺利开展营造良好的社会环境。其中：税法宣传进公交系列活动被揭阳市地税局评为税收宣传月优秀创新项目。

【纳税服务】　在全县6个分局设立应用自助办税终端系统，全面推广门前代开发票免填单工作。认真受理纳税人的涉税咨询、举报、投诉、建议等事项，及时分析当前纳税人关心的热点难点问题，全县受理各类涉税服务事项212宗，办结率达100%，做到“有问必答，来电必复，件件有落实，事事有回音”。落实办税服务厅值班制度，加强对办税服务厅各项日常工作的检查和督导，提高服务质量。制定《揭西县地方税务局领导干部接访日制度》，密切上下级和税企关系，改进工作作风。

【队伍建设】　全年开展企业所得税汇结算业务培训、价格调节基金业务培训等9期，参加培训达868人次。在全系统积极构建学习型党组织，大力开展机关“创先争优促发展”活动，加强党支部建设，提高机关党建的科学化水平。公开、公正、公平地把思想品德好、工作责任心强、业务熟练的12位办事员提升为科员，调动干部职工工作积极性。大力加强地税文化建设，激发地税干部职工活力。2011年，揭西县地税局党支部被市委授予“先进基层党组织”荣誉称号；县局工会被省总工会授予“模范职工之家”光荣称号；县局在全县10个执法部门民主评议中以100分的综合分名列第一。

附：

2011年揭西地方各税费收入完成情况表

单位：万元

项　　目	2011年	增长（%）
一、税收收入合计	20785	30.93
其中：中央级	5732	24.53
省级固定	1216	21.36
共享省级	5131	78.10
市县级	8706	17.82
1. 营业税	6883	37.50
（1）金融保险	1216	21.36
（2）交通运输	138	105.97
（3）建筑安装	2194	44.91
（4）电信	810	12.50
（5）住宿餐饮	658	23.68
（6）服务业	272	-3.20
（7）房地产	970	150.65
（8）其他	625	24.25
2. 企业所得税	6106	22.39
（1）国有企业所得税	938	73.38
（2）集体企业所得税	3296	8.53
（3）股份制企业所得税	1	
（4）私营企业所得税	1145	86.79
（5）其他企业所得税	726	-9.02
3. 个人所得税	3444	28.41
4. 资源税	372	101.08
5. 土地使用税	800	32.23
6. 城建税	1118	6.99
7. 印花税	348	7.41
8. 房产和城市房地产税	650	24.52
9. 车船使用牌照税	291	71.18
10. 土地增值税	773	122.77
二、教育费附加	671	5.50
三、文化事业建设费	30	30.43

四、社会保险费	19381	53.63
五、堤围防护费	735	22.09
六、契税	940	
七、耕地占用税	2741	
八、地方教育附加	372	
九、价格调节基金	67	
十、其他收入	13	550.00
收入总计	45917	53.66

县地税局领导任职情况

局　　长　林少龙 2007.08～

副 局 长　洪彦哲 2011.07～

（林益宽　吴宝生）

中国人民银行

【概况】 2011年，人行县支行（国家外汇管理局揭西县支局）遵循揭阳中支“386”工作理念，贯彻稳健的货币政策，切实加强金融风险监测，全面提升金融服务水平，促进辖区经济金融平稳较快发展。

【农信社改制农商行顺利完成】 人行县支行严格按照有关规定和要求，加强对农村信用社的监督检查，确保农村信用社的改制工作顺利进行。一、督促农村信用社完善法人治理结构，强化约束机制，加强内部管理，提高经营水平，真正实现“花钱买机制”的改革效果。二、继续加强农村信用社专项央行票据兑付后续监测考核，上报《关于揭西县农村信用合作社改革试点专项中央银行票据兑付后续监测审查报告》和《后续监测考核表》。三、成立揭西农商行。2011年9月26日，广东揭西农村商业银行股份有限公司创立大会暨股东大会第一次会议召开；11月9日，广东揭西农村商业银行股份有限公司正式挂牌，广东揭西农村商业银行是广东省第八家、粤东和揭阳市第二家农村商业银行。

【加强风险防范措施】 加强金融统计工作，提高监测分析水平，加强对经济金融发展趋势的调研、监测和分析。加强金融系统社会治安综合治理工作，成立县金融系统社会治安综合治理工作领导小组，支行行长任组长。拓宽风险监测视野，风险监测覆盖到银行、证券、保险三大行业。密切联系政府、金融监管部门，密切与政府有关部门、金融监管部门的联系，特别关注农商行、邮储银行和保险公司，防止业务过度扩张引发流动性风险和赔付风险。防范金融风险，把风险解决在萌芽状态中，防范金融风险，加强对辖区金融机构的监测和分析，及时全面掌握辖区金融风险状况，关注辖区金融机构改革进展情况。及时编制金融和经济运行报告，全面收集有关金融稳定的数据信息，建立持续稳定的数据信息收集渠道，为全面排查和掌握辖区金融风险隐患提供全面的信息储备，确保辖区金融稳定。

【改善金融生态环境】 抓好贷款卡管理，积极开展征信宣传活动，依法依规履行贷款卡行政许可核准、贷款卡年审的职责、受理个人信用报告查询。认真执行贷款卡发放和贷款卡年审工作的有关操作规程，严格审查各项资料的真实性和有效性，确保信息数据的真实性和完整性。2011年核发贷款卡37户，其中企业25户、自然人12户，换发2户；完成贷款卡年审72户；受理个人信用报告查询35人。开展征信宣传活动3次。抓好账户管理，规范开销户行为，依法依规抓好人民币账户管理工作，全辖开户559户，其中:新开基本存款账户341户，一般存款账户178户，专用存款账户29户，开立临时存款账户11户；销户316户，其中：基本存款账户213户，一般存款账户72户，专用存款账户22户，临时存款账户9户；人民币账户变更279户，其中：存款人名称变更14户、法定代表人变更196户、证明文件变更67户、其他2户。认真开展人民币账户现场检查，2011年5月19～31日，认真对工商银行揭西支行、棉湖支行开展人民币账户现场检查，规范账户开立。抓好现金管理，强化反假币工作。积极配合中支对辖内银行业金融机构现金收付及反假人民币业务进行现场检查；加强对金融机构门前收缴假币的检查和监督，督促其加强对钱捆质量的管理，规范现金收付手续，提高辖内银行业金融机构自觉遵守现金管理制度的自觉性。

【加强国库服务水平】 加强对国库资金的监管，国库业务经办人员各司其职、分工负责，及时解付库款，做到每天按规定时间上划国库分成资金，保证资金安全。强化岗位责任制度，国库经办人员签订案件风险防范责任书。加强国库内外账务核对工作，保证内外账务相符，确保国库资金安全。积极做好国债兑付相关工作，及时召开有关会议，布置落实兑付工作。继续联合做好财政国库集中支付工作，全县70个预算单位全部纳入国库单一账户核算。2011年，预算收入167057笔，金额222692.10万元（其中：中央预算收入23530.60万元，省级预算收入6582.90万元，县级预算收入192578.60万元）；转移支出6769.42万元；转移收入139165.16万元；预算支出14951笔，金额180599.25万元；出口退税126笔，金额3170万元。

【提高支付清算水平】 认真做好广东省电子支付交换平台办理财政、税收票据电子交换业务，确保电子交换系统顺利运行。严格执行支付业务信息报告制度，进行支付结算执法专项检查，整顿和规范支付结算秩序，加强支付业务信息的采集和分析，确保资金清算汇划高效安全。2011年，发出往账543笔，金额217327.05万元，接受来账743笔，金额132714.68万元。认真做好辖区农村支付环境的调研工作以及农民工银行卡宣传使用的组织工作，利用春节期间积极组织辖区银行业金融机构开展“农民工银行卡”宣传使用以及银行卡防伪、防诈骗的宣传工作；认真做好金融IC卡的宣传使用工作，积极推广各种金融支付结算工具。

【提高外汇管理服务水平】 2011年，外管局县支局提供便捷通道办理企业出口核销手续，及时提供退税数据给税务局；继续加强出口收结汇联网核查、贸易信贷登记管理等外汇政策的宣传，积极做好对新办企业的业务指导，使他们能熟练掌握系统的业务操作，及时办理收结汇手续，提高企业的资金周转效率；及时为外商投资企业办理验资询证手续；积极向辖区外贸企业宣传进出口核销改革相关政策，及时列入名录，方便企业以后享有依法便利办理货物贸易外汇收支业务的权利。

【规范外汇资金流动】 外管局县支局通过个人结售汇系统、个人外汇业务非现场监管系统对辖区个人结售汇情况进行监测，及时详细掌握辖区个人结售汇动态，按时完成日报、周报，月度分析报告，及时反映辖区个人结售汇情况；强化贸易外汇资金流动监管，按照中支提出的“减顺差、压缺口”的要求，全力做好货物贸易收汇的监管；充分利用外汇账户统计和分析系统，对企业外汇账户，特别是待核查账户的收支流存量进行监控，与核查系统、核报系统的数据进行核对，从中分析企业跨境资金流动的情况，防范非法资金的流入；加强资本金流入、结汇的监管，对资本金结汇的用途、流向进行分析核查，按时完成上报《直接系统数据核对周报》；积极利用柜台、电话通知等手段，督促辖区外商投资企业在规定时限内参加年检，保证年检资料的准确性和使用价值，提高年检的质量；2011年7月，积极配合上级行进行国际收支业务现场核查，督促其要切实提高对国际申报重要性和严肃性的认识，办理国际收支申报业务，确保国际收支申报的时效性和质量。

【继续推进跨境贸易人民币结算工作】 2011年，外管局县支局继续积极推进辖区跨境贸易人民币结算试点工作，主动深入企业，就地向企业宣传跨境贸易人民币结算的相关政策，从维护企业利益的角度，大力推介人民币结算业务的便利性，取得企业的高度认同。全年跨境贸易人民币结算金额278.64万元，比上一年度有较大幅度增长。上半年有两家外商投资企业因没有在规定的时间办理外汇年检，对两家企业进行调查，并将案件移交市局进行处罚，维护外汇年检的严肃性。

2011年揭西县外汇收支情况一览表

单位：万美元

项　目		2011年	比2010年增加	增幅%
出口收汇核销		4555	–936.18	–20.35
个人结汇		335.95	13.09	3.75
国际收支统计	笔数	1057	129	13.9
	金额	4950.90	–511	–9.36

2011年揭西县外商投资企业外汇登记账户情况一览表

项　目	2011年	比2010年增加	增幅%
外汇登记统计	2家	–2家	
经常项目账户	92个	–2个	–2.13
资本项目账户	4个	0个	

【建设“标杆职工之家”】 人行县支行注重“职工之家”建设，选配好工会干部、女工干部，注重人文关怀和心理辅导；组织全行干部职工及离退休干部到县医院进行健康体检；深入开展献爱心活动，为扶贫点捐款；积极开展各种文体活动，增强团队精神；召开职工民主管理大会，传递职工心声；积极筹集资金，先后建起职工图书室、荣誉室、健身室、棋牌室、老干部活动室、职工活动室等文娱体育活动场所，购置一批健身运动器材和科技图书。县支行工会被人行总行工会授予“标杆职工之家”称号。

【开展“文明单位”创建工作】 人行县支行根据上级行有关文件精神，深入开展“文明单位”创建工作，2009年初，制订支行2009～2011年文明单位创建规划，召开专场动员大会部署文明单位创建工作，每年认真制订文明单位创建方案，并认真组织实施。通过三年的努力，县支行被评为广州分行2009～2011年度“文明单位”。

人行县支行领导任职情况

行　长　林寿武　～2011.03
　　　　温文生　2011.04～
副行长　温文生　～2011.03
　　　　张世荣　2004.05～
　　　　陈　伟　2011.04～

2011年揭西金融业务情况表

单位：万元

类别	各项存款			各项贷款		
	年底余额	比年初		年底余额	比年初	
		增减额	增幅%		增减额	增幅%
全县金融机构合计	1221522	180451	17.36	378235	57244	17.83
国有独资商业银行小计	544264	61323	12.74	46518	18725	67.38
农村商业银行	473587	75773	19.05	320358	34210	11.96
邮政储蓄	158550	31884	25.17	11359	4307	61.07

（温文生　杨晓东）

中国银行股份有限公司

【概况】 2011年，揭西支行以存款工作为重点，围绕上级行下达的各项工作目标以及当地政府各项中心工作要求，转变经营观念和管理观念，切实制定、落实各项工作措施，积极做好扩大和夯实客户基础，抓好负债业务、中间业务，同时加强内控管理、内控安全和业务可持续发展。在全行员工的共同努力下，业务上完成上级行和当地政府交给的各项任务目标。棉湖支行被县政府评为“文明单位”。

【经营业绩】 2011年，各项存款余额90453万元，个人贷款余额为7244万元，比去年初净增3058万元，贡献度为4.2个百分点，比去年初提高1.5个百分点；公司贷款余额为2100万元，比去年净增1600万元，增幅达320%；国际结算量4362.68万美元，中间业务收入为273.49万元。

【全力助推经济发展】 2011年，揭西支行在全年信贷规模偏紧的情况下，努力克服各种困难，积极支持当地经济建设项目，千方百计用足用好有限的信贷规模，全力助推经济发展。至年底，揭西支行向当地发放贷款余额达7244万元，比2010年净增贷款3058万元，增幅达73.05%。公司贷款发放2100万元。发放在当地的贷款合计9344万元，受到揭西县委、县政府的充分肯定。

【提升金融服务效能】 揭西支行从2011年1月28日起全面应用手机交易认证。个人客户通过中行网银向他人转账或进行500元（含）以网上支付交易时，需输入手机交易码。手机交易码系6位数组成，由中行统一客服号码95566发送。

【队伍建设】 根据广东银监局《关于开展广东银行业“合规建设回头看”主题活动的通知》要求，揭西支行在上级行的领导下，开展“合规建设回头看”主题活动。分四个阶段：一筹备阶段，时间：2011年5月1日至31日；二自查自纠阶段，时间：2011年6月1日至8月31日；三开展主题活动阶段，时间：2011年9月1日至2012年1月31日；四总结评价阶段，时间：2012年2月1日至3月31日。

揭西支行落实基层负责人案件防控工作检查考核管理。考核标准分十个方面：一是岗位制约制度执行情况；二是“双十禁”自查与上级行检查情况；三是业务经理正确履职情况；四是查库制度执行情况；五是“监控录像查看制度”执行情况；六是员工行为排查情况；七是问题整改和问责情况；八是案件制度的学习与落实情况；九是廉洁从业情况；十是突发事件处置情况。

【IT蓝图系统成功投产上线】 经过一年的筹备，揭西支行IT蓝图项目于2011年9月12日成功投产上线，为业务、管理的科学可持续发展打下坚实的基础。

【扶贫济困】 2011年6月30日，按照当地县委、县政府以及上级行的统一部署，揭西支行开展第二个“广东扶贫济困日”活动。此次活动以“党员干部带头，员工人人参与，围绕扶贫开发“双到”任务，支持贫困群众脱贫致富，共建幸福家园”为主题，动员全行员工踊跃捐款，共1580元，奉献爱心，履行社会责任。2011年，是揭西支行开展扶贫开发“规划到户责任到人”工作的第二个年头，按县政府的安排，帮扶上砂镇双丰村9户贫困户，揭西支行落实生产帮扶资金1.8万元。

【员工年度绩效考核】 2011年，揭西支行根据上级行《关于做好2011年度绩效考核工作的通知》精神，对全行员工进行员工年度绩效等级评定。A+等级1人，A等级6人，B+等级3人，其余员工为B等级。

【2010～2011年人民币存款、贷款基准利率调整表】

2010～2011年人民币储蓄存款利率变动情况表

调整日期			活期	整存整取					
年	月	日		三个月	半年	一年	二年	三年	五年
2011	07	07	0.50	3.10	3.30	3.50	4.40	5.00	5.50
2011	04	06	0.50	2.85	3.05	3.25	4.15	4.75	5.25
2011	02	09	0.40	2.60	2.80	3.00	3.90	4.50	5.00
2010	12	25	0.36	2.25	2.5	2.75	3.55	4.15	4.55
2010	10	19	0.36	1.91	2.2	2.5	3.25	3.85	4.2

2010～2011年贷款利率表

单位：年息率%

调整时间	六个月	一年	一至三年	三年至五年	五年以上
2011.07.07	6.10	6.56	6.65	6.90	7.05
2011.04.06	5.85	6.31	6.40	6.65	6.80
2011.02.09	5.6	6.06	6.10	6.45	6.60
2010.12.25	5.1	5.56	5.6	5.96	6.14
2010.10.19	4.86	5.31	5.4	5.76	5.94

中国银行揭阳揭西支行领导任职情况

行　　长　吴晓东　2009.05～

副 行 长　李少军　2010.03～

（吴榕生　贝建锋）

中国工商银行

【积极拓展业务】 坚持以转型促发展，以发展带转型，不断提升核心竞争力和品牌影响力，推动业务更好更快发展。一、确立存款的基础地位，落实存款领先战略。多渠道开展增存稳存工作，采取以理财产品稳住资金、营销三方存管业务、借助传统节日时机，对重点存款户、部分优质客户等进行走访，了解客户需求，稳固银客关系，做好稳存增存工作。至2011年底各项存款余额为141872万元，比年初净增13537万元。二、改善经营结构，加快资产业务发展，强化贸易融资、网贷通业务和票据贴现业务，提高中间业务收入对经营效益贡献度，2011年贷款累放6109万元，实现票据贴现5735万元。三、加强机制队伍建设，对各网点人员优化调配，开展优质服务，以高效的工作效率开拓市场资源，吸引优质客户，夯实客户和存款两个基础。

【提升服务品位】 完善服务配套，提升服务水平。一、开展优质服务样板网点创建活动，打造服务水平优、客户满意度高、经营业绩好、示范能力强的优质服务样板网点，努力形成“学样板、做样板，争先进、促发展”的良好氛围，推动营业网点服务水平的持续提升。二、开展“客户接待日”活动，与客户面对面沟通，听取客户意见和建议，力争实现金融服务零投诉目标。三、做好客户服务的引导和分流工作，提供准确、快捷的各种金融服务。四、切实加强重要设备系统的安全技术措施对信息系统业务的连续性管理，着重加强银行卡的日常管理、提高银行卡受理能力、营造良好用卡环境。

【强化内控维稳工作】 一、开展“合规建设回头看”、“内控管理上等级，创一流内控标杆行”主题活动，巩固和提升内控合规建设，同时，正确对待存在的不足，以看促学、以看促改，有针对性地进行查漏补缺，总结经验做法，逐步完善长效机制，提升全行内控能力。二、开展“强化三种意识 提高执行力 促进诚实守信和廉洁从业”专题教育活动，进一步提高全员内控案防意识和提高执行力，促进廉洁从业。三、扎实做好案件防范工作，确保全行实现“零案件”。四、做好安全保卫工作。落实安全保卫工作职责，切实强化重要部位、重要环节、重要时段和重大节日期间的安全防范和值班工作；认真贯彻落实国务院《企业事业单位内部治安保卫条例》，进一步加强对安全生产的领导，确保安全责任落实到位。五是加强反洗钱和反假币工作。开展反洗钱、反假币知识的学习，不断提高员工对反洗钱、反假币工作重要性的认识，进一步规范假币收缴的管理和反洗钱工作制度，完善反洗钱、反假币工作机制。

【不断完善自身建设】 一、加强队伍建设，发挥示范典型作用。行党总支部和广大党员紧紧围绕全行改革发展中心任务，深入开展“创先争优”活动，加强党支部和党员队伍建设，充分发挥党支部战斗堡垒和共产党员先锋模范作用，促进各项业务又好又快发展，支行机关党支部被市分行评为“先进基层党组织”；同时，涌现出一批优秀党支部书记、优秀党员和优秀党务工作者先进典型。二、以会代训，明确经营发展工作思路。通过中层干部会、营销分析等会议，就不同岗位提出各自工作计划和措施，共同寻找积极解决问题的方法，“大处着眼，细处着手”，通过“外树形象，内调结构”进行挖掘潜力，促进支行业务发展再上新台阶。三、开展“健康生活、远离赌博”专项活动，通过积极组织部署，落实到位，活动有序推进；全员参与，多方结合、多层了解，把活动引向深入；完善机制，层层签订责任、承诺书等防控的主要做法，为严防因赌博引发案件进行一次专题教育和有效的攻防战，取得三个提升：1. 全行的内控合规文化理念得到提升；2. 全员制度执行力和约束力得到提升；3. 干部队伍的法律意识和素质得到提升。

中国工商银行揭西支行领导任职情况

行 长 蔡海文 2009.11～

副行长 柯宇林 2008.07～

2011年中国工商银行揭西支行存款、贷款、现金投放一览表

单位：万元

年 份	存 款	贷 款	现金收支		
			现金回笼	现金投放	净回笼（+）或净投放（-）
2011年	141872	11221	183255	182879	376

（蔡海文 黄楚鹏 李绪杨）

中国建设银行股份有限公司揭西支行

【金融服务】 揭西支行办理存款、贷款、结算业务、外汇业务、银行卡业务、代收代发代付代缴业务、代理保险业务、个人理财、法人理财等金融服务。个人客户、法人客户可在网上银行进行投资理财，获得比同期存款高得多的预期收益，理财产品有基金业务、外汇买卖、实物黄金、纸黄金、债券业务、建行财富、利得盈、代理保险、鑫存管（即证券资金存管）、银期直通车（即期货资金存管）、乾元理财、保本理财等。县支行本部和棉湖支行设置电子银行自助交易区、24小时自助银行和理财中心。

【信贷资产业务】 积极发展中小企业信贷业务，为中小企业提供全方位、高效率的金融服务，尽力解决中小企业融资难的问题，为地方经济发展提供支持。在大力发展"速贷通"和"成长之路"等中小企业信贷品种的基础上，还推出"个人助业贷款"、"个人消费贷款""个人权利质押贷款"等多种面向民营企业业主的信贷品种，与供楼按揭、汽车分期付款、贷记卡等传统个人信贷业务构成丰富的、面向个人的信贷品种结构。2011年度共投放贷款8394万元。

中国建设银行揭西支行领导任职情况

行　长　彭其波　2010.08～

副行长　张永贵　2008.04～

2011年建行揭西支行存款、贷款、现金投放表

单位：万元

年份	存款余额	贷款余额	现金投放		
			现金回笼	现金投放	净回笼（+）或投放（-）
2011年	104726	11463	196897	196620	+277

（彭其波　刘洁红）

中国农业银行

【概况】 中国农业银行股份有限公司揭西县支行管辖7个翻牌支行，1个支行营业部，共8个营业网点，内设机构4部。2011年，农行县支行以"十二五"开局为契机，以建设优秀大型上市银行为核心，以打造"县域领军银行"为目标，紧紧围绕"促转型、打基础、增效益"主线，加快网点转型步伐，提升整体经营竞争力，促进县域各项业务快速发展，更好地满足当地金融需求。

【发展业务】 贯彻落实国家和上级行各项金融方针政策，团结一致，齐心协力，扎实开展各项工作，努力促进揭西农行有效发展。一、存款业务稳健发展，县农行认真做好存款资金组织工作，全辖网点按上级行要求进行规范化服务，提高整体服务水平。各项存款余额20.7亿元，比年初增长2.52亿元。二、信贷资产业务取得较大成效。县农行认真做好各项信贷融资服务工作，在有限规模资源前提下，多渠道满足客户融资需求。各项贷款余额2.8亿元，比年初增加1.19亿元，其中，对公贷款余额0.87亿元，比年初增加3500万元；个人贷款余额1.94亿元，比年初增加8423万元。三、中间业务收入稳步增长，全行实现中间业务总收入852万元，同比增收269万元。四、稳步推进服务"三农”工作。结合全县经济建设实际，农行认真组织实施县域蓝海市场发展战略，努力做优做强县域“三农”金融服务，主要是直接面对农民散户的发惠农卡和发放小额农户贷款服务。2011年惠农借记卡保有量20081张，比年初增加2864张；小额农户贷款1313户，余额4551万元。

【扶贫济困】 2011年，县农行向市行上交扶危救助捐款基金12000元。按县委关于开展扶贫开发“规划到户、责任到人”工作要求，县农行负责上砂镇“一对一”6户扶贫，帮助贫困户组织生产，脱贫致富。积极响应政府号召，扶持上砂镇供电线路改造、修路、贫困村学校公共设施及扶持农户扶贫款共计27000元；“雨污分流”捐款13200元，扶危济困捐款3174元。

中国农业银行股份有限公司揭西县支行领导任职情况

行　长　蔡建强　2009.09～
副行长　陈锦新　2006.09～
　　　　张华清　～2011.02
　　　　陈旭辉　～2011.07
　　　　郑鸿生　～2011.12

2011年农行揭西县支行存款、贷款、现金投放回笼表

单位：万元

年份	存款余额	贷款余额	现金收支		
			现金回笼	现金投放	净回笼（+）或净投放（-）
2011年	206970	28053	448809	451080	2271

（蔡建强　林燕珊）

广东揭西农村商业银行股份有限公司（揭西县农村信用合作联社）

【概况】 广东揭西农村商业银行股份有限公司（以下简称“揭西农商银行”）成立于2011年11月9日，是在揭西县农村信用合作联社基础上改制成功的股份制农村商业银行，是广东省第8家、也是16个扶贫开发重点县中首家改制组建的股份制农村商业银行。揭西农商银行结合自身发展历程，提炼“伴您同行　幸福共享”的形象宣传标语，不断提升品牌内涵，完善服务功能和丰富业务品种，全方位进行体制机制的创新，全面实施经营管理的转换和规范化运作，秉承“服务三农、服务社区、服务中小企业”的经营宗旨，致力于支持揭西新农村建设和城乡一体化发展，为揭西经济社会发展和社会主义新农村建设做出贡献。至2011年底，揭西农商银行各项存款余额47.36亿元，各项贷款余额32.04亿元。在职员工人数为556人，拥有机构网点54个，包括总行营业部1个、17个支行、36个分理处，全行共有1家自助银行和21部ATM柜员机、48部POS机投入使用，网点遍布揭西城乡，辐射面广。

【金融服务多元化】 揭西农商银行坚持“以科技创新引领业务发展”的思路和“以客户为中心”的市场定位，借助全省数据大集中核心业务系统资源的强大支撑，不断为客户开创崭新及多元化的金融服务，以丰富的业务组合和优质的文明服务为抓手，陆续推出通存通兑、支票业务、借记卡业务、网上银行、手机银行、支付宝、财富通等业务，同时还开办代扣电费、代发工资等多种代收代付业务以及代理第三方存管业务。结算系统安全高效快捷，实现客户资金实时到账，如有国内跨行资金汇兑、银银自助转账、24小时网上银行等多种支付结算方式供客户选择。

【助农惠农促发展】 揭西农商银行加大信贷投放力度，择优扶持地方特色农业、优势农产品产业、龙头企业，促进农业产业结构调整优化和广大农户增产增收，也带动京明茶叶综合发展有限公司、广东志诚食品有限公司等一大批以当地农产品为主要原材料的中小企业的发展。至2011年底，累计发放涉农贷款19.89亿元，累计发放中小微企业贷款24.58亿元。涉农贷款和中小微企业贷款余额均占揭西县各金融机构投放总量的95%以上，满足辖区三农和中小微企业的资金需求。此外，还推出小额担保贷款业务、农户联保贷款业务、个人住房按揭贷款业务，给客户带来融资便利的同时，也有效拉动地方内需增长。

【支持地方经济建设】 揭西农商银行做实服务地方经济，不断增强服务意识，提升农村金融服务水平，积极筹资支持县城过境公路、河棉公路、京明温泉度假村、大北山森林公园等各项基础设施和重点旅游项目的建设。积极推进“绿色信贷”，重点支持符合国家产业和环保政策、有利于扩大就业的企业发展。

揭西县农村信用合作联社领导任职情况

理事长　陈生文　~2011.10
主　任　张幸康　~2011.10
副主任　黄建新　~2011.10
　　　　魏阳山　~2011.10
监事长　邱建财　~2011.10

广东揭西农村商业银行领导任职情况

董事长　陈生文　2011.11~
行　长　张幸康　2011.11~
副行长　黄建新　2011.11~
　　　　魏阳山　2011.11~
监事长　邱建财　2011.11~

广东揭西农村商业银行2011年业务发展情况

单位：万元

各项存款	比上年		各项贷款	比上年		股金余额	比上年		现金投放	比上年		利润	比上年	
	±	%		±	%		±	%		±	%		±	%
473587	75773	19.05	320358	34210	11.96	27211	18000	33.85	39980	8246	25.98	12793	11155	681.01

（陈生文　林坤伟　曾晓珍）

邮政储蓄银行

【概况】 中国邮政储蓄银行揭西县支行秉承“进步，与您同步”的企业理念，依托百年邮政品牌和遍布城乡的网络，以及邮政企业的营销优势和客户资源优势，不断丰富业务品种，不断拓宽营销渠道，不断完善服务功能，是一家资本充足、内控严密、营运安全、功能齐全、竞争力强的现代银行。中国邮政储蓄银行揭西县支行始终围绕政府和百姓关注的热点、难点问题拓展业务，开办公司业务，开发理财产品，并代理基金、保险业务，代发薪金、养老金等业务。2011年正式开通手机银行业务，并支持地方政府代收代发新农保业务，被当地群众亲切地称为“百姓银行”、“绿色银行”。

【业务拓展】 至2011年底，邮储银行揭西县支行各项存款余额达到15.86亿元，年增长率为25.17%，市场占有率为12.98%；各项贷款余额总量达到1.1亿元，年增幅61.07%，市场占有率为3%。中国邮政储蓄银行揭西县支行本着“取之社会、服务社会”的原则，积极拓展自身业务，努力提高社会贡献率。全年共发放贷款1188笔，合计12374万元，结余11359万元；大力发展信用卡业务，全年发卡699张，支持地方经济发展。邮储银行揭西县支行与县财政和社保等部门密切配合，做好新农保的代收代发工作，全年累计开设新农保代收账户30049户，代收资金241.45万元；开设新农保代发账户39663户，代发资金117.56万元。

【服务品位】 加强网点硬件工作建设，2011年1月中国邮政储蓄银行揭西县支行营业部从新河路老区迁入揭西县城繁华路段霖都大道工会段，新网点共两层营业厅，营业总面积达334.8平方米，内设现金区、公司区、贷款区、理财区、贵宾区和自助区等。邮储银行揭西县支行积极响应市政府和上级行号召，开展为民服务创先争优活动和创建优质文明服务窗口工作，成立相关领导和工作小组，对全县所辖网点进行优质服务大检查、大评比，并加强对内部员工的教育培训工作。

【内控管理】 中国邮政储蓄银行揭西县支行内控管理工作运行平稳，无重大事故和案件发生。坚持有效发展和内控建设两手抓，将风险管理贯穿于业务经营的各个环节，加强内部控制，提升内控管理水平。采取有效措施，强化部门（网点）负责人落实交办事项执行能力，引导负责人从思想上高度重视内控合规工作，提高理性认识，将内控管理与业务营销同部署、同落实。对内控管理薄弱、风险隐患突出的相关部门，网点负责人进行约谈，限期采取措施，落实责任，促其提高内控管理水平。梳理现行规章制度，及时修订、补充和完善相关制度办法，将制度细化到岗、落实到人，避免出现管理上的漏洞。

【队伍建设】 中国邮政储蓄银行揭西县支行的人员队伍建设按照“外部引进和内部培训”的方式同时进行，全年录入大学生村官、应届大学本科生、专科生6人，全行从业人员51人；制定每日晨会学习、每周周会学习，理财经理月学习会、管理部门学习日、营销人员技能培训等学习制度，真正做到以学习促发展。

邮储银行揭西县支行领导任职情况

行　　长　曾荣生　2007.10～

副 行 长　汪智萍　2007.10～

2011年邮储银行揭西县支行存款、贷款、现金投放表

单位：万元

存款余额	贷款余额	现金投放		
		现金回笼	现金投放	净回笼（+）或净投放（-）
158550	11359	384807	411404	26597

（郭恒健　庄静云）

保　险

【中国人民财产保险股份有限公司揭西支公司】 中国人民财产保险股份有限公司揭西支公司是揭阳市分公司辖属一个县级支公司，内设机构：棉湖营业部，灰寨营销部，综合部，销售部门等。在售产品种类，涵盖机动车辆险、财产险、货运险、责任信用险、意外健康险、农村保险等非寿险各个业务领域。

2011年按照上级公司的部署，公司积极响应国家的惠农政策，开办政策性农村房屋保险业务，累计已承保农村房屋84541户，投保总金额8.45亿元。2011年支公司承保投保总金额62.08亿元，保费收入2641.40万元，赔付支出1216.71万元，简单赔付率46.06%。

中国人民财产保险股份有限公司揭西支公司领导任职情况

经　理　李晓宏 2002.12 ～

副经理　张韶辉 2009.05 ～

（李晓宏　张韶辉）

【中国人寿保险股份有限公司揭西县支公司】 中国人寿揭西支公司经2011年资源整合，现有营销服务部6个，公司在编员工13人，代理人员386人。中国人寿奉行“成已为人，成人达己”的核心理念，以“诚信为本，稳健经营”为企业宗旨，致力于造福社会大众，回报公司股东和广大客户。公司注重品牌内涵的丰富与多元化，注重服务领域的品牌建设，率先推出“国寿1＋N”服务品牌，并向广大客户发放“国寿鹤卡”落实以客户为向导的经营战略。公司柜面建设也达到全新的水平，服务更专业、更快捷。

2011年，在揭阳分公司第十六届精英活动中表现突出的销售精英13人，新晋升主管4人。棉湖营销服务部吴国胜经理荣获中国人寿广东省分公司营销十五周年培育主管大奖。在争先进位劳动竞赛活动中，棉湖营销服务部获省公司授予“皇冠五星级营销服务部”的荣誉称号，全省农村营销服务部排名第一。塔头营销服务部获省公司授予“四星级营销服务部”的荣誉称号，并获揭阳市分公司授予的晋升超越奖。

中国人寿保险股份有限公司揭西县支公司领导任职情况

总　经　理　邹彦彬 2009.08 ～

总经理助理　李德祥 2009.08 ～

2011年中国人寿保险股份有限公司揭西县支公司保险经营情况表

单位：万元

保费收入	其中		赔款支出	其中				退保金	满期给付
	首期	续期		死亡给付	伤残给付	医疗给付	意外给付		
11846	6582	5264	378.7	265.8	6		106.9	644.7	1235.4

（陈宜　李勤然）

【中华联合财产保险股份有限公司揭西营销服务部】 2005年9月，经广东保监局批准，在揭西县设立中华保险网点。主要经营范围：为广大客户依法办理机动车交通事故强制保险、商业险、财产险、大额医疗保险、人身意外险等等。公司加强诚信体系建设，践行“服务至上、信守承诺、回报社会”的服务宗旨，通过诚信服务赢得市场，通过树立品牌形象赢得广大客户，得到社会各界的广泛认可。

2011年本营销服务部加大力度推动“中华保险理赔不难”、“保险，让生活更幸福”等活动，取得较好成绩。

2005～2011年中华联合保险股份有限公司揭西营销服务部保险经营情况表

单位（万元）

年份	保费收入	赔付支出	简单赔付率
2005	97	0.15	0.15%
2006	346	95	27.46%

年份	保费收入	赔付支出	简单赔付率
2007	525	213	40.57%
2008	521	245	47.02%
2009	550	318	57%
2010	606	260	42.90%
2011	780	351	45%

中华联合财产保险股份有限公司揭西营销服务部领导任职情况

经理　黄俊荣 2005.09～

（黄俊荣　　蔡艳春）

【中国平安人寿保险股份有限公司揭阳中心支公司揭西网点】　中国平安人寿保险股份有限公司揭阳中心支公司在揭西县设有揭西营业部和棉湖营销服务部两个经营网点。揭西营业部于2010年10月28日正式挂牌成立，棉湖营销服务部于2011年8月23日正式挂牌成立。2011年底，揭西网点共有正式员工3人，保险营销员145人，向个人和团体提供人寿、意外、健康保险产品，涵盖生存、养老、疾病、医疗、身故、疾病等多种保障范围，全面满足客户在人寿保险领域保险保障和投资理财需求。在工商银行、中国银行、中国建设银行设有代理保险网点。在2011年广东省分公司开门红激励方案之业务竞赛活动中，揭西营业部荣获“优秀营业部”称号。

2011年中国平安人寿揭阳中支揭西网点保险经营情况表

单位：万元

年份	保费收入	其中		总给付	其中	
		新单	续期		理赔支出	生存给付
2011年	909.0	431.7	477.4	33.7	28.0	5.6

中国平安人寿保险股份有限公司揭阳中心支公司揭西网点领导任职情况

揭西营业部负责人　孙　斌 2010.11～

揭西营业部经理　　曾国琼 2010.07～

（林哲漫　陈春明）

教科文卫体

教　育

【概况】 2011年，全县有中小学校299所，其中普通高中3所，完全中学8所，中职学校3所，初级中学33所，小学252所。有独立幼儿园61所，其中公办幼儿园8所，民办幼儿园53所。中小学在校学生172763人，其中高中阶段学生44013人，初中阶段学生56051人，小学阶段学生72699人。在园幼儿21923人，其中小学附设学前幼儿11774人，独立幼儿园幼儿10149人。全县在编教职员工8369人。

【幼儿教育】 加强乡镇中心幼儿园建设，扩大小学附设幼儿园规模，积极推进学前教育事业的发展，逐步解决幼儿入园难的问题。投入资金475.3万元完成上砂、棉湖、凤江、金和4所乡镇中心幼儿园建设项目；扩大上砂新东等7所小学附设幼儿园，增加入园幼儿480人。2011年入园幼儿21923人，比2010年增加1061人，全县幼儿入园率81.5%，比增3.2%。

【义务教育】 2011年，全县有小学252所，2011年秋季招生9028人，在校学生72699人，适龄儿童入学率100%，小学六年保留率99.2%；全县初级中学招生17180人，在校生56051人，初中毛入学率103%，初中三年保留率97.4%。特殊教育学校进入筹建阶段，全县三残适龄儿童少年入学率97%。

【高中教育】 2011年全县11所普通高完中在校生27709人，3所中职学校在校生16304人，县技工学校在校生2464人。高中阶段毛入学率86.2%，顺利通过省市普及高中阶段教育验收。

【成人教育】 2011年，揭西县广播电视大学开设学历教育本科班12个，开设法学、行政管理、教育管理专业，开设专科班15个，开设法学、行政管理、教育管理专业。本科函授202人，参加考试808人，毕业53人、专科函授714人，参加考试7100人，毕业599人。县教师进修学校负责全县教师的培训工作。

【民办教育】 2011年县教育局重点工作是抓好民办幼儿园安全管理，加强教师培训，开展教学示范活动，努力提高保教质量，促进民办教育的健康发展。组织民办幼儿园年检，合格幼儿园50所，取缔不合格幼儿园3所。

【德育工作和艺术教育】 一、加强爱国教育和中华传统文化教育，弘扬以爱国主义为核心的民族精神。深入开展爱国主义、集体主义和艰苦奋斗精神等教育活动：围绕纪念建党90周年、亚运会等主题以及教学工作的需要，引导学生广泛参与征文比赛、书画比赛、朗读比赛、合唱比赛等活动;组织学生清明节到革命纪念碑开展扫墓活动，缅怀革命先烈；组织“南粤校园党旗红”大合唱比赛活动；组织以“排队我快乐，礼让我文明”为主题的排队日活动。通过一系列活动，增强全县中小学生对党、对国家、对社会、对家乡的热爱，促进全体学生的全面发展。二、加强学生的法制教育和养成教育，培养知礼守法的好学生。加强对学生进行《中小学生守则》、《中学生日常行为规范》和《小学生日常行为规范》的教育；加大宣传力度，发放《禁毒宣传专集》；各学校利用聘请法制副校长的有利条件，不定期开展法纪、安全、禁毒、禁赌等活动，进一步做好净化社会文化环境工作。2011年全国“禁毒宣传教育月”活动中，全县中小学生认真开展系列教育活动，“6·26”国际禁毒日，在县禁毒委的牵头下，县教育局与县妇联、钱坑镇政府在钱坑中学举行“我们远离毒品——揭西县青少年禁毒宣传教育行动”启动仪式，通过“珍爱生命，远离毒品”宣誓和签名等活动，引导青少年学生深刻认识毒品的危害性，收到较好的宣传教育效果。三、加强校园文化建设，进一步优化育人环境，确保中小学生健康成长。加强校园的“净化、绿化、美化、文化、特色化”建设，充分发挥校园环境隐性课程的育人功能：认真贯彻落实市委、县委指示精神，教育局于3月21日召开各乡镇（街道）教育组长、中小学校长会议，以校长全员培训的形式，较为具体地布置德育常规和德育重点工作，促进全县德育工作的平衡发展；在全面开展朗读竞赛，认真组织“朗读之星”评选活动的基础上，积极创建“书香校园”、“绿色学校”、“平安校园”等活动；开展以“中华精神诵”为主题的“朝阳读书”活动，并以点带面，促进读书活动的平衡发展；在各中小学开展“歌声满校园，快乐伴我行”的日常唱歌活动，丰富校园文化内容。

【课程改革】 创新教学指导方式，先后举办人教版初中语文教材教法培训专题讲座及语文、物理等学科中考备考专题讲座，相关学科全体教师参加培训；举办小学语文、数学及七年级语文、英语教师现场教学竞赛和中学化学教师实验能力比赛，组织相关学科教师观摩比赛及参与评分，增强教学指导、课堂教学改革的实效。深入开展课题研究。组织课题组进行课题研究成果阶段性总结、交流；积极组织学校申报广东省中小学教学研究“十二五”规划课题，推动全县教研氛围的创设。全年有83人次分获省、市教学论文、教学设计、优质课、知识竞赛等各个等级的奖项。

【教师队伍建设】 圆满完成解决中小学代课教师问题的工作。2011年初，县教育局、县编办、县财政局、县人事局、县劳动和社会保障局联合下发《关于同意庄贯花等74名代课教师转岗的通知》，经转岗吸收安排到公办小学的教学辅助人员或后勤服务人员等工作岗位。经县招录公办教师工作领导小组研究决定，县教育局下发《关于代课教师解决劳动关系有关问题的通知》，同意庄桂从等374名尚未转岗代课教师与代课学校解除原有的受聘和聘用代课的劳动关系，并给予理顺养老保险关系，支付代通知金、落实经济补偿。至2011年，从2008年秋季开始的解决中小学代课教师问题的工作圆满完成。切实做好中小学教师招聘工作。招聘对象为揭西县籍本科应届毕业生、专科师范类应届毕业生、幼儿师范学校幼师专业毕业生。采用“职位选择”方式，让参加招聘考试的考生，根据自己的笔试成绩和公布的职位，自己选择职位，更加体现公开公平公正。2011年招聘新教师297人，其中本科毕业55人、专科毕业233人、幼师毕业9人。举办华南师范大学研究生课程班。县教育局制订开班方案，下发《关于举办研究生课程进修班的通知》，组织县教育行政管理人员和高中骨干教师报名参加该班的培训学习，人数共50人。该班是全市县（区）第一个华南师范大学研究生课程班，通过请华师大的专家、教授到揭西县讲学，让县教育行政管理人员和高中教学骨干有机会与华师大的老师直接交流，接受最前沿的学术理论，促进教育理念更新和教育管理水平向较高层次提升。

【教育督导】 一、党政领导干部基础教育工作责任考核取得优良成绩。2011年5月17～18日，揭阳市党政领导干部基础教育工作责任考核组对揭西县党政领导干部2009、2010年基础教育工作进行责任考核。考核组听取县基础教育工作的自查报告，查阅有关档案资料，召集150多名代表进行民意测评，召开党委、政府有关职能部门负责人、人大代表、政协委员、镇（街道）村领导和社区家长代表、校长、幼儿园园长、教师代表参加的座谈会，实地考察部分乡镇和学校。考核组经认真讨论、综合分析、评议后，对揭西县党政干部基础教育的做法和取得的成效给予充分肯定和较高评价。二、对申报市级复评的揭西县中心幼儿园的学校管理和办学效益进行分类指导，特别是档案资料建设等方面进行督查、指导。2011年11月中心幼儿园通过揭阳市一级幼儿园复评。通过复评，中心幼儿园的办园条件及办园质量得到进一步提升，更充分发挥窗口和示范作用，有效推动县幼儿教育的发展。

【招生工作】 揭西县加强招生宣传工作，狠抓考风考纪建设，规范化管理安全保密工作和招生工作，达到考试安全，招生公平、公正的管理目标。2011年，揭西县参加高考5299人，统考上线3794人，上本科线1605人，录取总数4113人，录取率77.62%，上线录取人数均突破历史记录。2011年中考，揭西县有14557名考生报名参加考试，录取于各类高中阶段学校14251人（含自主招生）。

【教育信息化】 2011年，全县各中学和各乡镇中心小学都配备电脑并接入揭阳市教育网。中学建设计算机室45间，多媒体综合电教室18间，白板室211间，语言实验室14间，理化生实验室91间，图书阅览室25间。小学建设计算机室23间，多媒体综合电教室17间，白板室17间。

【教育投入】 2011年，全县教育投入4.2亿元，其中投入校舍建设及配套设施近1亿元，改扩建学校81所，改建、扩建及维修校舍52000平方米。2011年7月，教育局与审计、财政等部门，对全县中小学农村义务教育债务进行清理核实。经省审核组审核最终确认：全县有债务学校79所，债务111笔， 总债务3319.52万元。至2011年底，圆满完成义务教育债务化解工作。

县教育局领导任职情况

局　　长	侯远欢	2005.12～
副 局 长	张新喜	2005.12～
	杨双福	2007.01～
	林　波	2007.01～
	张　标	2007.12～

2011年揭西县中学高级教师资格评审通过人员名单

序号	工作单位	工作名表	学　科
1	揭西县上砂第一中学	庄瑞敦	思想政治
2	揭西县纪达中学	张晓云	思想政治
3	揭西县纪达中学	韩定艳	思想政治
4	揭西县纪达中学	高春娜	思想政治
5	揭西县张武帮中学	黄勇华	思想政治
6	揭西县东山中学	邓进杰	思想政治
7	揭西县第一华侨中学	汪卿城	思想政治
8	揭西县河婆中学	刘华兴	语文
9	揭西县第一中学	赵晓莹	语文
10	揭西县纪达中学	蔡红玲	语文
11	揭西县霖田高级中学	邱一丽	语文
12	揭西县龙潭中学	蔡少玉	语文
13	揭西县棉湖中学	罗顺建	语文
14	揭西县棉湖中学	林政醒	语文

续上表

序号	工作单位	工作名表	学　科
15	揭西县棉湖第二中学	杨卫东	语文
16	揭西县棉湖第二中学	叶仁和	语文
17	揭西县湖西中学	林锦华	语文
18	揭西县五云中学	彭伟芳	英语
19	揭西县河婆中学	毕杰英	英语
20	揭西县河婆中学	张晓云	英语
21	揭西县河婆中学	蔡旭丽	英语
22	揭西县第一中学	陈影辉	英语
23	揭西县第一中学	何青	英语
24	揭西县纪达中学	黄雪丽	英语
25	揭西县纪达中学	张锦红	英语
26	揭西县钱坑中学	林御贞	英语
27	揭西县南侨中学	郭春玉	英语
28	揭西县塔头中学	陈惠珍	英语
29	揭西县棉湖中学	杨桂香	英语
30	揭西县湖西中学	王世华	英语
31	揭西县第一职业技术学校	黄晓棠	英语
32	揭西县第一中学	李永兰	历史
33	揭西县棉湖第二中学	陈燕珠	历史
34	揭西县河婆中学	蔡建辉	数学
35	揭西县纪达中学	张壮服	数学
36	揭西县纪达中学	陈嘉琳	数学
37	揭西县张武帮中学	张广辉	数学
38	揭西县东山中学	陈萍莉	数学
39	揭西县霖田高级中学	黄东平	数学
40	揭西县钱坑中学	林晓彬	数学
41	揭西县棉湖中学	李玉进	数学
42	揭西县兴道中学	周少卿	数学
43	揭西县湖西中学	黄伟明	数学

续上表

序号	工作单位	工作名表	学　科
44	揭西县绵基中学	蔡仔仲	物理
45	揭西县纪达中学	彭远嘶	物理
46	揭西县五经富初级中学	曾庆新	物理
47	揭西县钱坑中学	林世仕	物理
48	揭西县塔头中学	巫文足	物理
49	揭西县棉湖中学	刘梁	物理
50	揭西县棉湖第二中学	杨少彪	物理
51	揭西县第一职业技术学校	张新发	物理
52	揭西县河婆中学	张淑琴	化学
53	揭西县河婆中学	邱小军	化学
54	揭西县棉湖中学	沈晓辉	化学
55	揭西县棉湖中学	杨雄生	化学
56	揭西县第一中学	何志龙	生物
57	揭西县张武帮中学	李阳	生物
58	揭西县棉湖中学	林逸亮	生物
59	揭西县棉湖第二中学	林惜平	生物
60	揭西县河婆中学	张德涛	体育
61	揭西县凤江中学	李玉宝	体育
62	揭西县职业技术学校	曾文雄	政治高级讲师
63	揭阳市揭西县东风小学	张永茂	语文小学高级教师（副高级）

（侯远欢　吴志武）

科学技术

【概况】　揭西县科学技术局（正科级）内设机构2个，分别为：人事秘书股，科技业务股。揭西县科学技术局加挂知识产权办公室牌子。下属机构有揭西县地震局（正股级）。

【科技创新与科技管理工作】　2011年，全县申报省、市科技计划项目16项，其中省科技项目11项，市级科技项目5项。广东五洲龙电源科技有限公司向省申报的重大科技项目“磷酸铁锂锂离子动力电池技术开发项目”，得到省科技厅的重视，项目建设正在研发实施中。与省内外高等院校建立“产、学、研”并派科技特派员企业2个，企业分别是：广东京明茶叶综合发展有限公司、广东蓝天果蔬农业科技开发有限公司；广东德煌电力设备有限公司与哈尔滨理工大学建立新的产学研联姻合作；广东五洲龙电源科技有限公司同高校建立合作关系，由公司派技术人员到校培训合作，取得新的成果。全县已开展实施科技特派员制度企业有5家，如广东京明茶叶发展有限公司与省农科院开展“产、学、研”合作，省科技厅特选派茶叶博士专家苗爱青教授长期到公司开展“大北山有机茶产业化”研究。2011年全县申报并认定省级民营企业2家。至2011年底，全县省级民营科技企业总数22家。2011年申报了塔头镇为市级技术创新专业镇。2011年底全县有省级技术创新专业镇3个：河婆、棉湖、京溪园；市级技术创新专业镇7个：灰寨、凤江、大溪、塔头、河婆、棉湖、京溪园。

2011年揭西县在省科技厅立项项目表

项 目 名 称	项目承担单位	计划类别	资金（万元）
揭西县棉湖镇城镇集成应用试点	揭西县棉湖镇政府	专业镇	20
广东京明茶叶综合发展有限公司绿色茶叶健康农业科技示范基地	广东京明茶叶综合发展有限公司	农业攻关	15
揭西县科技信息网络数据平台软件技术开发	揭西县科技信息网络中心	科研条件建设	5
新型沼气开发与环保生态农田综合技术应用	揭西县科技进步促进会	社会发展	5
蔬菜水浮育苗技术的研究和应用推广	揭西县蓝天果蔬农业科技开发有限公司	农业攻关	8

【知识产权专利申报和宣传】 县科技局配合市知识产权局、县公安局、工商局、文广新局等单位，开展形式多样的宣传活动，对全县重点市场和企业进行检查，提高全社会知识产权意识。2011年全县申报专利216项，授权专利150项，其中发明专利11项。累计专利申报量1375项，授权专利802项。

【科技进步活动月活动】 为普及科学技术知识，提高全民科技意识，2011年5月中旬至6月中旬，由县科技局牵头，联合县委宣传部、县科协等部门组织在全县范围开展“科技进步活动月”活动。在县政府网站开辟“揭西县科技进步活动月”专题专栏，在县电视台开设“揭西县科技进步活动月”专题宣传；与科协、卫生、气象、林业等单位在县城文化广场举办“农业技术推广、科普宣传、知识产权、防震减灾图片巡展”活动；组织专家、科技人员到河婆街道、棉湖镇、灰寨镇开展送科技下乡活动；邀请上级科技部门专家为各专业镇举办“专业镇管理与创新”和“节能减排除技术”培训班；县科技进步奖评审委员会组织评审2010年科技进步奖项目；市地震局到有关乡镇开展学校、民居防震安全应急演练、防震知识宣传等活动。活动月期间，发放各类宣传资料1.26万份（册），开展科技咨询1390多人次，赠送良种苗、科普图书等价值1.1万元，公众参与数0.57万人次。

【防震减灾工作】 县科技局认真做好县地震测震台的管理工作，确保能够正常与省地震台联网监测。切实做好防震减灾知识普及及民居建筑安全评价工作。一、联合有关单位在县城文化广场开展防震减灾挂图巡展咨询等大型宣传活动；二、与县教育局在全县逐步普及中小学防震减灾知识宣传讲座和应急演练工作，在河山小学等学校开展此类活动，并在县电视台全程播放，取得较好的防震知识宣传普及效果；三、开展民居防震安全示范点的申报与推广工作，开展地震安全性评价项目分别是棉湖新城、河婆新东苑、上砂一中教学楼。

【科技成果鉴定及推广工作】 做好市、县科技成果鉴定申报工作，通过市科技局主持鉴定项目5项，评定通过市级科技成果5项，获2011年度市科技进步奖 5项；2011年评出全县科技进步奖10个。其中一等奖2项；二等奖4项；三等奖4项。

2011年度科学技术进步奖获奖项目

级别	奖励等次	项 目 名 称	完成单位和完成人
县级	1	新能源磷酸铁锂锂离子动力电池技术开发	广东五洲龙电源科技有限公司：曾垂松、张跃明、刘荣辉、刘晟刚
县级	1	自拟黄疸合剂治疗碱性磷酸酶升高新生儿病理性黄疸临床研究	棉湖华侨医院：王益畅、曾庆生、沈佩如、李志敏、陈勇鹏、韦德华、候春福
市级	2	花生新品种“汕油851”配套丰产栽培技术研究	揭西县农业局：邓少群、丘杏红、李秋裕
市级	2	自拟黄疸合剂治疗碱性磷酸酶升高新生儿病理性黄疸临床研究	揭西县棉湖华侨医院：王益畅、曾庆生、沈佩如、李志敏、陈勇鹏
市级	3	S13-M-30~1600/10全密封电力变压器技术	广东德煌电力设备有限公司：黄思玉、黄少杨、王韶荣、黄春玲、蔡永华
市级	3	血清维生素D水平与产褥感染的相关性研究	揭西县人民医院：娜仁高娃、林曼、温绿清、彭巧贝、郑跃东
市级	3	高频电刀治疗粘膜下宫颈肌瘤疗效观察	揭西县妇幼保健院：刘玉云、陈育珍、杨飞雪、蔡春云、李惠君

【人才队伍建设】 2011年度全县从事科技工作人员13500人,其中外聘专业技术人员210人。县科技局在2011年2月召开“全县外聘专业人才新春座谈会”，邀请在县各条战线做出突出贡献的外聘中高级人才参加、交流工作经验。

县科技局领导任职情况

局　　长　蔡裕民　~2011.04
　　　　　林庭广　2011.05　~
副 局 长　庄国洪　2000.06　~
　　　　　张国语　2011.05　~

（林庭广　蔡小龙）

科协工作

【科普阵地建设】 2011年揭西县科协充分利用科普宣传栏、科普画廊、科普活动室、科普大篷车，组织开展科普知识咨询，完善科普短信宣传平台，在电视台举办科普电视专栏节目等多种形式，扩大群众接受科普信息的渠道，提高全民科学素质。

【科普与学术交流】 揭西县科协按照上级的工作要求，结合本单位的实际，开展一系列的科普工作：一、以“科技支撑发展，创新引领未来”为主题开展“科技活动周”活动；二、成功举办“全国科普日”暨大型送科普下乡活动；三、开展全国防灾减灾日科普活动；四、开展“科普进社区”活动。

【培训与服务】 县科协利用短期培训、科普讲座、科普咨询、科普大篷车进校园，组织参观、交流经验等多种形式，切实做好实用技术培训工作，提高广大农村干部群众的科技素质，从而推动社会经济的发展。2011年，县科协和所属学会举办各种类型学术交流活动5场次，参加人数2000人次。

县科协领导任职情况

主　席　黄志宝　2004.08～

副主席　陈美云　2011.07～

（黄志宝　陈美云）

文化广电

文　化

【概况】 2011年，县文化广电新闻出版系统以打造揭西特色文化为主线，大力抓好揭西县文化设施建设、文艺繁荣、文化资源保护、文化市场管理、广播电视和新闻出版监管、文化队伍建设，不断提升公共文化服务能力，全面推进文化强县建设。

【文艺创作和演出】 2011年，围绕“纪念建党90周年”和“纪念辛亥革命100周年”两大主题，在县城文化广场和乡镇人口集中的社区开展红色经典影片放映活动，激发群众爱国、爱党热情；与县委宣传部一起组织群众代表队参加揭阳市百歌颂中华歌咏赛，获揭阳市百歌颂中华——群众歌咏赛银奖；配合县纪委、监察局报送廉政文艺节目参加揭阳市廉政文艺晚会，报送的廉政文艺节目《刘姥姥送礼》受到各级领导和观众好评；报送文艺节目、“书香家庭”、“优秀文化社区”参加省文化厅举办的“书香节”，获得表彰“广东省书香家庭”1个、“广东省优秀文化社区”1个；报送节目《投江》参加揭阳市中青年潮剧大赛，获银奖，在全市各县（区）中排名第一；2011年5月，揭西县报送的《情相连、心相通》、《庄严携手创辉煌》、《客家擂茶》等3件文艺作品在省群众文艺作品评选中分别荣获音乐类一等奖、二等奖和三等奖；报送《义子情深》获2011年度市群众文艺作品评选大戏类金奖，歌曲《请到广东揭西来》获音乐类铜奖，三句半《反腐倡廉》获曲艺类铜奖；山歌剧《刘姥姥送礼》、歌曲《请到广东揭西来》被推荐参加省群艺作品评选。

【群众文化】 2011年，组织和引导群众开展各类健康向上、群众喜闻乐见的文艺活动，丰富群众文化生活。利用节假日开展群众性文化活动，在元旦、春节和元宵节期间，组织客家山歌剧、潮剧、文艺表演在文化广场等地开展演出，营造欢乐、祥和、文明的节日氛围；引导群众开展广场舞、健身舞、太极拳等文化活动，推动群众文化活动发展；县文化馆牵头举办的迎国庆62周年文艺晚会、文化广场文艺晚会受到观众好评。

【文化产业】 2011年，完成河婆、棉湖、五经富3个乡镇综合文化站选址、内部装修和设施完善工作，实施全面免费开放，服务基层群众。64个行政村文化室的建设工作基本完成，省补专项资金、器材已部分到位。优化图书馆新馆址的功能室规划，为图书馆的科学管理打好基础，购置七层双面书架60个、阅览桌椅一批，制作电子阅览室电脑桌一批，加快电子图书平台建设进度。县文化馆进行升级达标改造建设，县博物馆做好中央专项资金申报工作，抓好博物馆库房、展厅的安防、防潮设施改造，改善和提升文物存放环境。

【公共文化服务】 2011年，县文广新局按照省文化厅、市文广新局《转发文化部办公厅关于开展全国文化馆评估定级工作的通知》和全省美术馆、公共图书馆、文化馆（站）免费开放工作电视电话会议精神和要求，抓好三馆一站升级达标工作，为公共文化设施通过评估定级和全面免费开放夯实基础。

【送戏送电影下乡】 2011年，县文化部门结合全县农村实际，加大投入，扎实有效推进农村电影“2131”工程。抓好农村电影放映工作，组织县电影公司放映队深入基层农村开展放映，不断增加流动和固定放映点，把优秀电影送到农村基层去，丰富基层群众文化生活。争取省广电局扶持流动电影放映车1部，加强放映力量。2011年放映农村电影3360场次、红色经典电影90场次。

【文化遗产申报和保护】 2011年，做好第七批省级文物保护单位申报工作，申报大溪李氏宗祠、植丰园、南山墓园、兴道书院等4个文物单位为第七批省级文物保护单位，提升县域内文物保护级别；抓好全省首批重要遗址和第三批全省古村落申报工作，申报“三山国王祖庙”遗址、大溪井新古寨、灰寨乐善处等，推动县重要遗址和古村落保护；抓好第四批省级非物质文化遗产名录申报，组织非保中心申报“客家红酒”等7个申报项目，申报的“客家红酒”制作技艺和“提线木偶”传统戏剧等2个名录已进入公示阶段；抓好县第九批文物保护单位、县第三批非物质文化遗产名录公布的筹备工作，联合城乡规划局、住建局及有关乡镇对申报保护单位的保护范围和建设控制地带进行勘测和划定，组织人员认真编写、拍摄、整理申报单位（项目）的文字、音像、图片资料，做好申报准备工作，并报请县政府批准公布；加强馆藏文物的管理，邀请省文物局专家组对县博物馆馆藏文物进行鉴定，共鉴定出二级文物1件、三级文物26件，通过等级鉴定划分，认识馆藏文物的历史文化价值，为科学保护、管理馆藏文物夯实基础；配合故宫博物院和省文物专家对2处古窑址进行考古调研，挖潜文化遗产资源，打造特色文化，提升全县文化影响力。

【文化信息资源共享】 2011年，抓好文化信息资源共享县级支中心的场地建设，联系省市主管单位，让省扶持设备落实到位，争取县级财政资金配套，按照建设标准为支中心配套防静电地板、电脑桌椅、空调、光纤信号接入、备用有相电源等配套设施，支中心前端设备已安装调试完毕。

【文化体制改革】 2011年，县文化部门按照加快文化体制改革工作会议精神和要求，做好县文化体制改革的调研，探索文化体制改革的新途径，加快县电影公司、县潮剧团等局属单位的转制工作。成立“揭西县电影发行放映单位转企改制工作领导小组”，以加强对转制工作的领导和协调，加快文化体制改革。2011年底完成县电影公司、县潮剧团转制工作方案征求意见工作。

【新闻出版和广电管理】 2011年，县文广新局市场股、出版股、文化市场综合执法队等职能部门按照省、市、县的有关精神和要求，制订工作方案，采取有效措施，加大查处力度，抓好“扫黄打非”、文化市场管理和新闻出版工作。开展各类专项整治行动，打击有害出版物、盗版教材辅读物、非法报刊。抓好新闻出版的审读和管理，积极推行正版出版物、软件，加强知识产权“维权”工作，组织全县机关办公人员参加正版办公软件培训，发放正版办公软件88套，推广正版出版软件使用，增强群众版权意识；继续建立健全文化市场管理法规，完善文化市场管理执法、责任追究、守法经营和安全生产责任等制度。制定管理目标，落实文化市场管理责任制，与文化市场经营业主、单位签订《守法经营责任书》、《安全生产责任书》，为文化市场的科学管理打好基础；5月，按照加强社会管理工作会议要求，制定《整治有证网吧违规经营专项行动工作方案》，在全县范围内开展为期三个月的整治行动，规范有证网吧经营活动，促进网吧行业健康有序发展，营造良好的网络文化环境。据统计，2011年全县扫黄打非工作共出动行政执法人员736人（次），车辆153台（次）；共检查音像制品店320家（次），书报刊零售点220家（次），收缴各类非法出版物1432件，其中书报刊1232份，光碟200件；查处网吧违规经营案件18起，查处无证经营游戏机室1家，有效净化县文化市场。

抓好广播电视安全播出的监管工作　确保在全国“两会”和国庆、春节等重大活动、节日期间的安全播出；督促接收转播机构按时年审、年检，维护广播电视安全播出秩序；与县广播电视台和各乡镇广播电视站签订《年度广播电视安全播出责任书》，明确安全播出责任，抓好电视节目播出的监管，整治违规插播电视广告等现象。

县文广新局领导任职情况

局　长　贝志锋　~2011.04
　　　　巫丽琼　2011.04~
副局长　刘兴元　2007.01~
　　　　王惠燕　2008.01~
　　　　刘燕璇　~2011.04

（巫丽琼　邱渭灵）

广播电视

【宣传报道】　2011年，广播、电视开设《解放思想大家谈》、《争先创优、党旗飘扬》、《生态旅游好去处》等专栏共30多个，播出新闻2140条次、专题682条次、公益广告3648条次。县广播电视台5件作品在2011年度揭阳市广播电视节目奖评比中获奖，其中：社教专题《擂茶飘香》获广播专题二等奖，系列报道《我县及时处置冲击打砸南山镇党政机关事件》获电视新闻二等奖，消息《八旬老党员拄着拐杖领奖章》、《一生才攒十万，一次全都捐了》获广播新闻三等奖，消息《钱坑八旬老人李爱专带头捐资“雨污分流”工程受好评》获电视新闻三等奖。对外宣传方面：2011年，向省、市台上送新闻、专题节目340篇，其中：广播类95篇，电视类245篇，采用率90%以上。在广播、电视频道播放积极向上的文艺、影视节目，全年播放电视剧37部1174集。

【队伍建设】　2011年，深入开展解放思想大讨论活动和争先创优活动，搞好组织建设，发挥党员先锋模范作用，采用多种形式在新闻采编队伍中广泛深入开展“杜绝虚假报道、增强社会责任、加强新闻职业道德建设”专项教育活动和“走基层、转作风、改文风”活动，有效提高队伍政治理论水平。通过走出去，请进来的方式，开展岗位培训和专业技术培训，扎实开展岗位练兵活动，干部职工的专业素养明显提升。2011年，有4位同志获得中级（记者）专业技术资格。

【事业发展】　完成县城溪角有线电视站的整合，将该网络全部纳入县城有线电视网。完成与东园镇、上砂镇有线电视站的光纤联网，与棉湖、凤江部分有线电视站点联网。县城有线广播电视升级改造是广播电视“十二五”规划和促进“文化强县”建设的一项重要任务。2011年，完成立项、设计、筹资、招标等工作。争取上级财政资金60多万元，购置电视摄像机1部，非线性编辑系统3套，播出系统1套及其他设备一批。2011年8月，完成旧塔拆除，年底完成发射塔基础工程。

县广播电视台领导任职情况

台　长　邹亿水　2008.10～

副台长　温扬情　2006.05～

李永龙　2006.05～

蔡立生　2007.12～

（邹亿水　黄海涛　黄钰栋）

卫　生

卫生工作

【概况】 2011年，全县有医疗卫生机构27个，其中局直属单位10个，乡镇卫生院16个，街道卫生院（社区卫生服务中心）1个。病床974张；人员编制2500名，在职医务人员1425人。2011年，新建及改建业务用房3800平方米，投入资金680万元；新增购大型医疗设备3台套，计150万元。2011年医疗业务收入1.47亿元，比2010年增收883万元，比增8%。

【疾病预防与控制】 传染病管理工作　2011年揭西县没有发生甲类传染病；乙类传染病病例数780例，发病率为80.70/10万，比2010年下降19.59%，其中病毒性肝炎179例，HIV1例，痢疾18例，肺结核572例，新生儿破伤风2例，伤寒1例，梅毒70例；丙类传染病病例数1260例，发病率为130.35/10万，比2010年上升13.41%，其中腮腺炎24例，其他感染性腹泻304例，手足口病889例，风疹38例，斑疹伤寒4例。排列前五位的传染病病种是手足口病、肺结核、其他感染性腹泻、肝炎、梅毒。

重点传染病的监测工作　2011年继续把非典、人禽流感作为重中之重监测外，重点落实霍乱、登革热和狂犬病的监测。

霍乱的监测从2011年1月份开始，共监测318份腹泻病例，未发现阳性病例，至2011年底，全县仍保持无霍乱疫情状态；登革热的布雷图指数监测从2011年5月份开始，在河婆街道开展，出动车辆12车次，27人次，全县未发生登革热疫情；狂犬病的监测，根据县疾病预防控制中心预防医学门诊部统计，2011年犬伤暴露人群895例，其中伤口处理841例，接种狂犬疫苗798例，接种狂犬免疫球蛋白166例。配合省寄防所做好广州管圆线虫疫源地的调查；2011年11月7～11日省寄防所到揭西县做广州管圆线虫调查，查福寿螺110只，阳性7只，阳性率6.36%，东风螺34只，阳性12只，阳性率35.29%。

艾滋病防控工作　2011年发放有关艾滋病宣传资料800份，发放安全套5500个；对有高危行为的重点人群开展艾滋病知识宣传，提高高危人群的自身防护意识，为51名高危人员提供艾滋病防治干预服务。加强艾滋病抗体阳性感染者的管理和家庭随访工作，2011年，全县报告HIV感染者1例，外地报至本地HIV感染者9例，艾滋病病人5例，按要求及时对HIV感染者和艾滋病病人进行随访。完成艾滋病自愿免费血液初筛检测57例，未发现受感染者。

健康教育与健康促进工作　2011年，全县设置健康教育专栏44块，版面更新264次，印发宣传材料12种416000份，开展公众健康知识讲座和咨询活动220次。

65岁以上老年人健康管理　对辖区65岁及以上老年人进行登记管理，进行健康危险因素调查和一般体格检查，提供疾病预防、自我保健及伤害预防、自救等健康指导。2011年1～11月份，各项目实施单位已为辖区内65岁以上46271位老年人建立健康档案，其中为32389人提供免费健康体检、免费测血糖和健康指导服务，管理率达到70%的目标要求。

计划免疫工作　2011年全县基础免疫接种

情况为：卡介苗基础免疫接种率99.66%；脊髓灰质炎糖丸基础免疫服食率97.54%；百白破三联制剂基础免疫接种率96.85%；麻疹基础免疫接种率96.32%；乙肝疫苗接种率99.41%；乙脑疫苗接种率96.17%。顺利完成糖丸疫苗强化免疫工作。为保持全县儿童脊髓灰质炎高免疫水平，2011年3至4月份在全县开展2轮脊灰疫苗强化免疫活动。2011年3月8日揭阳市脊灰强化评估领导小组对揭西县脊灰强化进行第一轮快速评估，接种率100%；4月12日对揭西县进行第二轮快速评估，接种率100%。全县脊灰强化免疫应种儿童56269名，第一轮实种54517名，第二轮实种54826名，接种率分别为96.89%和97.44%，达到上级下达的指标；继续做好乙肝的查漏补种工作。至2011年底，全县接种73732人，接种率97.62%。加强AFP病例的监测。至2011年底，揭西境内均无脊髓灰质炎病例发生。

慢性病管理　2011年高血压登记管理18301人，规范管理5500人，规范管理率30%；糖尿病登记管理3696人，规范管理1964人，规范管理率53%，达到预期目标。

卫生监测工作　2011年对全县饮食行业的食具委托监测180份，合格180份，合格率100%；做好“两会”会场住地消毒工作（5000多平方米）及高考学生用餐饮食卫生监测工作，“两会”及高考期间，无发生食物中毒事故。完成食品从业人员和公共场所等各类从业人员健康体检工作，全年有824名从业人员接受体检，全部合格。

地方病防治工作　联合盐业公司做好5.15防治碘缺乏病日活动，在电视台宣传6场次，张贴发放宣传画2180份，在县人民广播电台广播宣传防治碘缺乏病知识和宣传标语600场次，同时，完成居民层次碘盐监测工作，2011年进行食盐加碘定量监测288份，全部合格，合格率比上一年提高1.74个百分点。

生活饮用水水质监测工作　2011年对河婆街道、棉湖镇及第三自来水厂定期水质检测64份，其中细菌总数超标2份（为第二、第三自来水厂各一份），合格率96.88%，其他分散式给水（包括山泉水、压力泵水及自建水厂等）水质检测74份，合格61份，合格率82.43%。水质存在的主要问题有氨氮、锰、铁和细菌总数含量超标。

消毒质量监测工作　2011年对区域内一次性卫生用品厂、县直医院及灰寨卫生院眼科中心等17家医院检测536份，合格485份，细菌总数合格率90.49%，致病菌合格率100%。

结核病控制项目　2011年列入管治505人，免费治疗结核病人505人，治愈率97%（其中初治涂阳病人303例，复治涂阳病人54例，初治涂阴病人148例）达到项目要求。

麻风病　2011年全县有现症麻风病人3例，分布在东园镇、五经富镇、坪上镇；新发1例在东园镇。

精神病　2011年，对全县重性精神病人的排查（院外）行动中，调查完成3287人，其中有精神分裂症2300例、偏执性精神病7例、分裂情感性精神障碍60例、双相（情感）障碍136例、癫痫所致精神障碍270例、精神发育迟滞514例，实行全面管理，定期随访。对207例贫困重性精神病人进行门诊服药补助，每人200元，共计41400元。

【妇幼保健】　2011年揭西县率先在揭阳市范围内以“普查”的形式启动农村妇女乳腺癌、宫颈癌的免费检查，2011年完成5个乡镇卫生院管辖的农村妇女“两癌”集中筛查工作，筛查2452人，发现并确诊乳腺癌4人，宫颈癌1例。2011年全县孕产妇死亡率17/10万，新生儿死亡率1.56‰，婴儿死亡率1.8‰，5岁以下儿童死亡率2.08‰，均有效控制在省的指标范围内;2011年度孕产妇早孕建册率93.61%，产前健康管理率97.48%，系统管理率93.61%，新生儿访视率97.8%，3岁以下儿童系统管理率94%，7岁以下儿童保健覆盖率91.5%，其中产前健康管理率、3岁以下儿童系统管理率、新生儿访视率已达标，其他率已接近达标率。2011年度重大公共卫生完成情况：全县增补叶酸预防神经管缺陷新增服用人数13180人，完成率100%；全县农村孕产妇住院分娩补助人数5966人，2011年度住院分娩率94.08%比2010年提高1.79%，实行农村孕产妇住院分娩补助能有效提高住院分娩率，确保母婴安全。

【卫生监督】 一、在餐饮服务卫生许可职能监督期间（2011年6月底），对餐饮业及集体食堂等单位进行全面监督检查，卫生执法人员出勤246人次，车辆62辆次，监督餐饮业及集体食堂168家次，换发食品卫生许可证32份。二、非法添加剂和滥用食品添加剂专项查治工作。2011年5～8月份组织12位卫生监督员分成两个组在辖区内开展对餐饮业及集体食堂查处和整治工作。卫生执法人员出勤686人次，车辆98辆次，清查餐饮单位322家次，集体食堂36家次，均未发现违法行为。三、开展学校卫生监督工作。为做好中小学校饮用水卫生、食品安全、教学环境及生活环境监督工作，预防食物中毒和各类传染病的发生，2011年3月，联合县教育局在全县范围内开展学校卫生工作专项大检查。检查中小学校48所，幼儿园46家，对存在问题的均责令其整改并发出卫生监督意见书。四、打击非法行医专项整治工作。2011年，打击非法行医活动执法人员出勤240人次，车辆68辆次，查处违法违规案件15宗，取缔无证行医2家，罚款2家，罚款金额5000元。五、开展医疗机构年审校验工作。县卫监所于2011年11月，组织卫生监督员对全县范围内的乡村卫生站、个体诊所进行校验。校验卫生站及个体诊所320家，全部校验合格。六、公共场所卫生监督工作。2011年分二次组织卫生监督员开展公共场所卫生专项整治监督工作。主要对酒店、宾馆、发廊、美容中心、生活饮用水供水系统等卫生设施及消毒效果的监督。卫生监督员出勤68人次，检查酒店、宾馆、旅店40间，发廊、美容中心38间、供水单位4个、游泳池4个。

【医疗管理】 卫生应急 2011年揭西县医疗急救“120”指挥中心接到报警出车965次。

无偿献血情况 2011年全县有1393人参加无偿献血，采集无偿献血量320000毫升。

继续教育 2011年参加住院医师规范化培训考试有15人。全县有18名乡镇卫生院的医护人员享受一次性学费4000元补助。

医师、护士注册 2011年有43名医师申请首次注册，31名护士申请首次注册。

医师资格考试 2011年参加卫生资格晋升考试合格87人；申报高级卫生专业技术资格通过评审3人，其中中医医院郑小菲获呼吸内科主任医师资格、县人民医院曾芝云获护理专业副主任护师资格、金和中心卫生院杨雄涛获普外科副主任医师资格。至2011年底，全县有副高级卫生专业资格14人。

医学技术创新、学术论文获奖 棉湖华侨医院王益畅、曾庆生、沈佩如、李志敏、陈勇鹏医生等完成的自拟黄疸合剂治疗碱性磷酸酶升高新生儿病理性黄疸临床研究项目，于2011年9月24日通过揭阳市科技成果鉴定。揭西县人民医院娜仁高娃、林曼、温绿清、彭巧贝、郑跃东等完成的血清维生素D水平与产褥感染的相关性研究，何洪洲、邹小凤完成的阿是穴温针灸加针刺后溪穴治疗棘上棘间韧带损伤的临床研究项目获县2011年科技进步奖。

【爱国卫生运动】 2011年新增上砂镇为市级卫生镇；新增市级卫生村3个：分别为上砂镇活动村、河婆街道溪东村、西坑村。继续开展农村改厕工作，全年落实农村改厕3500户，由财政部门拨付中央和省财政补助资金140万元至各卫生户账户。

县卫生局领导任职情况

职务	姓名	任职时间
局　长	张壮权	2003.07～
副局长	胡绍勇	1999.08～
	杨旭光	2004.08～
	曾卓斌	2006.08～
	王继勇	2008.10～
	李舜玲	2011.07～

（张壮权　李志远）

食品药品监督

【规范药品医疗器械市场秩序】 2011年，县食品药品监督管理局开展“打击侵犯知识产权和制售假冒伪劣商品专项行动”、“含可待因复方口服溶液专项整治”“严厉打击食品非法添加和滥用食品添加剂”、“严厉打击化妆品非法添加行为”、“打击制售假劣药品黑窝点”、“药品流通领域非法渠道购进药品”等专项整治行动，出动稽查执法人员685人次，检查相关企业616家次，闲置厂房等场所183家，捣毁制假窝点一个，查处药品经营违法案件9宗，没收假劣药品一批，罚没金额约18.9万元。

【药品药械保化市场监管】 药品药械监管 2011年对药品、器械生产经营使用等单位进行日常监督管理工作，出动458人次，药品生产企业监督检查2家，药品批发企业监督检查8家，零售药店日常监督检查224家，检查医疗器械经营企业11家，医疗器械生产企业1家，发放有关监管职能等宣传通知资料180多份，移交违法药品广告1宗；加强对医疗机构特殊药品及医用氧的购进渠道、库存的日常监管，检查覆盖率100%。保健食品化妆品监管 2011年对保健食品、化妆品经营、使用单位进行日常、专项检查，出动120人次，检查45家次保健食品经营企业、38家化妆品经营、使用单位，发放有关监管职能等宣传资料40多份。

【餐饮服务业监管】 2011年8月8日，县食品药品监督管理局与县卫生局进行职能交接，将综合协调食品安全、组织查处食品安全重大事故的职责移交给县卫生局，接管餐饮业、食堂等消费环节食品安全监督管理职责。县食品药品监督管理局积极主动适应形势变化，从稽查、业务等股室抽调3位业务能力强、综合素质过硬的同志组建食品安全监管队伍，派员参加省局举办的食品安全监管培训班，开展调查摸底工作，广泛宣传，印发宣传资料和宣传小册子400多份，悬挂宣传标语28副，播放公益广告15次，接受群众咨询200多人次；积极开展日常检查及专项整治，对辖区内餐饮服务单位开展“打非添”、“瘦肉精”、酒类、地沟油、燕窝、中秋国庆两节安全检查等专项行动；对学校食堂（含幼儿园食堂）进行食品安全专项整治，对有证的学校食堂检查率100%；积极做好重大活动食品安全保障工作，局执法人员分别参与县第十次“党代会”、“济襄桥重建暨桥西路重修开通”、“希桥酒店奠基”、“揭西县体育馆奠基”等重大活动的食品安全保障工作，对指定接待酒店实施食品安全监督员驻店全程监督，做好供餐食谱原料及制作等审查工作，确保饮食安全，做到重大活动食品安全零事故。

【审批认证服务】 2011年，核发《药品经营许可证》2家，换发证2家，办理零售药店变更申请5家；核发、延续《餐饮服务许可证》14家；核发、变更《保健食品经营企业卫生许可证》13家，注销《保健食品经营卫生许可证》3家；对辖区内6家药品零售企业进行GSP认证，40家药品零售企业进行GSP认证后的跟踪检查工作。

县食品药品监督管理局领导任职情况

局　　长　杨伟强　2010.11～
副 局 长　蔡远辉　2010.11～
　　　　　李进雄　2010.11～

（李阳旭　杨伟强）

体　育

【概况】 2011年底，体育局机关有干部职工4人，内设机构有人秘股和业务股，下属单位县青少年业余体育学校（有干部职工7人）。2011年，揭西体育健儿积极参加广东省体育彩票杯少年锦标赛和青少年冠军赛。

【揭西健儿参赛】 2011年8月，蔡云凤参加广东省体育彩票杯少年锦标赛，取得女子乙组跳远第3名，12月参加广东省青少年冠军赛取得女子乙组跳远第2名。

【举办“广东省百街千镇”乒乓球赛】 2011年8月13～14日，揭西县在纪达中学举办“广东省百街千镇”乒乓球赛，有10支队伍参加比赛，河婆街道获第一名。

【举办第十二届“体育节”活动】 2011年6月至11月，县体育局举办第十二届“体育节”活动，8月8日在棉湖镇举行启动仪式，各级领导、社会各界嘉宾30多人参加。体育节期间累计参与健身活动17万人次，开展体育竞赛活动120场次，项目包括篮球、乒乓球、登山、羽毛球、健身舞等32项。棉湖镇人民政府被国家体育总局评为全民健身活动先进单位、乡镇体育健身示范工程、省第十二届“体育节”先进单位。

【开展全民体质监测】 2011年，县体育局深入各乡镇和基层体育协会开展群众体育现状调查和第五次国民体质测定工作，共获得有关数据225份。

【培训社会体育指导员】 加强社会体育指导员培训，2011年12月下旬举办揭西县三级社会体育指导员培训，通过学习考试有409人获得三级社会体育指导员资格，进一步提高县社会体育指导员的教学水平，为体育进社区下农村创造条件。揭西县老年人体育协会会长郭常娟被评为全国优秀社会体育指导员。

【公共体育场馆设施建设】 2011年，全县安装乒乓球台72张、健身路径等一批农民健身工程器材，完善县体育运动设施。

县体育局领导任职情况

局　长　郭汉华　～2011.12
　　　　温庆文　2011.12～
副局长　李明波　2007.07～
　　　　刘新利　2008.10～

（温庆文　李　冰）

社会生活

人力资源与社会保障工作

【概况】 2011年12月，根据中共揭西县委、揭西县人民政府《关于批转〈揭西县人民政府机构改革方案实施意见〉的通知》，县人事局、县劳动和社会保障局合并，组建揭西县人力资源和社会保障局，为县人民政府工作部门。原县人事局、县劳动和社会保障局所属事业单位一并划转县人力资源和社会保障局。县人力资源和社会保障局设12个内设机构，分别是：人秘股、就业促进股（加挂农民工工作股牌子）、培训教育股、专业技术人员管理股（加挂人力资源市场股牌子）、劳动关系股、工资福利股、养老失业保险股（加挂农村社会保险股、退休人员社会化管理服务股牌子）、医疗保险股（加挂工伤保险股牌子）、财务与基金监督股、公务员管理股（加挂县军队转业干部安置工作领导小组办公室牌子）、人事劳动争议仲裁股、劳动监察股（加挂劳动稽查监察队牌子），形成以就业、社保、人才、人事、收入分配、劳动关系六大板块的总体布局。

【公务员招录和培训】 2011年，经过报名、资格审查、笔试、面试、体检、考察等程序，全县录用17个乡镇机关公务员30名、县交通执法管理局公务员27名。提高基层年轻优秀公务员的综合素质和公共管理能力，组织选派10名乡镇基层优秀公务员到珠海参加为期五天的学习培训。2011年9月21～30日在县委党校，采取集中面授和个人自学相结合的形式，组织近两年来经考试新录用进入乡镇和部分县直机关内部转制的公务员180名在县委党校学习《公务员初任培训读本》，培训结束后进行考试，学员成绩全部合格。

【年度考核与任免奖惩】 2011年全县有2445名机关工作人员参加年度考核，评出优秀256人，称职2137人，不称职11人，基本称职1人，不定等次40人。事业单位有12343人参加考核，评出优秀1168人，合格10751人，不合格5人，不定等次298人，未参加考核121人。按法律程序办理县政府提请县人大常委会决定任免3批8人次，任免干部6批34人次，全县机关事业单位申报副股级审核备案92人。

【专业技术人才队伍建设】 一、做好教育、建筑、农业、水利等六个评委库的组建充实工作，至2011年底，全县申报职称1234人，其中高级188人，中级357人，初级689（评审417人，认定272人）。二、配合卫生局、财政局做好卫生类、会计类报名组织和考试工作。2011年度参加资格晋升考试共429人，其中经济类79人，会计类80人，外语类60人，卫生类以考代评210人（中级56人，初级154人）。三、在2010年完成全县事业单位岗位设置核准的基础上，2011年完成全县事业单位首次人员聘用工作，全县646家事业单位，13000多名现有在册正式工作人员按现聘职务或岗位进入相应等级的岗位。

【人才服务和引进】 一、按照“公开、平等、竞争、择优”的原则，经笔试、面试、体检、考核合格，面向社会公开招聘中小学、幼儿园教师297名。二、继续实施“一村一名大学生工程”，选聘25名大学生。三、对于未能就业或渐缓就业人员，人才中心牵线搭桥，并提供管理档案和人事代理等服务。全年接收毕业生1725人（本科373人，专科1352人）。

【工资与福利】 一、全年办理职务晋升工资调整手续13850人次，机关单位滚动升级工资

323人次，新参加工作人员工资定级手续457人次，退休人员审批手续337人次，遗属供养81人次，学历变动125人，审批新进人员工资565人。审核、审批机关公务员退休66人，审批事业单位管理人员、专业技术人员退休128人，审批企业干部退休14人，审核机关事业单位工人退休73人。二、制订《揭西县公共卫生与基层医疗卫生事业单位绩效工资实施办法》。三、会同县财政局等有关部门，制订详细方案，确定提高津补贴的范围、对象及标准等实施细则，制订《关于提高机关事业单位工作人员津补贴及发放2012年春节生活补贴的批复》。四、联合县住建局、县财政局研究制订揭西县机关团体、行政事业单位干部职工统一实施住房公积金制度实施方案。

【军转安置】 一、解决部分企业军转干部生活困难，切实解决企业退休、在职、下岗军转干部的基本生活、医疗等问题，按时按标准发放各项困难补助。二、加强部门联系，及时掌握动态，对军转干部进行形势政策教育，引导他们正确认识和理解各项政策规定，正确对待改革中的利益关系的调整，确保非正常信访事前解决。

【再就业工程】 2011年全县城镇新增就业5130人，完成目标任务的108%，城镇下岗失业人员再就业1732人，完成目标任务的105%，就业困难人员再就业383人，完成目标任务的102%；转移农村劳动力就业36386人，完成目标任务的113%。发布用工信息580条，提供就业岗位4086个，免费职业介绍520人就业，城镇登记失业率控制在2.54%以内。开展劳动和社会保障法律法规咨询活动3场次，发放政策宣传资料3659份；高校毕业生办理求职登记563人，办理失业登记16人，推荐就业521人，到基层社会管理和公共服务岗位就业373人。一、认真落实各项促进就业政策，大力实施就业优先战略。落实小额担保贷款政策，促进创业和带动就业；开展“春风行动”、“就业援助月活动”、“南粤春暖行动”、“高校毕业生公共就业服务活动”等活动；二、完善公共服务体系建设，搭建就业服务平台。举办招聘会5场次，为民工提供工作岗位1565个，其中珠海—揭西扶贫开发劳务对接招聘会，有35家企业进场设摊招聘，提供就业岗位700多个，1160多人进场求职，420人与企业达成就业意向，现场协议录用85人。三、认真做好农民工入户城镇工作。全年办理农民工入户城镇1076人。

【劳动关系和劳动工资】 2011年，县人力资源和社会保障加大力度贯彻实施《劳动合同法》，建立健全人文关怀长效机制，规范企业用工管理，维护劳动者合法权益。2011年检查用人单位370家，年审725家，劳动合同鉴证46982人。接待群众上访8宗，接访“12333”电话咨询53人次涉及60人。仲裁调解7宗涉及金额791600元；监察调处工伤案件9宗，涉及工伤赔偿金额1035600元；调处信访案件2宗涉及金额185192元；调处拖欠工资案件3宗105人，追回被拖欠工资555391.6元。2011年3月1日起，全县企业职工最低工资标准调整为每月850元，非全日制职工小时最低工资标准调整为每小时8.3元。

【职业培训与技工教育】 一、继续加大力度实施“千企扶千村”就业工程。2011年，“千企扶千村”就业工程培训农村劳动力210人，转移就业445人。二、深入推进“抓培训—兴产业—推创业—强企业—促就业”的“1＋4”城乡就业模式。以培训为龙头，以产业为支撑，以创业为动力，以企业为载体，以就业为目标，围绕全县主导产业的发展，鼓励创业，做强企业，走出城乡就业的新路子。全年组织农村劳动力技能培训8240人，结合村委换届选举工作，与县妇联联合举办全县村级“两委”妇女干部培训班，三期227人。2011年9月，揭西技工学校招生1343人，完成任务的112%。

【社会保险】 2011年全县参加企业养老保险

单位5935个，参保人数90474人；收入17354.21万元，支出21877.29万元（其中：养老金支出20529.69万元，丧葬费331.49万元，转移支出62.04万元，上解上级支出954.07万元），当年结余923.09万元，累计结余－993.06万元。参加机关事业单位养老保险个人缴费单位212个，参保人数9790人；全年收入1290.80万元，支出371.13万元（其中：退个人账户328.15万元，转移支出42.98万元），当年结余919.67万元，累计结余8782.69万元。参加失业保险单位358个，参保人数28854人；全年收入359.02万元，支出1373.52万元（其中：失业金支出0.35万元，其他支出0.05万元，上解上级支出1373.12万元），当年结余–1014.50万元，累计结余351.30万元。参加工伤保险单位358个，参保人数22958人。收入131.73万元，支出12.09万元（其中：工伤待遇支出7.72万元，上解上级支出4.35万元，其他支出0.02万元），当年结余119.64万元，累计结余783.21万元。参加职工医疗保险单位200个，参保人数45008人，收入2481.18万元，支出1651.75万元，当年结余829.43万元，累计结余1127.91万元。参加居民医疗保险109477人，全年收入1834.25万元，支出1579.94万元，当年结余254.31万元，累计结余 841.87万元。参加新型农村医疗合作保险651173人，收入13709.49万元，支出9106.75万元（其中：医疗待遇支出8985.75万元，其他支出121万元），当年结余4602.74万元，累计结余9240.23万元。生育保险全年收入20.12万元。支出20.12万元。无结余。

2011年1月1日起调整全县企业（含参加企业职工基本养老保险的其他单位）退休人员基本养老金。调整采取普遍调整与特殊调整相结合的原则，采取定比调整与定额调整相结合。（一）普遍调整：1、每人每月按照2010年全省企业退休人员月人均基本养老金的6%即95元定额计发。2、2010年12月31日前已经领取基本养老金的人员，按本人调整前基本养老金月标准的4%定比计算调整额，调整额低于50元的按50元计发；2011年1月至6月首次领取基本养老金的人员，按本人首次领取基本养老金月标准的4%定比计算调整额，调整额低于50元的按50元计发。（二）特殊调整：1、对具有高级职称的企业退休科技人员加发养老金，从2011年1月1日起单列发放，不纳入基本养老金年度调整基数。2010年7月1日起首次领取基本养老金的人员，正高级职称的按月加发250元，副高级职称（包括高级技师）的按月加发200元；2010年6月30日前已按月领取基本养老金的人员，已享受2007至2010年对具有高级职称企业退休科技人员基本养老金年度倾斜调整的，其累计加发额达不到上述标准的予以补齐。2、对2011年6月30日前（含当日）年龄满80岁及以上的企业退休人员，每人发放一次性养老金180元，不纳入基本养老金年度调整基数，其中具有高级职称的，不重复加发。3、企业退休军转干部基本养老金经本次调整后仍未达到所在市调整后月人均养老金水平的，按所在市月人均基本养老金水平计发。

【社保基金支付】 全年征收各项社保基金42241.66万元，全县企业离退休人员18011人，共支付各项社会保险费34403.56万元，当年结余7838.09万元，累计结余21337.9万元。审核职工基本医疗保险申报住院2013人，住院总费用2427.49万元，自费费用423.28万元，医保基金支付1486.67万元，包括补充医疗共付1645.22万元，审核城镇居民医保申报住院3946人，住院总费用4213.21万元，自费费用668.37万元，医保基金支付1627.15万元;审核农村居民医保申报住院24210人，住院总费用19042.05万元，自费费用2718.68万元，医保基金支付7684.1万元。审核出农村居民重复参保，不予重复支付医疗待遇住院总费用41.47万元。审核出单据造假4人次，涉及单据总费用11.21万元。

【执法监督】 为防止骗保行为发生，杜绝冒名住院、假票骗保现象，稽核部门对定点医疗机构、参合人、重点环节进行日常稽核监督，实行“五查”结合：一是采集印鉴、二是电话查询、三是发函调查、四是专人上门核查、五是临床核对，确认住院参保人和医疗费用支出的真实性。与财政部门、社保稽核部门到深圳、广州等医疗机构进行稽核。全年稽核医疗机构135家，共980人。稽核出不符合住院报销107人次。其次，对领取养老金的离退休人员生存状况通过上门、走访、电话查证等方式进行稽核。共稽核领取养老保险待遇人数16631人，查出冒领2人，违规领取养老金1人，追回养老金11540.4元。

【新农村养老保险与城镇养老保险】 揭西县从2011年7月1日起实施新农保制度。2011年新农保参保任务是22万人，其中年满60周岁以上5.4万人，只要其符合参保条件的子女参保，即可享受每月养老金55元，率先实现老有所养，解决养老后顾之忧。按省政府《印发广东省城镇居民社会养老保险试点实施办法的通知》城镇居民养老保险也于2011年7月份开始实施，从12月份起办理，参保任务是35235人。8月份起，充分利用电视、横幅、宣传车、宣传单、入户宣传等多种形式，广泛宣传新农保政策，在县城悬挂横联58条、在县城主要交通要道及东西出口挂彩旗1500多面，发放新农保业务流程图10万份、宣传标语口号10万份、办事指南10万份，彩页新农保业务知识5万份，发放业务培训资料1955套，在县电视台播放新农保业务知识问答，全方位、多形式开展宣传活动，使新农保政策覆盖到村、到户、到人，家喻户晓，深入人心。

县人力资源和社会保障局领导任职情况

党组书记　彭双蛟　2011.12～
　　　　　张水露　～2011.12
　　　　　林俊伟　～2011.12
　　　　　（原县人事局局长）
副 局 长　彭祝生　～2011.11
　　　　　肖茂荣　2011.12～
　　　　　黄振勇　2011.12～
　　　　　林少跃　2011.12～
　　　　　李　旋　2011.12～
　　　　　陈联发　2011.12～
　　　　　李焕然　2011.12～

（彭双蛟　李晓丰）

民政工作

【概况】 揭西县是全省十六个贫困县之一，2011年底有60岁以上老年人121638人；正常年景有各类民政救济对象56210人，孤寡老人2355人，特困户30123人，伤残军人269人。2011年，全县各级民政部门注重社会福利事业，切实做好拥军优属工作，抓好基层政权建设和社会行政事务管理，扎实推进民政事业持续协调发展。

【城乡居村民最低生活保障制度】 至2011年底，全县有城市低保对象1506户，3683人，低保标准为人月230元，人月均补差147.01元，人年均享受保障资金1764.8元，全县年发放城市最低生活保障金650万元。农村低保对象10170户，26440人，低保标准为人月175元，人月均补差102.03元，人年均享受保障资金1224元，全县年发放农村保障金3237万元。全年发放城乡低保金3887万元，做到动态情况下的应保尽保，实现低保资金管理发放社会化。帮助低保对象解决医疗难问题，2011年下拨126.87万元医疗救助款，先后为32719（含资助参加合作医疗保险）人次的低保对象实施二次医疗救助。

【救灾救济】 2011年，做好各项常规救灾救济工作，探索救灾救济工作新思路和新措施，为困难群众排忧解难。一、妥善做好2010年受灾群众冬春生活救助工作，确保灾民能够及时恢复正常的生产、生活，保障他们的基本生活权益。二、积极争取资金近百万元在县光荣院建县级救灾储备仓库，工程于2011年6月动工兴建。至2011年底完成主体工程建设。三、完善县救灾物资储备网络及管理制度，研究制定《揭西县应急避灾场所建设指导意见》。培育和发展救灾应急志愿者队伍，完善应对突发事件的社会动员机制。深入开展防灾减灾宣传。开展镇、村应急避灾场所建设。全面提高揭西县救灾工作水平。

【五保供养】 2011年，扎实做好五保供养工作。全县有五保供养对象2164人，其中散居五保人员1942人，人月供养标准为250元，集中供养五保人员222人，人月供养标准为250元。

【慈善活动】 开展各项慈善事业工作。一、继续开展“大爱救心”行动。2011年，县民政部门积极主动联系广州军区总医院专家教授组成的团队到揭西县开展义诊活动，并成功为50多个贫困家庭18岁以下的心脏病患者进行手术治疗，对手术患者实行费用优惠、减免手术费和医疗救助。二、开展广东扶贫济困日活动。广泛发动社会力量参与扶贫济困，结合扶贫“双到”工作，帮扶城乡困难群众。2011年县慈善总会募集扶贫济困资金1700多万元，支持兴建公益事业1000多万元；支持教育医疗工作投入资金600多万元；帮助困难群众的助医助学救助资金100多万元，其中在8月25日举行济困助学活动中，为78位贫困大学生每人发放3000元的助学金，全县发放助学金23.4万元。

【社会福利设施建设】 2011年，全县社会福利设施建设取得较快发展。一、积极实施“儿童福利机构建设蓝天计划”，抓好儿童福利院的各项建设工作。二、不断完善各乡镇敬老院的建设，全县现有敬老院17个，集中供养五保老人222人，有各类收养性机构收养床位1544张。其中五云镇和金和镇敬老院被评为省二级敬老院。三、星光老年计划工作范围逐年增加，通过各村自筹资金和政府扶持的办法，全县建成星光老年之家10个，为老年人休闲娱乐提供服务场所。

【社会福利彩票】 继续推进福彩规范化建设和精细化管理，完成全县福利彩票销售系统的全热线升级改造，较大幅度提高销售额，2011年全县销售福利彩票600多万元，超额完成市下达520万元的销售任务，促进社会福利事业发展。

【双拥工作】 一、深入开展军政军民团结的宣传教育和全民国防教育，提高全民对双拥工作的认识。在“八一”建军节期间，利用广播电视、宣传栏、召开各种座谈会、播放爱国主义教育影片等形式，进行全方位的宣传教育活动，2011年设专栏200多处，各媒体播放刊登信息稿件130多篇，印发宣传资料7800多份，给部队官兵写慰问信7300多封，组织在校学生军训6000多人次，通过各种形式，有效地激发全民自觉支持、参与双拥工作的积极性。二、互相支持，共同发展。为部队解难题、做好事。在“八一”节和春节两大节日，县委、县政府组织慰问团，由各套班子主要领导带队，深入部队和优抚对象家中走访慰问，各乡镇和有关单位也组织慰问组对广大优抚对象走访慰问。2011年，慰问部队慰问金100多万元，慰问优抚对象资金30多万元。积极开展创建省级“双拥模范城（县）”活动，通过省双拥工作考核组的检查验收，实现“全省双拥模范县”“七连冠”。县委书记邬郁敏被省委、省政府和省军区授予“全省双拥模范工作先进个人”的荣誉称号。

【优待抚恤】 严格执行国家的抚恤补助标准，确保抚恤补助政策的落实，探索建立“普惠”加“优待”的新型优抚保障制度。一、按照上级的有关文件精神及时按要求提高优抚对象抚恤补助标准。二、建立优抚对象医疗保障制度，实行优抚医疗费“一站式”结算服务，进一步提高优抚医疗保障水平。三、做好烈士纪念设施的普查登记工作。四、加强优抚对象和优抚资金规范化管理，推行优抚对象抚恤补助资金“一卡通”发放办法。做好60周岁以上农村退役士兵的登记认定和铀矿开采军队退役人员的登记认定工作，落实他们的定期生活补助发放工作。做好复退军人稳定工作。五、积极开展行风示范单位创建活动。揭西县光荣院作为全省11个示范创建单位之一，投入45万多元改善光荣院硬件、软件建设，按照“理念人性化，管理规范化，服务优质化，队伍专业化，设施配套化”的要求做好各项示范创建活动的工作。2011年揭西县光荣院被评为“全省民政系统行风建设示范单位”、“全国民政系统行风建设示范单位和“全国民政系统先进单位”。

【退役士兵安置】 实行城镇退役士兵自谋职业一次性补助，2011年全县办理自谋职业手续80人，自谋职业率达到100%。重点安置对象2人，已办理安置手续。做好农村退伍军人的安置工作，做好军地两用人才的开发使用，军地两用人才的开发使用率95%以上。做好退役士兵参加免费职业技能培训的报名及入学工作，通过广泛宣传发动，进村入户做工作，使此项工作得到广大干部群众和退役士兵的大力支持，一批退役士兵积极踊跃的报名参加免费职业技能培训，完成退役士兵参加免费职业技能培训工作的任务。

【村务公开、村民自治】 2011年，认真贯彻落实《村民委员会组织法》和《居民委员会组织法》，深入开展以民主选举，民主决策，民主管理，民主监督的村（居）民自治活动。全县280个村民委员会和38个社区居民委员会都实行村务公开，通过村务和财务公开，密切干群关系，有效地促进廉政建设，维护社会稳定。每年县村务公开工作领导小组都组织检查组到各乡镇进行检查。通过检查，发现问题及时纠正，使村务公开工作逐步走上规范化轨道。同时协助县委组织部加强对村官的培训，提高村官政策理论水平和管理能力。切实加强基层群众自治组织建设，全面完成换届选举工作，选好选强村、居委会班子，进一步提高基层群众自治组织服务能力和管理水平。全县280个村委会，38个社区居民委员会全面完成换届选举工作。依法选举产生村（居）委成员1386人，其中村委会主任280人，副主任47人；委员853人，居委会主任38人，副主任及委员168人。村（居）委会成员中，中共党员1053人，占75.9%；村委会主任与书记交叉任职的有238人，占85%；“两委”干部交叉任职856人，占81%，妇女372人，占26.9%。扎实推进村、（居）委会规范化建设巩固和扩大“难点村”治理成果。建立健全基层民主决策、民主管理和民主监督制度，推动惩治与预防腐败体系向农村延伸。

【社区建设】 2011年，深入开展创建“六好”平安和谐社区建设。全县38个社区居委会有6个通过省、市检查验收，达到“六好”平安社区标准。同时，积极加快推进基层社会管理体制改革。着力培育发展社区社工机构。壮大社工队伍，发展社区志愿服务，发挥社会协同作用，增强社会活力。

【行政区划、地名管理】 行政区划工作以维护边界地区群众社会稳定为重点，抓好县主要城镇的路牌设置、行政区划地图的制作和地名录的修编工作，不断完善区划地名的管理。

【民间组织管理】 民间组织登记管理工作规范化。严格把好审批登记关和年审关，2011年全县申请登记社团4个，批准登记4个；民办非企业单位2个，批准登记2个。2011年注销社团2个，民办非企业单位4个，对全县58个社团和15个民办非企业单位进行年审。开展民间组织自律与诚信建设活动。加强对社会组织行政执法，全面推进社会组织评估工作。强化社团组织行业协会自律，提高社会组织公信度。全面完成社会团体小金库治理工作。深入开展社会组织创先争优活动，全面推进社会组织党建和群团工作。

【婚姻登记】 婚姻登记管理工作实现制度化、规范化、电脑化。2011年，全县办理结婚登记7725对，办理离婚693对，婚姻登记率逐年提高。

【殡葬管理】 切实抓好殡葬管理工作。一、加强领导，落实责任。各级党政对殡葬管理工作高度重视，形成一级抓一级，层层抓落实的工作格局。同时把殡葬管理工作纳入各级党政领导班子和领导干部落实科学发展观评价指标体系，纳入经济社会发展综合考核评价指标体系，与领导干部政绩、提职、晋升相挂钩，坚决落实“一票否决”制度。并实施插“红旗”制度，确保殡葬管理工作落到实处。二、注重宣传，更新观念。坚持把殡葬改革宣传教育作为殡葬管理工作的重要内容来抓，采取会议宣传与新闻媒体宣传，主管部门宣传与社会力量宣传，集中宣传与经常性宣传，阵地宣传与流动宣传相结合等多种多样，加大宣传力度，使殡改的意义、法规深入人心。三、加强监督，综合治理。各级党政加大管理力度，开展殡葬综合治理。充分发挥殡葬管理机构及有关部门的职能作用，严格执法，落实以治理乱埋乱葬坟墓专项工作为重点的综合治理措施，打击违法丧葬行为和封建迷信活动。2011年全县火化遗体5158具，火化率达100%。县殡仪馆副馆长杨俊旺被评为全省“十一五”殡葬管理工作先进个人。

【救助管理】 建立健全救助岗位责任制、安全责任制、工作人员行为规范等各项规章制度，切实加强救助站内部管理，保证救助工作正常运作。坚持自愿、无偿原则，对救助人员进行认真审核，符合救助条件的及时予以救助；不符合条件的，则耐心向求助人员说明理由。根据求助人员的不同需求，分别采取资助返乡、联系亲属或单位接回等不同救助形式，帮助求助人员返回家园，解决他们的临时生活困难。2011年，要求救助的有488人，其中符合条件给予救助的有458人次。

【老龄工作】 认真做好老龄工作，为老年人做好事，办实事。为弘扬中华民族“尊老、敬老、助老”的传统美德，在春节和“重阳节”期间，组织全县开展敬老爱老送温暖活动。2011年，全县召开各种座谈会200多场次，参加人数6000多人，慰问高龄、特困老人及离退休人员6000多人，发出慰问金近60万元。依托社区居（村）委会，开展适合老年人有益身心健康的各项活动，使老年人老有所养，老有所乐，老有所为。

【队伍建设】 县民政系统不断加强队伍建设，机关管理工作进一步规范化、制度化。一、加强学习，提高民政队伍整体素质。二、规范管理，制度建设不断完善。制订完善各项规章制度，将岗位职责、政策法规、办事程序、时限要求、收费项目标准、服务承诺、责任人、投诉电话、服务热线等内容公布上墙，实行阳光操作，接受群众监督。

县民政局领导任职情况

局　　长　黄光华　2006.11～
副 局 长　张少君　2001.12～
　　　　　庄南平　2007.07～
　　　　　李瑞军　2009.09～

（黄光华　陈达文）

人口和计划生育

【层级动态责任】 严格落实人口计生目标责任制，实行“一票否决”。2011年初，县政府与全县17个乡镇（街道）和23个县直计生兼职成员单位的主要负责人签订2011年人口计生目标管理责任书，坚持齐抓共管，综合治理。

【人口计生服务】 抓好利益导向机制建设和落实。认真落实《广东省农村部分计划生育家庭奖励办法》、《广东省计划生育特殊扶助奖励办法》、《广东省城镇独生子女父母计划生育奖励办法》、《揭西县计划生育“幸福工程”优惠奖励办法》和计划生育“安康险”等各项奖励优惠政策，县财政优先安排奖励资金。2011年，落实省“节育奖”1502人、省特别扶助奖励8人、县“幸福工程”奖励348人；落实城镇独生子女父母计划生育奖励金20万元，享受对象165人，其中新增144人；全县已发放独生子女父母奖励金74万元。2011年投入30多万元为6000多例结扎对象办理“安康险”。通过奖惩并举，有效解决“生多生少不一样”的问题，不断提高群众实行计划生育的自觉性，促进“四术”的落实。深入镇村开展“三查一治”、“健康直通车”、“宣传、咨询、服务‘三下乡’”等活动27场次。

【流动人口管理】 坚持把加强流动人口服务管理作为推进人口计生工作的一项重要任务来抓，针对流动人口以流出为主的实际，每年坚持开展流动人口计划生育管理专项活动。2011年5月，组织开展专项活动，摸清流动人口底数，完善信息档案。全县有流出人口131328人，占全县总人口13.5%（其中已婚育龄妇女26864人，占流出人口20.5%）；流入人口2109人（其中已婚育龄妇女487人）。通过专项活动，加强服务管理机制建设，进一步完善“统筹管理、服务均等、信息共享、区域协作、双向考核”的流动人口计划生育服务管理机制，推进“一盘棋”进程。

【宣传教育】 围绕全省实施“幸福家庭促进工程”和建设“宣教创新示范省”的工作要求，加强宣传教育基础设施建设。印发人口计生法规宣传册10万多册，发放毛巾、围裙、环保袋等计生宣传品6.2万件。在316个村委会“农家书屋”设置计生专柜，配备计生类书籍150多册。开展户外宣传标语大清理，在公路主干道安装“夜光”效果宣传牌500多块、搪瓷宣传牌1500多块、大型宣传牌30多块。完善农村候车亭计生宣传栏建设，及时更新内容。利用“5·29”协会纪念日、“7·11”世界人口日、“9·25”《公开信》发表纪念日、“10·28”男性健康日、“12·4”法制宣传日等为载体，广泛开展宣教活动。2011年9月16日，第二个“揭阳市感恩日”，组织宣传服务队，在县城东风广场开展以“我忠诚、我感恩、我为人口计生做奉献”为主题的计生宣传活动，向群众宣传计生政策法规和卫生保健、优生优育知识，免费发放宣传品、计生药具。

【基层基础建设】 一、加强人口计生服务机构建设。2010年以来，按照人口计生技术服务机构“六统一”和“三室达标”要求，投入800多万元，积极实施计生服务站（所）的改造升级工程，加强全县人口计生服务机构建设。二、加强人口计生队伍建设。2011年按照年轻化、知识化、女性化的要求，选聘316名村级计生专干，实行“县聘、镇管、村用”的管理机制。提高计生专干待遇，工资由原来每人月450元提高到800元；所需经费由县、镇两级财政负责，经费列入年度财政预算，提高计生专干的工作积极性。举办2期计生专干培训班，提高专干的业务素质。重视提拔重用计生干部，有效激发全县“计生人”干事创业热情。在2011年的县、镇两级党政换届中，县人口计生局局长被提拔为县党政班子领导，4名乡镇计生办主任被提拔为乡镇党政领导，1名分管计生工作的副镇长被提拔为镇党委副书记等。三、加强信息化建设。多次组织统计员、电脑员举办统计业务培训班，开展旧系统有关数据清理、清查和补充、完善工作，积极做好人口计生信息系统改造升级和新统计口径的应用工作。为加快建立全员人口信息库打下工作基础。

2011年揭西县计生三项指标

年度	人口出生率（‰）	计划生育率（%）	自增率（‰）
2011年	10.90	97.78	5.83

县人口和计划生育局领导任职情况

局　长　陈俊强　2004.03～
副局长　刘平华　2004.03～
　　　　吕璇娟　2004.03～
　　　　侯永东　2007.07～
　　　　张锻炼　2009.10～

（陈俊强　张俊亮）

民族宗教事务

【宗教事务管理】 宗教活动场所财务监督管理工作，县民族宗教事务局分别召开各宗教场所负责人财会人员会议，布置宗教活动场所财务监督管理工作，各宗教团体积极发挥作用，做好协调指导工作；各有关场所按照市民族宗教事务局财务监督管理标准和要求，逐步进行规范管理，各阶段工作任务完成。依法做好治理基督教私设聚会点和反渗透工作。发挥县基督教“两会”和各基督教堂点的作用，杜绝基督教私设聚会点的滋生。加强对外交往的指导和管理，时刻敲响反渗透警钟，做好抵御境外敌对势力利用宗教进行的渗透，确保全县宗教稳定和谐。做好制止乱建寺庙和露天宗教造像工作。召开有关会议，成立领导机构和专门工作机构，各乡镇（街道）进行自查和自检工作，有效刹止乱建歪风。协助天主教汕头教区做好选圣工作。2011年10月，县民族宗教局印发《关于加强对外来宗教教职人员管理工作的通知》，确保县宗教活动有序开展。按照省市民族宗教部门的工作部署，做好佛教、天主教教职人员的认定备案工作。

【贯彻宣传县第十届党代会精神】 揭西县第十届党代会后，县民族宗教局向全县各宗教团体、宗教活动场所和宗教教职人员宣传县党代会精神、县“十二五”规划，激发他们爱县爱乡，为建设幸福揭西贡献力量。

【加强宗教政策法规学习】 2011年9月，县民族宗教局在县基督教两会举办全县基督两会组成人员，场所负责人、教职人员50人参加宗教政策培训班，学习《广东省宗教事务条例》、《宗教活动场所财务监督管理办法（试行）》、《广东省民族宗教事务委员会关于宗教事务备案事项实施办法》。2011年分别向各乡镇街道、各宗教团体、宗教活动场所、信教群众分发《宗教事务条例》、《广东省宗教事务条例》200本，《广东省民族宗教事务委员会关于宗教事务备案事项实施办法》180份。

【加强宗教团体、宗教活动场所建设】 调整基督教棉湖堂、五经富堂、金和堂；基督教南山；美德聚会点的堂管组。协助省佛协推选释耀乘法师到省佛协任副秘书长。推选1名教友代表出席省天主教第八届代表大会。

【发挥宗教在促进经济社会发展中的积极作用】 东园碧岩寺、龙潭祥龙寺按照省民族宗教事务委员会“百寺扶千户”活动要求，每月出资1500元和1000元对7户困难户进行种养扶持和1户困难户助学扶持。河婆天竺岩发动捐资150万元，修筑安池路到天竺岩的水泥路。东园碧岩寺，2011年在救灾救困，施医施药，帮助周边乡镇敬老院、修桥筑路支出资金约40万元，深受当地政府和人民群众好评。

【民族宗教领域维稳工作】 在深圳世界大学生运动会前后，针对全县民族宗教领域现状，开展全面清理清查工作，排查不稳定因素，及时发现和化解矛盾纠纷，将问题解决在基层、解决在萌芽状态之中，确保大运会期间，县民族宗教领域的稳定。2011年全县宗教活动正常健康开展，未发现不利民族团结和非法宗教活动等不稳定因素。

【争先创优】 1. 2011年1月，省民族宗教事务委员会授予东园寺碧岩寺、河婆天竺岩、龙潭祥龙寺“十百千”扶贫济困先进单位称号，东园碧岩寺、河婆天竺岩主要负责人出席省的表彰大会。2. 2011年10月，东园碧岩寺、棉湖花果寺、基督教京埔堂、基督教灰寨聚会点、基督教南山聚会点、基督教美德聚会点被广东省民族宗教事务委员会确定为“创建全国和谐寺观教堂达标场所”。3. 2011年12月，省民族宗教事务委员会授予基督教河婆堂、龙潭祥龙寺为2008～2011年度广东省模范宗教活动场所。4. 东园碧岩寺、钱坑石灵寺、龙潭祥龙寺、基督教棉湖堂、基督教美德聚会点被揭阳市民族宗教事务局授予2010～2011年度揭阳市宗教活动场所先进单位。

县民族宗教事务局领导任职情况

局　长　许越成　2005.12～

副局长　陈映珍　2007.01～

（许越成）

乡镇(街道)建设

上 砂 镇

【概况】 上砂镇位于县境西北端，地处揭阳市、梅州市、汕尾市三市交界点。西南与陆河县的螺溪镇毗邻；东南与揭西县五云镇相连；西北与五华县的桥江镇、梅林镇、肖芳镇接壤。镇区距县城27公里，区域总面积126.89平方公里。榕江支流的上砂河发源于上林村和新岭村，自西北向东南方向贯穿全境。2011年底，上砂镇辖22个村民委员会，1个社区居民委员会，105个村民小组；总户数11297户，户籍人口56382人，其中非农业户口1845户，6150人。2011年，工农业总产值22701万元，其中工业产值8300万元，农业产值14401万元。国税收入57.64万元，地税收入71.34万元，人年均纯收入5121元。地方方言全部为客家话。

【乡镇班子换届工作】 乡镇班子换届选举工作分阶段、有步骤地依法推进，圆满完成乡镇班子换届选举工作。2011年7月28日召开中国共产党上砂镇第十五次党代会，选举产生新一届党委班子和纪委班子;2011年9月28～29日召开上砂镇第十四届人代会第一次会议，选举产生人大主席、镇人民政府镇长、副镇长。整个换届选举过程中，镇委精心谋划，认真组织，严格依法依规办事，严格执行“四项承诺”，确保换届选举风清气正。基层干部队伍建设得到加强。

【村委会换届选举工作】 新一届村（社区）“两委”班子成员112人，其中支委69人，村委100人，交叉任职57人；平均年龄46岁，较上届下降4岁；当选的“两委”成员中具有中专、高中以上文化程度占42.3%，其中大专以上文化程度占7.7%。

【农村电网改造】 由于历史原因，上砂镇没有完成全县农村电网改造，用电困难成为制约经济和事业发展的重要因素。2011年，上砂镇领导班子积极发动，筹集资金进行农村电网改造工作，对镇内10千伏高压线路改造（长66.9千米）、镇内低压线路改造（长211.7千米）、县城至上砂镇变电站35千伏高压线路改造（长14.5千米）、上砂变电站转制改造。“农改”工作，得到全镇广大乡贤和社会各界有识人士的大力支持，镇委镇政府积极多方筹集前期启动资金400多万元,并加强与上级政府及供电部门的沟通联系,在2011年底前理顺农电管理体制，解决群众生产生活用电难问题。

【社会主义新农村建设】 一、抓好村容村貌建设。多方筹资，投入资金700多万元，改善村道、巷道、水利设施、学校等硬件设施，2011年上半年全面完成辖区22个行政村和1个居委会的“雨污分流”工程建设任务,改变农村“脏、乱、差”的面貌。二、积极引进资金，鼓励发展种植速生丰产林，2011年全镇种植速生丰产林近2万亩。三、结合上砂镇山多地少的特点，以林权制度改革为契机，积极引导农户，发展种植青梅、青榄、沙糖橘、药材等周期短、效益高的经济作物，促进农户增收。

【精神文明建设】 以农村党员远程教育站点建设为契机，加大农村文化活动建设力度，充实“农家书屋”、“党员活动中心”等基础设施，提升镇级文化阵地为民服务能力。以元旦、春节等节日为契机，组织干部群众开展歌舞表演、座谈会、篮球赛等活动，丰富群众文化生活；在全镇广泛开展环境卫生整洁活动和“共筑诚信”活动，积极发动广大干部群众参与社会捐助、爱心助残、送温暖献爱心等道德实践活动，营造良好的社会氛围。

【“规划到户责任到人”扶贫驻村工作】 至2011年底，省委宣传部、省体育学院、珠海市等5个单位、县行局49个单位对口帮扶全镇14个贫困村。各帮扶单位认真落实省委对口帮扶政策，积极筹措资金对口帮扶，兴办小水电、养殖、种植沙糖橘、茶叶、药材、油茶等集体经济项目，帮助贫困户脱贫致富。2011年，积极争取省专项扶持农村贫困农户危房改造资金363万元，受益农户363户，每户1万元。

【社会治安综合治理】 坚持“预防为主、打防结合”的方针，大力加强社会治安综合治理，严厉打击各种违法犯罪活动，不断提高信访、矛盾纠纷排查调处力度，从严打击“两抢两盗”、“牌九”等聚众赌博活动，加强审结案件和调解力度，促进社会治安明显好转。全面落实安全生产责任制狠抓食品安全、打击制假售假等专项整治。加强国土资源管理和环境保护工作。不断完善农村基层民主法治建设，推进依法治村进程。2011年，侦破刑事案件3宗，查处种类治安案件65宗，调解民事纠纷45宗。

【财税、社保】 规范镇财、村财的管理，配套完善财政结算中心和会计委托代理中心；加强财政监督与管理，严格执行收支两条线管理规定，实现财政收支平衡。2011年完成税收128.98万元，其中地税收入71.34万元，国税收入57.64万元。村账镇管制度进一步完善。社会保险工作取得新突破，至2011年底，全镇自然人参加社保人数896人，农村合作医疗参加人数42150人。进一步完善优抚、救济、低保制度，社会保障体系逐步健全。2011年纳入低保1500人，城镇低保50人，五保126人，发放优抚、低保、五保和各种救济款218.2万元。

【工农业生产】 上砂镇是山区农业镇，现有耕地面积13339亩，其中水田9719亩。大力兴修农田水利，及时发放粮种种植补助款，提高农民种粮热情，粮食种植面积持续保持稳定，高产优质稻占65%以上。建设油茶种植基地，成立有联兴农业公司。养殖业进一步发展壮大，2011年，全镇有养猪场41个，每年生猪饲养量4万头。养鸡、养鸭初具规模，年饲养12万只。水果种植37558亩，其中，青梅1万亩、青榄1万亩、香蕉5000亩，荔枝、龙眼等其他杂果12558亩。传统工业主要是镰刀打造、副食品加工、石材加工业。

【文化教育事业】 2011年，全镇有初级中学1所，完全中学1所，完全小学17所，分校4所；私立幼儿园1家。中学在校学生4600人；教职工204人，其中大学本、专科以上学历143人，中学高级教师1人，中学一级教师88人。小学在校学生5274人；教师270人，其中小学高级教师82人，大专以上文化程度160人。2011年总投资500多万元的上砂中学教学楼和宿舍楼于上半年竣工投入使用；并投资31万元，完善电教设备、重修混凝土操场；得到深圳市承翰集团有限公司董事长庄小夸的慷慨捐资700多万元新建4000平方米的承翰科学楼，于2011年底竣工，并投入使用；投资350多万元新规划建设的荷营学校建设工程已于2011年11月动工兴建。2011年，全镇有文化站1个，广播站1个，有线电视转播站2个，村级广播站22个、文化活动广场2个，党员活动中心1个，福利院1个。22个村均有篮球场。

【卫生事业及计划生育】 2011年，有卫生院1所，医务人员58人，病床34张，内设儿科、外科、内科、妇科、防疫科、中西药房、门诊部和住院部，有X光机、B超机、生化分析仪等设备。乡村个体医疗站22个，医务人员22人。儿童计划免疫率92%以上。计划生育工作方面，进一步落实层级动态管理责任制和包干措施，配套完善镇计生服务所及22个村委会的“三栏二室一分校一协会”，配备23名村（社区）级计划生育专干，较好完成人口与计划生育工作的各项指标和任务。2011年，全镇出生594人，出生率11.02‰，自然增长率6.75%，计划生育率95.12%，落实“四术”380例。

上砂镇领导班子任职情况

书　　记　黄书香　2009.09～
镇　　长　庄世史　～2011.06
　　　　　杨　华　2011.07～
副 书 记　杨　华　～2011.06
　　　　　李增松　2011.07～
党委委员　彭少知　2006.08～
　　　　　黄小东　2011.07～
　　　　　黄晓如　2011.07～
　　　　　曾伍胜　2011.07～
　　　　　庄永通　2011.07～
副 镇 长　庄孟测　2009.06～
　　　　　庄少柱　～2011.06
　　　　　庄仕良　2011.07～
　　　　　彭伟光　2011.07～
　　　　　刘美华　2011.09～

（杨　华　张燕婷）

五　云　镇

【概况】 五云镇位于揭阳、汕尾、梅州三市交界处，镇人民政府驻地下洞村鸡麻湖新区，距县城8公里。省道S335线、S238线经过镇区，交通比较发达，区位优势突出。全镇总面积144.84平方公里。2011年底，五云镇下辖20个行政村、1个社区居委，134个自然村；总户数14136户，户籍总人口57600人。2011年，工农业总产值6.14亿元，其中农业产值1.86亿元，工业产值4.28亿元。财政收入1295.51万元，工商税收373.15万元，人年均纯收入5244元。地方方言全部为客家话。

【乡镇班子换届工作】 2011年7月中旬，全镇选出党代表123名；7月23日召开中国共产党五云镇第十四次代表大会，选举产生镇党委书记1名，镇党委副书记2名，镇党委委员7名。9月中旬选出了新一届镇人大代表77名，9月25～26日召开五云镇第十二届人民代表大会第一次会议，依法选举产生镇人大主席1名，镇人大副主席1名，镇长1名，副镇长4名。

【村（社区）“两委”换届选举工作】 2011年4月，全镇20个行政村、1个社区居委按时完成村（居）“两委”换届选举，选出村（居）“两委”干部106名（其中村委会干部96名，支委会干部55名），交叉任职率42.5%，村（居委）党支部书记21名，其中连任10人；选出村（居）委会主任21名，其中连任11人。书记、主任一肩挑6人。

【工农业生产】 五云镇农业以种植水稻、花生、蔬菜为主，兼种沙葛、沙姜等经济作物。宝石村和赤告村肉牛养殖、龙江村生猪养殖、保新村甜玉米种植、砼下村油茶种植、岭仔村肉桂种植渐成规模，成立龙江村五斗径、砼下村大水坑等多个中草药种植合作社和揭西县承科沉香种植发展公司，带动当地群众发展中草药和高端林木种植，多渠道增收致富。宝石村在省工商局的帮扶下放养优质肉牛，注册“九旬山”肉牛商标，肉牛畅销珠三角地区。镇内有茂华木制品厂、宏泰毛织厂、粤威制药厂、凌峰胶合板厂、径下胶合板厂等多家民营企业。

【财税社保】 2011年全镇财政收入1295.51万元，工商各税收入373.15万元，全镇参加城镇居民基本医疗保险、农村合作医疗46017人，享受农村低保、五保1760人，新参加社会养老保险175人，社保费收入135万元。新型农村养老保险工作稳妥推进。

【商业及外经贸】　五云镇区有商铺近百家，其中3家批发商店经营规模较大，主要销售日用品、家用电器、五金建材等。2011年，社会消费品零售总额2.93亿元。粤威制药厂是五云镇龙头企业、揭西县重点工业企业，集科研、生产、经营于一体，专业生产橡胶膏剂等多种医药产品，虎牌风湿膏等主打产品畅销全国各地及东南亚等国家和地区。

【教育】　2011年下砂中学拆除危险校舍，筹建综合教学楼；梅江小学、荣正小学完成义务教育规范化学校建设，顺利通过检查验收；新成立下洞村、京埔村、宝石村教育基金会，全镇有教育基金会16个；五云中学高考上线92人（其中本科12人，专科80人），全镇初中毕业生考入河婆中学高一重点班53人。全镇教学效果显著，受到县表彰奖励。

【文化】　思想道德建设不断加强，精神文明创建活动扎实推进，罗洛村、坡苏村被县评为文明村。文化事业发展加快，建成坡苏、岭新等16个农家书屋，20个行政村实现农家书屋全覆盖。五云彭氏宗祠、龙江村观察第、岭仔村登云轩列入揭西县第九批文物保护单位，文物保护、利用和管理工作逐步规范。

【卫生】　2011年，五云镇有卫生院1所，主治医师（中级）2人，助理医师22人，护理师3人，护士2人，住院病床30张；卫生院下设防疫组，儿童计划免疫率98%。乡村个体医疗站42个，乡村医生42人。

【计划生育】　扎实开展计划生育集中服务活动，人口计生工作步入良性发展轨道，人口自然增长率6.25‰，全年完成“四术”469例，其中上环255例，结扎214例（其中纯二女扎100例）。

【新农村建设和社区建设】　2011年底，镇内村村可通汽车，省道连接20个行政村的道路均铺设水泥路面，大部分道路安装路灯。除宝石村等个别边远行政村外，其他13个行政村已经开通农村客运班车，建设梅江1个、下洞1个、双岭1个、罗洛3个共6个农村客运候车亭。鸡麻湖新区建设形势喜人，筹资35万元完成镇区路灯安装第一期工程。继续落实沼气补贴政策，扶持农户发展沼气事业，减少畜禽养殖污染。完成梅江村、岽坑村雨污分流工程，改善农村生产生活环境。

【民生工作】　全面落实强农惠农政策，按时足额发放生态公益林效益资金、种粮综合直补和能繁母猪补贴。组织开展“幸福广东·健康同行”活动，发放“爱心药箱”404个。

【社会治安】　强势推进矿产资源专项整治行动，社会风气和经济秩序明显好转。安全生产形势保持稳定，未发生各类安全生产事故。组织公安、文化、工商等部门联合行动，取缔多家“黑网吧”。深入开展社会治安各项专项整治行动，严厉打击“两抢一盗”和“牌九”赌博等违法犯罪活动，治安形势持续好转，社会大局和谐稳定。2011年镇综治信访维稳中心接待群众上访125宗，调解成功122宗，调解成功率97.6%；上云派出所和下云派出所共查处治安案件51宗，破获各类刑事案件8宗，捕获犯罪嫌疑人4人。

【扶贫工作】　2011年全镇投入扶贫资金1380多万元，宝石村等9个贫困村有劳动力的贫困户全部实现脱贫；岭新等贫困村筹资入股民营企业，村集体经济有稳定收入。珠海市安监局帮扶坡苏村铺设多条水泥村道，珠海市法制局投资建设石陂村治安视频监控和路灯安装工程，群众生产生活条件不断改善。稳妥开展农村危房改造，全镇有161户贫困户住房拆旧建新。

五云镇领导任职情况

书　　记　杨文银　2010.08～
镇　　长　邓云俊　～2011.06
　　　　　张琼华　2011.06～
副 书 记　张琼华　～2011.06
　　　　　吴锦山　2011.06～
党委委员　邱密严　～2011.06
　　　　　吴锦山　～2011.06
　　　　　蔡春华　2007.12～
　　　　　彭剑彪　2008.02～
　　　　　彭　华　～2011.06
　　　　　庄少柱　2011.06～
　　　　　彭国早　2011.06～
　　　　　张艳红　2011.06～
　　　　　张友虎　2011.06～
　　　　　黄耀庭　2011.06～
副 镇 长　彭育雄　～2011.06
　　　　　彭福准　～2011.06
　　　　　彭剑彪　2008.02～
　　　　　曾小铭　2011.06～
　　　　　徐庆潜　2011.06～
　　　　　庄少柱　2011.06～

（张友虎　彭衍集）

良　田　乡

【概况】　良田乡位于县境西北部，东连五经富镇，南连河婆镇，东南与南山、龙潭镇为邻，西与五华县棉洋镇接壤，北与丰顺县八乡毗邻，面积136.23平方公里，距县城20公里。2011年底，辖1个社区居民委员会，10个村民委员会，62个自然村。总户数4044户，户籍人口21396人。工农业总产值14050万元，其中农业产值10300万元，工业产值3750万元。财政收入11375万元，国税收入132.05万元，地税收入183.30万元，人年均纯收入5827元。地方方言全部为客家话。

【乡镇班子换届工作】　按照先党委后人大的顺序，坚持党的领导，严格依法办事，充分发扬民主，严肃组织纪律，认真细致做好相关工作。2011年10月底，依法顺利完成乡党委、政府换届工作。依法产生乡委书记1名，副书记2名，纪委书记1名，乡委委员4名；乡长1名，副乡长2名。

【村“两委”换届工作】　2011年3月14日起，经过组织准备，选民登记，提名确定候选人，投票选举四个阶段，10个村和1个社区顺利完成选举。依法选举各村（居）委书记11名、主任10名、村书记主任“一肩挑”1名。

【社会主义新农村建设】　紧紧围绕“生产发展，生活宽裕，乡风文明，村容整洁，管理民主”的总体目标要求，积极推进城乡一体化建设，采取政府引导、群众参与的办法，扎实推进新农村建设。在基础设施建设方面，投资800多万元完成河輋林场至大北山道路硬底化；投资250万元建设良田乡文化活动中心。投资1100多万元铺设良田至五华县绵阳镇11.5公里水泥路面建设。投资250多万元完善坪上小学教学设施。

【“规划到户，责任到人”扶贫驻村工作】　至2011年底，省文化厅、南方电视台、珠海市5个单位、市工商局8个单位对口帮扶良田乡8个贫困村，县直8个单位派出机关干部到村做好对口扶贫工作，建立主要领导联系挂钩制度和全程追踪服务机制，帮助解决项目开发中遇到的困难和问题，有10个集体扶贫项目发展良好，其中八村电站建设中；佛手果种植项目带动农户发展，大芥菜种植产生较好经济社会效益。抓住扶贫双到的良好契机，积极向上争取省专项扶持农村贫困农户危房改造资金，每户1万元，受益农户192户，投入扶贫资金192万多元。至2011年底，帮扶户数1055户、5398人，投入帮扶资金3567.42万元。村均集体收入94.36万元，贫苦户户均收入34673.25元，贫苦户人均纯收入5398元。

【财税、社保】　坚持以提高经济质量、深化体制改革为核心，采取切实措施，强化管理，提高服务质量，促进财税金融平稳运作。2011年，全乡财政总收入620.17万元，总支出620.17万元，收支保持平衡。各税收完成240.87万元。村账管理制度逐步完善，成立结算中心，实现村账乡管。社会保险工作取得新突破，至2011年，全乡自然人参加社会保险人数达到1582人。进一步完善优抚、救济、低保制度，社会保障体系逐步健全。2011年落实优抚102人次，救济153人次，发放各类救济款19.6万元。

【农业生产】　良田乡是山区乡镇，山地多平地少，农田保护区不足一万亩，山地有4万多亩，适合种植果树、茶叶等。至2011年，种植果树、茶叶40402亩，其中青梅6535亩，青榄2087亩，茶叶5500亩，佛手果500多亩，油甘、香蕉、柚、李等11380亩。2011年，全乡种植水稻面积12050亩，产量5001.8吨，另外种植大芥菜、大蒜200多亩，产量135吨。在下村发展佛手果种植基地，在桐树坪村建立嵩林种养合作社带动周边农户发展种养业，河水村是县内大蒜基地，在金坑发展青梅、青榄种植，基本实现“一村一品”。规范村级财务，加大力度狠抓村级财务整顿工作，全面实施村务公开制度。加强森林防火工作，健全防火体系，加大宣传，及时应对紧急火警，全年无重大森林火灾发生。

【推进新型农村合作医疗工作】　全乡高度重视新型农村合作医疗工作，加强领导，强化管理，积极宣传。居民参合意识不断增强，参合人数逐年增加。2011年全乡参加新型农村合作医疗人数为20378人，覆盖率为98%。

【精神文明建设】　以农村党员远程教育站点建设为契机，加大农村文化活动建设力度，充实“农家书屋”、“党员活动中心”等基础设施，提升乡级文化阵地的为民服务能力。以元旦、春节等节日为契机，组织干部群众开展歌舞表演、座谈会、篮球赛等活动，丰富农民群众文化的生活；在全乡广泛开展环境卫生整洁活动和“共筑诚信”活动，积极发动广大干部群众参与社会捐助、爱心助残、送温暖献爱心等道德实践活动，营造良好的社会氛围。

【卫生事业及计划生育】　2011年有卫生院1所，医生、护士24人。乡村个体医疗站13个，医务人员13人。卫生院内设有儿科、妇科、防疫科、B超室、门诊部、和住院部等。儿童预防接种率99%。抓好人口管理及计划生育工作。落实动态管理责任制和包干措施，配套完善乡计生服务所及11个村（居）委会的“三栏二室一婚育学校一协会”配备11名村计生专干，较好完成人口与计生工作各项指标任务。

【其他各项工作取得新成效】　2011年，良田乡计生考核合格，被授予市人口与计划生育工作先进单位。完成水利普查工作。认真开展对狂犬病、禽流感等疫情防控工作，取得阶段性成果。老龄和关心下一代工作取得新突破。良田乡开展“六五”普法宣传教育，广大群众法制意识明显增强，各级干部执法水平明显提高，各项管理制度纳入法制轨道。加强国防教育，圆满完成新兵征集任务，获得县关心和支持武装工作先进单位、先进人武部。民族、宗教和工青妇工作进一步加强。

良田乡领导班子任职情况

书　　记　汪浩源　2009.10～

乡　　长　陈国富　2009.10～
副书记　刘胜甜　～2011.06
　　　　张剑锋　2011.07～
党委委员　杨志亮　1999.05～
　　　　蔡蕴玉　2003.08～
　　　　陈爱国　2003.08～
　　　　邱国岳　2011.07～
　　　　温金彪　2011.07～
副乡长　温英权　2003.08～
　　　　刘耀南　2009.10～

（陈国富　张燕朋）

坪　上　镇

【概况】　坪上镇位于揭西县南部，地处榕江南河上游，在榕江南河、石内河、龙潭河交汇之处。东与大溪镇相连，东南与普宁市石牌交界，南与普宁市南阳相接，西和五云镇毗邻，西南与陆河县交界，北和龙潭镇、河婆街道接壤，境内地势南高北低，距县城6公里。全镇总面积93.33平方公里，其中山地总面积9.4万亩，耕地面积1.3万亩。2011年底，辖19个村民委员会和1个社区居民委员会；总户数10771户，户籍人口42923人。2011年全镇工农业总产值5.53亿元，比2010年增长19.7%；其中农业总产值达2.33亿元，比增10.4%；工业总产值3.2亿元，比增27.5%；财政收入823.47万元，各项税收420.92万元，农民人年均纯收入6903元，比增12.7%。地方方言全部为客家话。

【乡镇班子换届工作】　2011年7月23日，中共坪上镇第十四次代表大会召开，选举产生新一届镇党委委员9人、镇纪委委员7人和出席县第十次党代会代表12人。2011年9月25日至26日，坪上镇第十三届人民代表大会第一次会议召开，产生新一届人大主席1名、副主席1名和新一届政府领导机构。

【村“两委”换届选举】　2011年3月15日，村“两委”换届全面铺开，产生第五届选举委员会候选人并投票选举。选举产生村书记18名，村主任18名，村书记、主任“一肩挑”的有5名。2011年4月，18个村和1个社区，完成第五届村（社区）“两委”换届选举工作，完成率96%。

【社会主义新农村建设】　投入资金230多万元，完成四和小学综合楼、坪上中学综合楼、四新村委四楼村文化中心、尖田农村饮水安全工程、员湖大桥到湖光村址的水泥路等新农村基础建设项目。至2011年底，上仓、东南、坪上、湖光、连城5个行政村完成“雨污分流”工程建设任务，还有7个行政村“雨污分流”工程开始动工建设，其中尖田村纳入县城污水处理厂规划中。

【新型农村合作医疗工作】　2011年完成城乡居民医保参保任务。全镇参加2011年城乡居民合作医疗人数35283人，完成任务数的100%。参加2011年度新型农村社会养老保险人数11510人，完成县下达任务的104.7%。

【农业生产】　全镇有湖光洋、员埔洋、南森洋三大粮食生产基地，主要农作物有水稻、花生、淮山、萝卜、竹笋等。有生态林12502.5亩、青梅10000亩，乌榄2000亩。此外种植松、杉等针叶林和桉树、牛包衣等阔叶林；盛产甘蔗、龙眼、油柑、柿子等。全年农业总产值2.33亿元，发放农资综合直补资金、种粮直补资金等支农资金122.1万元。

【工业发展】 2011年新增投资500万元以上工业项目1家，完成个体转限上企业3家，完成限上商业企业2家。超额完成县下达国、地两税征收任务，完成财税总收入454.31万元，占全年任务的107%。镇经济平衡运作；全镇现有水电站12座（其中镇办电站4座），装机总容量6970千瓦，年总发电量可达3000多万度。其中镇办4座，装机容量4860千瓦。有揭西县荣盛线业有限公司、杰维斯吉他厂、永昌石材工艺厂、石内河漂流有限公司等一批发展势头良好的企业。全镇逐步形成以电站、线业、石料加工、塑胶、旅游等为主的经济发展格局。

【财税】 2011年完成财税总收入454.31万元，占全年任务的107%。其中国税完成245.58万元，占全年任务的101.4%；地税完成208.73万元，占全年任务的114.5%。

【文化、教育】 2011年，有文化站1个，广播站1个，19个行政村通广播。村级文化活动中心14个，老人活动中心2个，敬老院1个，老人协会1个，农家书屋19个。2011年，投入资金160多万元兴建坪上中学教学楼；投入资金50多万元在湖光小学新建一幢两层教学楼。抓好农村九年义务教育阶段免收书杂费和做好农村困难家庭子女生活费补助工作，全年争取14.01万元资金，593位困难家庭的中小学生领取生活补助金，全镇适龄儿童入学率100%。

【卫生事业及计划生育】 坪上镇现有中心卫生院1所，在职人员15人，其中执业医师2人，执业助理医师8人，执业护师1人，执业护士2人。院内设有放射科、B超室、心电图室、检验室、急诊室、儿科、内科、外科、妇产科、防疫门诊、中、西药房等基本医疗科室。开展内外科常见病、多发病的诊疗、妇产科人流、放环、引产、住院分娩和儿童预防接种工作。坪上镇有乡村医疗站29个，兽医站1个。2011年，全镇计生工作落实“四术”400多例，社会抚养费征收约70万元，人口自然增长率控制在6.40‰以内。

坪上镇领导任职情况

职务	姓名	任职时间
书　记	曾子光	～2011.11
	张美胜	2011.11～
镇　长	温海涛	～2011.06
	杨伟华	2011.06～2011.11
	刘桂山	2011.11～
副书记	杨伟华	～2011.06
	张优欣	2011.06～
党委委员	张利奎	～2011.06
	刘佑标	2006.08～
	黄惠华	2006.08～
	曾小辉	2009.01～
	刘春会	2011.06～
	黄俊奇	2011.06～
	蔡俊达	2011.06～
副镇长	蔡志军	2006.08～
	贝理文	2007.08～

（张美胜　陈晓平）

河婆街道

【概况】 河婆街道是县政府所在地，又是中心镇。位于揭西县境西南部，是全县政治、经济、文化中心，东连龙潭镇，西接五云镇，东南邻坪上镇，北毗良田乡和五华县七耆径，居独山、明山、巾山三山环抱之中，地势由西北向东南逐渐变缓。西北为中低山区，东南为低山丘陵区，中部为丘陵河谷地带，形似小盆地。横江、陆河两水交汇于此。面积102平方公里，其中城区面积9平方公里；有耕地1.4万多亩，山地8万多亩；下辖9个社区居委会，26个村民委员会（112个自然村）。总人口143062人，其中农业人口61380人，非农业人口81682人。有旅外华侨8万多人。2011年工农业总产值57.23亿元，其中农业产值3.11亿元，工业产值54.12亿元，财政收入7372.59万元，工商税收3513.61万元，人年均纯收入7478元。

【基层组织建设】 加强基层党组织建设，全年吸收新党员96名，培养入党积极分子300名。加强村“两委”干部基层队伍建设，提高村干部领导能力。坚持每月学习制度，健全党员干部学习培训制度，强化对党员干部、后备干部和入党积极分子培训。加强机关作风建设，认真开展政务、村务、财务公开，行政效率和服务水平得到提高。认真落实党风廉政建设责任制，深入学习贯彻《廉政准则》。加强纪检监察工作，积极开展党性党风教育和纪律教育学习月活动，预防腐败体系不断完善。共青团全年发展团员620名，先后开展广东青年医疗卫生志愿者“幸福广东，健康同行”扶贫济困健康直通车行动，河婆街道党内爱心药箱发放行动，“聆听心声，快乐由我”中学生心理健康公益讲座。妇联工作扎实开展，2011年广东省公益恤孤助学促进会资助30多万元解决街道117名困境儿童生活困难；下滩村被确定为“省妇女之家示范点”。

【村、社区班子换届工作】 2011年4月，组织部署村（社区）“两委”换届选举工作。至7月底，依法依规完成村（社区）党（总）支部和第五届村（社区）（居）委会换届选举工作，选举出村（社区）党（总）支部书记35人，村（社区）主任32人，村党支部书记、村委会主任一肩挑的3人。

【建设社会主义新农村】 扎实推进社会主义新农村建设，下滩、庙角、六一、乡新、河东、客潭村等新农村示范点建设取得成效。2011年投入新农村建设资金达1000多万元，建设和完善村基础设施，村容村貌得到有效改善。乡新、下滩、溪角、新建、欣堂、新楼村等村投入100多万元，抓好“雨污分流”工程建设。六一村、湖洋村投入90多万元，完善村供电主线改造。宫墩、庙角、新建、南新、东星、欣堂、西坑村等投入450多万元，兴建完善村委楼和文化活动中心。宫墩、南新、溪角、马头、西坑村等投入150多万元，完善村道整修工程。西坑、东星、南和村等投入50多万元，完善农田灌溉水利工程。

【生态城镇村建设】 2011年，河婆街道固定资产投资达5.95亿元，把河婆街道规划建设成生态工业与文体生活综合区和商住旅游区，即在城区西北部，以发展生态工业为主，完善配套文化等公共基础设施，投资1亿多元的县体育馆及文化广场正在规划建设。加快推进温泉大道二期、环城东路、河乡公路和农村饮水安全工程配套设施建设。在城区东南部，以发展商住、旅游为主，依托广德庵风景区的绿色生态优势，完善建设金凤花园、好日子广场、滨江公园等文化生活区，同时加大连片开发力度，规划建设五星级希桥酒店、县城商贸城、凤凰新城等高档宾馆和商住区，形成集接待、商贸物流、文化、娱乐、休闲为一体的综合配套功能区。在加快城区发展的同时，全面推进村庄规划建设管理，有效地牵动、辐射周围农村经济的发展，进一步提升城镇化水平。庙角名村建设扎实推进，做好村环境、规划等前期工作。

【扶贫工作】 扶贫开发“规划到户、责任到人”工作扎实推进，在珠海市、揭阳市和县等有关扶贫单位的大力帮扶下，扎实开展六一、东星、西坑、新建村等村扶贫工作，建设村基础设施、民生工程、经济发展等项目，取得明显成效。六一村原有贫困户74户， 实现脱贫66户，投入帮扶资金90多万元，兴建文化广场，同时完成修路、路灯安装配套工程；东星村原有贫困户

120户，实现脱贫112户，投入帮扶资金70多万元，扩建村委大楼和完善村水利设施建设。西坑村原有贫困户46户，实现脱贫40户，投入帮扶资金40多万元，完成村道水泥路面铺设及配套设施建设；新建村原有贫困户63户，实现脱贫61户，投入帮扶资金100多万元，兴建村委楼，完成雨污分流工程及村道水泥路面铺设。

【新型农村合作医疗、城镇居民医保工作】 2011年农村合作医疗参保54035人，全年报销2053人次，报销金额达673多万元。大力推进城镇居民医保工作，同时扎实推进城乡居民医保一体化工作，医疗保障水平不断提高。

【工业生产】 河婆街道的支柱产业主要有电子电器、食品、制药等。永美实业有限公司、美乐斯电子电器有限公司、美科电子电器厂、新韵电子厂等生产的电子琴畅销全国各地。志诚食品有限公司是全县五大农业龙头企业之一，按照公司＋基地＋农户的产业化经营模式，生产开发品味独特的各种天然食品罐头。制药企业主要有白云山威灵药业。积极引进工业项目和发展支柱产业，加快推进工业经济发展。实现工业总产值54.12亿元，比增7.9%，其中规模以上工业产值23.76亿元。大力发展规模以上工业企业，加强对民营企业的引导扶持，促进电子电器、食品加工等支柱产业发展。大力开展招商引资，积极实施乡贤“回归工程”，引进项目落户河婆发展。全年新增投资500万元以上工业企业项目3个，完成投资1500万元；规模上工业企业累计26家。广药集团普通药物生产基地和揭西县希桥大酒店、商贸城等项目顺利在县城投资发展。

【农业生产】 农业主要以种植水稻、小麦、番薯，经济作物主要有花生、豆类、黄红麻、蔬菜等。2011年紧紧围绕农业增产，农民增收，农村稳定的目标要求，落实促进农业发展的各项政策措施，确保农村经济稳步发展。全年实现农业总产值3.11亿元，比增16%；农民人均纯收入7478元。粮食种植面积3.1万亩，总产1.2万吨。加强高致病性禽流感的防控工作，严防疫情发生。大力发展优势和特色农业产业，引导、扶持农户发展珍禽养殖。积极发展水产养殖业。加强基本农田保护区管理，认真落实耕地保护措施。

【社会治安综合治理】 积极开展无毒社区和安全文明小区创建活动，引导人们远离“黄赌毒”等社会丑恶现象，树立高尚、良好的社会风气。社会治安综合治理得到加强，依法打击“两抢两盗”、吸毒贩毒和牌九、六合彩赌博等各类违法犯罪活动，深入开展社会治安“十项”整治行动，社会治安明显好转。河婆、河西两个派出所立刑事案件72宗，侦破刑事案件42宗，查处治安案件663宗。切实加强街道综治信访维稳中心和村居综治信访维稳工作站建设，建立健全各项制度，进一步规范综治维稳工作。认真对待群众来信来访，妥善处理各类群众上访和群体性事件。加强应急管理，进一步提高应急处置能力。认真开展“六五”普法工作，全民法律意识不断提高；加强基层调解工作，主持调解民间纠纷22宗，民间纠纷发案率明显下降；社区矫正工作取得明显成效。法庭工作扎实开展，依法做好各种案件的审办工作。加强消防安全隐患排查整治，严格落实安全生产责任制，安全生产形势保持稳定。按照县统征统管的工作要求，规范土地管理，依法查处违法违规用地行为，提高土地资源利用率，全年制止和查处违法违规用地行为45宗，依法取缔非法开采稀土矿5宗，非法砖厂4宗。“三旧”改造工作扎实推进，抓好机械厂、食品公司等旧厂房改造，面积220多亩。国家林权制度改革工作全面完成，顺利通过省级验收。殡葬管理工作不断强化，杜绝违法土葬。市场秩序进一步规范，依法打击制假售假、非法传销等经济违法犯罪行为，确保市场经济健康有序发展。

【财税、社保】 2011年完成工商税收3513.61万元。坚持依法治税理财，强化财政支出的管理和监督，加强税收和非税管理，增强财政调控能力，做到增收节支，确保财政收支平衡。深化财政改革，进一步健全完善财税管理制度。工商、粮所、房管、食品、供销、物业、城区建筑公司等部门充分发挥职能作用，规范市场管理，搞活商品流通，各项工作取得新成效。加强社保征缴工作，完成社保收入8200万元。认真落实新型农村社会养老保险制度，参保17076人。

【商业及外经贸】 2011年，全街道有市场4个，面积6000平方米。大型自选商场4家，城区沿街商埔3470多家，主要商品有五金电器、服装鞋类、日常用品、农副产品等。外贸出口主要有永美实业有限公司、美乐斯电子电器有限公司、美科电子电器厂、新韵电子厂等。

【科技】 充分发挥电子琴技术专业镇优势，大力推动产业转型升级。电子琴产品已从少儿学习机、玩具电子琴发展到专业演奏电子琴、教学电子琴，从18键发展到88键，从简单到集数字化、智能化、网络化为一体，产品品种已有1000多种。揭西县永美电子电器有限公司成功申报广东省著名商标。揭西县卡东欧电子电器有限公司成功申报省民营科技企业。志诚食品有限公司甜玉米项目被列为国家“星火计划”项目，“恒星”牌商标被省评为名牌产品。广东五洲龙电源科技有限公司积极引进先进设备和专业技术人才，研制生产新能源电力电池。

【教育】 2011年投入250多万元，完善武帮中学、北新小学、横江小学、后埔小学、东星小学等学校校舍设施和教学设备等项目，学校环境和教学条件得到进一步提高；抓好宝塔实验小学建设，完成2栋教学楼建设，综合楼、宿舍、食堂、校门正抓紧建设，总投资1860万。加强学籍管理，严格控制中小学生的流动和辍学。全街道中小学生入学率、巩固率、“三残儿童”入学率、幼儿的入园率达到省和国家“普九”和幼儿保教的要求。加强规范化学校建设力度，全面完成市、县下达的规范化学校建设任务。加强学校德育管理，全面开展形式多样的德育活动。2011年，全街道中小学开展德育主题活动100多场次，举行法制专题讲座30多场次，开展禁赌博、禁毒和安全教育专题活动60多场次，开展“拒绝黑网吧，消除肉瘾病”和“拒绝校园邪教”教育活动60多场次，收到显著教育效果。中小学生违法犯罪率为零。举行“南粤党旗红”、“光辉旗帜”等竞赛活动，纪达、张武帮、东山中学、东风、河婆、河山小学取得显著成绩。加强“传染病”的防控和预防突发事件的演练活动。全街道中小学举行突发事件演练活动30多场次，进一步提高中小学生预防疾病和应对突发事件的自护自救能力。建立和健全学校、家庭、社区教育网络，加大“后进生”的转化力度。加强教学调研工作，组织人力深入课堂听课、评课，加强检查督导。开展先进单位评比活动，河山小学获揭阳市“书香校园”称号；东山中学被评为揭阳市“绿色学校”；东风、河山、河婆、大同、建新、大华、下滩、乡肚、岭丰等小学被评为先进少先队大队部；河婆教育组、纪达中学、东风、河山、大同、下滩小学党支部评为街道先进党支部。开展先进个人评比活动，广东省中小学德育科研课题研究先进个人1人；市精神文明建设先进个人1人，市优秀班主任1人，市优秀教师1人；县优秀校长2人，县优秀教师或优秀班主任26人；评出街道优秀教师、优秀班主任及优秀辅导员100多人进行表彰奖励。河山小学德育科研课题《培养小学生社会责任意识的研究》获广东省德育科研课题立项。开展优秀课例、优秀课评选活动，获市优质课奖励2个，获县优质课奖励5个。开展优秀教学论文评比活动，荣获省级奖励1篇，获市级奖励4篇，获县级奖励有20多篇。举行学科竞赛，成绩显著。组织初中毕业生参加河中直升考和中考，河婆街道三所中学成绩居全县前列，纪达中学成绩尤为显著。组织小学六年级学生参加县质检，河婆街道连续5年获全县第一名。组织中小学生参加作文、计算、英语、物理、化学、书法、美术、摄影、朗读之星等竞赛活动，获得省级以上奖励的有22人，市级奖励55人，县级以上奖励300多人次。组织教师开展各项竞赛活动，教师合唱队获市“百歌颂中华”歌咏比赛二等奖；获县班主任能力大赛奖励1人；获市教育系统“争先创优，共创辉煌”演讲比赛奖励1人；美术作品大赛获省级奖励1人；化学教师实验能力比赛获县级奖励1人。组织小学生参加“潮汕星河杯”作文比赛，1人获得奖励。纪达中学、东风小学被评为揭西县文明单位，河婆教育组连续四年被评为“德育先进单位”，县教育质量综合评比一等奖。

【文化、体育】 2011年，有文化站1个，广播站1个，有线电视转播站5个，村级广播站35个，文化活动中心35个，福利院1个。春节和重大地方性庆典活动开展文艺汇演、舞狮、篮球及乒乓球比赛等群众性文化体育活动。

【旅游资源】 河婆街道有丰富的旅游资源，主要旅游景点（区）有三山祖庙、广德庵、过路塘、天竺岩等。2011年，社会热心人士出资捐助修缮三山祖庙、广德庵、天竺岩、过路塘等四个旅游景点，发展壮大旅游事业。为发扬传承三山国王的历史文化价值，省、市、县和街道高度重视三山国王祖庙的保护和开发工作，按照“一轴二区三组团”的思路投资建设“三山国王”祖庙综合开发区。

【卫生事业及计划生育】 2011年，有卫生院1所，医务人员53人，行政人员2人，后勤人员14人。医疗条件得到完善，病床20张，内设内科、口腔科、甲亢科、中医科、妇产科、防疫科、检验科、中西药房、门诊部和住院部，有X光机、B超机等设备。有乡村个体医疗站28个，医务人员28人。儿童防疫工作，儿童计划免疫率达98%以上。计划生育方面，实行党政一把手亲自抓，强化责任制，扎实抓好计生工作。人口出生率控制在10‰以内，有效控制人口增长；依法征收社会抚养费174万元，完成县下达的征收任务。按照“两个规范”完善街道、村计生基础设施。

河婆街道领导任职情况

书　　记	张永庆	2010.08～
主　　任	张美胜	～2011.11
	黄万如	2011.11～
副 书 记	张美仁	2006.07～
	黄万如	～2011.11
党工委委员	陈俊涛	2006.07～
	蔡高端	2006.07～
	刘伟新	2007.12～
	蔡成枝	2008.10～
	韩学光	2008.10～
	邱自在	2009.10～
	温伟纯	2009.10～
副 主 任	刘建森	2005.04～
	陈成腾	2006.07～
	张定城	2006.07～
	张宇锋	～2011.07
	曾　霞	2011.07～

（张永庆　黄淑雌）

龙 潭 镇

【概况】龙潭镇地处县境中部，西连河婆街道，东接南山镇，南邻坪上镇，北倚大北山，距县城5公里， 2011年底，辖14个村民委员会和1个居民委员会，90个自然村，总户数8985户，总人口38381人，总面积78.77平方公里，其中耕地16309亩，山地73655亩，林地68773亩。全镇工农业总产值3.08亿元，其中，工业总产值1.14亿元，农业总产值1.94亿元，工商税收135.37万元。农民人年均纯收入6105元。

【乡镇班子换届工作】2011年7月28日，召开中共龙潭镇第十四次代表大会，会议听取和审议党委工作报告、纪委工作报告，通过有关决议。会议选举产生出席县十次党代会的代表和中共龙潭镇第十四届委员会、中共龙潭镇纪律检查委员会，圆满完成各项预定任务。2011年9月26日，龙潭镇召开第十三届人民代表大会第一次会议，大会听取和审议选举办法（草案）的报告、龙潭镇人民政府工作报告、龙潭镇人大主席团工作报告、财政决算情况和工作计划（草案）报告、选举产生人民代表大会主席1人，副主席1人，镇长1人，副镇长2人。

【村“两委”换届选举工作】 龙潭镇村“两委”换届工作从2011年3月开始至5月中旬结束。在党组织换届选举中选举产生村党支部委员42人，其中书记14人，社区党支部书记1人；“一肩挑”的村有7个，社区有1个；女委员7人，其中两人任村支部书记；党支部委员的平均年龄52岁，高中及中专学历占大多数，与村委会成员交叉任职的有31人，目前占委员总数的74%。在村民委员会换届选举中选举产生村民委员会主任及委员共48人，其中村民委员会主任14人（一肩挑7个村），居民委员会主任1人，每村配备一名妇女干部，居委会配备两名妇女干部。村委委员平均年龄46岁，高中学历的占到了大多数，且有不少村中的经济能人成为新一届的村委委员，有26名村委委员由上届村委委员连任。

【农业】 农产品有稻谷、小麦、花生、甘薯等。“三高”农业发达，是揭西县主要生猪生产基地，年出栏量肉猪35000多头。2011年，抓好良种猪生产基地、罗非鱼养殖示范基地、优质水果基地、城郊蔬菜生产基地、珍禽养殖基地的建设，通过不断更新品种，拓宽销售门路，使全镇农业生产形成规模化、基地化。龙源高科技农业示范园区，位于龙潭镇龙跃村，面积1100亩，其中水塘面积250亩，旱地200亩，山地650亩。该园区是一个融现代化农业生产、科技示范、农科知识培训、科普教育、农业生态、旅游观光于一体的现代化农业新技术综合开发区。龙源高科技农业示范园区内分设无公害新品种蔬菜种植示范区、优质花卉种植示范区、优质水果种植示范区、水产养殖区、中心管理区、竹林区、荷花池、湿地带保护区等8个功能建设区。该园区通过以华南农业大学所拥有的现代农业科学技术为龙头，采用国内外先进的农科技术，充分发挥本地区地处大北山区的特有气候资源优势，大力发展特色农业，结合建设优稀品种玻璃温室栽培区、模型塑料大棚种植区、育苗区和冷库及其他小区建设，配套先进的光、温调控设备和供电、供水设施，形成“山上林、山腰果、山坑塘、塘边猪、塘面鸭”的多元化综合经营格局。大棚菜一年四季为整个粤东市场和周边地区提供无公害蔬菜；四季龙眼、芒果挂满枝头；名优花木，品种繁多；还有上百万尾罗非鱼等源源不断地供应市场。2011年，新种植焦柑700多亩，沙塘桔500多亩。

【工业】 2011年，新增投资500万元以上工业企业1家，个体转限商业2家，新增限上商业企业1家。社会消费品零售总额16700万元。投资较大的有揭西德煌电力设备有限公司、揭西县利康林业有限公司，2011年投资4000万元。

【财税】 2011年税收收入168.89万元，完成全年任务的104.19%，其中，国税征收83.17万元，完成任务的106.96%;地税征收85.72万元，完成任务的101.64%。财政收入980.02万元，财政支出980.02万元。

【教育】 龙潭镇有公办幼儿园1家，小学14

所，初级中学1所。在校教职工280人，积极抓好九年义务教育工作，龙潭中学2011～2012学年有112人考上河婆中学高中一年级，其中81人考上重点班，居全县第四名。

【文化、体育】 2011年，有文化站、广播站各1个，有线电视转播站3个，村级广播站15个，文化活动中心8个，敬老院1个。10个村设有篮球场，乒乓球台15台。

【卫生事业及计划生育】 全镇有卫生院1所，医务人员28人，病床20张，内设儿科、妇产科、防疫科、中西药房、门诊和住院部，有X光机、B超机、生化分析仪等医疗设备。乡村个体诊所22个，医务人员22人。2011年落实“四术”303例，其中结扎143例，上环154例，补救措施6例；全镇人口出生率11.16‰，人口自然增长率6.43‰，政策生育率97.42%。

【生态环境建设】 2011年切实加强生态保护和生态建设，不断改善和优化农村生态环境，做好森林防火加快绿化步伐，提高森林覆盖率；加大镇区和农村环境卫生整治工作，推广农村建立沼气池、排污沟和垃圾场，减少农村环境污染。多方筹资，使农村“雨污分流”工作扎实有序地进行；采取有效措施开展清理整顿非法砖瓦厂3个和整治非法开采稀土3宗。

【基础设施建设】 投资80万元完成关山桥改造工程，投资100万元完成富光桥改造工程，投资150万元完成井下村至东坑村道路硬底化建设和南福田村龙墩道路硬底化建设。做好省道335线路面大修工程龙潭路段前期准备工作。

【新型农村合作医疗工作】 着力抓好农村新型合作医疗制度，宣传发动增强全民参与意识，全镇有29918人参加城乡合作医疗，有9000人参加新农保。

【社会治安综合治理】 贯彻“打防结合，预防为主，干群结合，依靠群众”方针，开展社会治安综合治理工作，有效维护社会稳定。开展“十项整治”专项行动，有力打击各种刑事犯罪和各种违法行为。开展法制宣传，围绕“打防控”一体化建设，层层落实目标管理责任制，排查调处社会矛盾纠纷，加强社会管理。2011年，办理刑事案件8宗，调处民事纠纷50余起，辖区的赌博现象得到遏制，刑事发案明显下降，社会治安持续稳定，群众安全感和满意度明显增强。

【扶贫工作】 2011年镇党政班子成员分别挂钩到各村，经常深入农村基层进行调研，帮助各村制订发展集体经济规划和牵头落实发展经济的各个项目，做到责任明确，较好地完成各项帮扶工作。根据各村的特点、优势，因地制宜，制订各个村的扶贫开发总体规划，龙跃、南福田村主要发展种植果树项目；双龙村主要开发食品加工项目；泉水塘村主要发展蔬菜种植项目；龙东村开发食种猪养殖项目；北联村主要开展菜园项目等，增加村集体经济收入。

龙潭镇领导任职情况

职务	姓名	任职时间
书　记	刘景新	2008.10～
镇　长	杨俊彬	～2011.06
	黄俊琳	2011.09～
副书记	刘桂山	～2011.11
党委委员	曾海山	2007.08～
	蔡建林	2006.08～
	林　娴	2011.07～
	刘吉见	2011.07～
	韩建庭	2011.07～
	蔡忠东	2011.07～
副镇长	刘广林	～2011.08
	黄俊林	～2011.08
	蔡忠东	～2011.08
	刘振业	2011.09～
	张小峰	2011.09～

（刘景新　曾海山）

南 山 镇

【概况】 南山镇地处县境中部丘陵区，东与京溪园镇、灰寨镇接壤，西和龙潭镇、良田乡相连，南与大溪镇交界，东北与五经富镇大洋毗邻，镇区距县城16公里。面积134.91平方公里，辖1个社区居民委员会，18个村民委员会，71个自然村。2011年总户数9384户，户籍人口37335人，其中非农业户口2772户3439人，有海外华侨及港、澳、台同胞2.15万人。2011年，工农业总产值118200万元，其中工业产值102400万元，农业产值15800万元，财政收入1075万元，工商税收282万元，人均年纯收入6779元。

【乡镇班子换届工作】 2011年7月23日，顺利选举产生新一届镇委员会委员：其中镇党委书记1名、镇党委副书记2名、镇党委委员6名；选举产生县党代会代表11名；至2011年9月26日，选举产生新一届镇人大委员会成员和县人代会代表：镇人大主席1名、镇人大副主席1名、镇长1名、副镇长2名，县人代会代表11名。完成镇班子换届选举的各项工作任务。

【村（社区）“两委”换届选举工作】 至2011年4月19日，全镇18个村和1个社区“两委”换届选举工作已顺利完成，选举产生村（社区）“两委”干部108名，一次性选举成功的村（社区）数有17个。女干部23名，其中女书记、主任1名，女委员22名。“两委”干部交叉任职有20人，书记、主任“一肩挑”5人，圆满完成镇村（社区）“两委”换届选举的各项工作任务。

【基础设施建设】 完成镇区南山大桥工程建设。各村筹集资金，实现村道硬底化建设，村道水泥硬底化建设10公里，完成13个行政村村道建设。铺设河棉公路南山镇区路段排水系统，美化净化卫生环境。完成河棉公路南山路段改造及河棉公路南山镇区路灯配套工程。协助县完成2条11万伏高压线路建设工作。积极争取上级资金，加强山塘水库除险加固普查工作。继续完善农村饮水工程，切实做好16个安全饮水困难村前期安全饮水工作。电信、邮政、互联网发展步伐加快，信息覆盖率不断提高。2011年，全镇有邮政支局1个，开通邮政储蓄、平信、挂号、特快专递等业务，邮政储蓄额7000多万元；电信支局1个，电话装机容量7000门，固定电话5500门，公用电话25门，宽带业务680户，电信收入310多万元。

【扶贫及雨污分流工作】 抓好“规划到户、责任到人”扶贫开发双到工作，把发展生态农业与扶持贫困村发展壮大集体经济结合起来，大力扶持归善、石结到、洋梅坪等村种植茶叶、生姜、番薯等经济作物。完成贫困村危房改造84户、机耕路改造20公里、茶园建设1000亩。完成12个行政村的雨污分流工程。

【推进新型农村合作医疗工作】 2011年，全镇28690人参加合作医疗，参合资金86.07万元。门诊2.05万人次，住院480人次，门诊住院补偿金额353万元，其中住院补偿金额166万元。

【工农业生产】 南山镇是农业镇，现有耕地面积18395亩，其中基本农田保护区面积9365亩，水田面积9030亩。2011年种植青榄、甜玉米等项目，大规模连片种植，种植量在2000亩以上。水果种植基地10642亩，其中，青榄7112亩，荔枝1880亩，龙眼1650亩。养殖业进一步发展壮大，2011年，有养猪场28个，年生猪饲养量164450头。养鸡、养鸭初具规模，年饲养量117647只。民营经济进一步壮大，至2011年底全镇有生产家庭用具、制线、吹膜、五金交电、塑料制鞋等中小企业18家，规模以上企业4家，年工业产值102400万元。

【社会治安综合治理】 强化社会治安综合治理，依法打击“两抢两盗”、吸毒贩毒和牌九、六合彩赌博等各类违法犯罪活动。2011年查处、调解治安案件32宗，抓获赌博6人，处罚15人，破获刑事案件2起4人。高度重视群众来信来访，妥善处理各类群众上访和群体性事件，初步完成综治信访维稳中心办公建设。

【财税、社保】 健全财税管理体制，开源节流，保证财税工作稳健运作。2011年，全镇财政总收入1075万元，总支出1075万元，收支保持平衡。工商各税收入完成282万元，2011年税收增长幅度列全县第二。社会保险工作取得新突破，至2011年底，全镇自然人参加社保人数500人，参保资金180.10万元。进一步完善优抚、救济、低保制度，社会保障体系逐步健全。

【商业及外经贸】 2011年，全镇有市场2个，面积3000平方米。小型自选商场1家，镇区沿街商铺180多家，主要商品有五金电器、服装鞋类、日常用品、农副产品等。重点抓好崇禾家庭用品有限公司、大新甲板厂等骨干企业。加大招商引资力度，继续推进“工业兴镇”战略，积极引进民资外资落户南山，使南山民营经济不断壮大。排除困难扎实做好“三个新增100”项目。

【科技、教育】 2011年，全镇有18家民营加工企业进行加工设备技术改造，提升生产效率和质量。饮料加工、家庭用具、吹膜、五金交电等生产行业，引进新型生产设备和技术，科技在生产领域得到广泛应用。教育方面，切实加强教学楼、教师宿舍楼、运动场等基础设施建设，完成前锋小学教学楼及做好南山中学教师宿舍楼建设前期工作。2011年，全镇有初级中学2所，小学9所，民办幼儿园2家。中学在校生1482人；教职工100人，其中大学本科以上学历61人，中学一级教师55人。小学在校生1931人；教师169人，其中小学高级教师125人，大专以上文化程度123人。

【文化、体育】 2011年，有文化站1个，广播站1个，有线电视转播站2个，村级广播站18个，文化活动广场9个，福利院1个，11个村有篮球场，13个村有乒乓球台，建成北溪、西友、分水、大新4个村的村民文化活动中心。在春节和重大地方性庆典活动中，开展篮球比赛等群众性文化体育活动。

【卫生事业及计划生育】 2011年，有卫生院1所，医务人员26人。病床20张，内设儿科、妇产科、防疫科、中西药房、门诊部和住院部，有X光机、B超机、生化分析仪等设备。有乡村个体医疗站27个，医务人员58人。儿童计划免疫率90％以上。抓好人口管理和计划生育工作，落实层级动态管理责任制和包干措施，完善镇计生服务所内部装修及配套设施及18个村委会的“三栏二室一分校一协会”，配备19名村（社区）级计划生育专干，较好完成人口与计划生育工作的各项指标和任务。2011年，全镇出生415人，出生率11.27‰，计划生育率97.35％，落实“四术”288例。

南山镇领导任职情况

书　　记	蔡宇鸿	～2011.01
	邹锐豪	2011.01～
镇　　长	陈　锋	～2011.01
	彭细展	2011.01～
副 书 记	李勉钊	2011.06～
党委委员	邓进军	2006.08～
	张永居	2011.06～
	温惠祥	2011.06～
	张利奎	2011.06～
	曾淑珍	2011.06～

蔡如冰 2011.06～
副镇长 刘少方 ～2011.06
刘文烽 ～2011.06
陈　康 2011.06～
陈明忠 2011.06～

（彭细展　邓敬德）

灰　寨　镇

【概况】 灰寨镇位于县境中部丘陵地带，东南与京溪园和塔头镇相接，西面与大溪镇相邻，南面与金和镇交界，北部与南山镇接壤，镇人民政府驻地灰寨圩，距县城22公里。全镇总面积54.04平方公里，辖16个村民委员会，1个社区居民委员会，69个自然村，2011年底全镇总人口43233人，其中农业人口37377人，非农业人口5856人。旅外侨胞及港、澳、台同胞约3万人，全镇以李、温、杨三姓为主，还有黄、洪等其他姓氏。2011年工农业总产值17.27亿元，其中工业总产值14.9亿元，农业总产值2.37亿元，全镇财政总收入1495.97万元，人年均纯收入6819元。

【乡镇班子换届工作】 2011年7月27日顺利召开中共灰寨镇第十四次代表会，选举产生镇党委成员8名，其中书记1名，副书记两名，党委委员5名；于2011年9月19日顺利召开灰寨镇第十三次人民代表大会，选举产生副镇长2名。

【村（社区）“两委”换届选举工作】 圆满完成村（社区）“两委”换届选举工作，顺利产生村“两委”干部98名，其中，村书记17名，村主任10名，书记、主任一肩挑7名，支委委员及村委委员共71名。

【农业】 2011年农林牧渔业总产值2.37亿元；农民人均纯收入6819元。强农惠农政策得到落实，发放农资综合直补资金、种粮直补资金86.36万元，能繁母猪补助1260头，补助资金12.6万元，充分调动广大农民的生产积极性，全年粮食播种面积11860亩。扶贫开发工作有效开展，争取扶贫资金800多万元，扶持项目17个，218户贫困户1063人实现脱贫。

【工业】 2011年工业总产值14.9亿元，其中，规模以上工业总产值8.52亿元；全社会固定资产投资1.1亿元。轻纺工业城建设扎实推进，首期征地、农作物补偿、坟墓搬迁等前期工作基本完成，“三通一平”及其他配套设施建设正在加紧进行中。招商引资工作取得新突破，2011年成功引进项目4个，计划投资6.2亿元，其中，计划总投资约2亿元的揭西县金瑞科兽药有限公司，2011年底厂房建设、设备安装、工人培训等工作已完工，于2011年8月15日通过国家农业部GMP认证，进入试投产阶段；计划投资3亿多元，花木栽培面积约1000亩的南方农林基地项目，已租得土地300多亩，进行花木培植和基地建设；计划投资6000多万元的灰寨水泥沥青搅拌厂，厂房建设及配套设施正在加紧进行；计划投资5000万元，占地面积50亩的向阳绿森佳木业制品有限公司，租地相关工作正加紧进行中。

【财税】 2011年地方财政收入1495.97万元，“两税”收入496万元，其中国税收入147万元，地税收入349万元，挖潜外来税源155万元。

【商业】 镇内有综合市场一个，总面积15亩，市场内从事个体服务的网点有300多户，经营人数1000多人，来料加工型台资企业国樱运动用品厂和镇内4家规模毛巾企业是全镇外贸出口的主要企业。

【教育】 2011年，全镇有中学1所，小学14所，公办幼儿园1所。中学在校生2333人，教师135人，各小学在校生总人数2235人，教师175人。全年教育总投入442.7万元，增配教师15名。灰寨中学教育教学质量逐步提升，考入高一重点班88人，揭阳一中6人，高考录取24人，占参考人数的32.4%。

【文化】 2011年，全镇有文化站1个，广播电视站1个，文化活动广场1个，文化活动中心4个，有线电视转播站3个，有敬老院1所。全镇17个村（社区）都有篮球场等体育活动场所，春节和重大节日经常开展乒乓球赛、篮球赛等群众性的体育活动。重点完成各村“农家书屋”建设任务，进一步健全公共文化服务体系。

【计划生育】 2011年，全镇出生486人，出生率11.3‰，计划生育率97.74‰，落实“四术”398例，依法征收社会抚养费75.8万元，完成县下达的征收任务。2011年度灰寨镇政府被市评为“人口与计划生育工作先进单位”。

【新农村建设和社区建设】 2011年，大力实施雨污分流工程，全镇有7个村完成工作任务。各村继续投入大量的人力物力建设农村公益事业，并取得较好的成绩。其中，河五村投资18万多元，用于全村水利工程和桥梁维修；上角村投资58万元，新建村委办公楼、更换全村自来水管，上角村被评为省级生态示范村；新宫林村投资34万多元，用于村中小广场铺设花岗石；后联村投资14万元，用于村道、篮球场建设和购置锣鼓队；南洋村投资85万多元用于村道建设；东联村投资15万元用于村道、寨坪建设；后洋村投资35万多元，用于村“两委”大楼、文化广场、路灯建设；金星村投资23万元，用于田心村基础设施建设。

【民生工作】 2011年底，全镇参加新型农村合作医疗参合率98%以上。全面实施新型农村养老保险制度，实现各项社会保险全面覆盖。继续抓好社保扩面征缴工作的同时，确保企业退休人员养老金按时足额发放。全面落实城乡最低生活保障制度，保障困难群众基本生活。2011年低保工作扎实推进，全镇518户1851人享受最低生活保障救济，全年发放低保资金161.79万元。加强就业公共服务，拓宽劳动者就业渠道，做好劳动力技能培训和转移输出，促进就业和再就业。

【社会治安】 大力开展平安灰寨建设，组织社会治安“十大整治”，加大社会治安源头综合治理，建成镇村综治信访维稳二级平台，深入开展矛盾纠纷排查调处，狠抓安全生产和公共消防安全，2011年12月顺利通过市消防重点镇检查验收，全镇没有发生大的社会问题和安全事故。2011年，查处刑事案件14宗、民事纠纷0宗。

灰寨镇领导任职情况

书　　记	贝平波	2006.11 ～
镇　　长	杨文银	～2010.07
	李振光	2011.06～
副 书 记	李振光	～2011.06
	张宏儿	2011.07～
党委委员	邹会光	2006.08～
	林亮平	2011.07～
	温德胜	2011.07～
	王夏云	2011.07～
	林　扬	2011.07～
副 镇 长	李永平	2006.08～
	刘道福	2009.09～

（李振光　李晓东）

京溪园镇

【概况】京溪园镇地处县境东北部，西与灰寨、南山镇相邻，东、北与五经富镇、揭东县的卅岭接壤，南与塔头镇交界，东南与东园镇相接，距县城30公里，面积73.36平方公里。辖1个社区居民委员会，13个村民委员会，91个自然村。至2011年底全镇总户数为14537户，户籍人口为52055人，海外华侨及港、澳、台同胞约5万人。

【乡镇班子换届选举】 2011年，京溪园镇依法做好中共京溪园镇第十四届党员代表大会和京溪园镇第十三届人民代表大会的换届选举工作。选举产生镇长1名，副书记1名，党委委员8名，副镇长2名。

【村“两委”换届选举】 2011年，京溪园镇依法做好村“两委”换届选举工作，京溪园镇13个行政村和1个居委，选举产生村“两委”班子成员79人，其中书记14人，书记主任一肩挑的有9人，主任4人，圆满地完成村“两委”的换届选举工作。

【生态旅游业】 京溪园镇依托丰富的生态旅游资源，加大资金投入，高起点、高规格规划和建设旅游景区景点，“国家AAAA级旅游景区——京明温泉度假村”、“岭东第一瀑布——黄满磜瀑布”、“自然生态最美乡村——粗坑村”等景区。2011年，利用“最美丽山村”的优势，加大宣传力度，促进镇旅游业的发展，形成旅游产业链，打响生态旅游品牌。建设绿茵运动场，投资1亿元进行配套设施建设，2011年底休闲运动健身基地已经投入使用；续建黄满磜旅游区配套工程，兴建商业一条街、茶艺馆等配套设施建设。2011年，京明度假村和黄满磜瀑布群两景区接待游客约45万人次，促进消费约0.92亿元，较好带活地方经济，拉动其他行业的可持续发展。

【农业】 按照“公司＋基地＋农户”的经营模式，京溪园镇建设万亩青榄基地、无公害茶叶基地，带动千家万户发展种植业，形成特色农业生产格局。2011年，全镇农业总产值2.32亿元，比增10.5%，农民人均纯收入6701元，比增9.8%，各项强农惠农政策得到落实。发放各类农业直补资金93.22万元，完成农村困难住户危房改造71户，完成9个行政村的“雨污分流”工程。林业工作取得新突破，完成全镇集体林权制度主体改革工作，进一步加强森林资源管理与执法力度，森林覆盖率95%，京溪园镇荣获县“绿化工作先进单位”称号。

【工业】 2011年，全镇完成工业总产值15.05亿元，抓好经济总量。京溪园镇不断加快园区配套设施，夯实工业载体，投资2000万元重点搞好京明工业园区配套设施建设，积极实施“乡贤回归”工程，吸引更多企业进驻工业园区，启动京塔工业区规划建设的前期工作。2011年，全镇招商引资13个项目15亿元，投资500万元以上工业企业3家，新增规模以上工业企业7家，新增限上企业8家，2家企业被省、市评为农业龙头企业。洽谈项目：鸿胜利五金制品厂、揭西县一源投资有限公司、揭西县京森科技实业有限公司、揭西县京兴塑料制品厂共7个，加大招商引资力度，实施项目拉动发展战略，从用地到水电供应和税收等方面予以优惠，增加地方税源。

【基础设施建设】 日新小学改薄工程已完工并投入使用；投资100万元完成县第一华侨中学

运动场的土地平整工作；投资60多万元完成员墩洋农田水利建设，解决员墩洋农田用水问题；总投资159万元的镇人口计生服务所建成并交付使用，提高镇计生服务能力；投资100万元建设京溪园敬老院，完成敬老院的主体工程；全力配合县政府抓好五灰公路京溪园路段路面大修工程；县中医院住院部及主楼已建设完工。

【财税、金融】 2011年，全镇地税收入382.65万元，占任务数111.78%，国税收入501.18万元，占任务数110.17%，工商个税总完成任务883.83万元。信用社（农商行）认真执行国家信贷政策，整顿规范金融秩序，加大收储力度和内部管理，想方设法盘活资金存量，支持山区经济建设。全镇金融系统各项存贷款余额有较大幅度的增长。保险部门积极开展“为民、便民、利民”服务活动，不断扩大保险业务，流通部门按照现代物流原则，采取灵活多样的形式，加强对内外经济协作，努力打开经营局面，多渠道搞活商品流通。食品站配合有关部门，加强对生猪屠宰管理的同时，组织好生猪的购销活动，全镇呈现经济平稳快速发展、社会和谐稳定、人民群众安居乐业的良好景象。

【社会管理】 开展纠纷排查，从源头上化解人民内部矛盾。建立健全防范突发事件、重大自然灾害的预警机制，增强对突发事件、群众事件的应急处置能力。2011年，京溪园镇开展排查调处活动12次，调处矛盾纠纷170多起，成功率98%以上，整治治安乱点6个，整治安全隐患2个，基本做到小事不出村，大事不出镇，社会和谐稳定；加强社会综合治理。2011年京溪园镇维稳中心接受群众来信、来访20批次50多人，所受理案件都及时组织有关部门调处解决，把各种矛盾纠纷化解在基层，有效防止民转刑案及群众上访事件的发生；加强安全生产检查，努力消除事故隐患，杜绝重大事故的发生。产品质量和食品、药品安全得到优先监管，安全生产形势保持稳定；加强资源和环境管理。依法加强国土资源的管理，整顿取缔非法砖厂和烧铜、铝场所，打击遏制盗采稀土行为。加大环保执法力度，促进人与自然的和谐发展。

【民生工作】 2011年，参加合作医疗人数32820人，资金全额到位98.46万元。2011年新型农村社会养老保险登记参保人数11000人，有1690人享受最低生活保障，退休人员养老保险金发放准时足额，各项社会服务体系不断完善。

【卫生事业及计划生育工作】 2011年，全镇有卫生院1所，医务人员36人，病床30张，内设儿科、妇产科、内科、外科、检验科、放射科、B超心电图科、中西药房、门诊部和住院部。乡村个体医疗站30个，医务人员30人。全镇计划生育工作完成上级下达的“四术”任务和人口控制计划。2011年京溪园镇出生543人，出生率10.47‰，计划生育率97.05%，落实“四术”395例，其中结扎194例，放环201例。

京溪园镇领导任职情况

书　记	王填德	2009.03～
镇　长	曾建文	～2011.06
	高俊松	2011.07～
副书记	高俊松	～2011.06
	李旭军	2011.07～
党委委员	陈联胜	2004.10～
	曾泽兵	2006.08～
	邹伟业	2011.07～
	邱育辉	2011.07～
	林春鸿	2011.07～
	邱加坤	2011.07～
	许壮群	2011.07～
	陈运兴	2011.09～
副镇长	李旭军	～2011.06
	陈运兴	～2011.06
	李俊强	～2011.06
	陈玉梅	2011.07～
	刘文峰	2011.07～

（高俊松　蔡凌凤）

五经富镇

【概况】 五经富镇位于揭西县东北部，是两市（揭阳市、梅州市）三县（揭东县、揭西县、丰顺县）的交界处，东与揭东县龙尾镇、丰顺县埔寨镇接壤，北与丰顺县八乡毗邻，西与南山镇、良田乡交界，南连京溪园镇，距县城32公里，是潮汕平原西进山区的主要通道。2011年底，全镇面积182.8平方公里，山地面积73.5平方公里，其中山林面积68.3平方公里；耕地面积1.97万亩，其中水田面积1.64万亩。辖26个村民委员会，2个社区居民委员会，91个自然村。全镇总户数14950户，户籍人口5.6万人。海外华侨及港、澳、台同胞约4.8万人。2011年工农业总产值12.73亿元，其中工业产值10亿元，农业产值2.73亿元，国税、地税收入491万元，农民人年均纯收入5113元。

【村社区“两委”换届选举】 2011年3月，成立党委书记任组长的五经富镇村级班子换届领导小组，负责第五届村委会的换届工作。2011年5月，完成第五届村党（总）支部和村委会换届选举工作，依法选出村（社区）党（总）支书28人，村（社区）委员会主任28人，其中书记、主任一肩挑的5人，占17.8%。村两委干部交叉任职的3人，占10.1%。

【镇班子换届选举】 2011年7月，依法、依规对党政班子进行选举。选举产生镇委书记1人，副书记2人，党委委员8人。

【新农村建设】 至2011年底，完成建一、泮坑、联和、恒星、营盘、陈江、中联、新仓等村道建设，铺设水泥村道12条（段），长15公里。

【生态城镇村建设】 围绕实施中心镇建设“三个一”工程，按照“合理布局，功能配套，梯度辐射”这一原则，实施《五经富镇2005—2015年总体规划》，切实强化城镇管理。

【基础设施建设】 交通：至2011年底，全镇完成固定资产投资逾十亿元，完成南大公路、五黄公路、刘屋大桥建设，同时配合县交通、公路部门完成省道S335线五灰路五经富路面大修工程，解决交通阻塞问题。水利：完成龙颈水库加固工程；进行县第三自来水厂第二期土建工程建设。基础设施建设：投资500万元的城镇区中心人行道已全面完工，城区规模进一步扩大。至2011年底，完成总投资为500万元的刘屋大桥建设，以及龙江河一河两岸刘屋桥至八村镇江桥段一河两岸样板工程建设。生态环境建设：实施农村垃圾“村收集，镇处理”工程，对镇垃圾处理点进行扩建，增强垃圾处理能力，解决农村脏乱问题；2011年底，投资4000万元的五经富镇污水处理厂建设工程主体现已完工并投入使用，提高全镇的污水处理能力，实现水资源的循环利用。

【扶贫工作】 2011年，全面展开扶贫开发“规划到户，责任到人”工作。省物资集团、珠海市供销合作联社干部20人次，市委宣传部、《揭阳日报》社等单位干部30人次，县委组织部、政府办、经贸局等单位干部45人次，到本镇新其、中联、五新、新安、营盘等村开展扶贫开发“双到”帮扶工作；镇委、镇政府派出机关干部180人次到上述5个贫困村开展驻村帮扶活动，为群众办好事实事70件，帮助发展集体经济项目30个，累计投入扶贫资金897万元，改造危房61户。

【农村合作医疗工作】 2011年，新型农村合作医疗参保率96%，全镇参加农村合作医疗42387人，参合资金127.2万元。门诊8967人次，住院2346人次，门诊补偿金额40.7万元，住院补偿金额73.8万元。住院补偿金额封顶的有3人。

【工农业生产】 五经富镇是农业镇，实施“一乡一品”战略引导广大群众发展“三高”农业，发展优化优质高效农业，特别以高寒山区片中联2000亩茶叶基地、泮坑5000亩青榄基地的农业龙头企业的发展得到进一步壮大。2011年底，有耕地面积1.97万亩，基本农田保护区面积1.80万亩，其中水田面积1.64万亩。粮食总产量1.63万吨。除种植传统的水稻、小麦、甘薯、甘蔗、花生外，还种植柑橘、荔枝、青橄、茶叶、蔬菜等经济作物。2011年底，种植柑橘1500亩，青榄8000亩、荔枝1500亩、龙眼1000亩，茶叶5000亩，鱼塘669亩，水产量660吨，全年饲养肉猪7630万头，饲养“三鸟”87万只。2011年农业总产值2.62亿元。传统工业主要以铸造、制衣业为主，辅以纺织、五金、电力、建材、砖瓦及饼干、糖果等农副产品加工。2011年，新增规模以上企业7家。至2011年底，全镇有工业企业16家，2011年工业产值1.23亿元。

【社会治安综合治理】 坚持重点治乱的方针，建立社会治安综合治理的长效机制，构建群防群治网络，分别在朝阳村、泮坑村设立警务室，同时组建五经富镇联防大队。严厉打击偷、盗、抢、黄、赌、毒等各种违法犯罪活动，加强审结案件和调解力度，重视信访工作，及时解决群众反映的突出问题，排查不稳定因素。2011年，公安机关侦破刑事案件3宗，查处治安案件17起，调处民事纠纷案件42起，抓获各类违法犯罪嫌疑人3人，其中刑拘1人。

【财税、社保】 财税工作：依法依规治税理财，财税运作稳健发展。2011年财政总收入1636万元，财政总支出1635万元，基本实现收支平衡。工商各税收入153万元，国税、地税两税收入491万元。村账镇管制度逐步完善。社会保险工作：2011年全镇社保参保任务顺利完成，进一步完善优抚、救济、低保制度，社会保障体系逐步健全。2011年共落实优抚2038人次，救济423人次，发放优抚、低保、五保和各种救济款284万元。

【商业及外经贸】 2011年底，全镇有专业市场3个，面积约9000平方米。小型自选商场近20家，镇区沿街商铺400多家，主要商品有服装、五金家电、日常用品、农副产品、餐饮等。2011年全镇社会消费品零售总额2.84亿元。外贸出口方面，主要是经富制衣厂、喜威针织厂、钟山水泵厂、华良五金厂等，年出口额约为370万元。

【科技、教育】 2011年，全镇有11家民营铸造厂进行加工设备技术改造，提高铸造工艺和生产效率。其他毛织、制衣、五金、采矿、冶炼、电力、农机、建材、竹藤工艺等行业都引进新型生产设备和技术。教育方面：2011年底，全镇有初级中学3所，小学18所，公办幼儿园1所，民办幼儿园2所。中学在校生4300人，教职工173人，其中大学本、专科以上学历158人，中学一级教师102人，小学在校生5047人，教职工251人，其中小学高级教师162人，大专以上文化教育程度145人。2011年，投入资金570多万元，改建、扩建教学楼、办公楼及其他教育设施。落实农村义务教育阶段免费各项政策，全镇中小学学生享受政策优惠69万元。

【文化、体育】 至2011年底，全镇有文化站1个，广播站1个，有线电视转播站2个，村级广播站26个，镇级文化活动广场1个，村文化活动中心18个，福利院1个，篮球场23个，乒乓球台32台。春节和重大地方性庆典活动有舞龙、舞狮、烧烟花、迎镖旗、潮州大锣鼓、篮球比赛等群众性文化体育活动。

【卫生事业及计划生育】 有揭西骨伤科医院、大洋卫生院各1所，医务人员289人。至2011年底，有病床140张，有X光机、B超机、生化分析仪、磁共振等医疗设备。内设门诊科，急诊科、妇产科、医技检查科、住院内科、住院外科、住院伤科、骨伤康复科。有乡村个体医疗站57个，医务人员57人。儿童防疫工作，儿童计划免疫率98%。人口管理和计划生育工作，落实层级动态管理责任制和包干责任制措施，配套完善镇计生服务所以及26个村委会的“三栏两室一分校一协会”，配备28名村（社区）级计划生育专干，完成人口与计划生育的各项指标和任务。2011年，全镇出生473人，出生率11.1‰，计划生育率9.8‰。

五经富镇领导任职情况

书　记	彭双蛟	～2011.12
	杨和快	2011.12～
镇　长	陈镇汉	～2011.12
	曾伟彬	2011.12～
副书记	邹锦城	2006.08～
党委委员	高许生	2006.08～
	曾冬霞	2010.10～
	曾远锋	2009.09～
副镇长	曾俊杰	2006.08～
	高　俊	2007.07～
	曾瑞平	2010.10～

（曾伟彬　姚妙旋）

大　溪　镇

【概况】 大溪镇位于县境东南部，东与灰寨镇接壤，西面毗邻龙潭镇、坪上镇，南面连接钱坑镇，北与南山镇交界，距离县城15公里，总面积35.5平方公里。2011年底，辖16个行政村、1个社区居民委员会、32个自然村，总户数5929户，总人口27295人，华侨、港、澳同胞1.5万多人，是年，工农业总产值2.33亿元，地方财政一般预算收入546万元，国、地两税共收入74.56万元，农民人年均纯收入4252元。

【乡镇班子换届工作】 在2011年7月和9月，选举产生大溪镇第十次党代会代表103名和第十三届人民代表大会代表56名。顺利召开大溪镇第十次党代会和第十三届人民代表大会第一次会议，选举出席县党代会代表9名、县人大代表8名、镇十届党委委员9名、纪委委员7名、镇人大主席1名、镇长1名、镇人大副主席1名、副镇长2名。

【村（社区）“两委”换届选举工作】 圆满完成全镇16个村和1个社区“两委”换届选举工作，选举产生村（社区）“两委”干部68名，各村、社区均配备1名妇女干部。其中，村“两委”干部交叉任职比例达83%，村书记、主任“一肩挑”比例达88%；社区“两委”干部交叉任职比例和书记、主任“一肩挑”比例均达100%。

【农业】 农业产业化不断提高，在稳定粮食种植面积的同时，大力发展“一村一品”特色农业经济，“大溪淮山”绿色生态品牌不断打响，2011年，全镇淮山种植面积3000多亩，创产值2400多万元。全镇山林面积2.6万亩，森林覆盖率达60%。是年，全镇农林牧渔业总产值9010万元，比增12.5%；农民人均纯收入4252元，比增6.2%。

【工业】 抓住“二横”“四横”高速公路即将开工建设的契机，落实一系列鼓励、扶持和引导民营企业经济发展的政策措施，积极实施

"乡贤回归"工程。2011年，洽谈项目2宗，其中引进新农家生态农业公司预计总投资9000多万元，已投入资金2000多万元。是年，全镇工业总产值1.43亿元，比增12.6%。

【财税】 坚持依法治税，积极涵养税源，强化征管措施，保障财税工作稳健运作。2011年实现地方财政一般预算收入546万元，比增35.8%，实现国、地二税收入74.56万元，完成县下达任务103.3%。

【商业保险】 不断完善农村社会保障机制。2011年，全镇新型农村养老保险征收35万多元，社会养老保险征收70多万元；突出抓好农村"一保五难"工作，共发放优抚款、救济救灾款、低保、五保等各项社会福利资金150多万元。是年，全镇社会消费品零售总额1.2亿元，比增10%。

【教育】 2011年，全镇有中学1所，小学9所，公办幼儿园1家，民办幼儿园2家。中学在校生1452人；教职工57人，其中大学本科以上学历25人、专科学历33人，具备中学一级教师资格33人，中学高级教师资格2人；小学在校生1666人；教职工123人，其中大学本科以上学历17人、专科学历99人，具备小学高级教师资格79人，小学初级教师资格31人。大溪中学在2011年全县初三中考教学质量综合评比中获二等奖，全镇中小学均安装视频监控系统，渔梁小学、金味小学、大东小学、溪新小学等学校配置电写白板等科技教学设施，教育教学环境不断完善。

【文化】 2011年，镇内有文化站1个，广播站1个，有线电视转播站2个，村级广播站16个，敬老院1个。是年，全镇16个村均配套篮球场、乒乓球台，建立"农家书屋"；井美老寨李天生大楼、井美新寨古寨场被揭西县人民政府颁布为第九批文物保护单位，井美（老寨、新寨）村被揭阳市人民政府颁布为市第二批历史文化名村，大溪文化历史知名度进一步提高。

【卫生】 2011年，全镇有卫生院1个，医务人员18人。新型农村合作医疗定点补偿站17个，是年，全镇合作医疗参保人数2.3万人，覆盖率98%，共办理参保对象报销住院等费用210多万元。

【计划生育】 高度重视人口和计生工作，全镇干部职工狠抓计生集中服务活动攻坚战，人口和计划生育工作扎实推进，2011年共落实"四术"任务199例，人口出生率和符合政策生育率分别为11.16‰和97.39%，较好完成上级下达的各项指标任务。

【生态环境建设】 按照上级的工作部署，采取强有力措施，结合本镇实际，分批推进"雨污分流"工程建设，2011年，累计投资100多万元完成金星、星光、金光、庆光、井新、井美、大岭埔、大东、大园、大光和新园等11个行政村农村生活污水整治工程，农村生产生活环境逐步改善。农村"三旧"改造工作扎实推进。

【新农村建设】 2011年，在完成全镇"村村通公路"建设后，又多方筹资200多万元完成大岭埔村环村村道和大东村粗坑路水泥路面建设，村容村貌不断美化。现代农田水利标准化建设进一步完善，是年投资245万元完成水泵灌区北直渠渠道综合整治工程。总投入资金105万元完成渔梁片人工湿地水环境综合整治工程。农村安全饮用水工程已完成前期手续，进入招投标阶段。

【民生工作】 2011年，共发放中央良种补贴、农资综合直补、能繁母猪补贴等专项资金近100万元，办理家电下乡、汽车下乡补贴资金13万元；积极实施农村低收入住房改造补助，共发放补助资金100万元。

【社会治安】 深入开展食品安全专项整治，

安全生产监管取得实效，深入开展消防安全隐患排查行动，严厉打击制假售假行为，市场秩序不断规范。积极做好群众来信来访工作，2011年，全镇没有发生一起集体上访、越级上访事件。坚持严打、严防、严控、严管措施，扎实开展社会治安专项整治活动。是年，派出所办理刑事案件4宗，破案2宗；治安案件17宗，调解民事纠纷10宗；抓获网上逃犯3名，查扣无牌证、假牌证各类车辆45辆。

大溪镇领导任职情况

书　　记　廖文伟　~2011.04
　　　　　林运标　2011.04~
镇　　长　林运标　~2011.04
　　　　　杨保强　2011.04~
副 书 记　林浩波　~2011.07
　　　　　林益明　2011.07~
党委委员　林世涛　2006.08~
　　　　　李木荣　2011.07~
　　　　　郭乐伟　2011.07~
　　　　　林锡辉　2011.07~
　　　　　林卓青　2011.07~
　　　　　黄著冠　2011.07~
副 镇 长　林宋强　2006.08~
　　　　　李伟锋　2011.09~

（杨保强　李勉鸿）

钱　坑　镇

【概况】　钱坑镇位于县境东南部，东接金和镇，北与大溪镇、灰寨镇分界，南与普宁市里湖镇、大池农场、普侨区交界，镇区距县城27公里，面积46.3117平方公里。山地面积48778亩，其中有林面积38881亩。榕江南河穿越辖区长达9公里，东岸为新架山脉，西岸为金山山脉，两山夹江对峙，山地广阔。2011年底，镇辖1个社区居委会，13个村民委员会，65个自然村;总户数10893户，户籍人口45180人，其中非农业户口2033户3632人；海外华侨及港、澳、台同胞约10万人。2011年，工农业总产值4.16亿元，国税、地税共收入110.64万元，财政收入740万元，农民人年均纯收入6305元。地方方言全部为潮汕话。

【乡镇班子换届工作】　2011年4月3日，钱坑镇第十二届人民代表大会第七次会议在镇政府三楼会议室召开，会议审议并通过《镇政府工作报告》、《人大主席团工作报告》、《镇财政预决算报告》的决议。2011年7月23日，中共钱坑镇第十五次代表大会在镇政府三楼会议室召开，会议审议并通过《中国共产党钱坑镇第十四届委员会工作报告》和《纪律检查委员会工作报告》，依照《党章》选举产生中共钱坑镇第十五届委员会委员9名，副书记2名，书记1名。选举产生新一届镇纪律检查委员会。2011年9月18日，第十三届人民代表大会第一次会议在镇政府三楼会议室召开，依法选举产生镇人民代表大会主席1名、副主席1名，镇长1名，副镇长2名。

【村（社区）“两委”换届选举工作】　2011年3月底，完成第五届村党（总）支部和村委会换届选举工作，选举村（居）党（总）支部书记14人，村（居）委会主任14人，村党支部书记、村委会主任一肩挑的8人，村“两委”干部比上一届平均年龄减少2.5岁。

【农业生产】　钱坑镇是农业镇，有耕地面积15407亩，基本农田保护区面积15069亩。其中水田面积14571亩。2011年全镇粮食种植面积29160亩，高产优质稻占65%以上。 大力发展效益农业，推进淮山连片种植，全年淮山种植650亩。养殖业进一步发展壮大，全镇创办养猪场4个，每年生猪饲养量8万头。养鸡、养鸭初具规模，年饲养量25万只。水果种植基地1.6万亩，其中，青榄1万亩，荔枝4千亩，龙眼1千亩，火龙果300亩，青柑200亩，其他杂果500亩。

【工业生产】 钱坑镇传统工业主要是毛织加工、木雕加工、石材加工业。2011年，新增规模以上企业2家，工业企业143 家，工业产值2.57亿元。

【财税工作】 健全财税管理体制，开源节流，保证财税工作的稳健运作。2011年，全镇财政总收入740万元，总支出740万元，收支保持平衡。2011年工商各税收入完成110.64万元。村账镇管制度逐步完善。

【保险工作】 社会保险工作取得新突破，2011年，全镇自然人参加社保178人，参加新型农村养老保险11648人。完善优抚、救济、低保制度，社会保障体系逐步健全。2011年纳入农村低保527户1460人，城镇低保70人，五保133人，发放优抚救济金286.3万元，发放棉被、食用油、大米等物资一批。大力推广农房保险工作，实现农房保险全覆盖。

【商业外贸】 2011年，全镇有市场2个，面积3000平方米。小型自选商场1家，镇区沿街商铺160多家，主要商品有五金电器、服装鞋类、日常用品、农副产品等。从事个体服务的网点312个，经营人数936人，2011年全镇社会商品零售额1.45亿元。外贸出口方面，主要是荣基织造厂的毛衫和华昌工艺厂的家具出口，年出口额约45万美元。

【教育】 2009～2011年，投资260多万元，完成钱坑中学四层学生宿舍楼建设，2011年9月投入使用。投资10多万元，完成钱坑小学老教学楼的改造修缮。各中小学配套建设进一步完善。认真落实农村义务教育阶段“一免一补”、免收书杂费优惠政策。钱坑中学在2011年高考取得优秀成绩，上线生45人。2011年，全镇有中学1所，小学12所，公办幼儿园1家，民办幼儿园4家。中学在校生3213人，教职工135人，其中大学本、专科学历以上135人，中学高级教师职称4人，一级教师职称67人。小学在校生3300人，教师231人，其中小学高级教师148人，大专以上文化程度188人。

【文化艺术】 2011年，全镇有文化站1个，广播站1个，有线电视转播站1个，村级广播站13个、文化活动广场9个，文化活动中心3个，农家书屋6间，老人福利院1个，全镇13个行政村均有篮球场。春节和重大地方性庆典活动中，舞狮、潮州大锣鼓、篮球比赛、灯谜会等群众性文化体育活动时有开展。金山书画院积极开展文艺创作，老年人体育协会积极组织开展健康向上的体育活动。

【卫生】 2011年，全镇有卫生院1所，救护车一辆，医务人员40人，病床20张，内设儿科、妇产科、防疫科、中西药房、门诊部和住院部，有X光机、B超机、生化分析仪等设备。有乡村个体医疗站18个，医务人员18 人。加强儿童防疫工作，儿童计划免疫率95%以上。

【计划生育】 全镇有计生服务所1所，13个村委会均设置“三栏二室一分校一协会”，较好完成人口与计划生育工作的各项指标和任务。2011年，全镇出生503人，出生率11.13 ‰，计划生育率97.02%，落实“四术”358 例。

【生态环境建设】 以创建省级生态镇为契机，全面加快生态环境建设。聘请中山大学城乡规划设计院专家，完成《钱坑镇发展规划2011－2030年》，2011年12月通过专家评审会评审，发展定位为“生态旅游大镇，历史文化名镇”，按照这一目标，加快生态农业、生态林业、生态工业集中区建设，以农村“雨污分流工程”

为抓手，加快农村环境卫生整治，保护自然生态环境。积极实施“祥安计划”，加快殡葬改革，启动钱东曾厝场生态公益墓园建设，2011年墓园已建成投入使用。

【新农村建设】 钱西村投资80多万元，新建群众文化活动广场2处。钱南村、南光村投资60万元，建设公共水泥村道1.1公里。顶联村投资60多万元，对娘宫前池进行整治，新铺设水泥村道0.5公里。月翁村积极推进老村庄整治，规划建设新村庄一处。各村主村道均安装路灯。农村“雨污分流”工程深入开展，全镇开挖厌氧大池19个，铺设排污管道（沟）11700米，筑临时垃圾堆放点60个。群众生产生活条件进一步改善，农村面貌有新的变化。

【民生工作】 2011年，全镇参加农村合作医疗人数33440人，覆盖率达全镇常住人口的95%以上，参加居民医疗保险1600人。交通公路方面：启动钱环公路建设，完成钱环公路北段的填土拓宽改造工程，路基基本贯通，完成南段堤路2.5公里水泥路面建设；完成钱西小学至佛祖宫路段水泥路面建设。农田水利方面：完成钱西洋、三水洋等一批“三面光”排灌渠水利工程。电力电信方面：钱坑110千伏输变电站主体工程建设基本完工，进入线路架设阶段。2011年，全镇设邮政、电信支局各1个。邮政信箱1个，有邮政储蓄、平信、挂号、特快专递等业务；电信有公用电话22门，电话装机容量7000门，固定电话5000门，宽带业务1400多户。新架设和改造一批供电线路，供电质量不断提高。城镇建设方面：重点抓好坪石公路过境路段、流江堂洋新区规划建设。安居工程大力推行农村低收入家庭住房改造工程，2011年，全镇帮扶建设90户（间），每户补助1万元。

【社会治安】 坚持“预防为主、打防结合”方针，大力加强社会治安综合治理，政法部门和各村（居）委会、警务室、镇治安联防队上下联动，构建群防群治网络，重拳打击抢劫、盗窃、涉毒等多发性犯罪，以及“六合彩”等赌博活动，加强审结案件和调解力度，重视信访工作，及时解决群众反映的突出问题，排查不稳定因素，确保社会和谐稳定，人民群众安居乐业。2011年，公安机关破获刑事案件6宗，查处行政案件141宗，抓获各类违法犯罪嫌疑人21人，刑拘8人，逮捕8人，治安拘留6人，强制戒毒5人，行政处罚75人，调解民事纠纷34宗。2011年司法部门调处民事纠纷32宗，结案32宗。法庭立案46宗，结案45宗。

【旅游资源】 有市级重点文物保护单位南山墓园，每年吸引大批海内外乡亲回乡观光、寻根谒祖，成为钱坑镇加强与外界交流的重要桥梁。石灵寺生态风景区得到保护和开发，2011年底，石灵寺已完成大雄宝殿、观音殿、藏经楼、滴水观音主体工程，寺院雄伟壮观。该景区内植被良好，以独具一格的古树、怪石以及上千年历史的宗教文化而成为旅游胜地。

钱坑镇领导任职情况

职务	姓名	任职时间
书　　记	黄锡龙	2009.09～
镇　　长	陈春强	～2011.06
	刘泽旺	2011.06～
副 书 记	李志丰	～2011.06
	林国胜	2011.06～
党委委员	林俊华	2006.07～
	李贤荣	2006.07～
	林汉明	2006.07～
	曾浩曼	2009.09～
	林　楠	2011.07～
	林招武	2011.07～
副 镇 长	李旭新	2006.07～
	周卫斌	2011.07～

（刘泽旺　李旭新）

金　和　镇

【概况】 金和镇位于县境东南部，东邻凤江镇，西连钱坑镇，北与塔头、灰寨镇接壤，南与普宁市里湖镇隔榕江南河相望，距县城27公里，全镇总面积49.37平方公里。辖13个村委会和1个居委会，2011年末户籍人口75819人。2011年全镇工农业总产值16.39亿元，其中农业总产值3.38亿元，工业总产值13.01亿元，人年均纯收入6795元，地方方言全部为潮汕话。

【乡镇班子换届工作】 2011年7月召开中国共产党金和镇第十五次代表大会，选举产生党委委员11人，其中书记1人，副书记2人。9月召开金和镇第十三届人民代表大会，选举产生新一届领导班子成员，人大主席和副主席各1人，镇长1人，副镇长4人。

【村（社区）"两委"换届选举】 2011年3月底全镇13个行政村和1个社区全面完成换届选举，选举产生95名村（居）委"两委"成员；全面实现党组织书记、村（居）委会主任"一肩挑"。

【农业】 2011年水稻种植面积20996亩，粮食产量11304吨。抓好反季节蔬菜、无公害蔬菜、甜玉米、绿化苗木、生物能源等特色农业发展，全镇蔬菜种植面积9947亩，其中甜玉米面积1528亩。落实各项强农、惠农政策，按照一户一卡方式，发放农资综合直补、种粮直补和良种补贴等补助资金。

【工业】 2011年新增规模以上工业企业1家，新增限上商业企业2家，个体转限上企业5家，百分百完成"三个新增100"任务。实施"乡贤回归"工程，开展招商引资，全年引进投资项目2个，计划投资6600多万元。广东曙光电缆有限公司、揭西县旅揭食品有限公司已注资进行厂房建设。

【财税】 坚持依法征收，应收尽收的税收方针。强化征管措施，促进地方财税收入稳步增长，增强经济发展支撑力。2011年工农业总产值16.39亿元，其中农业产值3.38亿元，工业产值13.01亿元，国税收入326.01万元，增长33.35%。地税收入247.50万元，增长28.2%；完成"两税"年度任务的101.12%，财政收入1696.34万元。

【商业】 工商行政管理部门规范市场经济秩序，企业年检率和个体工商户验照率92%；开展打击生产销售假冒伪劣产品和无证经营行为，全面规范市场经济秩序，维护公平竞争环境。全年社会消费品销售额3.71亿元，比去年增长21.24%。

【教育】 全镇有学校19所，其中完全中学1所，初级中学2所，小学16所，在校中、小学生1.28万人。实施教育优先发展战略，千方百计筹措资金，改善教学环境。全年投入400多万元，其中投资200多万元，完成南侨中学图书馆建设；投资70多万元，完成金光小学教学楼建设；投资60万多元，完善和南小学教学楼建设；投资30多万元，完成金溪小学校门建设。加强德育工作，推进心理健康教育，构建"大德育"网络。全镇新建小学幼儿园4所，累计6所；适龄儿童入学率100%，小学年巩固率99.9%，毕业率100%。

【卫生】 全镇有卫生院1所，医务人员70人，病床80张，配备有X光机、B超机、半自动生化仪、血液分析仪等医疗设施。

【计划生育】 2011年落实“四术”614例，其中结扎342例，一孩上环267例，计划生育率97.47%，出生率11.55‰，自然增长率6.34‰，查环查孕率97.62%；征收社会抚养费120万元。

【生态环境建设】 保护生态环境，维护群众环境权益。做好农村生活垃圾处理、重点河段和工业污染整治。全年清理垃圾乱堆放点26个，清理重点河段垃圾500多吨，整改落实污染企业8家，企业投入环保设施资金超过200万元，有效地保护环境。

【建设社会主义新农村】 重视新农村建设，争取上级和外出乡贤支持，改善人民群众的生产生活条件。全镇13个行政村投入2500多万元完善交通、水利等公共基础设施建设。以“雨污分流”作为新农村建设的切入点，投入资金970万元实施和南、金园、金光、金新、南山头、山湖村农村“雨污分流”工程。

【社会保障】 加强社会保障体系建设，全年参加城镇居民医保2300人，参加新型农村合作医疗58461人，参加新型农村养老保险18415人，实现人人享有基本医疗卫生服务。

【民生】 加强社会救助体系建设，全年发放优抚定补款103.08万元。发放社会救灾救济款200多万元及物资一批，其中发放农村五保供养费29.82万元，发放农村低保医疗救助金4.37万元，发放农村临时救济金4万多元，及时发放救济粮1.4万斤；发放冬令救灾救济棉被折合人民币4300元；争取上级和社会各界热心人士帮助贫困家庭7人免费或部分免费实施白内障、儿童先天性心脏病手术。镇妇联争取上级拨款33300元，其中，帮扶困难儿童65人，帮助困难妇女1人；爱心父母扶助金5000元；恤孤助学金18300元；援建单亲母亲安居房1户10000元。

【社会治安】 以维护全镇社会稳定为目标，深入开展社会治安综合治理“十项整治”活动，严厉打击各类违法犯罪活动。重拳打黑除恶，对黑恶势力犯罪和“两抢两盗”等违法犯罪活动坚决打击。全年共立刑事案件23宗，破11宗，查处治安案件116起（含调处各类纠纷28起），挖出犯罪团伙1个，抓获各类违法犯罪人员53人，其中刑事拘留17人；治安拘留或治安处罚36人，抓获吸毒人员6人。

【扶贫工作】 珠海市财政局国库支付中心以帮扶南山头村及贫困户脱贫奔康为目标，2011年落实帮扶资金116万多元，启动和实施帮扶项目16个，投入资金约130多万元，完成南山头村小学生上学路、村委会办公楼、南联小学、村垃圾池改造等10个项目的建设。

【基础设施建设】 2011年投入700多万元完成金莲、新堂、和东等村道水泥路面和联山公路工程建设。加固金凤联围防洪工程金新堤段、和西枫山顶堤段；完成面前洋灌区节水配套改造工程的测量、设计等前期工作；完成农村饮水安全工程建设，解决36173农村人口的饮水安全问题。完成10千伏高压线路改造和山湖、仙坡村低压线路改造，11万伏变电站主变、控制楼及高压室项目的建设。

【科技创新】 企业走科技创新道路，金和镇高新技术制造业年产值5600万元，全年投入科研经费146万元，专利申请数6个。大力扶持特色产业科技创新，整合多方资源，创建金和镇印刷包装产业网，印刷包装产业申报揭阳市技术创新专业镇。

金和镇领导任职情况

书　记　李文烈　~2011.06
　　　　王旭荣　2011.06~
镇　长　王旭荣　~2011.05
　　　　杨杰生　2011.06~
副书记　林育明　~2011.05
　　　　林卓城　2011.07~
党委委员　林锡杉　~2011.07

陈潮荣 2006.02～
王妹卿 2006.08～
林招武 ～2011.07
陈岳文 2006.08～
林世雄 2011.07～
林生建 2011.07～
林岳荣 2011.07～
廖志顷 2011.07～
高文娜 2011.07～
副镇长 王伟加 2005.07～
林映益 2006.08～
吴琦洁 ～2011.07
杨保强 ～2011.04

（杨杰生　杨晓和）

凤 江 镇

【概况】 凤江镇位于揭西县东南部，距县城40公里，东临榕江南河，与棉湖镇隔河相望，西接金和，北连塔头，南与普宁梅塘毗邻。凤江镇辖区面积33.675平方公里，辖15个村民委员会和1个居委会， 85个村民小组。全镇以平原为主，只有阳西村、赤新村共787.1亩的低矮山地。耕地面积25791亩，旱地1668亩。全镇总人口82731人。2011年，工农业总产值17.78亿元，其中农业产值15.33亿元，工业产值2.45亿元，国地两税收入508万元，人年均纯收入5418元。

【班子换届工作】 2011年9月召开中国共产党凤江镇第一次代表大会，选举产生镇委书记1名、镇长1名、党委委员11名、副镇长4名。2011年9月召开第一届人民代表大会，选举产生人大主席1名、副主席1名。

【村社区“两委”换届选举工作】 2011年4月凤江镇开展村社区“两委”换届选举工作，选举产生村（居）委书记16名、主任4名，其中村书记主任一肩挑的11名。

【工农业生产】 2011年全镇工农业总产值17.78亿元，其中工业总产值15.33亿元，农业总产值2.45亿元。凤江镇是揭西县的农业大镇，农作物主要种植水稻、甘茨、小麦、花生、甘蔗、冬瓜、大芥菜等。2011年粮食种植面积36964亩，总产量达到14230吨，蔬菜种植面积12034亩，产量达到22037吨。凤江镇充分发挥区位优势，大力发展以蔬菜生产为主的“城郊型”三高农业，积极推广优良品种和科学技术在农业领域的应用，良种率达到95%以上。通过招商引资，占地200多亩的东新溪畔三高农业生产基地已建成投入生产，该项目利用闲置山丘地建设，充分盘活土地资源。在工业生产方面，凤江镇是揭西县的工业重镇，主要有凉果蜜饯、电线电缆、塑料、五金、针织、榨油等行业，各行业呈明显布局：阳东片凉果加工、鸿江片电线塑料、凤湖片针织加工。根据行业布局，合理规划和完善凉果加工区、电线塑料加工区、新桥工业发展区的基础设施配套建设，发展环境不断优化，凉果加工、电线塑料、熔铜、染织等产业不断发展壮大，产业集群逐步形成。凤江镇凉果加工历史悠久，是远近闻名的“凉果之乡”，经过多年来的大力扶持，规范管理，凉果加工行业的生产条件、生产工艺大大改善，产品质量稳步提高，凤江凉果食品企业正逐步茁壮成长。

【商业】 凤江镇是潮汕地区著名集镇之一，2011年，全镇有市场2个，小型自选商场5家，个体工商户455家，私营企业44家，全年社会消费品零售总额3.33亿元。外贸出口方面，主要出口企业有新东源纺织有限公司。

【财税、社保】 2011年国税收入250万元，完成100.51%；地税收入258万元，完成106.98%；2011年有825户1810人享受城乡居民最低生活保障救济，已发放城乡低保金158.2万元；2011年，参加新型农村合作医疗69274人，上缴保费207.8万元；居民合作医疗参保1400人，上缴保费4.2万元。参加新型农村社会养老保险参保22335人，上缴保费187.9万元。

【教育和文化事业】 凤江镇坚持“教育优先”原则，努力实施“科教兴镇”战略，全力办好基础教育。至2011年，全镇有初级中学4所，初中在校生数4603人，教职工234人；小学12所（含四侨附小），学生5823人，教职工320人。全镇中小学生共10426人，教职工554人。镇委、镇政府认真落实农村义务教育阶段免收书杂费工作，积极解决农村“入学难”问题，全镇所有义务教育阶段学生享受免收书杂费政策。向乡贤募捐一批资金，用于奖教奖学，充分调动工作积极性。2011年，村级信息化建设、远程教育建设全面完成。

【卫生事业和计划生育工作】 2011年凤江镇有医院1所（凤江卫生院），乡村医疗站16；凤江卫生院占地面积2137平方米，总建筑面积2367平方米，有病床18张，内设7个科室，医务人员45人。全镇合格医疗站16个，医疗站医务人员16人，有证书16人。2011年全年共落实“四术”522例，计划生育率97.56%，2011年全镇出生901人，人口自然增长率5.7‰，社会抚养费征缴126万元。

【社会治安综合治理】 凤江镇积极争取社会各界的力量，建成凤南村、东丰村等视频监控点，莪萃警务室等群防群治网络。东丰村在全村范围内安装26个摄像头，对全村进行实时监控录像。加强治安巡逻队队伍的建设，延长巡逻时间。凤湖治安联防队在镇政府的扶持帮助和乡贤的资助下配备巡逻摩托车和对讲机，在凤湖范围内全天候巡逻。严厉打击“两抢一盗”、“六合彩”“牌九”赌博、“黑网吧”等违法犯罪行为，目前全镇社会治安形势良好。

【民生】 2011年，凤江镇积极争取，动员社会各界力量，多方筹集资金，投入基础设施建设，实施道路交通、水利、旧村改造、雨污分流、村容村貌整治、农村生活垃圾处理、改造教育教学环境等一批项目。农村安全饮水工程建设全面铺开，目前供水管道铺设到村工作已完成，这将缓解群众饮水难状况。“雨污分流”工程按工期逐步推进。

【扶贫】 市慈善总会、市县妇联等部门在凤江镇开展恤孤助学、爱心父母牵手困境儿童、百岁老人慰问等爱心活动6场次。深圳市金环宇电线电缆有限公司等热心企业、热心人士踊跃捐资，全镇扶贫济困蔚然成风。

凤江镇领导任职情况

书　　记　林培民　~2011.06
　　　　　廖文伟　2011.06~
镇　　长　李速建　~2011.06
　　　　　李志丰　2011.06~
副 书 记　杨杰生　~2011.05
　　　　　吴文龙　2011.06~
党委委员　吴松游　2006.07~
　　　　　刘建东　2011.06~
　　　　　林松武　2011.06~
　　　　　林锐涛　2011.06~
　　　　　林浩洁　2011.06~
　　　　　林乐群　2011.06~
　　　　　侯纯辉　2011.06~
　　　　　林冬花　2011.06~
副 镇 长　李文虹~2011.05
　　　　　侯协群~2011.05
　　　　　吴晓生~2011.05
　　　　　林铭流　2011.06~
　　　　　杨少波　2011.06~

（李志丰　陈凯旋　陈兰芳）

棉 湖 镇

【概况】 棉湖镇地处揭西东部，面积33平方公里，其中镇城区7平方公里。2011年底，全镇总户数25079户，户籍人口106034人。全镇工农业总产值59.72亿元，其中工业产值58.2亿元，农业产值1.52亿元，财政收入9904.85万元，人年均纯收入5782元。

【乡镇班子换届工作】 2011年7月22日召开棉湖镇第十五次党代表大会，选举产生新一届党委委员13名、纪委委员7名；2011年9月16日召开棉湖镇第十五届人民代表大会，选举产生人大主席1名，人大副主席1名；镇长1名，副镇长4名。

【村（社区）"两委"换届选举工作】 换届选举工作顺利进行，完成全镇24个村（居）委的换届工作，选出"两委"成员148名，增强基层的战斗力。

【农业】 落实农村种粮直补，将粮食补贴、家电下乡补贴等支农、惠农政策落到实处，让群众真正得实惠。大力推广优良品种和先进实用技术在农业领域的应用，提高农业综合生产能力，提高土地创值率，实现农业增效。全年实现农业总产值1.52亿元。

【工业生产】 镇以电线电缆电器、印刷包装等为主导产业，新增规模以上工业企业12家；新增个体转限上商业21家；新增限上商业企业16家。招商引资51.5亿元。

【财税】 2011年全镇财政总收入9904.85万元，财政总支出9949.57万元；地税收入1304.42万元，国税收入812.85万元。

【保险】 新型城乡居民医保覆盖面不断扩大，至2011年底，参加新型城乡医保人数8.78万人，其中居民29594人；新型城乡居民养老保险进度良好，落实参保人数11601人。

【商业】 2011年，全镇拥有个体工商户2535家，私营企业128家。社会消费品零售总额5.88亿元。

【教育】 2011年，全镇拥有完全中学1所，高级中学1所，初级中学5所，高中在校学生6832人，初中在校学生8588人，教职工733人；小学16所，学生11679人，教职工575人；幼儿园18所，全镇中小学生共27075人，教职工1314人。学龄儿童入学率达100%，初中入学率99.2%以上。

【卫生事业及计划生育】 全镇有医院1所（华侨医院），医务人员258人，有212人拥有专业技术职称，其中医生90人；乡村个体医疗站25个，医务人员28人。至2011年年底，全镇合格医疗站25个。

2011年，全镇出生1131人，其中男582人，女549人，人口出生率10.66‰，人口自然增长率5.68‰，全年开展4次集中服务活动，完成计生"四术"1011例，其中落实结扎325例（纯二女结扎138例），上环686例。至2011年底，有16个村（居）委达到"两无"标准，征收社会抚养费170万元。

【生态环境工作】 2011年投入资金80多万元完成镇建成区域市政地下排污管网的修补；投资50多万元完成洪棉路口过路涵洞的建设，捐资、投资1000多万元投入云湖公园石篱挡土墙、地基回填以及绿化、美化、健身场所等配套设施的建设。

【新农村建设和社区工作】 2011年投入资金101万元，改造农村危房101间；全镇14个村已基本完成第二自来水厂供水管道的铺设，新农村建设稳步推进。县第二自来水厂引水工程及镇区管网改造工程竣工投入使用，镇区群众已经饮用从县第三自来水厂引来的清水，有效解决群众饮水难问题。

【新型农村合作医疗工作】 新型农村合作医疗扎实推进，覆盖率99.4%以上。2011年，全镇参加农村合作医疗10791户，其中五保户95户，参保人数43165人，上缴医保费126.52万元；全年住院人数1398人，住院报销452.45万元。

【民生工作】 2011年，发放低保资金300多万元，五保资金22万元，送温暖及其他救济资金200万元。该镇加大劳动监察力度，全年调解劳动纠纷48宗，为民工追讨工资49.4万元。完善配套环管站建设，抓好镇区环境卫生整治，更新环卫设施，多方发动筹资80多万元，购置新型垃圾压缩车2辆，落实好“户分类、村收集、镇运转、县处理”的要求，彻底改变“脏、乱、差”的局面。开展水厂的清理清查工作，回收率和效益有所提升，确保24小时正常保质供水。

【社会治安综合治理】 树立“守土有责，保一方平安”的思想，坚持“打防结合，预防为主”的方针，针对地理位置独特、社会治安形势严峻的实际，建立健全群防群治网络，不断加大综治投入及其他治安硬件设施建设。该镇以春节、国庆等重大节假日期间的维稳工作为重点，全力维护社会平安稳定，狠抓社会治安，严厉打击各种违法犯罪行为，极大的促进该镇社会治安形势的进一步好转，2011年，侦破刑事案件50宗，捣毁犯罪团伙4个，抓获犯罪嫌疑人11名；查处治安案件451起，查扣无牌无证机动车120辆，促进全镇社会治安大局稳定。2011年，投入资金4万余元，完善“综治信访维稳中心”的配套。

【扶贫工作】 开展对困难党员、困难群众以及病残老弱孤寡等社会弱势群体进行慰问活动，送上慰问物品及现金。加强民政优抚工作，及时发放五保金、低保金和抚恤金。

棉湖镇领导任职情况

职务	姓名	任职时间
书记	林映立	2008.01～
镇长	林庭广	～2011.05
	吴国栋	2011.05～
副书记	沈汉展	～2011.06
	林东卫	2011.06～2011.12
	王群雄	2011.12～
党委委员	王转龙	2006.08～
	邱宝芬	2006.08～
	李锦丰	2008.09～
	侯晓生	2009.09～
	李宁	2009.10～
	李常春	～2011.07
	林坤锐	～2011.07
	赖少雄	～2011.07
	刘建东	～2011.07
	林春松	～2011.07
	林延年	2011.07～
	杨炎宏	2011.07～
	何锋城	2011.07～
	林坤锐	2011.07～
	黄锦泉	2011.07～
副镇长	林少明	～2011.07
	林东卫	～2011.06
	赖少雄	2011.07～
	吴琦洁	2011.07～

（吴国栋　何锋城　周　辉）

东 园 镇

【概况】 东园镇位于县境东部边陲，东与棉湖镇、揭东县白塔镇接壤，西与塔头镇毗邻，南隔榕江南河与凤江镇相望，北与京溪园镇、揭东县卅岭交界，距离县城42公里。面积26.50万平方公里。2011年底，辖10个村民委员会，1个居民委员会，有43个自然村。总户数8749户，户籍人口39517人，华侨及港澳、台同胞2.5万人。2011年，全镇工农业总产值2.85亿元，其中农业1.79亿元、工业1.06亿元；国地两税共收入140.23万元，财政收入675万元，人年均纯收入5108元。

【乡镇班子换届工作】 2011年7月22日，依法选举产生中国共产党东园镇第十五次代表大会代表103名。7月25日，中国共产党东园镇第十五次代表大会在镇政府会议厅召开，依法选举产生中共东园镇委员会新一届委员8人，其中书记1名，副书记2名，党委委员平均年龄39岁，比上一届减少1岁。全部具有大专以上文化程度；35岁以下年轻干部1名；妇女干部1名。2011年9月16日，依法选举产生东园镇第十三届人民代表大会代表62名。9月25日至9月26日，东园镇第十三届人民代表大会第一次会议在镇政府会议厅召开，依法选举产生东园镇新一届人民代表大会主席、副主席各1名，人民政府镇长1名、副镇长2名。

【村（社区）“两委”换届选举工作】 2011年4月，完成第五届村党（总）支部和村委会换届选举工作，依法选举出村（社区）党（总）支部书记11人，村（社区）委会主任11人，其中书记、主任一肩挑的7人，占64%；村“两委”干部交叉任职的27人，占55%。

【社会主义新农村建设】 开展农村生活污水处理工程建设，至2011年6月份下旬，基本完成先行点赤岩村的“雨污分流工程”建设。2011年下半年，着力抓好桃围、玉湖、东桥园、月湄、炉清等五个村“雨污分流工程”建设。推行“村村通自来水工程”，已完成桃围、后寮、炉清等3个行政村的自来水管道铺设。抓好新农村建设规划和农村道路、饮水、灌溉、电网、通讯等基础设施建设。玉湖、东桥园、月湄、联丰、赤岩等村在村道硬底化、村貌整治、垃圾处理等方面取得良好成效。

【基础设施建设】 交通建设方面：加大投入，积极搞好镇道、村道的改造建设，极力改善交通条件。投入180万，拓建东园镇政府至京棉公路路段；投资450多万元，新修筑新西公路。文教卫生方面：投资300多万元，抓好新增中央投资项目东园中学学生宿舍楼、食堂、操场建设工作。市政建设方面：积极做好总投资300多万元的农村饮水安全工程；投入150多万元，新建镇财政楼及镇机关食堂；积极配合上级搞好11万伏供变电站规划建设。

【新型农村合作医疗工作】 2011年，全镇城乡居民参保意识不断提高，全镇城乡居民参加合作医疗人数28139人，完成县下达任务的100%。

【工农业生产】 2011年，全年农业总产值1.79亿元，占总产值的62.81%。现有耕地面积13598亩，其中水田7930亩，山地旱园5678亩。种植作物除水稻外，还有香蕉、青榄、荔枝、龙眼、柑橘、蔬菜等经济作物。2011年，种植香蕉2300亩、青榄1400亩、荔枝1200亩、龙眼1000亩，柑橘800亩、竹笋500亩、冬瓜2700亩、黄瓜1100

亩，淡水鱼养殖869亩。2011年，全镇工业产值1.06亿，占总产值37.19%。新引进广州威潜电线电缆有限公司东园生产基地、深圳市凯惠科技有限公司东园线材厂、揭西县安力电线电缆有限公司和塔牌东园搅拌站等企业，进一步夯实工业发展基础。

【社会治安综合治理】 坚持“重典治乱、重拳打击、依法依规”原则，通过政法部门和各村（居）委会上下联动，重拳打击抢劫、盗窃、涉毒等多发性犯罪，以及“六合彩”等赌博活动，全面推进社会治安综合治理，处理好群体性上访和群体性突发事件，维护国家政治安定和社会治安稳定。2011年，全镇发生刑事案件7宗，立7宗，破1宗，破往年刑事案件4宗，抓获犯罪嫌疑人4人，追回被盗抢摩托车4辆；发生治安案件129宗，查处125宗，处罚18人次。

【财税、社保】 2011年，全镇国地两税收入140.23万元，完成上级下达任务104.32%；财政收入715万元，比增5.93%。2011年，全镇低保共1410人，累计发放低保金128.66万元；五保户42人，累计发放五保生活补助金12.6万元；优抚126人，发放优抚金50.64万元；孤儿补助33人，发放孤儿补助金23.76万元。

【商业】 全镇有农贸市场2个，小型自选商场1家，镇区沿街商铺110多家，商业服务行业180多家，其中集中在东园中心市场110家，散布乡村小商店70家。主要商品有五金电器、服装鞋类、日常用品、农副产品等。

【教育、文体】 2011年，全镇有初级中学1所，小学6所，民办幼儿园、托儿所2所。中学在校学生2035人；教职工80人。在校小学生2620人；教职工157人。完成总投资500多万元东园中学一期改造工程建设，教学环境明显改善。教学质量明显提高，东园中学考取棉湖中学直升班5人，重点班31人。2011年，有文化站1个，广播站1个，有线电视转播站1个，村级广播站10个，敬老院1个。10个村均有篮球场，春节和重大地方性庆典活动，开展潮州大锣鼓、篮球比赛等群众性文化体育活动。

【卫生事业及计划生育】 2011年，全镇有卫生院1所，医务人员27人，病床25张。有乡村个体医疗站15个，医务人员15人。儿童计划免疫率99%以上。认真落实计划生育工作，加大计生条例宣传力度、完善人口信息管理、狠抓“四术”落实和社会抚养费征收。2011年，全镇出生437人，落实“四术”317例，征收社会抚养费64万元，政策生育率97.25%，节育率85.53%，出生率11.17‰，自然增长率6.47‰。

东园镇领导任职情况

职务	姓名	任职时间
书　记	李清闲	～2011.12
	林新宏	2011.12～
镇　长	林新宏	～2011.12
	林东卫	2011.12～
副书记	林子彤	～2011.06
	吴少坤	2011.07～
党委委员	吴文龙	～2011.06
	王耀龙	2006.08～
	林史创	2006.08～
	李凯生	2006.08～
	林俊奕	2011.07～
	李万赞	2011.07～
	吴文超	～2011.07
副镇长	黄静丰	～2011.07
	沈汉川	2011.07～
	杨宏芬	2011.07～

（林东卫　李秉江）

塔 头 镇

【概况】 塔头镇位于揭西县东南部，五经富河中下游，东北邻东园镇，南邻凤江镇、金和镇，西连灰寨镇，北接京溪园镇，距县城32公里。2011年底，全镇总面积28.98平方公里，辖1个社区居民委员会和14个村民委员会，43个自然村，总户数12061户，总人口53185人。2011年全镇工农业总产值6.6亿元，其中工业产值4.6亿元，农业产值2.0亿元，财政收入1630万元。国地两税收入120.12万元，人年均纯收入6347元。

【乡镇班子换届工作】 2011年6月，依法选举产生中国共产党塔头镇第十六次代表大会代表105人。7月22日，中国共产党塔头镇第十六次代表大会在镇侨联四楼会议厅召开，会议依法选举产生中共塔头镇委员会新一届委员11名，其中书记1名，副书记2名。9月16日，全镇28个选区进行投票选举，依法选举产生塔头镇第九届人民代表大会代表70名。9月24日，塔头镇第九届人民代表大会第一次会议在镇侨联四楼会议厅召开，会议依法选举产生塔头镇新一届人民代表大会主席、副主席各1名，镇长1名、副镇长4名。

【村（社区）“两委”换届选举工作】 2011年4月15日全面完成村（社区）换届选举工作；此次选举共产生村（社区）党（总）支部委员会成员68名，其中书记15名，副书记9名，委员68名；产生村（居）委员会成员78名，其中主任15名，副主任7名，委员78名；新当选的村（社区）“两委”班子成员中，上届“两委”班子成员60名，占70.6%；党员69名，占81.2%；妇女14名，占16.5%；全镇村（社区）“两委”班子交叉任职总人数61人，占71.8%；党（总）支部书记与村（居）委主任“一肩挑”总人数14人，占93%。

【农业】 2011年全镇水稻种植面积13510亩，共发放种粮补贴116.6万元，能繁母猪补助13.17万元。大力发展黑皮冬瓜、甜玉米、笋竹、蔬菜等具有区域优势和竞争力的地方特色农业，加快基地建设，开展“绿色证书”工程，2011年全镇种植冬瓜5415亩，甜玉米774亩，笋竹1000亩。

【工业】 2011年完成金塔工业集中区整体规划设计和塔头辖区征地、租地工作，累计征租地1500亩，投入资金6000多万元进行“五通一平”等前期工作，已有广东高塔肥业有限公司、揭西县电线杆厂2家企业入驻园区并建成投产。京塔经济开发区塔头辖区1180.5亩征地及赔偿工作有序进行，已完成辖区内大部分土地的丈量、作物登记和赔偿工作，有关工作正在稳步推进。揭西县辉盛电线电缆厂、香港乐天食品实业有限公司等7家企业已经签订入驻金塔工业集中区的协议，其中3家已经开始实施平整土地及其他前期工作。2011年新增规模以上工业企业3家，新增限上商业1家，个体转限上商业2家。食品、建材、装饰等个体私营企业生产效益不断提高。

【财税】 坚持增收节支，依法治税，依法征管，积极培育、开拓税源，采取措施引进税收，同时加强财政支出管理和监督力度，增强财政调控能力。2011年，全镇财政总收入1630万元，财政总支出1630万元，国税、地税分别收入41.52万元和78.60万元。

【社保】 2011年社保新扩面人数330人，征缴社保费350万元；2011年全镇参加新农保13000

多人，城乡居民新型社会保险征缴工作也有序开展。

【商业】 商贸市场活跃，社会消费品零售业和餐饮业稳步发展，各类商品供应充足，商贸业呈现出良好发展势头，2011年社会消费品零售总额达2.75亿元。

【文化教育】 2011年，全镇有文化站1个，广播站1个，有线电视转播站4个，村级广播站14个，农家书屋15间。2011年，全镇有初级中学2所，小学15所，民办幼儿园1家，在校教职工330人，在校学生6232人。2011年，2所中学考上高中340人，其中4名学生考上揭阳一中，133名学生考上河婆中学、棉湖中学重点班。

【卫生】 2011年，全镇有中心卫生院1所，乡村个体医疗站39个，医务人员64人，其中镇中心卫生院占地面积2100平方米，建筑面积1800平方米，内设妇产科、内儿科、外科、五官科、烧伤科、防疫科、化验、X光、B超等科室，有病床20张。

【计划生育】 认真落实人口与计划生育工作责任考核制度，完善人口信息化管理，2011年，落实“四术”410例，计划生育率97.31%，人口出生率控制在11.29‰以下；抓好社会抚养费征收工作，征收社会抚养费96万元。

【新农村建设和社区建设】 加大资金投入力度，完善农村基础设施，筹资修建潭溪储美水泥村道；积极落实好“五改”措施，做好“雨污分流”工程建设，塔头、新园、山寮三个村已完成“雨污分流”工程建设，农村生产生活环境和村民精神文明得到较大提升。

【新型农村合作医疗】 2011年，农村新型合作医疗和居民医保工作深入开展，农村新型合作医疗保险全面实施，2011年全镇参加农村新型合作医疗保险44128人，参加居民医保1200人，有效解决群众看病贵、就医难、因病返贫等问题。

【民生工作】 完善交通设施建设，认真做好塔金公路的改造扩宽工程建设，已完成路面及控制区测量、征地和作物赔偿等工作，公路建设正在进行当中；大丰公路的规划、建设工作也在抓紧进行。大力加强水利设施建设，为农业发展、农民增收创造有利条件，第一期至第三期开发整修农田10700亩、总投资1000多万元的农综项目全部竣工并通过验收投入使用。切实抓好民生重点工程，投资2000万元，认真做好供水网管的铺设及配套建设，全力推进农村饮水安全工程建设进度，塔头、新园、潭新3个村已完成供水管道铺设工作。

【社会治安】 坚持“预防为主、打防结合”的方针，全力抓好“十项”整治工作，加强社会治安综合治理，依法打击涉赌涉抢，“两抢一盗”以及“六合彩”、“牌九”等赌博违法行为。重视综治信访维稳工作，完善综治维稳软硬环境，健全维稳工作机制，高度重视信访工作，及时解决群众反映的突出问题，稳妥化解矛盾纠纷。加强社会经济秩序整顿力度，健全常抓不懈的长效机制，重点加大制假售假打击力度，确保全镇社会经济秩序的健康稳定。

塔头镇领导任职情况

书　记	林育群	2007.12～
镇　长	陈舜明	2009.09～
副书记	王朝辉	2009.09～
党委委员	林灵书	～2011.07
	林益辉	～2011.07
	高文娜	～2011.07
	沈汉川	～2011.07
	林　楠	～2011.07
	郭慈冲	2006.07～
	李勤勉	2006.07～
	陈旭群	2011.07～
	高东潘	2011.07～

吴宏伟 2011.07～
吴少波 2011.07～
副 镇 长 吴俊辉 2006.07～
赵河艺 2006.07～
李文虹 2011.09～
吴谦慎 2011.09～

（陈舜明 林胜辉 许耿双）

人　物

县委、县人大、县政府、县政协、县纪委班子成员名单

中共揭西县委员会

书 记 黄陇章 ~2011.04
邬郁敏 2011.04~
副书记 邬郁敏 ~2011.04
吴少炎 2011.09~
张 范 2006.08~（正处级）
常 委 陈锐彬 2006.10~
王一干 2007.03~
陈锐章 2008.03~
邱辉盛 2009.08~
方伟斌 2011.09~
林建文 2011.09~
蔡明专 2011.09~
王群青 2011.09~
杨婉香 ~2011.09（正处级）
李开宜 ~2011.09（正处级）
邓荣贤 ~2011.09
黄俊明 ~2011.09
蔡福生 ~2011.09

县人大常务委员会

主 任 黄陇章 ~2011.02
陈燕展（代）2011.04~2011.11
邬郁敏 2011.11~
常务副主任（正处级） 李景瑶~2011.02~
邹细信 2011.11~
副主任 汪耀辉 2003.04~
陈燕展 2006.10~
温金华 2006.10~
蔡育明 2010.03~
林培民 2011.02~
张远辉 2011.02~

县人民政府

县 长 邬郁敏 ~2011.09
吴少炎 2011.11~
副县长 吴少炎 2011.09~2011.11
邱辉盛 2007.03~
刘小电 2009.08~
魏县汉 2010.04~（挂职）
张林华 2011.09~
陈 河 2011.11~
刘丽彬 2011.11~
林金晓 2011.11~
刘佑知 ~2011.09
王创华 ~2011.09
邹细信 ~2011.11
林建文 ~2011.11
蔡明专 ~2011.11
王群青 ~2011.11
林少丹 ~2011.11
县长助理 徐战略 2009.01~（副处级）

政治协商会议揭西县委员会

主 席 高史佑 ~2011.11
蔡福生 2011.11~
副主席 张赐贯 ~2011.02
黄志宝 2003.04~
何茂国 2003.04~

王耀初　~2011.11
陈双对　2006.10~
胡绍勇　2006.10~
陈俊强　2011.11~

中共揭西县纪律检查委员会

书　记　陈锐彬　2006.09~
副书记　许乐辉　~2011.09
蔡建新　2007.01~（兼监察局局长）
张优产　2009.09~（副处级）
常　委　蔡传榜　~2011.09（正科级）
彭俊红　~2011.09
汪伟富　2007.12~
邓淑清　2011.09~
李锦山　2011.09~
彭绍兴　2011.09~

受国家、省、市级表彰单位及个人名单

第一部分　揭西县受国家、省、市级表彰单位名单

一、揭西县受国家级表彰单位名单

单位名称	受表彰情况	授予单位	授予时间
揭西县人民政府	全国绿化先进集体	全国绿化委员会、人力资源和社会保障部、国家林业局	2011年3月
揭西县棉湖镇	全民健身运动先进单位	国家体育总局	2011年
揭西县棉湖镇文化广场	乡镇体育健身示范工程	国家体育总局	2011年

二、揭西县受省级表彰单位名单

单位名称	受表彰情况	授予单位	授予时间
揭西县林业局	全省森林资源林政管理先进单位	广东省林业局	2011年10月
揭西县人民检察院控告申诉科	省“文明接待室”	广东省人民检察院	2011年5月
揭西县人民检察院司法警察大队	全省检察机关司法警察编队管理“示范单位”	广东省人民检察院	2011年11月
揭西县人民检察院	2009-2010年度广东省检察机关“先进基层检察院”	广东省人民检察院	2011年2月
揭西县棉湖镇	第十二届体育活动先进单位	广东省体育局	2011年

续上表

单位名称	受表彰情况	授予单位	授予时间
揭西县广播电视台	广东省基层宣传文化工作先进单位	广东省委宣传部、广东省文化厅、广东省广播电影电视局、广东省新闻出版局	2011年
揭西县广播电视台	广播电视安全播出先进单位	广东南方广播影视传媒集团	2011年
揭西县棉湖中学	广东省绿色学校	广东省委宣传部、环保厅、教育厅	2011年

三、揭西县受市级表彰单位名单

单位名称	受表彰情况	授予单位	授予时间
揭西县人民检察院	先进基层党组织	揭阳市委	2011年7月
揭西县人民检察院“打击破坏生态资源”专案组	集体三等功	揭阳市人民检察院	2011年1月
揭西县国樱运动用品厂	安全文化建设示范企业	揭阳市安全监管局	2011年
揭西特美思度假村有限公司	安全文化建设示范企业	揭阳市安全监管局	2011年

第二部分　揭西县受国家、省、市级表彰个人名单

一、揭西县受国家级表彰个人名单

姓　名	所在单位	受表彰情况	授予单位	授予时间
刘耀雄	揭西县安监局	安全监管监察先进个人	国家安监总局、国家煤矿安监局	2011年

二、揭西县受省级表彰个人名单

姓　名	所在单位	受表彰情况	授予单位	授予时间
朱喜荣	揭西县人民检察院	2009-2010年度广东省检察机关“优秀基层检察长”	广东省人民检察院	2011年2月
孙映生	揭西县人民检察院	全省政法系统“落实三项重点工作 构建和谐广东”先进个人	广东省人民检察院	2012年2月
李建航	揭西县水利局	广东省城乡防灾减灾工程建设先进个人	广东省水利厅	2011年
林永光	揭西县水利局	广东省防汛防旱防风防冻先进工作者	广东省水利厅	2011年
刘永双	揭西县公路局	工会管理工作先进个人	广东省公路管理局	2011年
蔡明龙	揭西县公路局	“十一五”广东省公路养护管理工作先进个人	广东省公路管理局	2011年
刘佑金	揭西县公路局	路政管理工作先进个人	广东省公路管理局	2011年

续上表

姓　名	所在单位	受表彰情况	授予单位	授予时间
张秀英	揭西县广播电视台	第五个五年法制教育先进工作者	广东省普及法律常识领导小组	2011年
黄光华	揭西县民政局	全省民政工作先进工作者	广东省民政厅	2011年5月

三、揭西县受市级表彰个人名单

姓　名	所在单位	受表彰情况	授予单位	授予时间
徐小芳	揭西县人民检察院	个人三等功	揭阳市人民检察院	2012年1月
李文涛	揭西县卫生局	优秀党务工作者	揭阳市委	2011年
李文涛	揭西县卫生局	卫生系统先进个人	揭阳市卫生局	2011年
陈俊万	揭西县京溪园中学	揭阳市先进教育工作者	揭阳市教育局	2011年
吴昭亮	揭西县第四华侨中学	揭阳市优秀教育工作者	揭阳市教育局	2011年
张碧芳	揭西县南山镇北溪小学	揭阳市优秀教育工作者	揭阳市教育局	2011年
张宏章	揭西县河婆中学	揭阳市优秀班主任	揭阳市教育局	2011年
蔡美娜	揭西县东山中学	揭阳市优秀班主任	揭阳市教育局	2011年
陈燕珠	揭西县棉湖第二中学	揭阳市优秀班主任	揭阳市教育局	2011年
刘银珍	揭西县龙潭镇龙东小学	揭阳市优秀班主任	揭阳市教育局	2011年
庄衍富	揭西县上砂中学	揭阳市优秀教师	揭阳市教育局	2011年
杨玉涛	揭西县第一中学	揭阳市优秀教师	揭阳市教育局	2011年
曾之林	揭西县北山中学	揭阳市优秀教师	揭阳市教育局	2011年
林悦娜	揭西县金和初级中学	揭阳市优秀教师	揭阳市教育局	2011年
陈惠珍	揭西县塔头中学	揭阳市优秀教师	揭阳市教育局	2011年
孙国华	揭西县棉湖中学	揭阳市优秀教师	揭阳市教育局	2011年
黄思莉	揭西县坪上镇员东小学	揭阳市优秀教师	揭阳市教育局	2011年
李梅芳	揭西县河婆街道东风小学	揭阳市优秀教师	揭阳市教育局	2011年
林卫华	揭西县东园镇四联小学	揭阳市优秀教师	揭阳市教育局	2011年
林建旋	揭西县棉湖镇实验学校	揭阳市优秀教师	揭阳市教育局	2011年
王朝辉	塔头镇委副书记	精神文明创建工作先进工作者	揭阳市	2011年
张　谦	纪达中学校长	精神文明创建工作先进工作者	揭阳市	2011年
谢创平	县国税局党组书记、局长	精神文明创建工作先进工作者	揭阳市	2011年
杨俊乐	金和人民法庭副庭长	精神文明创建工作先进工作者	揭阳市	2011年
叶俊新	县委宣传部理论组组长	精神文明创建工作先进工作者	揭阳市	2011年

第三部分 揭西县2010~2011年度获省、市、县级表彰文明单位和文明户标兵名单

一、揭西县2010~2011年度获省、市、县级表彰文明单位名单

单位名称	授予级别	授予时间
广东揭西农村商业银行	省级	2011年
棉湖镇贡东村	省级	2011年
河婆街道	市级	2011年
京溪园镇	市级	2011年
棉湖镇	市级	2011年
县委办	市级	2011年
县政府办	市级	2011年
县文联	市级	2011年
县地税局	市级	2011年
河婆中学	市级	2011年
广东电网揭阳揭西供电局	市级	2011年
揭西县公安局治安管理大队户政股	市级	2011年
县人民医院	市级	2011年
良田乡下村	市级	2011年
河婆街道下滩村	市级	2011年
南山镇北溪村	市级	2011年
灰寨镇柑坑村	市级	2011年
塔头镇山寮村	市级	2011年
棉湖镇贡东村	市级	2011年
上砂镇三水村（和谐文明村）	市级	2011年
良田乡	县级	2011年
龙潭镇	县级	2011年
塔头镇	县级	2011年
县人大常委会办公室	县级	2011年
政协揭西县委员会办公室	县级	2011年

续上表

单位名称	授予级别	授予时间
县委组织部	县级	2011年
县委宣传部	县级	2011年
县史志办公室	县级	2011年
县直属机关工作委员会	县级	2011年
县人民法院	县级	2011年
县民政局	县级	2011年
县林业局	县级	2011年
县气象局	县级	2011年
县广播电视台	县级	2011年
县民族宗教事务局	县级	2011年
县食品药品监督管理局	县级	2011年
县城规局	县级	2011年
县国家税务局	县级	2011年
广东电网揭阳揭西供电局	县级	2011年
广东揭西农村商业银行	县级	2011年
县烟草专卖局（分公司）	县级	2011年
县审计局	县级	2011年
县财政局	县级	2011年
县工商局	县级	2011年
县工商局	县级	2011年
县卫生局	县级	2011年
县教育局	县级	2011年
县地税局	县级	2011年
县邮政局	县级	2011年
中国电信揭西分公司	县级	2011年
中国移动揭西分公司	县级	2011年
武警揭西县中队	县级	2011年
县劳动就业服务管理中心	县级	2011年
县人民检察院政工科	县级	2011年

续上表

单位名称	授予级别	授予时间
县棉湖司法所	县级	2011年
县光荣院	县级	2011年
县文化馆	县级	2011年
县新华书店	县级	2011年
县河輋林场	县级	2011年
中国银行揭阳揭西棉湖支行	县级	2011年
中石化揭西石油分公司	县级	2011年
县邮政局霖都营业处	县级	2011年
县烟草专卖局（分公司）棉湖服务站	县级	2011年
揭西县糖烟酒公司	县级	2011年
县地方税务局棉湖税务分局	县级	2011年
中国移动河婆服营厅	县级	2011年
中国财保灰寨营销部	县级	2011年
县物业局河婆管理所	县级	2011年
中国联通河婆网络中心	县级	2011年
中国电信钱坑营销服务中心	县级	2011年
揭西农村商业银行五云分行	县级	2011年
中国工商银行揭西棉湖支行	县级	2011年
县工商局河婆工商所	县级	2011年
县国税局五经富税务分局	县级	2011年
东园镇财政所	县级	2011年
河婆街道财政所	县级	2011年
白云山威灵药业有限公司	县级	2011年
广东五洲龙电源科技有限公司	县级	2011年
揭西县复兴五金塑料制品有限公司	县级	2011年
钱坑卫生院	县级	2011年
上砂卫生院	县级	2011年
揭西骨伤科医院	县级	2011年
棉湖华侨医院	县级	2011年

续上表

单位名称	授予级别	授予时间
第一职业技术学校	县级	2011年
纪达中学	县级	2011年
北山中学	县级	2011年
上砂镇活动小学	县级	2011年
良田乡中心小学	县级	2011年
河婆街道东风小学	县级	2011年
南山镇北溪小学	县级	2011年
京溪园镇美德华侨学校	县级	2011年
大溪中学	县级	2011年
金和镇和东小学	县级	2011年
塔头镇塔头小学	县级	2011年
棉湖镇实验学校	县级	2011年
棉湖中学	县级	2011年
县中心幼儿园	县级	2011年
五云镇下洞小学	县级	2011年
绵基中学	县级	2011年
龙潭中学	县级	2011年
灰寨镇灰寨小学	县级	2011年
五经富镇经富小学	县级	2011年
钱坑中学	县级	2011年
凤江镇东新小学	县级	2011年
东园镇古福小学	县级	2011年
上砂镇三水村	县级	2011年
上砂镇活动村	县级	2011年
五云镇坡苏村	县级	2011年
五云镇罗洛村	县级	2011年
良田乡双水村	县级	2011年
坪上镇四新村	县级	2011年
坪上镇南联村	县级	2011年

续上表

单位名称	授予级别	授予时间
河婆街道新安社区	县级	2011年
河婆街道西坑村	县级	2011年
龙潭镇井下村	县级	2011年
南山镇前锋村	县级	2011年
南山镇北溪村	县级	2011年
灰寨镇上角村	县级	2011年
灰寨镇新图村	县级	2011年
五经富镇中联村	县级	2011年
五经富镇五新村	县级	2011年
五经富镇陈江村	县级	2011年
京溪园镇长滩村	县级	2011年
京溪园镇新联村	县级	2011年
钱坑镇钱东村	县级	2011年
钱坑镇钱西村	县级	2011年
大溪镇金星村	县级	2011年
金和镇南山头村	县级	2011年
金和镇和西村	县级	2011年
塔头镇山寮村	县级	2011年
塔头镇旧住村	县级	2011年
东园镇月湄村	县级	2011年
凤江镇赤新村	县级	2011年
凤江镇凤南村	县级	2011年
棉湖镇云湖社区	县级	2011年
棉湖镇新湖村	县级	2011年

二、揭西县2010～2011年度获县级表彰文明户标兵名单

姓　名	所在乡镇	授予级别	授予时间
庄永集	上砂镇	县级	2011年
庄锦袍	上砂	县级	2011年
彭盛环	五云镇	县级	2011年

续上表

姓　名	所在乡镇	授予级别	授予时间
邓敬剖	五云镇	县级	2011年
陈展发	良田乡	县级	2011年
刘桂连	良田乡	县级	2011年
蔡远庭	坪上镇	县级	2011年
张本坦	坪上镇	县级	2011年
张雪花	河婆街道	县级	2011年
张克俭	河婆街道	县级	2011年
张少华	河婆街道	县级	2011年
林永传	河婆街道	县级	2011年
刘冠群	龙潭镇	县级	2011年
李永存	南山镇	县级	2011年
邓昭明	南山镇	县级	2011年
李瑞沛	灰寨镇	县级	2011年
李良英	灰寨镇	县级	2011年
高东进	五经富镇	县级	2011年
曾纪光	五经富镇	县级	2011年
曾祥真	五经富镇	县级	2011年
陈廷训	京溪园镇	县级	2011年
陈雄泉	京溪园镇	县级	2011年
林志华	钱坑镇	县级	2011年
李爱专	钱坑镇	县级	2011年
李锡平	大溪镇	县级	2011年
李育建	大溪镇	县级	2011年
杨雄涛	金和镇	县级	2011年
廖立见	金和镇	县级	2011年
陈平金	塔头镇	县级	2011年
刘惠君	塔头镇	县级	2011年
卓俊法	东园镇	县级	2011年
沈旭华	东园镇	县级	2011年
林少奋	凤江镇	县级	2011年
王永南	凤江镇	县级	2011年

续上表

姓　名	所在乡镇	授予级别	授予时间
侯茂宏	凤江镇	县级	2011年
林养群	棉湖镇	县级	2011年
王义坤	棉湖镇	县级	2011年
黄广和	棉湖镇	县级	2011年
郭常娟	棉湖镇	县级	2011年

附　录

社会经济统计资料

综合县情县力主要总量指标

项　　目	计量单位	2011年	比增%
一、年末总户数	户	249824	
年末总人口	人	981148	
其中：农业人口	人	729010	
二、社会总产出（当年价）	万元	3525212	21.7
第一产业	万元	385101	20.2
第二产业	万元	2516632	24.0
工业	万元	2192127	23.8
建筑业	万元	324505	25.3
第三产业	万元	623479	13.9
交通运输、仓储好邮政业	万元	40327	14.9
批发和零售业	万元	226061	19.9
住宿和餐饮业	万元	99791	18.1
金融业	万元	26247	23.9
房地产业	万元	65986	13.6
其他服务业	万元	165067	3.0
三、生产总值	万元	1418504	19.9
第一产业	万元	251855	20.4
第二产业	万元	768846	23.2
工业	万元	686228	23.6
建筑业	万元	82618	20.3
第三产业	万元	397803	13.7
交通运输、仓储好邮政业	万元	19310	12.7
批发和零售业	万元	177176	19.6
住宿和餐饮业	万元	44916	18.1
金融业	万元	14364	3.4
房地产业	万元	45062	13.4
其他服务业	万元	96975	4.3

农业总产值及增加值

单位：万元

项　目	2011年（现行价）	比增%	2011年（可比价）	比增%
一、农业总产值	385101	20.24	339558	6.02
其中：1. 种植业	202033	20.04	182317	8.33
2. 林业	24161	33.30	21713	19.80
3. 畜牧业	126278	19.43	104268	–1.39
4. 渔业	16129	8.20	15606	4.69
5. 农林牧渔服务业	16500	24.91	15654	18.50
二、农业增加值	251855	20.40	221843	6.05
其中：1. 种植业	136110	20.04	123031	8.50
2. 林业	17314	33.31	15337	18.09
3. 畜牧业	84669	19.43	70370	–0.74
4. 渔业	7286	8.21	6960	3.37
5. 农林牧渔服务业	6476	24.90	6145	18.51

工业总产值情况表

单位：个、万元

项　目	企业个数	按当年价计算		按可比价计算	
		2011年	比增%	2011年	比增%
其中：年销售2000万以上企业	116	1010912	45.5	928233	33.6
其中：轻工业	74	648518	45.9	595179	33.9
重工业	42	362394	44.8	333054	33.1
其中：国有企业	3	54886	12.6	53667	10.1
集体企业	2	14166	44.4	13381	36.4
其他	111	941860	48	861185	35.4
年销售2000万元以下企业	4276	1039913	13.5	989828	8.0
合　计		2050825	27.3	1918061	19.1

规模以上工业企业主要经济指标

单位：千元

项　　目	企业个数	工业总产值（当年价）	工业销售产值（当年价）	工业增加值（当年价）
按登记注册类型分组:				
内资企业	113	9822903	9709099	2943085
国有企业	3	548860	548860	158266
地方企业	3	548860	548860	158266
集体企业	2	141655	141655	46594
有限责任公司	4	420501	420501	123140
其他有限责任公司	4	420501	420501	123140
股份有限公司	1	250145	250145	73883
私营企业	102	8378786	8264982	2519182
私营独资企业	71	6171036	6057052	1883503
私营合伙企业	2	126402	126402	32052
私营有限责任公司	28	2059021	2059201	597526
私营股份有限公司	1	22327	22327	6101
其他企业	1	82956	82956	22020
港、澳、台商投资企业	2	196220	196220	56078
外商投资企业	1	89994	89994	24624
外资企业	1	89994	89994	24624
总　计	116	10109117	9995313	3023787

社会消费品零售总额

单位：万元

项　　目	2011年	比增%
社会消费品零售总额	520558.8	27.8
一、按销售单位所在地分组		
1. 城镇	212767.7	44.5
2. 乡村	307791.1	18.3
二、按行业分组		
1. 批发业	17674.4	8.3
2. 零售业	451993.8	29.0
3. 住宿业	15212	21.3
4. 餐饮业	35678.6	27.5

固定资产投资完成情况

单位：万元

项　　目	2011年
固定资产投资总额（500万元以上项目）	429122
1. 农村投资	58848
2. 城镇投资	370274
其中：房地产投资	43015

（根据县统计局《2011年社会经济统计资料》整理）